육군 특무부대장 김창룡 장군 비망록

숙명의 하이라루

육군 특무부대장 김창룡 장군 비망록

숙명의 하이라루

2022년 3월 14일 초판인쇄
2022년 3월 17일 초판발행
2022년 4월 25일 2쇄발행
2023년 2월 1일 3쇄발행
2023년 5월 25일 4쇄발행

저   자 : 김창룡
엮은이 : 남정옥
펴낸이 : 신동설
펴낸곳 : 도서출판 청미디어

신고번호 : 제2020-000017호
신고연월일 : 2001년 8월 1일
주소 : 경기 하남시 조정대로 150, 508호 (덕풍동, 아이테코)
전화 : (031)792-6404, 6605
팩스 : (031)790-0775
E-mail : sds1557@hanmail.net

편   집 : 고명석
디자인 : 정인숙
표   지 : 여혜영
교   정 : 계영애, 김미경, 김미영
지   원 : 박흥배
마케팅 : 박경인

정가 : 19,000원
ISBN : 979-11-87861-55-3 (03990)

육군 특무부대장 김창룡 장군 비망록

숙명의 하이라루

김창룡 지음 | 남정옥 엮음

정신이 살아있는 출판

청미디어
CHEONG MEDIA

저자 김창룡 장군 생전 육군 특무부대장 재직 당시 모습

일러두기

- 이 책은 육군 특무부대장 김창룡(金昌龍, 1916-1956) 장군이 생전에 구술한 원고(200자 원고지 1,600매)를 원문 그대로 엮은 것이다.
- 지은이가 이 책을 구술한 시기는 1954년부터 1955년으로 추정된다. 그것은 이 책속에서 가장 늦게 다룬 사건이 1954년의 남도부(南道富) 체포사건이고, 저자는 1956년 1월 30일에 순직했기 때문이다.
- 원문에는 목차가 없으나 원문 본문을 고려하여 엮은이가 3부로 편집하였음을 밝혀둔다.
- 엮은이가 덧붙인 설명은 괄호 안에 표시하였다. 그외 모든 것은 지은이가 쓴 것이다.
- 엮은이가 원문에는 없으나 독자의 편의를 위해 책의 뒷부분에 이승만 대통령의 김창룡 순직 과 관련한 담화문 및 조사(弔辭) 3편과 이병도 박사의 묘비 글, 그리고 김창룡 장군의 연보(상훈 포함)를 게재하였다. 이승만 대통령의 담화문 및 조사는 『大統領 李承晚 博士 談話集 제3집』(공보실, 1956년)에서, 김창군 장군 묘비 글은 『대한민국 특무대장 김창룡』(이대인 저, 기파랑, 2011년)에서 발췌하였다.
- 김창룡 장군의 연보 및 상훈기록은 김창룡 장군의 「장교자력표(將校資歷表)」(국방부 군사편찬연구소 소장 자료)와 『대한민국 특무대장 김창룡』(이대인 저, 기파랑, 2011년)을 참조하여 작성하였다.

| 엮은이의 말

이 책은 대한민국 반공의 상징인 육군 특무부대장 김창룡(金昌龍, 1916~1956) 장군이 생전에 기록해 둔 대공수사 비망록이다. 평생을 공산주의자들을 상대하며 대공(對共) 분야에서 올곧은 삶을 살았던 김창룡 장군은 자신이 수행해 왔던 대공 관계 일들을 주요 사건별로 분류하여 200자 원고지 1,600장에 기록해 놓았다. 이 기록들은 김창룡 장군이 1956년 순직한 이후 미망인 도상원(都相媛) 여사가 보관해 오다가 2022년 김창룡 장군 순직 66주기를 맞이하여 장군의 따님인 김미경·미영 두 자매의 지극한 소망에 따라 단행본으로 발간하게 되었다.

이 책은 일제 강점기로부터 해방 전후, 그리고 대한민국 건국을 거쳐 6·25 전쟁 전후를 아우르고 있는 국군의 대공수사 기록물이자 대한민국의 반공 역사이다. 이 책은 김창룡 장군이 일제 강점기 공산주의와 싸웠던 시절의 회상으로부터 시작된다. 김창룡 장군의 공산주의와의 싸움은 자유민주주의에 대한 자신의 강한 신념과 이에 반한 공산주의에 대한 강한 불신에서 비롯됐다. 그때부터 그는 공산세력의 발본색원에 진력한다. 그 과정에서 그는 강압적이거나 반인권적인 방법 대신에 보다 과학적인 수사방법을 택하였다. 그 결과 대한민국을 공산주의 침략에 흔들리지 않는 굳건한 반공 국가로 다져 나갔고, 국군을 공산주의와 싸워 이길 수 있는 믿음직스러운 반공 군대로 태어나게 했다. 이 책에는 김창룡 장군의 그런 반공 비사를 다루고 있다.

김창룡 장군은 함경남도 영흥이 고향이다. 그는 그곳에서 태어나 중등과정(영흥공립농잠학교)을 마치고 영흥군청에 다니다가 만주로 가서 철도학교를 졸업한 후 역무원으로 근무 중 일본군에 강제 입대하게 되었다. 일본 관동군 헌병대에 배치된 김창룡 장군은 그때부터 필생의 업이 된 공산주의를 상대하는 대공(對共) 업무를 맡게 되었다.

그로 인해 해방 후 고향에 돌아 온 김창룡 장군은 소련이 지배하는 공산 치하에서 도저히 살지 못하고 월남하게 되었고, 이 땅에서 공산주의를 없애고 자유민주주의 통일국가를 건설하기 위해 군에 입대하게 되었다. 그는 자유민주주의의 적인 공산주의의 폐해와 잔학상을 일찍이 깨우쳤고, 그것을 몸으로 직접 체험했기 때문에 육군 소위로 임관하자마자 대공 업무의 최선봉에서 그 누구보다 열심히 그 일에 매진하게 되었다.

김창룡 장군이 활동한 시기는 공산주의 침략과 위협으로 가장 어렵고 힘든 건국 전야로부터 대한민국 건국, 그리고 6·25 전쟁이라는 민족 격랑의 시대였다. 그런 위난한 시기에 그는 반공의 최선봉에서 특무부대를 지휘하여 대한민국을 굳건한 반공 국가로 다져 놓았다. 그는 오로지 이 땅에서 전제적인 공산주의를 없애고 자유로운 대한민국을 건설하기 위해 밤낮없이 노력하였다. 대한민국은 그런 안보적 토대 위에서 경제적 발전을 통해 오늘날의 자유와 번영을 누리고 있다. 그 이면에 반공전선에서 사선을 넘으며 싸웠던 김창룡 장군과 그 특무부대원들의 숱한 피와 땀이 군과 국가 발전의 자양분 역할을 했다는 것은 숨길 수 없는 엄연한 역사적 사실이다. 그 점에 대해서는 국군 최고통수권자인 이승만 대통령도 인정하였다.

김창룡 장군이 암살범에 의해 순직했을 때 이승만 대통령은 무려 3회에 걸쳐 김창룡 장군의 공적을 찬양하고, 범인 수사에 대한 담화문을 발표하였으며, 장례식에서 함태영 부통령이 대독한 조사를 통해 김창룡 장군이 대한민국 안보에 어떠한 일을 했고, 어떠한 위치에 있었으며, 어떠한 존재였는가를 가슴 절절한 언어로 밝히고 있다. 그것만 봐도 김창룡 장군이 대한민국 현대사에서 어떠한 인물이었고 국가 안보에 얼마나 중요한 위치에 있었는가를 짐작할 수 있게 한다.

이 책에는 그런 김창룡 장군이 생전에 구술(口述)을 통해 기록해 둔 한문체 및 구어체로 된 원문을 가감 없이 그대로 게재하려고 노력하였다. 60여 년 전에 쓰인 원문에는 현재는 사용하고 있지 않으나 1970년대까지 정부가 공식으로 사용한 용어들이 등장하고 있다. 예를 들면 북한을 괴뢰(傀儡) 또는 괴뢰정권으로, 북한군을 괴뢰군 등으로 표기하고 있는 것이 그것이다. 또한 원문에는 남한 내 남로당이 주동하여 일으킨 여순10·19사건과 제주4·3사건 등은 여순반란사건 및 제주폭동사건으로 기록되어 있다. 그렇기 때문에 일반 독자들은 당시의 '반공 용어'와 한문체 및 구어체(口語體)로 쓰인 원문을 읽는 데에 익숙하지 않을 것이다.

그렇다고 해서 엮은이가 함부로 원문에 손을 댈 수는 없는 것이므로 원문을 그대로 살리면서 내용의 이해를 돕기 위해서 현재 쓰이고 있지 않는 용어에 대해서는 괄호 안에 현재 사용되고 있는 용어를 새로 넣거나 필요한 설명을 곁들임으로써 읽는 데 불편함이 없도록 배려하였다. 또한 원문에 쓰인 어려운 한문체 또는 구어체 표현에 대해서도 원문에 손상을 주지 않는 범위 내에서 읽기 쉽도록 현대식 표현으로 약간씩 바꾸었다.

이 책은 60여 년 전 건국 전후의 혼란과 6·25의 동족상잔의 아픔, 그리고 전후(戰後) 분단이라는 절체절명의 국가적 위기 속에서 우리나라와 국민 그리고 우리 군과 장병들, 특히 김창룡 장군이 지휘했던 특무부대원들이 북한 공산주의에 맞서 목숨 걸고 싸웠던 대한민국 현대사의 중요한 부분을 다루고 있다. 이 시기는 대한민국 현대사에서 결코 떼어내 버리거나 부정할 수 없는 대한민국의 엄연한 역사임에 틀림없다. 그런 점에서 이 기록은 대한민국의 반공투쟁사이자 국군의 반공건군사(反共建軍史)이며 특무부대의 대공수사기록(對共搜査記記錄)이라고 할 수 있다.

이 책이 나오기까지 김창룡 장군의 유가족들의 도움이 컸다. 미망인 도상원 여사는 66년 동안 간직한 남편의 혼이 깃든 귀중한 유고(遺稿)를 역사 자료로 남을 수 있도록 제공해 주었고, 장군의 유복녀로 태어난 막내딸 김미영 선생과 사위 김억중 교수는 66년의 세월동안 흐트러진 원고와 사진을 타이핑할 수 있도록 일목요연하게 정리해 주었으며, 스위스에 살고 있는 둘째 딸 김미경 선생은 멀리서나마 위로와 격려를 아끼지 않았다. 또한 아버지 명예회복에 힘쓰다가 일찍 타계한 큰딸 김미원 선생과 현재 브라질에서 살고 있는 외아들 김경진 선생도 부친의 충심(衷心)과 영혼이 깃든 유고 원고 출판에 누구보다 기뻐할 것으로 여긴다. 특히 어려운 출판 환경에도 불구하고 흔쾌히 출판을 맡아 주신 청미디어의 신동설 사장님과 관계자 여러분들께도 깊은 감사를 드린다.

끝으로 자유민주주의 대한민국을 열렬히 사랑하고 그런 대한민국을 위해 위국헌신(爲國獻身)하신 김창룡 장군을 비롯한 애국선열들을 무한으로 추모하는 국민들과 국군 장병들의 뜨거운 관심과 후원을 기대한다.

2022년 1월 30일
엮은이 문학박사 남정옥(南廷屋)
전 국방부 군사편찬연구소 책임연구원

contents

제2부

제3부

육군 특무부대장 김창룡 장군 비망록

숙명의 하이라루

CHAPTER 1

I. 운명의 시간, 하이라루 5년

1. 하이라루의 첫날밤

과거를 추억한다는 것은 누구에게 있으나 마찬가지로 괴로운 일인 동시에 아름다운 일일 것이다.

그러나 나는 나의 과거 속에서 아름다움이란 것을 그리 찾아 낼 수가 없다. 그 대신 쓰라리고 가시덤불 같은 험한 과거만을 회상하게 되는 것이다. 그래서 될 수만 있으면 과거를 추억하지 않으려고 노력한다.

내가 철이 든 뒤부터 오늘까지 나는 공산주의와 싸워 왔던 것이 전부였다. 그렇기 때문에 나의 과거는 복잡하고도 다난한 것이었다. 그 과거란 나에게 있어서 공산주의와 싸우지 않은 날이 하루도 없었기 때문이다. 그런 만큼 복잡다단했던 과거라 해도 공산주의와 싸웠다는 점에서는 단순하다고도 말할 수 있으며 하루하루가 일의 연속성이었다고도 말할 수 있다.

운명이라고 하면 운명이라고도 말할 수 있을 만큼 나는 사회에 발을 들여놓기 시작한 날 부터 오늘까지 공산주의와 싸운 이야기 이외에는 다른 이야기를 가지고 있지 않다.

그 운명이 시작된 것은 서기 1940년 1월부터였다.
나는 본의 아니게 일본 군대에 편입되었다. 그리하여 중일전쟁의 싸움터인 중국으로 끌려가 남경(南京), 무창(武昌), 한구(漢口)를 거쳐 영수(永修)에 이르러 다시 여산(廬山)을 지나 안의(安義)로 전전하며 죽음의 산악지대를 헤매었다. 비참한 종군이었다. 참을 수 없을 만큼 고난과 고난의 계속이었다. 정신적으로 그러했고 육체적으로도 그러했다.
만약 좀 더 지속하였다면 나는 뛰쳐나왔거나 그렇지 않으면 비참한 전사를 하고야 말았을 것이다. 그러나 공산주의와 싸우라는 운명이 미리부터 마련되어 있었던지 종군한 지 만 1년 되는 날 나는 뜻밖에도 관동군으로 편입되었다. 관동군으로 편입되는 동시에 특수지대인 소만 국경 하이라루(海拉甫)로 배속되었다.

소련과 인접해 있는 이 국경지대로 보내진 것은 특수한 사명을 주기 위함이었다. 그 특수한 사명이란 말할 것 없이 공산주의와의 싸움이었던 것이다. 비록 일본군에 소속되었다 할지라도 공산주의와 싸운다는 것이 나의 생리에 들어맞았던지 나는 그 머나먼 국경 지대로 부임하는데 조금도 주저하지 않았다. 공산주의와의 투쟁은 여기에서 벌어졌으며 나와 공산주의와의 숙명적 역사는 여기서 첫걸음을 내딛게 되었다.
소만 국경 하이라루(海拉甫)의 정월은 상상할 수 없을 만큼 추위가 심하다. 산과 나무들 할 것 없이 흰 눈에 덮이었다. 한번 내린 눈은 녹을 줄 모르고 땅 위에서 바위처럼 단단하게 얼어붙는 곳이었다. 돌담도 얼어붙었고 집집의 벽까지도 모두 꽁꽁 얼어붙어 있다. 거기에 밤

낮을 가리지 않고 바람이 불어온다. 시베리아(西伯利亞)에서 불어오는 바람이다. 사람까지 땅 위에 얼어붙게 하려는 듯이 모질게 불어오는 바람이었기에 바늘 구멍만한 틈만 있어서도 그 매운바람은 칼날같이 스며들어 살과 뼈를 여미게 했다.

나 역시 방한복에 방한모를 쓰고 방한화까지 신고 있었으나 온 몸이 얼어드는 것을 느꼈다. 노출된 곳이란 눈과 코밖에 없다. 그러나 눈두덩은 얼어서 뻣뻣한 것 같고 눈알이 움직이지 않는 것 같았다. 눈썹이 하얀 서리를 맞은 것처럼 입김이 얼어붙었다. 뺨에는 얼음이 들어박힌 것처럼 근육이 움직이지 않았다.

특수 사명을 띠고 하이라루에 내리기는 했으나 견딜 수 없는 추위에 나는 그저 아연할 따름이었다. 그러한 곳에서 '사람이 어떻게 살아갈 수가 있을까?' 하는 것이 무엇보다도 큰 걱정이었다.

내가 도착한 시간이 저녁때여서 그랬는지는 모르나 하이라루 사람들은 추위에 감금당하고 있는 듯 거리를 걷는 사람도 별로 보이지 않았다. 이따금 지나다니는 마차의 방울소리와 말발굽소리만 얼어붙은 동토를 때리는 듯이 귓전에 울리고 있었다.

'하필 이런 곳엘 보냈을까?'

나는 이런 생각을 아니할 수 없었다. 아무리 특수 사명을 가졌다고 하기로서니 '그렇게도 사명을 다할 곳이 없을까?' 하는 생각에 나의 기구한 운명을 자탄(自歎)해 보기도 했다.

고향에서 수 천리 떨어졌고 아세아(아시아) 가운데서도 가장 먼 북쪽 맨 끝이라 생각하니 서글프지 않을 수 없었다.

나에게도 청춘이 있으련만 아름다워야 할 그 청춘을 얼음과 같은 소만 국경에서 썩히다니….

　혼자서 자탄을 하며 거리를 거닐 때였다. 나는 문득 추위에 떨며 지나가는 늙은 백계노인(白系露人)을 보았다. 허름한 오-바(코트)를 입고 수건으로 머리를 동여맨 늙은 노파였다. 한 손에는 조그마한 보자기를 들고 있었다. 먹을 것이 들어 있는지도 모른다.

　그 노파를 보자 나는 갑자기 마음이 긴장되는 것을 느꼈다. 자기네 나라가 있어도 그곳에서 살지 못하고 쫓겨 다니는 불쌍한 족속. 더구나 쫓겨 다니는 백계노인들 대부분이 옛날의 귀족들이란 생각을 할 때 조국을 등진 그 노파의 처절한 모습을 보며 나 역시 나라 잃은 백성으로서 가슴을 찌르는 것 같았다. 같은 민족이건만 사상이 다르다고 해서 국토 내에 살지도 못하게 하는 적색 러시아의 야만성이 하나의 증오로 변하여 나의 마음을 긴장케 했다.

　만주뿐만 아니다. 공산주의자가 아니라는 이유로 쫓겨 난 백계노인은 세계 어떤 나라에서도 그들의 모습을 찾아 볼 수 있다. 나는 내 고향에서도 손풍금을 들고 노래 부르며 구걸하고 다니던 백계노인을 본 일이 있다.

　공산주의자들은 사람으로서 할 수 없는 일을 감히 행하고 있다. 같은 피를 받은 동족에게까지 그러한 참혹한 행동을 감행하는 공산주의인 만큼 그들은 세계 모든 인류에 대하여도 잔인하기 짝이 없을 것이다. 그런데다가 러시아는 강국이 되어 그 세력을 세계에 뻗치려고 만반의 준비를 갖추고 있다.

　만약 세계가 공산주의화 된다면 인류는 어떻게 될 것인가? 그것도 모르고 공산주의가 좋다고 날뛰는 자가 없지 않다.

나는 조금만 높은 곳에 올라서면 멀리 바라볼 수 있는 소련의 국경 저 너머를 생각해 보았다. 수많은 백성들이 공산주의자들의 눈을 피해 가며 숨도 마음대로 못 쉬며 살아가고 있을 모습을 눈앞에 그려 보았다. 조금이라도 협력하지 않는 사람들은 뒤를 밟아 트집을 잡아 죽이는 무시무시한 분위기 속에서 가슴을 조이며 공포를 밥 먹듯 하며 사는 가련한 백성들. 그러나 그 공포는 시베리아의 무서운 바람과 같이 아세아로 불어 오려하고 있다.

하이라루 사람들을 떨게 하는 시베리아 찬바람처럼 공산주의의 공포가 언제 그들을 떨게 할지도 모른다.

나는 다시 걷기 시작했다. 얼어붙은 듯 호흡소리 하나 들리지 않는 깊은 하이라루의 밤 거리를. 그리고 내일부터라도 시작될 나의 사명을 생각했다. 시베리아 바람이 내 살과 뼈를 예리는 고통이 있다 해도 나에게 맡겨진 사명을 다하리라 결심했다.

만주 어떤 곳에나 우리의 동족은 살고 있다. 고향을 등지지 않을 수 없는 각자의 이유로 낯설고 물 설은 타향으로 흘러 다니는 불쌍한 동족들. 그 동족들을 생각할 때 나의 괴로움은 아무 문제가 되지 않는 것 같았다.

하이라루에도 동족이 살고 있으리라. 물이 흐르고 빈 땅만 있으면 찾아드는 민족이다. 어떻게 해서라도 생명을 유지하고 민족성을 잊지 않으려는 강인한 민족이 우리 아니겠는가? 나는 한두 사람만이라도 우리의 동족이 하이라루에 살고 있기를 마음속으로 바랬다. 동족의 얼굴만 보아도 즐거울 것 같았다. 그러나 불행하게 한 사람의 동족도 살지 않는다면…?

그래도 할 수 없었다. 나는 어떠한 환경 속에서도 내가 맡은 적색주의 타도의 특수 사명을 수행하고야 말 것이다.

얼음 굴속과 같은 하이라루의 첫날밤은 자꾸만 깊어갔다.

2. 3년간의 중국인 '뽀이(boy)' 생활

소만 국경을 중심으로 한 북만 일대에는 소련으로부터 밀파되어 온 밀정과 그들의 앞잡이들이 쫙 깔려 있었다.

하이라루, 만주리(滿洲里), 베데하 크귀뤄어(庫克象慓), 찌라린(吉拉), 치책(音乾) 일대에도 소련인과 중국인 스파이들이 눈부신 암약을 하고 있었다.

소련은 언제나 외국을 침략하고 붕괴시키려 계획하고 있는 나라이기 때문에 막대한 비용을 써가며 외국의 기밀을 탐지하기 위한 간첩행위를 하고 있다. 더구나 하이라루는 소련 국경과 인접해 있는 관계로 연락이 편리하기 때문에 간첩과 그 앞잡이들이 더욱 많은 곳이었다. 더구나 국가 주도로 계획적인 간첩 행위를 하는 그 교묘함에 놀라지 않을 수 없었다. 즉 같은 간첩이라 할지라도 누가 간첩이고 누가 아닌지를 분간하기가 힘들만큼 그들은 꼬리를 감추고 있었다.

하이라루는 국제공산당원들이 암약하고 있는 곳이라는 정보를 들었지만 좀처럼 그들의 정체를 밝혀 낼 수가 없었다.

나는 소련의 간첩단들을 내사하는 특수 사명을 띠고 하이라루에 도착했지만 한 달이 지나는 동안 아무런 단서를 찾아 내지 못했다. 그러한 특수 임무를 처음으로 맡았기 때문인지는 모르겠으나 어쨌든 한 달 동안을 아무 수확 없이 지냈다.

나는 나의 임무를 수행하기 위해 거지로 가장했다. 일부러 세수도 하지 않고 옷도 허름하게 입고 구걸하기 위해 거리를 헤매는 거지로 가장했던 것이다.

한민족이 별로 없는 이곳 하이라루에서 하는 일도 없이 지낸다면 도리어 의심을 받게 될 것이 두려웠다. 그런데다가 소련 스파이들이 눈치 채고 나를 의심하기 시작한다면 나는 그들과 접근할 기회가 없을 것은 물론이고 주어진 임무는 조금의 성과도 올리지 못하게 될 것은 뻔한 이치다. 한국 사람이 없기 때문에 한국 사람이라는 것을 내세우면 금방 눈에 띠일 것 같아 거지 행세를 하고 다니다보니 그 고생은 이루 말할 수가 없었다. 그러면서도 낙심하지 않고 혹시나 하는 생각으로 매일같이 거리를 헤매고 있을 때였다.

거리를 지나고 있으려니 어디선가 귀에 익은 한국 노래가 들려 왔다. 나는 귀를 기울였고 그 노래 소리를 따라 발을 옮기었다. 오랜만에 들어보는 고향의 소리 그 얼마 만인가? 가슴이 뛰도록 기뻤다. 기쁜 것만이 아니라 심장이 두근거리기까지 했다.

동족이 단 한 명도 없다고 생각했던 이곳에서 어렸을 적 부르던 노래를 듣다니… 그 넓은 만주 벌판에서도 최북단 하이라루에서 동포를 만난다는 것은 그야말로 감격적이었다.

노래 소리가 나는 곳으로 가까이 가자 함께 손잡고 노래 부르고 있는 한국 소년 소녀 3~4명을 발견했다. 그 아이들이 어디서 출생하여 어디서 성장했는지 모르나 나의 눈에는 보지도 못한 고향을 그리면서 부르는 노래 같이만 보였다.

알지도 못한 고향. 그러나 끝까지 그리워하다가 죽을 고향. 그러한 고향을 그리며 부르는 그 아이들의 노래를 듣는 나는 벅찬 감정으로 가슴이 터질 것만 같았다. 그들을 끌어안아 주고 싶었지만 나의 모습은 초라한 거지 행색이었으니 나에게 다가오지도 않을 것 같았다. 그 뿐 아니라 내가 어린애들에게 접근했다가 가짜 거지라는 것이 탄로되면 이거야말로 큰일이다.

나는 어린들의 부모라도 찾아 볼 생각을 했으나 이 역시 단념하지 않을 수 없었다. 말하자면 나는 나의 임무를 완수하기 위하여 그리운 동포도 만나지를 말아야 했던 것이다.

오직 소련 스파이 탐색에만 집중하며 하루하루를 보내며 어느덧 한 달이 지나고 3월이 왔다. 고향 같으면 푸른 싹이 돋기 시작할 봄이었으리라. 그러나 하이라루의 3월은 고향땅의 엄동설한기보다도 추웠다. 함박눈이 내렸고 무서운 찬바람이 국경을 넘어 불어왔다.

3월도 거의 지나가는 어떤 날이었다. 나는 이상한 정보 하나를 입수했다. 그것은 지극히 간단한 이야기였지만 나에게는 중대한 사실이었다. 즉 시내 동대가(東大街)에 있는 조그마한 중국 여관 푸싱잔(福興棧) 부근에서 40이 조금 넘은 어떤 중국인이 소련과 무전 연락을 하고 있는 것을 알게 되었다.

나는 마음속으로 쾌재를 부르며 이제야말로 내가 활동할 때가 왔다고 믿었다. 그 정보를 입수하자 나는 푸싱잔 근처를 중심으로 수상한 사람들을 조사하기 시작했다. 거지 행세를 하며 남의 이야기에 귀를 기울여 보기도 했고 이상한 사람의 뒤를 따라가 보기도 했다. 그러나 구체적인 인상을 전혀 모른 채 막연한 수색으로 스파이를 붙잡을 수는 없었다. 며칠 동안 아무런 단서를 얻지 못하고 헤매기만 하다가 4월 2일, 푸싱잔에 투숙할 것을 결심했다. 스파이 가까이에 살며 스파이를 발견해야 한다고 생각했기 때문이었다.

그날 저녁 푸싱잔으로 들어가 방 하나를 얻었다. 중국 여관 가운데도 삼류 이하인 이 여관의 숙박비는 하루에 3전밖에 안되었다. 거지 행세를 하면서도 능히 머물 수 있었고 또 남에게 의심을 받지 않으며 투숙할 수가 있었다. 손님도 과히 많지 않은데다가 유숙하는 손님 거의가 노동자 비슷한 하류 계층이었기 때문에 거지 행세하는 나라 할지라도 그리 신경 쓸 필요가 없었다.

방에 불을 때주기는 했지만 그리 덥지가 않았기 때문에 손님들은 큰 방에 모여 거기 있는 빼치카(러시아어 Pechka·일종의 벽난로)에서 몸을 녹이기가 일쑤였다.

나도 저녁만 먹으면 사양할 것 없이 빼치카가 있는 방으로 가서 다른 투숙객들과 잡담을 주고받곤 했다. 그러는 사이에 어떤 단서가 나오지 않을까 하는 계획적인 생각을 하면서…. 사실 중대한 사건의 단서는 뜻하지 않았던 잡담 가운데서 우연히 튀어 나오는 수가 많다.

나는 시간만 되면 사람이 모이는 빼치카 옆으로 가서 그들이 주고받는 말에 귀를 기울이면서 근처에 있다는 스파이 동정을 살피는 데 게을리 하지 않았다.

어느 날이었다. 나는 뻬치카 옆에서 어떤 중국인과 예감이 이상하게 오는 시선이 맞부딪쳤다. 40살은 훨씬 넘었으나 50살이 채 못 되어 보이는 그 중국인은 점잖게 보이기는 했으나 움푹 들어간 두 눈의 광채가 보통 사람이 아니란 인상을 주었던 것이다.

나는 육감에 이 사람이야말로 정보로 들어온 소련의 스파이라는 생각을 아니할 수 없었다. 누구에게나 다정하게 보이려고 일부로 노력하는 것이라든가 그러면서도 어딘가 무엇을 감추려는 듯한 태도로 보아 보통 사람이 아니라는 것을 직감할 수 있었다.

'이 사람이야말로 내가 찾던 바로 그 인물이다.'라는 생각이 들었지만 나는 흥분을 가라앉히고 어디까지나 침착하였다.

그는 "성명이 무엇이며 어디서 어떻게 왔느냐?" 하며 나의 초라한 행색에 동정하는 태도로 물었다. 그 사람과 접근할 기회만 오기를 기다렸던 나는 '바로 이때다.'라고 생각하며 잘못하다가는 눈치 챌 염려가 있으니 대충 대답하며 무관심한 태도를 보여야만 했다.

그날은 그대로 헤어지고 다음날 저녁 다시 뻬치카 옆으로 갔을 때였다. 그날은 공교롭게 그 사람과 나 외에는 아무도 있지 않았다. 단 두 사람만이 있게 되니까 상대방에서도 나의 존재를 알아보고 싶었던지 다음과 같은 대화를 주고받았다.

"어떻게 이곳까지 오게 되었소?"

"사과 장사를 해볼까 해서 좀 가져 왔더니 어떻게나 추운지 전부 얼어버려서 망했는데요. 남의 말만 듣고 왔다가 거지가 되고 말았습니다."

"그래서 고향에도 못 돌아가는 거요?"

"그렇습니다. 남의 돈을 빌려서 사과를 사가지고 왔는데 이 꼴을 하고서야 어떻게 고향엘 갑니까? 빚도 물 수 없고요."

"참 안됐군요. 만주에서 제일 추운 데를 모르고 사과를 가지고 오다니. 사과야 얼기만 하면 썩어버리는 것이니. 참 큰 실패를 보았군요."

"기막힌 이야긴 다 할 수도 없습니다."

"중국엔 얼마나 있었는데 중국말을 그렇게 잘 합니까?"

"고향이 신의주라 어릴 때부터 중국 사람과 놀았습니다. 국경지대니까 중국말이야 배우지 않아도 알지요."

나는 내 고향을 속이고 말았다. 즉 내 고향은 신의주가 아니라 영흥이다. 그러나 중국어 배운 이야기를 사실대로 말한다면 적에게 나의 정체가 드러날 우려가 있었다.

상대는 내 말을 조금도 의심치 않았다.

"그래서 앞으론 어떻게 할 작정입니까?" 하고 그가 물었다.

중요한 질문이었다. 대답 한마디로 내가 의심을 살 수도 있으며 반대로 상대방과 관계를 맺을 수 있었다.

"이 꼴을 하고서 고향에도 돌아갈 수가 없고 큰일 났습니다. 여관비도 간들간들하는데 생각할수록 앞이 캄캄합니다."

나는 이렇게 그 중국인의 동정을 사려고 노력했다. 중국인의 의심 많은 성격은 그렇지 않은 것 같으면서도 속으로는 남을 깊이 경계하는 것이 보통이다.

상대방은 아무 말도 아니했다. 2~3일이 지나도 별다른 눈치가 없었다. 그렇지만 나는 의심을 사지 않을 정도로 그 사람의 옆을 따르며 말할 수 있는 기회를 만들었다. 내 임무의 중대한 포인트를 가진 그 사람을 놓칠 수는 절대 없는 일이었다.

2~3일이 지난 뒤에야 상대방이 "그래 지금도 장사할 생각이 있소?" 라고 물었다.

"배운 재간이 장사니 안할 수 있어요? 고향에 돌아가기 위해서도 돈을 벌어야겠는데 할 장사가 있어야지요. 밑천도 없고, 오도 가도 못하고 죽게 된 것 같습니다."

"내가 밑천을 좀 대줄까?"

"농담 마십시오. 뭘 보고 나한테 돈을 주시겠습니까?"

"아니오. 며칠 두고 봤는데 노형은 능히 믿을만한 사람 같습니다. 그래서 하는 말인데 한번 장사를 해 보시오."

"고맙습니다. 저를 그렇게까지 봐주시니 뭐라고 드릴 말씀도 없습니다. 그렇지만 단돈 50원도 못 가진 제가 어떻게 선생님과 같이 장사를 하겠습니까?"

"아니오. 나도 가진 돈이 좀 있기는 하지만 가지고 있다가는 통째로 써 버릴 것 같아 장사나 해볼까 했는데 같이 할 사람이 없어서 망설이던 판이오. 딴 생각 말고 내가 5백 원쯤 낼 테니까 아무 장사라도 시작합시다."

"그럼 제가 심부름이나 해 드리지요."

나는 겸손하게 허리를 굽히고 고맙다는 뜻을 표했다.

이렇게 해서 나는 열흘 동안의 여관비 30전을 치르고 나와 그 중국인과 같이 상점을 시작하기로 했다.

그도 나를 엔간히 신용한 모양이었다. 자기와 같이 살면서 상점을 시작하자는 것은 완전한 신뢰감의 표현이 아닐 수 없다.

돈이 없는 관계로 나는 그 중국인 밑에서 뽀이(boy·점원) 노릇을 하게 되었다. 거지에서 많이 승격된 셈이기는 했지만 내 임무를 다하기 위해서는 뽀이도 사양할 수 없었다. 이렇게 뽀이로서 일을 보며 그 중국인의 스파이 행동을 포착하는 데 만 3년이 걸렸다.

말하자면 나는 중국인 뽀이로 3년 동안을 살아온 것이다.

3. 국제공산당원 왕근례의 체포와 그의 전향

하이라루 시 서대가(西大街) 64번지. 이곳이 바로 내가 그 중국인과 같이 상점을 경영하기로 한 집이다. 안채는 그 중국인들의 주택으로 그냥 쓰게 하고 길가 집만 뜯어 고쳐 상점으로 사용하게 되었다.

그 중국인의 이름은 왕근례(王近禮)였는데 나이는 45살이었다.

나이에 비하여 많이 늙어 보였으나 커다란 몸집이 정력가라는 것을 말해주고 있었다. 얼굴이 수척해 보였다. 아마 다른 곳에서 살다가 이사 온 지 얼마 되지 않아 물이 맞지 않았는지 모른다. 그리고 새로운 곳에서 일을 착수하려니 마음 쓰이는 데도 많았을 것이 사실이다.

왕근례는 보통 키에 탁한 목소리의 소유자로 침착성을 가진 자였다. 왕근례의 돈으로 시작한 상점에서 나는 일을 하게 되었는데 그 상점에서는 배추, 무, 두부 등 식료품으로부터 성냥, 초, 석유 등 가지각색의 잡화를 팔았다.

상점 간판도 공의성(公義成)이라고 커다랗게 써 붙이었다.

나는 이 상점에서 물건 구입에서부터 판매까지 도맡아 했고, 때로는 배달까지 하는 등 뽀이의 역할을 충실히 할 뿐 아니라 아침저녁으로 왕근례의 가족 식사까지 지어 바쳤다.

새벽에는 남보다 일찍 일어나 조반을 지어야 했고 저녁에는 그들의 저녁 식사(包米餅子)까지 지어 주며 물을 길고 집안 청소와 때로는 마루에 걸레질도 해야 하는 등 성실한 모습을 보여줬다.

그가 시키지도 않은 일들을 하여 그 가족들에게까지 신용을 보이고 가까워지려고 최선을 다했다. 나의 임무를 완수하기 위해서는 내 몸을 아끼지 않고 열심히 해야 한다는 나 스스로의 결심에서 나온 행동이었던 것이다.

그들이 나의 정체를 알리 만무했다. 모르기 때문에 관동군 특무부대에 근무하는 나를 자기들의 사환으로 채용했고, 또 일을 열심히 한다고 해서 나를 신용했던 것 아닌가.

왕근례는 여관에서 나를 처음 만났을 때는 단순한 장사꾼으로 알았고 어느 정도 사귀어 오면서도 나에 대한 인식을 조금도 달리하지 않았다. 따라서 그의 가족들까지도 나를 성실한 장사꾼으로 알았기 때문에 뽀이 노릇을 하는데도 충실한 것이라고 믿고 있었다.

나 역시 나의 정체를 눈치 채지 못하게 행동이 수상하게 보여서는 안 된다고 끊임없이 주의해 왔기 때문에 순조로운 생활을 할 수 있었다. 그들의 뽀이로 채용되었다는 것만도 우선 스타트의 성공이라는 생각 아래 무슨 일에나 열성 있게 보이려 했다. 그래서 그들의 주식인 옥수수 가루와 콩가루로 만드는 뽀미빙즈(包米餅子·옥수수 떡)를 조금도 불평 없이 구어 가며 정말 맛있는 것처럼 같이 먹기도 했다.

영하 40도 추위에서 새벽에 일어나 찬물을 만지며 밥을 짓는다는 것은 용이한 일이 아니었다. 왕가(王家)의 가족이 전부 잠들어 있는 새벽에 일어나 밥을 지어야 할 때는 고생하지 않고 자라난 나로서 어찌 슬픈 생각인들 안 들었을 것인가? 무의식중에나마 고향 생각이 났으며 어머니 생각이 머리에 떠오르곤 했었다.

하지만 참아야 했다. 참을 뿐 아니라 괴롭거나 슬픔이 있어도 내색을 하지 않았다. 북만(北滿)에서 공산당원을 한 명도 남기지 않고 샅샅이 잡아 없애기 위해서는 일시적인 천대와 학대와 모욕쯤은 참아야 했기 때문이었다.

나 개인에 관한 문제는 참을 수밖에 없었다.

남자가 식모 일까지 참으며 해나간다는 것은 생각하기도 힘든 일이었지만 공산당원을 잡을 수 있다면 그 보다 더한 일도 능히 참을 수 있을 것 같았다.

나는 그들이 시키는 일에 충실하였고 그 중에서도 물건 배달하는 일에 특히 충실했다. 고생을 돌보지 않고 물건을 판다는 인상을 주기 위해서이기도 했지만 그것보다도 상점과 거래하는 사람들의 동태를 살피기 위함이었다. 왕(王)과 관계를 맺고 있는 공산분자들은 상점을 통해서 서로 연락이 있을 것이 분명했기 때문이다. 내가 왕의 충실한 사환임을 안다면 그들도 나를 통해 왕과의 연락을 지으려고 할지도 모른다.

어쨌든 외부와의 접촉에서 공산분자들의 동정을 살피지 않을 수 없는 나는 직책상 배달을 열심히 했다. 이렇게 외부의 동정을 살피는 한편 왕과의 접촉을 긴밀히 가지려고 어떻게 해서든지 왕을 자주 만나 상점 이야기를 하는 척 하면서 그의 동정을 살펴야 했기 때문이었다. 그러나 왕은 상점 계산 일로 하루에 한번쯤 만날까 말까 할 정도 외에는 얼굴조차 볼 수 없으리만큼 늘 바쁘게 돌아다녔다. 상점 안채에서 살림을 하고 있었기 때문에 그의 가족들하고라도 접촉해 보려고 틈 있는 대로 안채에 들어갔으나 왕근례의 처나 그의 아들까지도 집에 붙어 있지를 않았다.

왕근례는 표면적 위장으로 상점을 차려 장사하는 척만 하고 딴 일들을 보러 다니는 것이었다. 왕은 중국인 독특한 성격으로 내음(內陰)하기 짝이 없었다. 그러면서도 때로는 초조해하기도 했고 때로는 우울해하는 것으로 보아 그가 계획대로 추진하는 일이 중요한 시점에 이른 것을 짐작할 수 있었다. 그래서 나는 밤에 상점 문을 닫고는 잠자는 척 하다가 안채로 들어가서 그들의 동정을 몰래 살펴보기 시작했다. 며칠 동안 그렇게 살폈으나 아무런 단서가 나타나지 않았다.

궁금한 생각으로 매일같이 안채를 살피고 있을 때 하루는 이상한 청년 한 사람이 나타나 왕을 찾았다. 나는 육감으로 그 청년이 왕의 일당이라는 것을 알았다. 그래서 특별히 친절한 태도로 그 청년을 대해주었다.

그리고 그 청년을 깊이 사귀어 왕의 행동을 포착하려고 마음먹었다. 그래서 나는 피압박 민족으로서 선계(鮮系·한국인계)의 불평을 말하기도 했고 선계와 만계(滿系·만주인계)가 꼭 같은 운명이란 말도 했다. 즉 불평을 가진 사람이라고 생각해야 공산당원으로 끌어들일 수 있다는 그들의 심리를 파악하였기 때문에 그런 술책을 썼던 것이다.

아니나 다를까? 그는 공산당에 대한 선전을 하기 시작했다. 나는 '기회가 왔다.' 생각하고 그에게 의심하지 않도록 공산주의에 동조하는 태도를 보였다. 이렇게 해서 그를 사귀는 동안 나는 그 청년의 입을 통해서 왕이 국제공산당원이라는 것을 확실하게 알았다.

왕이 국제공산당원이라는 사실을 알아내는 데 만 6개월이 걸렸다. 나는 참으로 기뻤다. 그야말로 개선장군처럼 의기양양했다. 그 사실 하나만을 알았다는 것으로 왕을 체포할 수 있고, 왕을 체포함으로써 그의 행적이 밝혀진다는 것을 생각하니까 나의 과거 6개월 고생이 결코 수포로 돌아가지 않았다는 기쁨을 숨길 수 없었다.

그러나 구체적인 사실을 규명하여 사건의 전모를 알아내기 위해 마음을 진정시켜 자중해야만 했다. 왕근례 한 사람만 체포하는 것은 그리 문제가 안 된다. 그의 조직과 임무를 알고 따라서 북만 일대의 공산당원 전부를 체포하기 위해서는 왕이 공산당원이라는 것만 알아서는 불충분하기 짝이 없었다.

나는 전보다도 왕근례에게 충실함을 보이기 위해 구걸을 하지 않으면 안 되었던 거지 때 이야기를 하여 지금의 내가 된 것은 오직 왕근례의 덕택이라고, 그 은혜를 갚기 위해서라도 일을 열심히 하지 않을 수 없다는 내 마음을 털어보였다. 말뿐만 아니라 내가 그들에게 충실하다는 증거를 보여주려고 연구를 거듭했다.

나를 전적으로 믿게 만들기 위해서는 내가 그들을 위해 어떤 희생도 불사하는 모습을 보이기 위해 하루는 물건 가격을 엄청나게 비싸게 써서 상점에 붙였다.

당시 만주에서는 협정가격보다 비싼 값으로 물건을 팔면 '폭리취체법'에 걸려 처벌을 받게 되어 있었는데 상점의 이익을 위해서 값을 조금이라도 더 받으려하다가 경찰에 붙잡혀 가는 것을 연구했기 때문이다.

과연 내 계획이 들어맞아 가격을 올린 다음날 경찰서에서 정복 경관 2명이 나왔다. 그들은 공정판매가격을 위반하고 폭리를 취했다는 이유로 왕에게 책임을 물으려 했다. 그러나 그 책임이 모두 나에게 있다는 것을 역설하여 내가 유치장으로 들어갔다.

첫 번에는 약간의 벌금으로 석방되었다. 그러나 왕에게 내가 상점을 위해 얼마나 충실한가를 보이기 위해서는 한 번으로 만족할 수 없었다. 그 뒤 여섯 번이나 유치장 신세를 지었다. 유치장에서 나올 때마다 "경찰이 하라는 대로 하다가는 이익이 납니까? 며칠 구류쯤 힘들지 않아요. 상점을 벌려놓고 손해 볼 바보가 어디 있어요?" 하면서 그의 마음을 사려고 했다. 그리고 일본이 만주를 먹었기 때문에 상점 하는 사람까지 힘들게 산다는 것을 불평삼아 이야기했다. 이 계획이 맞아 떨어졌는지 왕과 가족들은 나를 절대로 신용하게 되었다. 자기들을 위해서는 목숨이라도 바칠 줄 아는 뽀이로 생각했다.

이 사건 이후 나를 경계하는 마음이 점점 적어졌으며 따라서 내가 듣고 있어도 자기들의 이야기를 함부로 하게 되었다. 그들은 일본 제국주의를 없애야한다는 말을 내 앞에서 했다. 그리고 그 일을 위해서 왕과 그의 가족이 현재 여론을 조작하고 있다고 했다. 이렇게 비밀을 조금씩 말하기 시작할 때에도 나는 그들에 대한 감시를 게을리 하지 않았다.

밤잠을 조금도 안자면서 안채로 들어가 그들의 동정을 살피던 10월 초순의 어떤 날이었다. 몇 달 동안 매일처럼 안채를 감시하면서도 통 발견할 수 없었던 사실을 이 날에야 발견했다.

　참으로 놀라운 사실이었다.

　왕근례가 휴대용 무전기를 책상위에 놓고 무전을 발신하고 있는 광경을 보았던 것이다. 나는 호흡이 가빠지며 가슴이 두근거리기 시작했다. 얼굴이 화끈하리만큼 전신에 열이 오르기도 했다. 그러나 나는 그러한 흥분을 진정시키지 않으면 안 되었다. 나의 임무는 완수되어 가고 있으나 좀 더 큰 사실을 알기 위해서는 참아야 했다.

　나는 그 뒤 매일 밤잠을 자지 않으며 왕의 행동을 감시했다. 그 결과 매주 월요일과 목요일 오전 3시에 무전으로 정보를 소련에 제공하고 있음을 알게 되었다. 한 가지를 알게 되면 두 가지를 아는 것은 그리 힘들지 않은 법, 왕이 국제공산당원인 동시에 상해에서 하이라루로 특별 파견이 된 현재 흥안북성(興安北省) 일대의 간첩단장이라는 사실도 알아낼 수 있었다.

　나는 이렇게 그들의 비밀을 알아내는 데 성공했지만 왕과 그의 가족들은 나를 여전히 신용하고 의심하지 않았다. 도리어 그들은 한국인인 나를 점원으로 사용하고 있기 때문에 관헌에 대한 의심이 덜하고 있다는 생각을 가지고 있었다. 때로는 인간의 운명이라는 것에 대하여 야릇한 생각이 들기도 했다.

　한 울타리 안에서 같은 솥의 밥을 먹으면서도 서로의 인생관이 다르다는 것이 서글픈 인생의 운명 같았던 것이다. 더구나 나를 전적으로 신용하고 있는 왕근례 일족에게 어디까지나 가면적인 생활을 해온 나 자신이 인간성에서 벗어난 것 같은 생각도 가졌다. 그러나 나는 그러한 감상주의를 청산하지 않으면 안 되었다.

나는 무엇 때문에 이때까지 고생을 하였는가? 정말 육체의 고생을 털끝만큼도 생각지 않고 목적을 위해 싸워왔다. 그것은 오직 공산주의를 없애겠다는 굳은 신념을 가졌기 때문이었다. 이 신념을 한가한 감상주의에 흘려버릴 수는 없는 것이다.

왕도 나를 이용하기 위하여 채용했고 신용하는 것이지 내가 공산주의와 투쟁하는 사람이라는 것을 알았다면 애초부터 채용하지 않았을 것이다. 그리고 지금이라도 내가 자기의 적이라는 것을 안다면 수단과 방법을 가리지 않고 당장 나를 죽일지 모른다는 생각을 하니 한가한 감상주의에 잠길 필요가 하나도 없었다.

왕은 처음부터 나의 적이었다. 어떠한 일이 있다 해도 없애버려야만 하는 적이었다.

그동안 1년 반의 세월이 흘렀다. 1년 반 동안의 뽀이 생활을 통해서 왕의 정체를 분명히 파악했다. 이제는 시일을 더 지연시킬 필요가 없었다. '민첩하게 왕과 그 일당을 검거해야 한다.'는 판단이 서자 즉시 내가 속한 기관에 은밀한 수단으로 왕의 정보를 보고했다. 따라서 왕근례에 대한 검거가 시작, 왕뿐만 아니라 왕의 일파 전체에 대해서 검거의 손이 뻗쳤다. 나 역시 왕근례의 일파로서 검거되었다.

내가 검거되었다는 것은 특무부대의 한 정책이었다. 내가 특무부대의 대원이라고 해서 나를 검거하지 않는다면 나의 정체가 그 자리에서 드러나 앞으로의 활동에 적지 않은 지장을 줄 것이다.

나는 공산당원의 혐의자로 체포 구속되었던 것이다. 그러나 어떻게 된 일인지 검거된 지 48시간도 안 되어 왕근례가 전향을 하고 말았다. 진심으로 공산주의가 싫다는 것이었다. 그래서 예기했던 것보다도 더 큰 수확을 거두었으며 왕근례와 다른 라인의 공산당 스파이까지 하나도 빠짐없이 검거할 수 있었다.

왕의 전향으로 말미암아 나도 석방될 수 있었다. 왕이 전향하지 않았다면 정말 혐의자와 같은 대우를 받지 않는다 해도 상당히 오랫동안 유치장 생활을 했었을 것이다.

전향한 왕은 역공작에 이용되었다. 매주 월요일과 목요일 오전 3시에는 전과 다름없이 무전으로 소련과 연락하도록 했으나 그때의 정보는 소련에 불리한 역정보라야만 했다. 그리고 왕을 12차에 걸쳐 국경을 넘어 소련에까지 보내 직접 이쪽 정보를 제공케 하는 동시 저쪽 정보를 수집해 오도록 하였다.

왕은 시키는 대로 임무를 잘 수행했다. 열두 번씩이나 소련에 갔다 오면서도 명령한 기일을 어긴 일이 한 번도 없었다. 그래서 왕은 소련 측에 더욱 신용을 얻게 되었다. 그럴 수밖에 없는 것이 감시가 엄중한 국경을 열두 번씩이나 넘어갔다고 하는 것이 그리 쉬운 일이 아니기 때문이었다. 이쪽에서 편의를 보아주고 있다는 사실을 모르는 만큼 왕을 신용하지 않을 수 없었을 것이다. 그래서 소련에서는 왕에게 소만 국경 일대에 있는 소련 스파이망을 알려주었다. 그것은 보통 사람에게는 절대로 알려주지 않는 파격적인 일이다.

공산당 조직이란 종적 관련만 가지게 할뿐 횡적 관련을 가지지 못하게 하는 것이 특징이다. 그러나 왕에게만은 횡적 관계를 가지도록 만들어 주었다. 그만큼 왕을 신용했던 것이다.

소련은 왕에게 흥안북성에 퍼져 있는 9개소의 스파이망을 알려 주는 동시에 무전기를 가진 9개소와 연락을 하며 감독하라는 지시를 내렸다.

참으로 좋은 기회였다. 북만 일대의 공산당 스파이 전부를 파악할 수 있게 된 것이었다. 그래서 왕근례를 통하여 좀 더 자세한 조직 내용을 알고 총검거할 시기만을 기다릴 때였다. 왕이 장기간에 걸쳐 아무런 사고가 없이 첩보 행동에 충실하다는 것이 도리어 의심되었는지 소련 측에서 국경 일대에 감시원을 증파했다는 정보가 들어왔다.

더 기다릴 여유가 없었다. 시간에 여유를 준다면 그만큼 적에게 유리한 조건을 주게 된다. 그래서 북만 일대의 스파이망 전체에 대하여 검거의 손을 뻗치기 시작했다. 그 결과 무전기 9대를 압수했으며 중국인과 소련인으로 혼성된 스파이를 50명이나 검거했다. 소만 국경 일대에서는 소련 간첩단의 그림자가 아주 없어지고 말게 되었다.

나도 간첩단의 혐의자로서 또다시 검거되었다. 이번에는 사건이 사건이니 만큼 40일 동안이나 유치장 생활을 했다. 그리고 나올 때도 집행유예로 형식적이나마 법적 처벌을 받고야 석방되었다. 나는 석방이 되자 상점으로 돌아와 가게를 정리하였다. 이제는 나의 임무가 일단 끝났기 때문에 새로운 임무를 가져야 했기 때문이었다.

내 손으로 공의성(公義成)의 간판을 만들어 붙인 지 만 3년이 흘렀다. 만 3년이 지난 오늘 내 손으로 그 간판을 떼게 될 때 나의 감회는 무엇이라 말할 수 없었다. 3년 동안 갖은 고생도 했지만 나의 임무를 끝낼 때까지 누구에게서나 의심 한 번 받지 않고 지냈다는 것을 생각할 때 나는 통쾌한 마음을 금할 수 없었다.

공의성을 정리한 뒤에도 내가 특무부대의 일원이라는 것을 아는 사람은 하이라루 시내에 단 한 명도 없었다.

4. 고력두는 제2의 직업

왕근례와 더불어 흥안북성 일대에 잠복한 9개소 공산당 간첩단을 일망타진한 다음 나는 시노무추진대(市勞務推進隊)의 쿠리토[苦力頭·철도노동자 감독]로 직업을 바꾸어 버렸다.

공의성(公義成)을 혼자서 경영할 수도 없었지만 같은 직업을 오래도록 계속하면 나의 정체가 탄로될 위험성이 없지 않았다. 그뿐만 아니라 하나의 임무를 완수한 만큼 새로운 방면에서 새로운 임무를 수행하라는 상부의 명령이 있어 나는 노동자를 상대로 하여 나의 임무를 새로 개척할 결심을 했다.

공산주의자들은 그들의 운동 대상을 노동자와 농민에 두고 있다. 그러나 농민은 토지에 정착하여 조상 대대로 내려오는 생활의 전통을 잇고 있으며 따라서 정신적인 안정을 이루고 있다. 경제적으로는 불안정한 생활을 하고 있을지 모르나 그렇다고 해서 농토를 버리고 다른 일을 하려고 하지를 않는다. 그런 만큼 농민은 파괴적이고 비인간적인 공산주의에 잘 휩쓸리지 않는다.

　반면 노동자란 뜬 구름과 같은 생활을 하고 있기 때문에 어떤 일이 있다 해도 일만 하면 밥을 먹을 수 있다는 불안정한 정신 상태에 놓여 있다. 감언이설로 유혹하기만 하면 불물을 가리지 않고 덤벼든다. 더구나 무식하기 때문에 옳고 그른 것을 가릴 줄도 모른다.
　공산주의자들이 노동자를 이용하는 것은 그러한 이유 때문이다. 어쨌든 공산주의자가 가장 노리고 있는 곳이 노동판이기 때문에 노동자 속에 들어가 공산당의 활동을 쳐부수고 공산분자를 적발하는 것이 가장 중요할 것 같아 나는 거지와 상점 뽀이를 가장하던 식으로 이번에는 노동자로 가장했다.

　나는 쿠리토로서 노동판에 들어갔기 때문에 노동자와 같이 육체노동을 하지 않았다. 사실은 육체노동을 할 수 없기 때문에 쿠리토로 들어간 것이지만 될 수만 있다면 노동자로 들어가 그들과 휩쓸려야만 능률이 더 오를지 모른다.
　쿠리토라고 하면 노동자와 이해관계가 다르기 때문에 그들과 대립되기가 쉽다. 감정이 대립되면 가까이 하지 않을 것이며 가까이 하지 않으면 정보를 입수할 수 없다. 그렇지만 나는 육체노동을 해 본 일이 없다. 해 본 일이 없어도 능히 견뎌 나갈 수 있을지는 모르지만 서툰 일을 하다가 오히려 내 정체가 탄로된다면 그것은 시작부터 안하는 것이 나을 것 같았다.

　나는 쿠리토이기는 했으나 노동자들과 대립하지 않기 위해서 특별한

주의를 했다. 잠도 그들과 같이 잤고 먹기도 그들과 같이 먹었다. 그리고는 될 수 있는 한 노동자들의 편이 되어 자본주와 싸우는 척 하기도 했다. 밤이 되면 노동자와 같이 술을 마셨고 때로는 도박까지 했다. 어떻게 해서든지 내가 노동자의 편이라는 것을 보이려 했던 것이다.

그 결과는 뻔한 일이었다. 노동자들이 나를 따랐다. 나를 좋은 사람이라고 서로 평을 하기 시작했다. 그러나 나는 노동자들의 호감을 사려고 노력하는 한편 노동자 속에 숨어 있는 빨갱이를 적발하기에 노력을 아끼지 않았다.

때로는 내가 빨갱이 사상을 좋아하는 척해서 빨갱이의 호기심을 끌어 보기도 했으며, 때로는 수상한 자들이 모인 곳으로 찾아가 술을 사주면서 그들의 이야기를 유도하기도 했다. 그뿐만 아니었다. 어느 정도의 단서를 잡으면 밤잠을 안자며 잠복근무를 하여 비밀회의의 내막을 탐색하기도 했다.

참으로 피곤한 일이었다. 하루 종일 노동자들과 꼭 같이 일을 하다가도 밤이 되면 노동자들이 모르게 일을 혼자서 해야 했기 때문이었다. 밤잠도 충분하지 못했다.

그뿐만 아니라 아무 생각 없이 일할 때에도 나는 노동자 속에 숨어 있는 빨갱이를 살펴보기 위하여 얼마나 신경을 쓰는지 모른다. 몸과 마음이 극도로 피곤할 때는 모두가 편치 않은 생각이 든다. 그러나 하나의 단서를 포착하고 한 명의 빨갱이를 붙잡으면 그러한 피로도 다 사라져 버린다. 어디서 기운이 생기는지 또 계속 근무다.

영하 40도가 넘는 추위 속에서도 잠복근무를 하지 않으면 안 되는 때가 있다. 그럴 때면 손가락과 발가락이 빠져 나가는 것 같았고 몸이 얼음으로 변해버리는 것 같이 느끼기도 했지만 나는 참고 또 참았다.

그렇게까지 해서 빨갱이를 잡는다 해서 누가 특별상을 줄 것도 아니련만 나는 빨갱이를 없애는 것이 나의 천생 직분이기나 된 것처럼 고생을 고생으로 생각지 않았다.

나는 하이라루뿐만 아니라 만주리(滿洲里), 흥안령(興安嶺) 등 각지를 전전하며 쿠리토를 지냈다. 한 곳에서 빨갱이를 없애면 다른 곳으로 옮겨 또 다시 빨갱이를 잡았다. 노동자 속에서 그리고 노동자 속으로 침투하려는 공산당 스파이들을 샅샅이 이 잡듯 잡았다. 이렇게 노동자 생활을 하면서 2년 동안을 보냈다.

말이 2년이지 익숙하지 않은 노동생활 2년이란 것은 절대로 짧은 것이 아니었다. 목욕을 하고 싶어도 노동자들의 의심을 살까 두려워 목욕도 하지 못했다. 일부러 더러운 것을 좋아하는 척 해야 했다. 아니 더러운 것에 대하여 아무런 관심이 없는 것처럼 해야 했다. 양치도 할 수 없었다. 때에 따라서는 세수도 하지 말아야 했다. 그렇게 해서 나는 하나의 쿠리토가 되어 아무것도 아니라는 것을 끝까지 캄푸라치(군사용어로 은폐와 속임수 등을 뜻하는 프랑스어 camouflage의 잘못된 표기·카무플라주)할 수 있었다.

그 결과 나는 2년 동안의 쿠리토 생활에서 소련 스파이를 건수로만 해서 50여건을 검거했다. 스파이가 있기만 하면 있는 대로 남김없이 검거했던 것이다. 물론 내 손으로 직접 검거하지 않기 때문에 스파이가 검거되어도 나를 의심하는 사람은 없었다.

수 백 명의 스파이를 검거하고 나니 만주 국경지대에는 공산당 스파이가 씨까지도 없어진 것 같은 느낌을 주었다. 물론 그럴 리야 없겠지만 내 생각에는 그런 느낌이 들었던 것이다. 그래서 이번에는 다른 방면으로 들어가 새로운 스파이들을 잡아 보았으면 하고 생각할 때였다. 그때가 바로 서기 1945년 8월 5일이었다. 이날 오전 9시 뜻밖에도 근무처로부터 출두하라는 연락이 왔다. 마치 내 생각을 알기나 한 것 같이 '나를 다른 곳으로 전속 보내려는 것이 아닌가?' 생각하고 근무처로 달려갔다.

내가 근무처로 정식 출입한 것은 5년 동안 이것이 처음이었다. 그 새 근무처를 찾아간 일은 그야말로 단 한 번도 없었다. 연락할 일이 있으면 사람을 통해서 남모르게 행하고 있었던 것이다. 그런 만큼 정식 출두 명령을 받고 대낮에 출두를 하게 되니 어쩐지 이상한 생각이 들어 견딜 수 없었다. 전과를 올린 뒤 개선한 장군 같은 생각도 들었다.

근무처로 가자 상관은 즉시 통화성(通化省)으로 전속 갈 것을 명령했다. "그동안 수고했다."는 말 한마디 없이 그날 15시까지 출발하라는 단 한마디의 명령만 내렸다. 무척 긴장한 표정이었다.

그것도 그럴 수밖에 없었다. 소만 국경에 저미(低迷)하고 있던 암운이 바야흐로 폭풍을 일으킬 전야에 있었으니까…. 일본은 오랫동안의 태평양전쟁으로 숨을 헐떡이고 있었다. 그런데다가 소만 국경이 점차 위험상태에 들어가고 있으니 그것을 아는 군인으로 어찌 긴장하지 않을 수 있을 것인가.

나는 곧 근무처를 나와 떠날 준비를 시작했다. 준비라야 별로 있을 턱이 없다. 고리짝 한 개도 못되는 짐뿐이었다. 다만 친했던 친구들과 석별의 인사를 나눌 것뿐이었다. 그러나 같이 음식을 나눌 시간도 없었다. 그렇다고 해서 숨기고 있던 나의 직책을 말하며 급히 떠나지 않을 수 없다는 사실을 고백할 수도 없었다.

뜻하지 않았던 일이 갑자기 생겨 부득이 떠나지 않을 수 없다는 말밖에 달리 다른 이유를 말할 수가 없었다. 모두가 의아한 눈으로 섭섭하다는 뜻을 표했지만 나로서는 어떻게 할 도리도 없었다. 나 역시 5년 동안 갖은 고생을 하며 지내 온 하이라루라서 그런지 떠난다는 마음이 여간 섭섭하지 않았다. 고향을 떠나는 것 같기도 했다. 그 곳은 내 청춘의 가장 중대한 5년을 바친 곳이다.

나는 3년 동안 상점 뽀이로 있으면서 갖은 추억을 만들어 낸 서대가 46번지의 공의성을 마지막으로 찾아 갔다. 물론 안에까지는 들어가지 않았지만 밖에서 속을 들여다보면서 지난날의 회상을 혼자서 즐겨 보았다. 그리고 한국 동포가 사는 거리를 마지막으로 걸어 보기도 했다. 이렇게 떠나는 데 대하여 감상적인 생각에 젖어 있었다. 그날 나는 예정대로 하이라루를 떠났다.

지금 생각하면 그때 하이라루를 떠난 것이 얼마나 다행이었는지 모른다. 며칠만 더 머물러 있었다면 소련군에게 붙잡혀 낯선 고장에서 어떤 일을 당했을지 누가 알 수 있을 것인가.

그러니까 8·15를 맞이하기 바로 10일 전 나는 하이라루를 떠나 고향이 가까운 통화로 향했던 것이다.

Ⅱ. 조국의 품으로

1. 고향으로

하이라루를 떠난 지 나흘이 지난 8월 9일 나는 통화(通化)에 도착했다. 아침에 통화에 도착하자마자 노일전쟁 개전 소식을 들었다.

소련이 일본에 선전포고를 했다는 것이다. 이러한 소식을 들은 지 몇 시간도 안 되어 나의 제2의 고향이라고도 말할 수 있는 하이라루의 소식을 들었다. 즉 소련은 선전포고를 한 지 몇 시간도 안 되어 소만 국경으로 밀려 들어와 하이라루를 점령했다는 것이었다.

나는 문득 하이라루의 거리를 머릿속에 그려보았다. 조용하던 하이라루는 하루 사이에 무지막지한 소련군에게 짓밟히고 말았을 것이다. 거리거리마다 소련군의 군화소리에 떨고 있으리라.

소련의 스파이를 잡아 죽이던 곳. 그러나 지금은 소련군이 세력을 잡고 자기들의 적들을 함부로 죽이고 있을 하이라루!

나는 악몽에서 깨어 난 것 같았다. 나흘만 더 있었다면 그 놈들에게 붙잡혀 죽었을 것이 아닌가 생각하니 나는 하나님의 지시로 그 죽음의 도시를 탈출해 나온 것 같기도 했다. 선전포고를 한 소련군이 물밀 듯 만주로 밀려들어 온다는 소식이 속속 들어 왔다. 따라서 일본군은 어찌할지를 몰라 그저 당황할 뿐이었다. 통화로 전속 받은 나에게 근무처에서는 어디로 배속시키지도 못했다. 초초한 가운데서 덤빌 뿐 갈피를 잡아가며 일을 하지 못했다.

아무 임무도 받지 못하고 며칠을 지내는 동안 1945년 8월 15일이 왔다. 일본이 항복했다는 것이다. 나는 참으로 기뻤다. 앞으로 어떻게 될지는 생각할 필요도 없었다. 일본이 항복을 했으니 조국이 독립되리라. 독립, 참으로 꿈만 같은 말이었다. 3·1운동 때 우리 겨레가 목이 터지도록 불러보고는 그 뒤 한 번도 입 밖에 내어보지 못한 민족의 유일한 그리움, 그 그리움이 '독립' 아니었던가! 독립이 되면 우리 민족은 완전한 자유 속에서 그야말로 즐겁게 살 수가 있으리라.

나는 해방된 조국이 보고 싶었다. 독립되었다는 즐거움을 조국의 땅 위에서 맛보고 싶었다. 독립된 즐거움은 조국 땅 위에서만 그 진가를 발견할 수 있을 것 같았다. 산천이 움직이고 초목이 부르고 있을 것 같은 내 조국….

나는 하루도 지체하기가 싫었다. 주저할 아무것도 없었다. 그리운 내 조국으로 향해 떠나면 그뿐이다. 아무도 붙잡을 사람이 없다. 따뜻한 가슴속에 안아 줄 내 조국! 조국의 품안에 안기어 죽는다면 아무런 여한이 없을 것 같았다. 그리고 독립된 조국은 나라의 재건을 위하여 젊은 사람들을 얼마든지 필요로 할 것이다. 나 같은 사람도 할 일은 얼마든지 있을 것이다.

조국의 독립을 위하여 일한다는 것을 생각만 해도 나는 가슴이 떨렸다. 그간 적지 않은 고생을 하며 살아왔지만 그것은 남을 위해 살아 온 고생 같기만 했다. 이제는 어떠한 고생을 한다 해도 그것은 조국을 위하는 것이요, 또 나를 위하는 것이 될 것이다.

빨리 가자 조국으로! 때 묻은 군복을 던져 버리고 나는 조국을 향해 떠났다. 처음에 내린 곳은 강계였다. 기차가 강계까지 와서는 앞으로 언제 떠날지 모른다는 말에 기차를 내려 거리로 들어갔다. 그때 소련군은 이미 만주 전부를 점령했으며 북한 일대에까지 밀려들어오고 있었다. 그러나 소련군이 들어오든 누가 들어오든 우리나라가 다시 남의 식민지는 되지 않을 것이다.

강계에는 곳곳마다 태극기가 휘날리고 있었다. 오랫동안 본 일이 없었던 태극기였다. 독립의 상징이요, 자유의 상징인 태극기가 바람에 나부끼고 있다. 누가 태극기를 내리라 할 것인가?

36년 만에 처음으로 푸른 하늘을 보며 마음껏 나부끼는 태극기! 태극기를 바라보는 그 감격에 나의 눈시울이 뜨거워지며 눈물이 앞을 가렸다. 그러던 중 거리를 구경하며 걷고 있는 나의 눈에는 또 하나 가시 같은 것이 나의 가슴을 찌르고 있음을 보았다.

일본 놈 이상으로 어깨를 제치고 걸어 다니는 소련군인들이었다. 안하무인의 소련 군인들! 남의 나라에 와 있는 태도가 아니라 자기 나라에서도 그럴 수 없을 정도로 눈에 거슬리는 태도였다. 눈에 보이는 것은 무엇이나 자기의 소유물처럼 생각하는 것 같았다. 물건 뿐 아니라 사람까지도 자기 마음대로 움직일 수 있다는 태도였다.

나는 나도 모르게 가지고 있는 일본도(日本刀)에 힘을 주었다. 나는 군복도 벗어 버렸다. 짐이라는 것은 아무것도 없다. 그러나 무슨 생각에서인지 일본도 한 자루만은 만주에서부터 손에서 떨어뜨리지 않았다. 그 일본도를 힘 있게 잡았다. 독립된 나라에서 있을 수 없는 외국 군대, 더구나 일본 놈 이상으로 거만하고 횡포한 소련군. 그 놈들을 볼 때 나의 눈에서는 횃불이 일어나고야 말았다. 조국의 해방을 방해하는 놈이 있다면 우리는 다시 싸우지 않을 수 없다.

나는 칼을 소중히 보관하리라 생각했다. 아무 때라도 써먹어야 할 것만 같았다. 나는 그 놈들의 행동을 살피기 위하여 거리를 빙빙 돌았다. 어떤 짓을 하고 어떻게 돌아다니는지 알고 싶었던 것이다.

나는 우선 그 더러운 옷을 입은 소련군인이 시계를 몇 개씩이나 차고 있는 것을 보았다. 이상한 일이었다. 한 팔에 2~3개를 차고 있다. 나로서는 처음으로 보는 일이었다. 그래서 어떤 사람에게 물어보았다. 그랬더니 대답하는 말이 "시계라는 것을 처음 보는 모양입니다. 신기로워 그런지 시계를 가진 사람만 보면 반드시 빼앗습니다. 그리고 몇 개라도 한꺼번에 차고 다닙니다." 하는 것이었다. 그리고는 태엽을 틀 줄 몰라 소리가 나지 않으면 두들겨 내 버린다고 말해 주었다.

시계라는 것을 처음으로 보는 국민! 그리고 남의 물건을 함부로 빼앗는 군인! 그것이 소위 소련군인이었다.

한곳에서는 이런 것을 보았다. 소련군인이 냄비 땜장이를 함부로 때리고 있었다. '왜 사람을 때릴까?' 하고 자세히 가보니 땜질할 때 쓰는 청산가리를 뺏으려고 하는데 땜장이가 그것을 주지 않은 모양이었다. 소련군인은 땜장이를 몇 차례 갈기고는 파란 병에 든 청산가리를 빼앗았다. 땜장이는 매를 맞고도 그것을 뺏기지 않으려고 다시 달려들었다.

소련군인은 땜장이를 다시 때렸다. 그리고는 청산가리 병을 열고 그 속에 든 청산가리를 한 모금 마셨다. 땜장이가 기겁을 해서 병을 뺏으려 했으나 때는 이미 늦었다. 보기에 먹음직하게 생겼으니까 빼앗아 먹으려 했던 모양이다. 그러나 말을 모르는 소련군인이니 땜장이가 청산가리니까 먹으면 죽는다고 아무리 설명을 해도 알아들을 리 만무했다. 도리어 물건이 아까워 안 주는 줄만 알고 사람을 두들기고 억지로 빼앗아 마셔 버린 것이었다.

기막힌 일이었다. 그렇게까지 무식한 백성이 어디 있을 것인가? 보기에 먹음직하면 무엇이나 먹는 줄 아는 백성! 그러나 땜장이가 무엇 때문에 먹을 물건을 가지고 다니겠는가? 추상력이 그렇게 빈약한 백성은 없을 것이다. 청산가리를 먹은 소련군인은 그 자리에서 쓰러지고 말았다.

그 뒤 어떤 곳에서는 소련군인이 마른 오징어를 들고 와서 구두 수선하는 사람에게 자기 구두를 수선해 달라는 것을 보았다. 납작하고 질기니까 아마도 가죽인 줄 알았던 모양이다. 자기의 헌 구두와 오징어를 내미는 바람에 구두 수선장이가 어처구니가 없어 웃고 말았다. 그랬다가 수선장이는 매를 맞았지만 소련군인의 그 무식함에는 정말 놀라지 않을 수 없었다. 아무리 처음 보는 물건이기로서니 그것이 무엇에 쓰는 것인지 생각해 내지도 못한다는 것은 무식 정도가 아니라 미개인이라고밖에 말할 수 없다.

나는 속으로 생각했다. 그렇게까지 미개한 백성들이 세력을 크게 가진다면 얼마나 야만스러운 행동을 할 것인가 하고….

나는 소련군인이 보기도 싫어졌다. 그래서 정거장으로 가서 떠나는 기차나 기다리려고 했다. 정거장으로 걸어 갈 때였다. 소위 자치대원이라는 사람이 나를 불렀다. 그리고는 내가 들고 있는 일본도를 내 놓으라는 것이었다. 나는 즉석에서 내 놓을 수 없다고 대답했다. 정말 내 놓기가 싫었다. 무지스럽고 야만적인 소련 군대가 주둔하고 있는 이상 내 몸에서 무기를 떼어 놓을 수가 없을 것 같았다. 참을 수 없는 광경에 부딪칠 때에는 한 놈을 죽이고 내가 죽는 한이 있더라도 싸워야 할 것 같은 생각이 들었던 것이다.

그러나 자치대원은 억지로 내가 가진 일본도를 뺏으려 했다. 민간인은 무기를 가져서는 안 된다는 것이었다. 그래도 나는 일본도를 내 놓지 않았다. 그랬더니 그 자치대원은 나를 자치대 사무실까지 끌고 가서는 함부로 때리며 고문을 했다.

나는 고문을 당하면서도 소련 놈이 우리 민족에게 어떠한 해를 끼칠지 모르니까 우리는 다 같이 무기를 가지고 있어야 한다고 주장했으나 소용없는 일이었다.

나는 하룻밤을 유치장에서 잤고 또 일본도를 종래 빼앗기고야 말았다. 할 수 없는 일이었지만 내 몸에 무기가 하나도 없는 것이 서운했다. 매 맞은 것도 분한 줄 몰랐다. 내 동족에게 매를 맞아서 그랬는지는 모르지만 처음으로 고문이라는 것을 당해보고도 분한 생각이 들지 않았다. 그 대신 무기 없는 나의 장래가 불안할 따름이었다.

우리 민족에게 장차 어떠한 시련이 올 것인가 하는 불안이었다. 나는 그러한 불안을 가진 채 강계를 떠나 나의 고향으로 출발했다. 참으로 오래간만에 찾아가는 고향이었다. 나는 고향을 꿈같이 그리며 피난 열차에 올라탔다. 그러나 열차에서 보이는 풍경은 또 한 번 나의 가슴을 아프게 해주고야 말았다. 온 지 며칠도 안 된 소련군이 우리나라의 물건을 싣고 북쪽으로 달려가고 있는 사실이었다. 공장의 기계가 실리었는가 하면 쌀가마니가 실리어 있다. 이것은 확실히 그 놈들이 빼앗아 가는 물건들이었다.

한국 땅에서 피 한 방울 흘리지 않은 놈들이 한국에 들어온 지 며칠도 안 되어 한국의 물자를 빼앗아 갈 생각부터 하다니…. 우리나라를 해방시켜 주기는커녕 한국을 착취하기 위해 들어온 백성들이라고 말하지 않을 수 없었다.

가난한 한국의 물자를 약탈해 가는 국가. 내 가슴속에는 소련에 대한 증오심이 다시 솟구쳐 올라오기 시작했다. 나는 공산주의라는 것이 어떤 것인지를 안다. 그렇기 때문에 소련이 인류의 적이라는 것도 알고 있다. 그러나 전쟁이 끝나고 일본이 항복했으니까 임시로 주둔하는 것이라는 생각 하에 며칠만 참으면 놈들의 꼴을 보지 않으려니 하고만 생각하고 있었다.

그러나 하루라도 놈들의 꼴을 본다는 것이 가슴에 못을 박는 것 같았다. 나는 두 주먹에 힘을 주었다.

2. 철원에서의 피검

나는 울분에 잠긴 채 고향인 영흥에 내렸다. 오래간만에 발을 디디는 곳이었다. 흙빛이 부드럽고 물빛마저 꽃잎처럼 연해 보이는 내 고향! 일찍이 나를 길러 준 이 고향 땅을 조국의 해방과 더불어 찾아온다는 것은 나에게 있어서 감격한 일이 아닐 수 없었다.

나는 기차에서 내리자 영흥에서 백 여리 떨어져 있는 시골 고향으로 찾아갔다. 나무뿌리를 뜯어먹던 뒷산과 헤엄치며 놀던 동네 앞 못이 보고 싶었다. 그리고 같이 놀던 어릴 때 친구들이 보고 싶었다. 아버지와 어머니를 만나 두 분의 품안에서 울어보고 싶은 충동을 느꼈다. 십년! 십년동안 나는 고향을 등지고 아버지와 어머니를 떠나 있었다. 그동안 소식도 변변히 보내지 못했다. 늙으신 부모님은 나를 얼마나 기다리고 계실까. 아들이 아무 소식도 없이 꿈처럼 집에 나타난다면 부모들이 얼마나 기뻐하실 것인가.

일제 강점기의 지원병 및 징병제도로 말미암아 많은 청년이 전쟁터에 끌려 나가 적지 않게 희생을 당했다. 그러나 내 아버지와 어머니만은 이제 남들과 같은 슬픔을 맛보지 않아도 좋게 되었다. 아들을 도로 찾은 것이다.

나는 앞으로 조국을 위해 일을 하면서도 10년 동안 고생하신 부모님을 위하여 효도하는 길을 생각하리라 마음먹었다.

산과 들은 예나 다름이 없지만 어딘가 달라진 듯한 고향 마을에 들어서자 나는 쏜살같이 집으로 달려가 어머니를 불렀다.

첫마디에 어머니가 대답을 하고 나왔다. 꿈을 꾸고 있는 것처럼 "이게 누구냐?" 하고 어머니는 내 앞으로 달려왔다. 그러나 어머니의 머리는 이미 백발로 변해 있었다. 10여 년 동안 보지 못한 어머니! 그는 그동안 얼마나 고생을 했기에 이렇게도 머리가 은빛으로 변하고 말았을까? 나는 어머니에게 말할 수 없는 죄를 지었다고 느끼는 동시 앞으로는 이 늙은 어머니를 절대로 떠나지 않으리라 마음먹었다.

동시에 어머니가 이렇게 늙으셨다면 아버지는 얼마나 늙으셨을까. 나는 "아버진 어디 나가셨어요?" 하고 아버지를 찾았다. 그러나 어머니는 힘없는 목소리로 "벌써 돌아가셨다. 넌 그것도 몰랐지?" 하고 눈을 껌벅껌벅했다. 그리운 아들을 만나는 기쁨이 돌아가신 남편 생각을 하게 만든 모양이다. 즐거움을 같이 나누지 못하고 돌아간 남편을 생각할 때 그의 눈에서 어찌 눈물이 흐르지 않을 것인가.

"뭐요?" 나는 그저 놀랄 뿐 말을 이을 수 없었다. 아버지가 돌아가시다니…

아버지는 자기의 명에 돌아가신 것 같이 생각되지 않았다. 악독한 놈들에게서 해를 받아 불의의 죽음을 당했을 것만 같이 생각되었다.

왜 그런지 모르지만 해방도 못보고 돌아가신 아버지를 생각하니 가슴이 터지는 것 같고 세상이 무너지는 것 같았다. 더욱 큰 죄인으로 생각되었다. 그래서 다음날 아버지의 산소를 찾아갔다. 아버지 무덤 앞에서 나는 목 놓아 울면서 아버지께 용서를 빌었다.

나는 고향에 돌아 온 감회를 어떻게 처리할지 몰라 며칠 동안을 집안에 누워 있었다. 그렇게 몇 달이 지나자 마음이 어느 정도 안정이 되었다. '이제 무슨 일이든 해야겠다.'는 생각이 들었다. 무슨 일이든 조국을 위해서 일하지 않으면 안 될 것 같았다. 그러나 고향에는 의논할 친구도 없다. 어디로 갔는지 옛날의 친구는 보이지도 않았다. 있다고 하면 농사밖에 모르는 농사꾼들뿐이다. 더불어 조국 독립의 경륜을 이야기할 수 없었다.

나는 어디로나 또 떠나야 했다. 어머니께는 죄스러운 일이나 이제 조국 안에 살고 있으니 내가 자리 잡은 곳에 어머니를 모실 수 있다는 든든한 생각이 들어 같이 손잡고 일할 사람을 찾기로 했다.

나는 철원을 생각했다. 거기에는 북만(北滿) 당시에 나의 부하로 일하던 사람이 살고 있다. 이름은 김윤원(金允元·31세)이었다. 그는 나의 부하였던 만큼 나와 꼭 같은 뜻을 품고 있었다. 공산 스파이를 박멸하기 위하여 몸을 아끼지 않는 사람이다. 나와 함께 기거 동락을 함께 한 것은 아니지만 다른 직장에서 나를 도와주며 나의 임무를 충실하게 보좌해 주었다. 그 사람만 만나면 이야기도 할 수 있을 것이고 또 손을 맞잡아 일할 수도 있을 것이다. 역시 동지가 있어야 할 것 같아 나는 철원으로 가기로 했다.

때는 10월 중순이었다. 나는 죽마지우를 찾아가듯 즐거운 마음으로 기차를 타고 철원으로 향했다. 복계에 이르자 철원까지는 기차가 가지 않는다는 말을 듣고 나는 할 수 없이 걷기를 시작했다. 그리 먼 길은 아니었지만 친구를 찾으러 가며 빈손으로 갈 수가 없다는 생각에 북어 100마리를 사서 등에 짊어지고 가려니 가을바람이 선선하기는 했으나 등에서 땀이 흘러내렸다. 그래도 친구가 반가이 맞아 줄 것을 생각하니 피곤한 줄도 모르고 철원까지 이르렀다.

철원읍 관전리로 김윤원을 찾아 간 것은 그날 밤이 이슥한 때였다. 김은 반가이 맞아 주었다. 하이라루 적십자 병원에서 환자 시중을 들던 그의 어머니도 나를 진심으로 반갑게 맞아 주었다. 나는 그들의 고마운 정에 감격하여 피곤한 줄도 모르고 이야기에 취해버렸다. 그러나 어찌된 일인지 그들은 나에게 피곤할 것이니 일찍 자라고 했다. 나를 생각해서 하는 말이려니 하고 고맙게 여기기는 했으나 밤을 새워가면서라도 이야기하고 싶은 나의 마음을 억지로 눌러 잠재우려는 것이 이상스럽게 생각되었다.

어떻게 보면 이야기하는 것이 편치 않다는 것처럼 보이기도 했다. 그러나 나는 그들이 자라는 대로 자리에 누울 수밖에 없었다.

나는 역시 피곤했던 몸이라 자리에 눕기가 바쁘게 그만 잠들어 버리고 말았다. 그러나 새벽 2시경 나는 뜻하지 않은 소리에 놀라 깨고야 말았다. 내무서원 3명과 소련군인 1명이 피곤하게 잠든 나를 깨우고 있었던 것이다. 참으로 기막힌 일이었다. 김윤원 이외에 아무도 아는 사람이 없는 철원이다. 그것도 밤늦게라서 겨우 헛잠을 들고 있는데 내무서원들이 어떻게 알고 나를 찾아 왔을 것인가?

어쨌든 나는 내무서에 붙잡혀 가는 몸이 되고야 말았다.

3. 사형 선고와 탈출

보안대원과 소련군인은 나를 묶어 가지고 철원 게페우(GPU·소련의 비밀경찰) 사령부로 끌고 갔다. 철원 게페우 사령부는 철원경찰서 자리였다. 나는 이곳 유치장 3호 감방에 들어가고야 말았다.

참으로 기막힌 일이었다. 내가 철원에 도착했다는 것은 김윤원밖에 아는 사람이 없는데 어떻게 해서 그것을 알고 나를 잡으러 왔을까? 김윤원은 나의 부하였을 뿐 아니라 나를 믿어주고 있는 사람이다. 설마 그가 나를 밀고했을 것 같지는 않았다.

그러나 유치장에 들어간 지 몇 시간도 안 되어 취조를 받으러 끌려 나갔을 때 취조실 한 가운데 김윤원과 그의 어머니가 서 있는 것을 나는 알았다. 내가 붙잡혔으니까 나를 재워 준 죄로 그들도 끌려 온 것이겠지 하고 나는 미안하다는 눈으로 그들을 바라보았다. 그러나 내 앞으로 걸어오던 김윤원이가 구둣발로 죽어라 나를 걷어차는 데는 놀라지 않을 수 없었다.

"이 사람이…?"

나는 말도 못하고 그저 놀라기만 하는 표정을 지었다. 그때 김윤원이가 "나쁜 놈! 이제 맛을 좀 봐라." 하고 다시 나를 찼다. 나는 김윤원이의 고발로 내가 붙잡힌 것을 알았다. 김윤원이가 나를 차고 있는 사이에 보안대원 앞에 섰던 그의 어머니가 "이놈! 너는 소만 국경에서 애국자를 몇 명이나 죽였지? 우리 공산당원을 몇 명이나 체포하고 또 몇 명이나 죽였는지 똑바로 고백해라." 하고 호령하였다.

세상이 바뀌면 인정도 바뀌는 모양이었다. 다른 사람이라면 그래도 참을 수가 있었다. 내 밑에 있었다고는 해도 나와 꼭 같은 일을 해 온 김윤원이다. 나 역시 죄가 있다고 하면 그에게도 죄가 있다. 같은 죄를 지은 사람끼리 누가 누구를 죄인이라고 고발할 수 있을 것인가? 그보다도 한국 사람이 별로 없던 하이라루에서 만나기만 하면 친척처럼 서로 반가워하던 사람이 이제 와서 원수로 고발을 하다니….

참으로 상상도 못할 일이었다. 그러나 이러한 생각은 역시 인정이라는 것을 인간의 미덕이라 생각했던 나의 착각이었다. 공산주의 사회에서는 인정이라는 것이 없다. 자기가 살기 위해서는 친척도 친구도 함부로 팔아먹어야 한다.

8·15 이후 북한에서는 수많은 동포가 반동이라고 붙잡혀 학살을 당했다. 인민재판이라고 해서 백성들이 자기의 손으로 자기의 동포를 죽이도록 공산주의자들은 인민재판이라는 것을 만들어 냈다. 가장 가까운 사람을 죽이면 그 죽인 사람은 그만큼 사상이 두텁다는 것을 증명하는 것이라 해서 누구나 눈이 빨개가지고 자기 가까운 사람들의 흠집을 찾아내고 있다.

김윤원은 자기의 죄상을 용서 받기 위해서라도 많은 사람을 죽여야했을 것이다. 공산주의자들의 원수인 내가 자기 집을 찾아 갔을 때 김윤원은 자기의 공적표가 하나 더했다는 것을 생각하고 나를 반가워했을 것이다. 나는 사람을 잘못 보았다고 혼자서 후회했다. 아! 공산주의가 어떤 것인지를 알면서도 그 잔인한 면을 채 몰랐던 것을 후회했다.

이제는 운명에 맡기는 수밖에 없었다. 나는 연일 취조를 받았다. 취조는 소련군인이 담당했지만 고문은 통역관인 한국 사람이 맡고 있었다. 통역을 하며 한마디 묻고는 한 번씩 때리는 그 통역관은 소련군인보다도 더 무서운 눈을 뜨고 있었다. 민족적인 점에서 소련군인보다 조금이나마 가까워야 할 한국 사람이 나를 더 미워하고 더 때리는 것은 무엇 때문일까? 그래야만 살고 그래야만 승급을 할 수 있다는 말인가?

유치장에는 적지 않은 사람들이 붙들려 와 있었다. 대부분이 공산주의를 싫어하는 사람들뿐이었다. 3호 감방에도 3명의 애국 청년이 있었다. 그리고 철원 경찰서장이었다는 일본인 1명과 관리 노릇하던 일본인 1명이 나와 같이 잠을 자고 있었다. 물론 공산주의자들의 눈에 비칠 때 모두가 원수 같을지는 모르나 그렇다고 해도 사람을 취급하는 태도는 너무나 야만적이라는 데는 놀라지 않을 수 없었다.

어디서 주워 모았는지 모르나 가정에서 쓰던 요강을 가져다가 그 속에 밥을 담아 주는 데는 입이 벌어지지 않을 수 없었다. 모으기도 용하게 모아다 놓았다. 오줌 누는 변기에 밥을 담아 준다는 것은 인간을 인간으로 취급하지 않는다는 뜻밖에 되지 않는다. 그것도 콩밥이다.

아무리 배가 고프다 할지라도 변기 속의 밥은 차마 먹을 수가 없었다. 그렇지만 나는 사흘쯤 지나자 변기에 주는 밥이라도 먹지 않을 수 없었다. 그만큼 배가 고팠던 것이다. 그리고 한편으로 어떻게 해서라도 살아야겠다는 마음이 들었던 것이다. 살아야만 인류의 적인 공산주의와 싸울 수도 있다. 나는 이곳 유치장에서 갖은 고문과 학대를 받으면서 공산주의에 대해 한층 더한 증오심을 느꼈다. 싸워야겠다는 마음이 고문을 받음에 따라 더 커져 갔던 것이다.

게페우에서는 나에게 사형을 언도했다. 재판이라는 것도 없는 사형 언도였다. 취조관이 한마디의 말로 내린 선고였다. 그렇다고 해서 불복 공소할 수도 없다. 죽인다고 하면 죽는 도리밖에 없다. 놈들에게 사형을 당하게 되고야 말 것이라는 생각을 할 때 나는 참으로 분하기 짝이 없었다.

그러나 어쩐지 놈들에게 맥없이 죽고 말 것 같지는 않았다. 그새 무슨 수가 생기고야 말 것만 같았다. 어떻게 하겠다고 구체적 계획은 없었지만 그래도 죽지는 않을 것 같은 생각이 들었던 것이다. 말하자면 때만을 기다리고 있었다.

11월 중순경이었다. 밥을 나르는 어떤 경죄수로부터 내일 오후에 내가 사형 집행을 당한다는 말을 들었다. 사형 장소가 전 철원 신사 앞 광장이라는 것까지 말해 주었다. 올 때가 오고야 말았다고 생각했다. 내일이 사형이라니…. 이제는 어떻게 할 도리가 없다. 꼼짝 못하고 죽는가보다 생각하지 않을 수 없었다. 그래도 마음은 초조하지가 않았다. 다음날 정오가 되자 나는 드디어 끌려 나갔다. 소지품을 전부 가지고 나오라고 했다. 나와 함께 일본인 두 사람도 끌려 나왔다.

사형장으로 나가는 모양이었다. 그런데 사형장에 가는 사람에게 소지품을 가지고 나오라는 것은 무엇 때문일까? 유치장에서 나와 게페우 앞으로 가니 사형 집행을 구경 나온 철원 시민이 그야말로 인산인해를 이루고 있었다. 남은 죽는다고 하는데 그게 무슨 구경거리가 되어 이렇게 모였을까? 인심이 너무도 잔인함에 놀랐다. 그러나 돌이켜 생각할 때 사람 죽이는 것을 보고 싶어 나온 사람보다도 강제로 동원되어 나온 사람이 더 많은 것 같았다.

사람 죽이는 것을 보여줌으로써 공포관념을 넣어주려는 공산주의의 야만적 정책 밑에서는 보고 싶지 않으면서도 안 나올 수 없는 어쩔 수 없는 일이다.

물결 같은 사람 틈을 헤치고 게페우로 들어갔을 때였다. 소련군인과 그 앞잡이들이 나를 유심히 바라보며 몇 시간 뒤에는 이 세상 사람이 아닐 나에게 호기심에 가득 찬 시선을 보내었다. 픽, 픽 코웃음 치는 작자도 있었다. 물론 동정의 눈으로 보는 사람은 하나도 없었다. 한편에서는 나와 일본인을 총살하려고 총을 손질하는 사람이 보였다.

가슴이 뜨끔했다. '마침내 죽고야 마는구나…' 하는 생각을 하니 눈앞이 캄캄해졌다. 그러나 사형장으로 나가려고 할 즈음 소련 장교 한 명이 나와서 사형을 중지하고 함흥 게페우 사령부로 이송하라는 명령을 내렸다. 함흥으로 넘어 간다고 해도 사형이 감형될 것은 아니지만 그래도 나는 살길이 트인 것 같은 생각에 한숨을 내쉬었다. 하이라루 시대에 내가 한 일과 그리고 그 당시의 소만 국경 정세를 알기 위하여 함흥으로 이송시키는 것이리라. 두 일본인도 나와 함께 이송케 되었다.

우리들은 총살을 기다리고 있는 군중 사이로 철원 정거장을 향해 걸어갔다. 군중들은 왜 죽이지 않느냐고 고함을 질렀다. 내가 무슨 죄를 지었는지 아는 사람이 있을 턱이 없다. 내 얼굴을 아는 사람 또한 한 명도 없다. 있다면 김윤원과 그의 어머니뿐일 것이다. 그런데도 이곳 백성들은 어찌하여 피를 보고 싶어 할까? 아무리 공산주의의 사주(使嗾)를 받아 움직인다 해도 그럴 수 가 있을 것 같지 않았다.

군중 맨 앞에서 나는 김윤원과 그의 어머니를 보았다. 그들도 내가 사형 받지 않고 끌려가는 것을 서운하게 생각하고 있는 것 같았다. 내가 죽으면 자기의 공적이 그만큼 높아질 것이다. 그리고 내가 죽음으로 말미암아 자기의 죄상이 감추어질 것이다. 그렇기 때문에 내가 죽지 않고 끌려가는 것을 도리어 불안한 눈으로 바라보는 것 같았다.

나는 그들의 얼굴에 침이라도 뱉어주고 싶었다. 뛰쳐나가서 발길로 걷어차고도 싶었다. 그러나 나는 참았다. 아무런 항거도 없이 정거장까지 이르러 화물차에 올랐다. 일본인 두 명과 내가 화물차에 오르자 그들은 밖으로 못을 박았다. 탈출을 방지하려는 행동이다. 그리고 보안대원과 수송 책임자인 소련군인은 창살을 통해 바라볼 수 있는 앞자리에 남았다.

이렇게 엄중한 경계를 하는 가운데서도 나는 속으로 탈출을 생각했다. 함흥으로 이송한다는 것은 조사를 더 엄중히 하겠다는 것을 의미할 뿐 내 죄가 가볍다는 것을 말해주는 것이 아니다. 이때 탈출하지 않으면 나는 영영 죽어버리고 만다.

우리가 탄 화물차는 말을 수송하던 화물차였다. 말똥과 말 터럭이 아직도 남아 있었다. 그런데 벽 위에 있는 철창이 기차가 움직일 때마다 덜그렁 소리를 내었다. 밖으로 못이 박혀 있을 텐데 웬일일까? 하고 유심히 바라보니 못이 박혀 있지 않았다.

내가 탈출할 수 있는 오직 하나의 길이 열려 있는 것 같았다. '덜커덩!' 거리는 소리를 들으면 놈들이 나중에라도 못을 박을 것 같은 생각에 나는 화물차 밑바닥에 있는 옥수수 껍질을 집어서 철창의 빈틈에

끼었다. 그러면 기차가 움직인다 해도 창문에서 소리가 나지 않을 것 같았다. 그리고 놈들도 안심하고 있을 것이다.

나는 그야말로 민활하게 놈들이 보지 못하는 사이 그 일을 했다. 기차는 어느덧 고원(高原)을 지났다. 나의 고향인 영흥을 지나 함흥을 향해 달리고 있었다. 영흥 교외에 흐르고 있는 영흥강을 바라볼 때 나는 여기서 탈출해야 한다는 생각을 했다. 고향 가까운 곳이어서 고향 그리운 생각이 무의식중에 일어났는지도 모른다.

나는 벌떡 일어섰다. 그리고 철창 옆으로 다가서는 순간 감시원이 "왜 일어서?" 하고 고함을 질렀다. 나는 내 고향 앞을 지나기 때문에 한번 보기라도 하고 싶었다는 말을 꾸며대고는 도로 앉아 버렸다. 감시원들은 안심했다는 듯이 그 뒤로 나를 보지도 않았다.

어느덧 함흥 못미처의 정거장인 흥상역에 다다렀다. 다음 기차가 멎는 곳은 내가 한 번 더 고문을 받고 사형을 집행 당할 곳이다. 나는 이곳이 내가 탈출할 수 있는 최후의 기회라고 생각했다. 이때 탈출을 못한다면 나는 영영 죽고 마는 몸이 된다.

나는 이 최후의 기회를 놓치지 않으려고 나의 모든 신경을 탈출에 기울였다. 그러나 만만한 기회는 좀처럼 오지 않았다. 기차는 속력을 높여 달린다. 함흥이 가까워갈 뿐이었다. 극도로 초조한 나머지 감시원들이 보건 말건 뛰어 내릴까를 생각하고 있을 때 감시원들이 하차를 준비하라고 했다. 같이 탔던 일본인들은 얼굴이 파래지며 입술을 떨고 있었다. 극도의 공포심에 사로잡힌 모양이었다.

나는 하차 준비를 하는 척하고 일어섰다. 처음이자 또 마지막 기회였다. 일어서자마자 나는 철창문에 꺼냈던 옥수수 대를 잡아 빼고 문을 번개처럼 열었다. 동시에 몸을 솟구쳐 올려 질주하는 기차에서 뛰어내렸다.

나는 어떻게 어떤 곳에 떨어졌는지도 몰랐다. 몸이 얼얼한 것이 움직일 수 없다는 것만 알았다. 몹시 다친 모양이었다. 그러나 기차에서 쏘고 있는 총소리에 나는 한자리에 머물러 있을 수 없었다. 나는 산을 향해 달렸다. 얼마나 달렸는지도 모른다. 어쨌든 기차가 보이지 않는 곳까지 이르러서야 왼쪽 눈 아래 뼈가 상했고 거기서 피가 쏟아지는 것을 알았다. 손발 할 것 없이 피가 나지 않는 곳이 없었다.

나는 옷을 찢어서 상처를 싸매고 다시 걷기를 시작했다. 탈출한 이상 한시바삐 남쪽으로 도망가야 했기 때문이었다. 사흘 동안 나는 밥은 고사하고 물 한 방울 먹지 못하고 걸었다. 출혈을 하고 밥을 못 먹은 데다 사흘 동안을 걸었으니 피곤이야 이루 말할 수 없었다.

사흘이 지난 날 어떤 농부가 산으로 올라오는 것을 보았다. 사흘 동안에 처음으로 보는 사람이었다. 나는 그 농부에게 먹을 것이라도 부탁하고 싶은 생각에 그 사람을 불렀지만 농부는 나를 보자 도리어 기겁을 하고 도망질쳤다.

나는 악몽에서 깬 것처럼 다시 산속으로 달리기 시작했다. 공산주의 사회에서는 험악한 꼴을 하고 있는 나에게 물 한 모금 줄 사람도 없다는 것을 느꼈다.

어디를 어떻게 돌았는지 나흘이 지났을 때야 나의 고향인 영흥 근처에 이르렀다. 마장(馬場)이라는 조그마한 부락이었다. 그대로 가다가는 굶어서라도 죽을 것만 같아 부락 안으로 들어갔다. 그리고는 피난민으로 만주에서 나오는 길인데 기차 위에서 떨어져 부상을 당했는데 영흥까지 보내만 주면 돈은 달라는 대로 주겠노라 했다.

그 말을 듣자 젊은 농부 한 사람이 친절하게 달구지를 준비해 주었다. 나는 달구지 위에 누워 이불을 쓰고는 환자로 가장한 뒤 우선 영흥읍에 있는 외사촌 댁을 찾아갔다. 여기서 나는 처음으로 밥을 먹었고 상처를 씻었다. 그러나 거기서도 오래 머무를 수가 없기 때문에 어머니한테로 기별하여 달구지를 보내 달라고 했다. 그래서 다음 날은 형님(창헌·昌憲)이 가지고 온 달구지에 누워 이번에는 시체로 가장했다.

영흥강을 지날 때 어린애들이 죽은 사람이 마차에 실려 간다고 하여 무서워 도망치는 것을 보았다. 집에 이르니 마음이 턱 놓였다. 그러나 내 집이라고 해도 공산 치하의 세상이다. 안심할 수가 없었다. 그래서 나는 집에 도착하는 날부터 창고에서 살았다. 어머니만 몰래 들락날락하며 밥을 갖다 주시며 얼굴의 상처를 치료해 주었다.

20여 일을 지나니 상처가 거의 아물었다. 그러나 얼굴에 받은 상처는 커다란 흠집을 남기고야 말았다. 상처가 낫자 나는 북한이 내가 살 곳이 아님을 깨달았다. 거기서는 내가 아무 일도 할 수 없다. 나의 정체가 드러나면 체포될 것이 틀림없다. 체포만 되면 사형이다.

나는 38도선 이남으로 내려 갈 것을 결심했다. 거기 가서 나의 원수요 또 인류 전체의 원수인 공산주의와 싸워야 할 것을 결심했다.

4. 두 번째의 사형 선고

상처가 거의 아물어 내일쯤 이남으로 출발하려고 준비하던 날이었다. 형수가 이제 가면 언제 만날지 모르니까 떡이라도 해 먹자고 했다. 시골에서는 떡이 제일 좋은 음식이다.

떡방아를 찧으러 갔던 형수가 무슨 이야기 끝엔가 시동생 되는 내가 이남으로 떠나기 때문에 떡을 한다고 동네 아낙네에게 발설을 했던 모양이다. 말하자면 떡이 하나의 화근이 되었다. 형수의 말이 어떻게 들어갔는지 날이 저물기도 전에 보안서장으로부터 글발이 왔다.

내용은 모든 것을 알고 있으니 돈 5만원만 보내라는 것이었다. 협박장 비슷했지만 결국 돈을 먹고 싶다는 말이었다. 나는 분한 생각이 들어 편지를 가져 온 사람에게 구두로 돈이 없다고 거절해 버렸다. 보안서장이라는 사람이 전혀 모르는 사람이었다면 분할 것까지는 없었을 것이다. 있는 대로 돈을 주어 무사하기를 바랐을 것이지만 보안서장이란 사람이 다른 사람도 아닌 바로 나의 외조카 김영조(金令助)였다.

그는 외조카라고 하지만 친형제처럼 지낸 사이다. 일찍이 부모를 잃고 의지할 데가 없는 고아가 되었을 때 우리 집에서는 그를 데려다가 자식처럼 공부를 시켰다. 그래서 그는 나와 같이 소학교를 다니며 공부도 같이 해왔다.

내가 만주에서 나온 직후에는 몇 번이나 만나 "공산주의를 타도해야 해! 나라를 망치고야 말 공산주의를 없애야 해!" 하고 손을 잡고 일하자는 말을 여러 번 했다. 그러다가 보안서장이 되었지만 보안서장이 되었다고 해서 그래 나를 협박하여 돈을 먹으려고 할 수가 있는가.

세상이 아무리 흉악하다고 해도 그럴 수는 없을 것 같았다. 분한 생각 같아서는 당장에 김영조를 찾아가서 나를 도와주지는 못할망정 나를 협박해야 하느냐고 힐난을 하고 싶기도 했으나, '내일이면 떠날 것이니 참자.' 하는 마음으로 이를 악물고 버텼다.

그러나 다음 날 새벽 정작 출발을 하려고 할 때였다. 아직 동도 트기 전인 새벽에 보안대원들이 나의 집을 포위하고 들어와서 나를 체포하여 보안서로 끌고 갔다. 나를 체포한 것은 두말할 것도 없이 나의 외사촌인 김영조였다. 끌려가기는 하면서도 나는 분함을 참지 못했다. 돈을 달라고 했다가 돈을 주지 않으니까 이제는 체포를 하고 만 것이다. '세상에 이렇게 불측한 놈이 있을 수 있는가.' 하는 생각에 참으로 이가 갈리었다.

그래도 할 수가 없었다. 끄는 대로 끌려가서 유치장 신세를 지게 되었으며 때린다고 하면 맞는 수밖에 없었다. 그렇다고 해서 놈들에게 고분고분할 수는 없었다. 김영조를 생각해도 그랬고 소위 취조관이란 작자들을 생각해도 그랬다.

취조관이란 자는 8·15 이전까지 여관 사환으로 있던 김부서(金富徐)란 자였다. 그야말로 '낫 놓고 기역자도 모르는 자'가 그 사이 배운 계급이니, 투쟁이니, 반동이니 하며 나를 고문하는 데는 어이가 없어서 입을 다물 수가 없었다. 취조하는 말에도 대답이 나오지 않았다. 도리어 악이 솟구쳐 "너희들 같은 놈들이 판을 치니 세상이 될게 뭐내? 망했다. 망했어." 하고 고함을 질러 주었다. 그랬더니 놈들은 화를 내고 나를 때리기 시작했다. 무리들의 매였다. 칠 팔 명이 달려들어 죽어라 하고 때려 주었다.

나는 그만 기절을 하고 말았다. 정신을 차려보니 유치장에 누워 있었다, 찬바람이 휙휙 날리는 유치장이었다. 마루 사이로까지 찬바람이 올라왔다. 그러나 다행하게도 오-바를 입고 있었기 때문에 나는 몸을 웅크리고 밤을 샐 수 있었다.

어느 날 어머니가 면회를 왔다. 옷과 음식을 차입하려고 온 것이다. 그러나 보안서장인 외사촌은 그 차입도 들여 주지를 않았다. 그 대신 어머니가 가지고 오신 음식을 창살에 매어 달고 "네 어머니가 가져 온 사식이다. 구경이나 해라!" 하고 나를 놀려 주었다. 먹이지는 않고 구경만 시키는 것이었다. 참으로 기가 막혔다. 고문을 하고 두들기기는 한다 해도 먹일 것은 먹여야 하지 않는가?

치가 떨렸다. 사람을 원숭이처럼 놀리는 외사촌이 죽이고 싶게 미웠다. 일주일 뒤에는 나를 영흥의 소련 게페우로 이송했다. 영흥 게페우로 가자 거기서도 안면이 있는 사람들이 나를 취조했다. 일제 강점기에 철도 공사판에서 노동을 하던 장영동(張榮東)과 김용환(金龍煥)이란 자였다. 그러나 이 자들은 나를 생전 보지도 못한 것처럼 가혹하게 취조를 했다.

공산주의 사회라는 것을 알고 있는 이상 그것을 불평할 수는 없었다. 나도 모르는 척 고문을 당하는 수밖에 없었다. 매일처럼 고문이 계속되고 있을 때 유치장에도 정월 초하루가 찾아왔다. 이날만은 취조가 없으려니 하고 나는 정월 초하룻날을 고맙게 생각하고 있었다. 아무리 사람 때리기를 좋아하는 놈들이라 해도 정월 초하룻날만은 고문을 중지할 줄 알았다.

그러나 초하룻날도 여전했다. 나는 또 끌려 나갔다. 끌려 나간 정도만이 아니었다. 전보다도 혹독하게 때렸다. 실신할 정도로 고문을 했던 것이다. 몸을 바로 잡지 못해 허리를 굽히고 있으려니까 나를 억지로 끌고 밖으로 나갔다. 나는 유치장에서 나와 하늘을 볼 수 있다는 생각에 정신이 퍼뜩 들었다. 눈이 하얀 먼 산을 넋 없이 바라보고 있을 때 놈들은 나를 앞마당에 있는 우물로 끌고 가서 나를 그 우물 속에 집어넣었다.

옷을 입은 채 나는 우물 속에 잠겨 버렸다. 가슴속까지 물이 올라왔다. 그때의 추위란 무엇이라 말할 수 없었다. 살이 찢어지는 것 같았고 뼈가 얼어터지는 것 같았다. 놈들은 옷과 몸이 물에 완전히 젖은 것을 보자 그때야 나를 꺼내어 그대로 유치장 안에 들여보냈다.

불도 없는 유치장에서 옷을 벗어 물을 짰으나 그것을 말릴 길이 없었다. 체온으로 말리는 수밖에 없었다. 얼음이 꽁꽁 어는 유치장 안에서 물에 젖은 옷을 입어서 말리려니 그 동안의 추위는 어떠했을 것인가! 그래도 얼어 죽지 않은 것이 다행한 일이었다.

옷도 일주일쯤 지나니 완전히 말랐다. 매일처럼 매를 맞으면서도 나는 죽지 않고 살았다. 아마 겨울도 지나고 봄이 온 모양이었다. 유치장으로 스며드는 봄바람이 그리 차갑지가 않았다. 겨울을 지내면서도 나는 실망하지를 않았다. 그것은 감방에 들어오는 사상범들과 이야기를 주고받음으로써 스스로 격려되었기 때문이었다.

많은 청년들이 유치장으로 잡혀 왔다. 대부분이 이남에서 공부했다는 죄목으로 들어왔다. 어떤 날은 함흥농업학교 학생들이 공산주의 반대 궐기를 하다가 수없이 잡혀 들어오기도 했다. 나는 이 유치장에서 지금은 부산 경찰국 사찰과에 근무하고 있는 최〇〇라는 애국청년도 만났다. 어쨌든 애국청년들을 만날 때 유치장에서나마 나는 용기를 얻을 수 있었으며 시간 가는 줄을 모르고 그들과 이야기를 할 수 있었다.

내가 애국청년들과 같이 앞으로의 애국 운동에 대한 이야기로 세월 가는 줄을 모르고 있을 때였다. 어떤 날 나는 정평 게페우 사령부로 이송이 되었으며 거기서 두 번째의 사형 선고를 받았다.

철원에서처럼 재판도 없이 취조관으로부터 그런 선언을 받은 것이었다. 처음에는 가슴이 철렁 내려앉았으나 죽지 않는다는 마음이 하나의 신념처럼 되었는지 나는 아무렇지도 않았다. 놈들이 사형을 집행하기 전에 나에게는 살 구멍이 뚫릴 것만 같았다.

'공산당 놈들에게 죽어서야 될 말이야' 하는 생각이 들었다. 인정도 없고 친척도 없고 친구도 없는 그 공산당을 그대로 놔두고는 차마 눈이 감길 것 같지 않았다. 그러나 수수방관적으로 가만있을 수는 없었다. 어떻게 해서든 사형 집행 날짜를 끌면서 탈출할 기회를 만들어야 했다. 그래서 생각해 낸 것이지만 나는 사형 선고를 내린 게페우에게 다음과 같은 말을 했다.

"나는 억울합니다. 내가 이렇게 잡혀 온 것은 나의 죄 때문이 아니라 요덕면 보안서장인 김영조가 돈 5만원을 강요했을 때 그것을 주지 않았다는 개인감정으로 죄를 덮어씌운 것입니다."

게페우는 그것이 정말이냐고 물었다. 나는 틀림없다고 대답했다. 김영조가 나를 잡아 사형 언도를 받게 했다고 해서 보복적 수단을 쓰는 것 같은 나 자신이 비굴한 생각도 들었지만 우선 사형 집행을 연기하기 위해서는 어쩔 수 없는 일이었다.

게페우에서는 내 말을 확인하기 위하여 나를 영흥으로 이송하였다. 그날이 바로 1946년 4월 17일이었다.

5. 소련 장교 타살과 38도선 월경

영흥 게페우 사령부는 일제 강점기 때의 금융조합이었다. 나는 이 게페우로 이송된 다음 날부터 다시 취조를 받기 시작했다. 취조 받기 시작한 날이 바로 4월 19일, 일요일이었다.

따뜻한 봄날 나는 취조실로 끌려 나가 소련 장교 앞에 섰다. 창 밖에는 복숭아꽃이 한참이었고 그리 높지 않은 담 너머에는 버드나무 잎이 파릇파릇 내다 보였다. 나는 취조실로 들어가서는 한참 동안 바깥을 내다보기에 정신을 잃었다. 봄을 보는 것이 그리 유쾌했던 것이다. 우두커니 서서 밖을 내다보고 있을 때 소련 장교가 나를 불러 테이블 앞 의자에 앉으라고 손짓을 했다.

나는 시키는 대로 조그마한 의자에 앉았다. 병원 진찰실에 있는 환자용 의자처럼 생긴 조그마한 의자였다. 테이블 맞은편에는 총위(總尉·국군의 대위계급에 해당)가 안락의자에 버티고 앉아 있었다. 털이 덥수룩한데다가 솜털이 온 얼굴에 덮이어 있었다. 사람이라기보다 원숭이 같은 느낌을 주는 소련 장교였다.

무지하고 우둔해 보이는 것이 그래도 권력을 가졌다고 해서 사람을 취조하려 하는 것이 아니꼽게 생각되었지만 나는 무슨 말을 물으려 하는가 하고 그 장교의 얼굴을 바라보았다. 그런데 때마침 통역이 없었다. 그래서 그는 나를 유치장에서 끌고 나온 사람에게 통역을 데려 오라고 심부름을 시켰다.

　아무도 없는 방안에 소련군인과 단둘이 마주 앉으니 어쩐지 가슴이 떨리기 시작했다. 원수다. 틀림없는 원수인데도 두 사람은 아무 말도 없이 마주 앉아 있는 것이었다. 더구나 나는 쇠고랑도 아무것도 채우지 않은 자유스런 몸이었다. 힘껏 두들겨 주고 싶은 충동이 나를 어쩔 줄 모르게 했다. 통역을 부르러 간 사람이 좀처럼 돌아오지 않았다. 소련 장교는 초조한 태도를 보이지 않고 언제라도 통역이 올 때까지 기다리겠다는 듯이 눈을 지그시 감고 안락의자에 기대어 절반쯤 누워 있었다.

　따뜻한 봄볕에 잠이 오는 모양이었다. 나는 불현듯 바깥을 한번 내다보았다. 그리 높지 않은 담장 그리고 쥐죽은 듯 고요한 정원! 그리고는 소련 장교를 보았다. 잠이 들었는지, 안 들었는지는 모르나 눈만은 감고 있었다. 순간 나는 방안을 둘러보았다. 그리고 벌떡 일어나 앉았던 의자를 집어 들고 책상 맞은편에 비스듬히 누워 있는 소련 장교를 향해 죽어라 하고 내려 갈겼다. 번개처럼 빠른 동작이었다. 한 번만으로는 만족하지가 않아 두 번, 세 번 갈겼다.

　소련 장교는 어떻게 되었는지 꼼짝도 못했다. 피가 솟아 나오는 얼굴을 푹 숙이고 쓰러진 것이 꼭 죽은 것 같았다. 나는 지체할 수가 없었다. 적개심과 아울러 탈출하려는 마음에 적을 쓰러뜨리긴 했지만 오래 있다가는 다시 붙들리고야 만다.

나는 창문을 뛰어 나왔다. 뜰을 지나 담을 뛰어 넘었다. 그리고는 교외를 향하여 쏜살같이 달려 나갔다. 지리를 잘 알고 있기 때문에 사람이 많지 않은 골목길을 골라 죽어라 하고 달렸다. 어떻게 달렸는지 나도 알지 못하나 어쨌든 교외의 용흥강까지 이르니 그때는 숨이 터지는 것 같았다.

나는 쉴 새 없이 다시 산속으로 뛰어 올랐다. 수풀이 우거진 산이다. 나무 사이로 오르고 또 올라 부엉 바위 근처까지 가서는 처음으로 뒤를 돌아보았다. 나무 틈 사이로 영흥읍이 내려다 보였다. 땅바닥에 엎드려 내려다보니 시내에서는 비상 사이렌이 울리고 경종이 울리고 야단이었다. 이제야 소련 장교가 구타를 당하고 내가 탈주했다는 것을 안 모양이다. 보안대원들이 바쁘게 이리저리 뛰어 다니고 있었다.

특히 나의 친척들이 살고 있는 남산리와 용남리 근처는 특별 경계를 하는지 그 근처는 더욱 웅성거리고 있었다. 백주인 만큼 내가 산속으로 도망했으리라는 것을 생각지 못하고 시내 어떤 곳에 잠복해 있는 줄 아는 모양이었다.

'미친놈들 같으니…'

나는 혼자서 웃었다. 철의 장막을 치고 협박과 공갈만 하면 무엇이나 뜻대로 될 줄 아는 어리석은 친구들! 그러나 공산주의를 박멸하고야 말려는 사람은 어엿이 살아 있다. 어떠한 수단과 방법으로도 반공주의자를 근멸(根滅)할 수는 없을 것이다.

나는 한참동안 서성거리며 영흥 시내를 내려다보곤 혼자서 미소를 지었다. 그러면서도 앞으로 취할 나의 작전을 연구했다. 놈들은 틀림없이 내가 남쪽인 고원, 철원 방면으로 도주하여 38선을 넘으리라 생각할 것이다. 영흥서 38선을 넘으려면 그 방면밖에 다른 길이 없다. 그렇다면 그 방면의 경계란 대단히 엄중할 것이 사실이다. 그래서 나는 양덕, 맹산으로 해서 평양을 거쳐 월남할 것을 결심했다. 몇 배나 돌아서 가는 길이다. 며칠이 걸릴지 모른다. 그래도 나는 안전한 길을 취할 수밖에 없었다.

나는 영흥을 뒤로 하고 산속 깊이 들어가 밤이 오기를 기다렸다. 아무리 산속이라 해도 낮에 걷는 것은 위험하기 때문에 낮에는 숨어 있고 밤에만 걸으려 했다.

밤 열시쯤 되었을 때 나는 양덕을 향해 걷기 시작했다. 낮에는 숨어 있고 밤에만 걷기를 사흘 동안이나 계속했을 때야 사촌형 김택길(金澤吉)이가 살고 있는 마을에 이르렀다. 아직도 영흥 군내를 떠나지 못했던 것이다.

나는 그 동안의 정보도 듣고 피곤도 회복시키기 위하여 사촌형을 찾아 갔다. 사촌형은 나를 보자 깜짝 놀랐다. 이미 영흥사건을 알고 있는 모양이었다. 그는 나를 숨겨 놓고 거기서 십리밖에 안 되는 곳에 살고 있는 내 가형에게도 사람을 보냈다.

기별을 받자 가형이 달려왔다. 가형은 갈아입을 옷과 돈 3천원과 도중에서 먹을 엿을 가지고 왔다. 그리고 특히 고마운 것은 이발 기계를 가지고 온 것이었다. 변장하기 위해서 머리를 깎으려는 것이었는데 시골 사는 사람으로 그런 것까지 생각한데는 놀라지 않을 수 없었다.

나는 머리를 빡빡 깎고 옷을 갈아입은 뒤 엿을 짊어지고 다시 길을 떠났다. 가형은 놈들에게 붙잡히지 않도록 조심하라며 떠나는 나의 손목을 잡고 걱정을 했다. 글썽글썽 눈물이 나오는 것을 억지로 참는 것이었다.

"걱정 마십시오. 절대로 안 잡힙니다. 형님이나 조심하십시오."

나는 용기를 내어 이런 말을 남긴 뒤 다시 산속으로 걷기를 시작했다. 형님이 준 엿으로 끼니를 때우며 며칠을 산속에서 살았다. 어느 덧 함남과 평남의 경계선인 산성에 이르렀다.

평안도 땅에 들어섰다는 생각을 하니 한결 마음이 놓였다. 그래서 걸음을 빨리하기 위하여 나는 가지고 가던 엿을 거의 내버렸다. 얼마나 많이 가져다주었든지 그새 내가 먹고도 엿은 상당히 남아 있었던 것이다. 그것이 무거울 뿐만 아니라 내 체온에 녹아서 흘러내리는 것이 싫었던 것이다.

조금만 남기고는 대부분을 던져 버린 뒤 다시 걷기를 시작했다. 이제부터는 산속에서 내려와 신작로를 걷기 시작했다. 함경도를 빠져나왔고 아울러 머리를 깎고 변장을 했다는 게 약간 안심도 되었지만 한시바삐 평양을 빠져나가야 하겠다는 마음이 급했던 것이다.

그날이 바로 5월 1일이었다. 시골에서도 메이데이 행사로 야단이었다. 노동자의 명절이라는 메이데이의 행사를 시골 농부들에게까지 강요하여 신작로를 따라 가두행렬로 인산을 이루고 있었다. 이날 나는 맹산 채 못 미친 어떤 부락에서 잠을 자고 다음날 아침 지나가는 트럭을 붙들었다. 평양 가는 트럭인 모양인데 그대로 태워 달래서는 태워 줄 것 같지가 않아 나는 몸이 아픈 시늉을 했다. 평양 병원으로 간다고 거 짓말을 한 뒤 꼭 좀 태워달라고 사정을 했다.

나는 트럭을 타고 평양으로 갔다. 평양에 도착한 것은 다음날 저녁 때였다. 서평양역에 이르자 날이 저물어 하룻밤 자지 않을 수가 없었다. 어떤 여인숙 조그마한 방에 투숙을 하고 잠을 잘 때였다. 밤 한 시 쯤 해서 보안서원 2명이 임검(臨檢·검문)을 나왔다. 나는 '꼼짝없이 또 잡혔구나…' 생각했다. 나에게는 악운이 언제까지나 따라 다닐 작정인가?

가슴이 덜컹 내려앉았다. 호랑이가 물어가도 정신을 차리라 하지 않았던가. 그러니 정신을 잃어서는 안 된다. 나는 나를 깨우는 보안서원에게 "수고들 하십니다." 하고 천연스럽게 인사를 했다. 그리고는 가지고 온 엿을 꺼내어 "시장하실 터니 잡수세요." 하고 선뜻 내 주었다.
보안서원들은 엿을 받아 들고 잠시 머뭇거리다가 심문도 하지 않고 그냥 돌아가 버렸다. 나는 긴 한숨을 내쉬었다. 나에게는 악운만이 따르는 게 아니었다.

다음날 나는 남행열차를 타려고 서평양역으로 나갔다. 차표를 사려고 사람 틈을 비비고 앞으로 들어가려 할 때였다. 하이라루에서 살던 사람이 바로 내 앞에 서 있지 않은가! 나는 꿈틀 하고 뒤로 물러섰다. 철원 김윤원을 생각했던 것이다. 나를 보안서에 밀고한다면 나는 또 붙잡혀야 한다.
공산주의 사회에서는 아는 사람이 더욱 무섭다. 그래서 정거장을 그냥 나와 버렸다. 남천(南川)까지 걷기로 한 것이다. 남천에는 나의 처가가 있었다. 나는 처갓집까지 걸어가서 하룻밤을 잤다. 그새 고생한 이야기를 밤새도록 하다가 다음 날 아침 다시 남쪽으로 떠났다. 장모는 떠나는 내가 마음에 놓이지 않는지 달걀 세 꾸러미를 주면서 달걀 장사를 가장하고 38선을 넘으라 했다. 나는 장모의 지혜에 머리가 수그려졌다. 시키는 대로 달걀장사를 가장하고 남쪽으로 떠났다.

　아무 일 없이 금교까지 왔다. 이제부터 38선을 넘어야 한다. 나는 가슴이 두근거리기 시작했다. 38선만 무사히 넘으면 나는 자유의 몸이 된다. 그러나 38선을 과연 무사히 넘을 수 있을는지! 생각에 잠긴 채 길을 걷고 있을 때였다. 내 앞에서 걸어가던 청년 한 사람이 문득 "동무, 어딜 가시오?" 하고 물었다.

　나는 가슴이 또 내려앉았다. 가장한 보안서원이나 그렇지 않으면 보안서의 끄나풀인 줄 알고는 "달걀 장사를 다닙니다." 하고 방향이 없다는 대답을 했다. 그러나 그 청년은 다 알고 있다는 듯이 "이남으로 가시는 거지요? 이남으로 가려면 이 길로 가야 합니다. 나를 따라 오십시오."라고 친절하게 말했다. 꾸며서 하는 말 같지가 않았다. 의심하는 태도를 보이지도 않았다. 순박한 농촌 청년 그대로였다.

　나는 그의 뒤를 따랐다. 따르지 않으려야 따르지 않을 수도 없었다. 만약 보안서원이라고 해도 처음에는 순종하는 태도를 보여야 했다. 한참동안 걸어가던 청년이 두 갈래 길이 있는 데까지 와서는 우뚝 서서 "이 길로 가십시오. 한참 가면 개성 송악산이 보일 터니 송악산으로 해서 넘어 가십시오." 하고 말해 주고 자기는 오른쪽 길로 접어들었다.

나는 정말인지 거짓말인지를 구별할 수가 없어 잠시 망설였다. 이남으로 가는 길로 들어선다면 그때 권총이라도 빼서 쏘는 것이 아닐까? 이런 의심까지 들고 있을 때 "별로 위험하지 않을 겁니다. 그래도 조심해서 가십시오."

청년은 뒤도 돌아보지 않고 자기의 길을 걸어갔다. 나는 그때야 안심을 했다. 보안서원도 아니오, 끄나풀도 아니다. 나는 청년이 가리켜 주는 길로 들어서서 송악산을 향해 걸었다. 그래서 송악산을 지나 아무 일 없이 38선을 넘었다. 지옥 같은 북한 공산 치하에서 완전히 탈출했던 것이다. 이제는 나를 잡으려는 사람이 없게 되었다.

생각하면 그 미지의 청년이 고맙기 짝이 없었다. 그 청년이 갈래 길을 가르쳐 주지 않았다면 나는 어떤 고생을 했는지 모른다. 어디서 또 붙잡혀 사형 선고를 받았을지 모른다.

나는 지금도 그 청년을 잊을 수가 없다. 내 일생의 은인이다. 은인이라는 것보다도 남쪽을 그리며 북한에서 고생할 애국청년이란 생각을 할 때 그를 더욱 잊을 수 없다. 놈들에게 얼마나 시달리고 있을까? 자기는 넘어 오지를 못하면서도 이남 가는 사람에게 자진해서 길을 알려 주던 청년!

나는 그가 무사함을 기도한다. 그러나 악독한 그 공산주의 밑에서 무사했을 것 같지 않은 생각만이 들어 지금도 마음조리고 있다. 어쨌든 나는 마의 38선을 넘어 북한 공신 치하를 탈출했다. 그 지옥과 같은 공산주의 사회에서 완전히 자유를 찾은 것이다. 그러나 이북에 있는 나의 친척들은 어찌 되었을까? 오래 뒤의 일이기도 하지만 1950년 6월 25일 나는 우연하게도 영흥 게페우에서 같이 감금되어 있던 애국 청년 최(崔)를 만났다.

그도 내가 탈출한 뒤 얼마 안 있어 이남으로 넘어 온 모양인데 그는 내가 영흥 게페우를 탈출한 뒤의 이야기와 우리 집안 소식을 전해 주었다.

내가 때려 넘어뜨린 소련 장교는 틀림없이 죽었다고 했다. 그 대신 감방 내의 감시는 말할 수 없이 엄중했다고 했다. 그 뒤 나의 친척들이 전부 잡혀 왔는데 그 뒤에는 행방을 알 수 없다는 것이었다. 그 말을 들을 때 나는 가슴이 미어지는 것 같았다.

나로 말미암아 희생이 된 가족들!

그러나 한 사람이 죄를 졌다고 해서 무고한 가족들까지 죄인으로 취급하는 법률 없는 공산주의! 생각하면 공산주의에 대한 분노만이 커질 뿐이다.

6. 남한의 하늘 밑에서

개성을 지나 서울로 온 나는 숨을 길게 내쉬었다.

죽지 않고 살았다고 하는 안도감!

자유라고 하는 것을 누릴 수 있게 되었다는 즐거움!

나의 원수요 민족의 원수인 공산주의와 싸울 수 있다는 통쾌감!

나는 가슴을 넓히고 긴 숨을 내뿜고 또 내뿜었다.

정말 고향을 찾아온 것 같았다.

장차 남북 전체의 수도가 되어 대한민국의 정부가 설 서울!

그 서울이 나를 반겨 맞이해 주는 것 같았다.

그러나 나는 아는 사람도 없고 또 주머니에 돈이 없으니 고향 같은 서울에 이르기는 했으나 갈 곳이 없다. 어디로 가서 몸을 뉘일 것이며 누구를 찾아 시장기를 면할 수 있을까? 아무데도 갈 곳이 없었다. 아무리 궁리를 해도 갈 곳이 없었다.

나는 하는 수 없이 서울 정거장에서 피난민들과 같이 지내는 수밖에 없었다. 거적도 없이 잠을 자야 했고 자고 나서는 세수도 못하고 조반(朝飯·아침밥)을 먹어야 했다. 조반이라고는 말하지만 그것은 길가에서 놓고 파는 장국밥을 웅크리고 앉아 먹는 것이었다. 그러나 그 장국밥도 세 때를 채워 먹을 수가 없었다. 기껏해야 하루에 한 끼였다. 그래서 나는 그 한 끼의 장국밥을 사먹으면서도 값은 같으나 분량이 많은 곳을 찾아다니었다.

서울 정거장 근처보다는 용산역 근처가 분량이 많았다. 그래서 잠은 서울역 광장에서 자고 밥은 용산역 근처로 가서 사먹었다. 돈이 떨어지니 그것마저 계속할 수 없었다. 그 뒤에는 장국밥 대신 두부를 사먹었다. 두부 한 모를 가지고 하루의 식량을 삼은 것이었다. 그러면서도 나는 실망하거나 슬퍼하지를 않았다. 때로는 모든 현실을 저주하고 싶기도 했다.

북한에서는 공산주의자들이 공산주의 사회를 만들기 위하여 무지스런 공포정책을 쓰고 있다. 하루 빨리 공산화시키려고 모든 노력을 집중하고 있다. 머지않아 소련의 완전한 식민지가 되고야 말 것이다. 그러나 남한에서는 공산주의를 타도하지 못하고 도리어 그들과 타협해 가면서 정치를 하려고 한다. 그래서 혼란에 혼란이 더하고 암흑에 암흑이 덮인다. 뜻 있는 사람의 가슴을 아프게 하는 일이라 아니할 수 없다. 이런 것을 생각하면 비통한 마음이 터져 나오기도 했지만 나는 희망을 가졌다. 어느 때건 이 민족이 공산주의의 악독함을 느낄 날이 있을 것이다. 그리고 민족적 자각 속에서 혼란을 타파할 날이 오리라.

나는 남한의 하늘을 쳐다 볼 수 있다는 것만이 즐거웠다. 먹을 것이 없고 잘 곳이 없다 해도 걱정할 것이 없었다. 나를 필요로 할 때가 오겠지! 내가 일할 수 있는 날이 오고야 말겠지!

5월의 훈풍은 나의 목을 스치고 지났다. 덮을 것도 없이 콘크리트 위에서 잠자는 나에게도 따뜻한 봄바람이 불어주는 것이었다.

어떤 날 나는 정거장 한 모퉁이에서 옛날의 친우 박기병(朴基丙) 중위(글 쓸 당시 준장·육군소장 예편)를 만났다. 뜻밖의 상봉이었다. 그는 나의 초라한 꼴을 보고 놀랐다. 나는 군복을 입은 그의 모습을 보고 선망의 눈을 크게 떴다. 서로 이야기를 주고받는 사이에 그가 조선경비대의 중위라는 것을 알았고 지금 이리에 있는 제3연대로 부임한다는 사실도 알았다.

"나라가 독립되는데 일을 해야 할 것이 아닌가? 나와 같이 가서 손잡고 일을 해!"

박 중위는 나의 손을 잡고 권유했다. 나는 참으로 반가웠다. 서울에 와서 십 여일을 지나는 동안 처음으로 만나는 친구였다. 거기에다 같이 손잡고 일하자는 사람이었다.

나는 생각했다. 우리나라가 독립이 된다고 하면 반드시 군대가 있어야 할 것이다. 경비대라는 것은 그때의 국군 전신이 아닐 수 없다. 건국 도상의 군대는 그 역할이 매우 중대하다. 그야말로 청년 남아로서 가히 할 만한 일이었다. 군인으로서 공산주의를 타도한다면 보다 큰 효과를 나타낼 것도 같았다.

나는 서슴지 않고 박 중위를 따랐다. 제3연대의 이등병으로 입대하였던 것이다. 당시의 제3연대장은 6·25전쟁 때 동해안에서 전사한 김백일(金白一·육군중장 추서) 소장이었다. 당시 북한의 공산도배들은 남한의 혼란한 틈을 타서 공작원을 파견하는 한편 공산주의 단체를 조직하여 민중을 적화하는 데 온 정력을 기울이고 있었다.

무식한 사람들과 문약(文弱)한 일부 지식층은 갈피를 잡지 못하고 우왕좌왕하다가 그들의 감언이설과 협박 공갈에 휩쓸리어 부화뇌동하기를 시작했다. 어디를 가도 공산주의 조직이 이루어지고 있었다. 따라서 혼란은 날로 심해 갔다. 그러니 애국심에 불타는 청년들로 조직된 조선경비대엔들 그들의 마수가 뻗치지 않을 수 있겠는가.

미래의 국군이 될 경비대에 들어와 경비대를 장악하고 적화한다는 것은 공산주의자들에게 있어서 중대한 문제였을 것이다. 조선경비대 안에도 공산주의 조직체가 싹트기 시작했다. 그것을 본 나는 주먹에 힘을 주었다. 대한민국의 초석이 될 경비대가 공산주의에 이용된다는 것은 정말 안 될 말이었다. 우선 이것을 뽑아 없애야 할 것 같았다.

　그러나 일개 이등병으로서 어찌할 것인가. 나 자신에게 힘이 있어야 했다. 그래서 1947년 1월, 나는 조선경비대 사관학교 제3기생으로 입교하여 사관 훈련을 끝마치고 한 사람의 장교로서 공산주의와 싸우기로 결심했다.

Ⅲ. 무너진 붉은 아성

1. 공산당의 발악상과 숙군의 동기

1945년 8월 15일, 해방이 되자 여운형(呂運亨)과 안재홍(安在鴻) 등이 소위 건국준비위원회를 만들어 가지고 표면에서 날뛸 때 좌익계 인물들은 한편으로는 이에 관여하고 또 한편으로는 공산 혁명과 공산 제패에 대한 구상과 계획에 분주했다.

8·15 이전 일정 경찰의 검거로 인하여 체포되었던 국내 공산분자들이 해방이 되자 곧 서울 장안빌딩에 모여 하룻밤 사이에 당을 조직하여 고려공산당이라는 간판을 붙이고 나섰으니 이것이 즉 세상에서 말하는 장안파이다.

그러나 이와는 별개로 박헌영(朴憲永)을 중심으로 하는 공산분자들은 서울 시내 안국동 나동욱(羅東旭)의 집에서 조선공산당 재건준비위원회라는 것을 만들었으니 이것이 즉 재건파라는 것이었다.

이리하여 장안파와 재건파는 오랫동안 암투를 계속하고 치열하게 경쟁했으나 결국은 소련 정치지도부의 심사 결정에 의하여 박헌영의 재건파가 인정되어 1945년 9월 초순에 조선공산당의 설립을 보게 되었고, 이것이 소위 정통적 공산당이 된 것이다.

지시에는 절대 복종이 있을 뿐 거기에는 아무런 이유와 구실도 있을 수 없고 다만 상부 지시를 더욱 잘 실행하는데 관한 언론과 행동의 자유만이 보장되게 되어 있는 것이다. 이리하여 그들은 독재권을 장악하기 위한 합법, 비합법 수단을 다하여 발악을 감행하기 시작하였던 것이다. 이제 1950년 6월 25일 놈들이 38선을 불법 남침하기까지의 그들의 발악상을 시대별로 간단히 설명하고, 특히 숙군을 단행하지 않으면 안 될 동기와 경로를 밝히려 한다.

▲ 1945.9.7. 그들은 소위 조선인민공화국이라는 간판을 걸음으로써 발악을 개시하였다. 9월 8일 미군이 인천에 상륙하여 12일 아놀드 장군이 지금의 중앙청에서 일본의 조선총독 아베에게 무조건 항복 조인을 받기 직전 그들은 이미 조직에 착수하였다.

▲ 1945.9.18. 공산당의 앞잡이로서 그들의 전위대 역할을 할 청년들을 규합시켜 조선공산청년동맹이라는 간판을 내걸고 지령과 조종에 직접 움직이게 하였다. 이 속에는 이미 학병 출신인 박일원(朴馹遠·경기도당 청년부장·박헌영 직속 민전(民戰) 서울시 부위원장, 나중에 전향) 등이 있어 활약하였다.

이와 때를 전후하여 일본, 만주, 중국, 기타 외지에서 귀국한 군대 출신들은 소위 국군준비대(國軍準備隊·해방 이후 남한의 대표적인 좌익 군사단체)라는 간판을 붙이고 모였다. 그러나 이미 이 속에는 학병 출신 이혁기(李赫基)가 중심이 되어 공산당 지령을 받고 세포 조직에 착수하였던 것이다.

▲ 1945.11.23. 국군준비대 이혁기를 중심으로 한 좌익 청년들은 삼청동에서 소위 학병사건을 일으켰다. 이것은 동년 11월 23일 군정법령 제23조를 근거로 하여 통위부(주한 미 군정청 통위부)가 생기게 되는 데 따른 반대운동의 하나였다. 통위부가 생김으로써 국군준비대가 순수한 것이 아니라 이상야릇한 냄새를 피우고 또는 이면에서 공산 세포조직을 하고 있다는 것을 간파하자 이에 모였던 군인 출신들은 통위부에 집결하게 되었다. 이때 해외에서 속속 귀국한 군인 출신들도 통위부에 집결하였다. 이때 통위부 장교는 60명이었다.

통위부가 생김으로써 필요성을 잃게 된 이혁기 등을 중심으로 한 국군준비대 일부는 학병사건을 일으켰으나 또 한편으로는 통위부에 좌익 청년들을 침투시키고 그 세력을 부식(扶植)하려고 노력하고 있었다. 실제에 있어서 국군준비대 좌익 계열들은 통위부에 유입하여 들어갔다.

▲ 1945.12.24. 표면상으로는 좌우익 중간파는 해방 후부터 공동보조를 취해왔으나 동년 12월 24일 모스크바에서 열린 3상회의 결과가 발표되자 반탁, 찬탁 양론으로 완전히 분열되었다.

공산당은 표면적으로는 우익과 중간파와 같이 공동보조를 취해왔다고는 하나 내면에 있어서는 공산 독재의 꿈과 야욕에 불타고 있었음을 두말할 것도 없다. 이리하여 박헌영이 영도하는 공산당은 조직에 착수하여 소위 중앙집권제를 채용하여 중앙당, 도당, 시당, 군당, 구역당, 면당 세포로 하고 세포는 각 지방 행정기관, 사회단체, 학교, 공장, 광산, 회사, 군대, 가두 등 광범위한 침투를 개시하였던 것이다. 특히 공산당은 규율을 엄격히 하여 상급당의 명령에 절대 복종하도록 했다.

3상회의 결정이 보도되자 민족적으로는 이에 대한 반대운동이 요원의 불과 같이 타오르고 있었다. 상가는 철시하고 집집은 문을 굳게 닫고 이에 대한 반대운동을 전개하였다. 공산당 역시 3상회의 결정을 반대하였던 것이다.

▲ 1946.1.3. 조선공산당 역시 반탁을 구실로 하여 서울 운동장에서 반탁시민대회를 개최한다고 하고는 돌연히 찬탁을 결정하는 등의 발악을 하기 시작하였다.

▲ 1946.1.19. 미군정에 아부하는 것도 게을리 하지 않는 공산당은 한편으로는 조직의 확립에 여념이 없었다. 공산당은 그 산하단체를 규합하여 체계 있는 조직체를 수립하기 위하여 1월 19일 서울 YMCA 회관에서 소위 민주주의민족통일전선(약칭 민전)이라는 것을 결성하였다.

한편 우익요인들은 2월 14일 민주의원(民主議院·약칭 민의)을 발족하여 앞으로 올 건국에의 기반을 확립하였다. 김규식(金奎植), 여운형, 안재홍 등을 중심으로 한 중간파들은 3상회의 결정까지에는 좌우익과 공동보조를 취해 왔으나 3상회의 결정과 동시에 찬탁, 반탁 양파로 갈리고 '민의', '민전'이 결성되어 좌우익이 명확히 갈리자 갈피를 잡지 못하였다.

▲ 1946.1.19. 서울시 덕수궁에서 제1차 미소공동위원회(美蘇共同委員會·약칭 미소공위)가 열리자 공산도배들은 민전 산하 각 정당, 사회단체들을 총동원하여 날뛰었고, 공산당은 동 위원회의 각 정당 초청에 참석하여 허위적 숫자를 보고하여 드디어 미소공위가 무기 휴회의 불가피한 지경에 도달하게 되었다. 미소공위가 열리자 중간파들은 득세나 한 듯이 날뛰었다.

▲ 1946.6. 공산당 당수 박헌영은 산하 각 단체 및 세포에 이르기까지 소위 신 전술이라는 것을 지시하였는데 그 신 전술 내용이라는 것은 다음과 같은 것이었다.

A. 반(半) 합법, 반 비합법적인 태세 강화.

B. 미제의 침략성을 폭로하라.

C. 경찰과의 철저한 투쟁을 전개하라.

D. 국제적으로 미국에 중상을 주며 미소공위 재개 촉진운동을 전개할 것.

▲ 1946.7.4. 소위 좌우합작 원칙이라는 것을 제시하였다.

▲ 1946.8. 하곡(夏穀) 수집에 대한 반대투쟁을 전개하였다.

▲ 1946.9.1. 공산당 본부이며 공산당 인쇄공장인 정판사에서 수억 원에 달하는 위조지폐사건이 폭로되었다. 이 주모자는 당시 조선공산당 재정부장 이관술(李觀述)과 송언필(宋彦弼), 박락종(朴洛鐘) 등의 소위 공산당 간부들이었다. 공산당 자금 조달과 남한 경제 교란을 목적으로 한 것이었다.

▲ 1946.9.3. 공산당 기관지 조선인민보, 해방일보, 현대일보가 허위보도, 민심 교란, 살육 조장, 치안 문란 등을 속행하므로 드디어 정간 처분을 받게 되었다.

▲ 1946.9.3. 조선공산당 당수 박헌영, 이주하(李舟河), 이강국(李康國) 등에 체포령이 내렸다. 공산당 당수 박헌영과 그 당에 체포령이 내렸다고 하여 공산당이 비법화 된 것은 아니다. 아직까지 군정에서는 공산당을 합법 정당으로 인정하고 있는 것이었다. 따라서 공산당은 한층 더욱 맹활동을 표면, 이면으로 계속 하였던 것이다.

체포령이 내리자 이 자들은 곧 지하에 들어갔다. 이 자들이 지하에 들어가자 보복 수단과 시위로써 다음과 같은 사건이 병발(併發)하기 시작했던 것이다.

▲ 1946.9.23. 전국적인 총파업이 감행되었다. 즉 부산철도노조를 위시한 4만 명의 철도 노동자들이 파업을 단행하였으며, 아울러 각 산업별 조합원들이 전국적인 파업을 단행하였다. 이와 동시에 농민폭동이 일어났으며 국대안(國大案·1946년 미군정청 학무국이 일제 강점기의 여러 단과대학을 통폐합하여 종합대학인 국립서울대학교를 설립하겠다는 안의 줄임말) 반대투쟁의 좌익 학생 운동이 벌어졌다.

▲ 11946.10.11. 대구폭동사건이 일어났으며 주모자는 이재복(李在福)이었다.

▲ 1946.11.23. 남로당(南勞黨·남조선노동당의 줄임말)이 발족하였다. 조선공산당은 위조지폐사건, 파업사건, 대구폭동사건 등이 공산당의 사주와 지령이라는 것이 백일하에 드러나자 앞으로의 발악을 위하여 공산당이라는 종래의 명칭을 헌신짝 같이 버릴 수 있었다.

그와 동시 어느 정도 조직을 완료한 공산당은 중간과 중간좌익을 흡수할 계획이었던 것이다. 그리하여 11월 23일, 서울 종로구 시천교당(侍天敎堂)에서 공산당(박헌영·김원봉), 인민당(여운형), 신민당(허헌)의 3당이 합동하여 남로당이라는 이름으로 발족하게 된 것이다. 이것은 또한 북한에서 1946년 8월 28일 북한공산당과 신민당이 합병하여 북로당이라는 이름으로 발족한 데 대한 하나의 호응이기도 하다. 이를 전후하여 임정이 환국하였다.

▲ 1946.12.29. 남로당은 이날 남산공원에서 '모스크바 3상회의 결정 1주년 시민대회'를 개최하였다. 그러나 이것은 9월의 총파업과 10월의 대구폭동사건으로 인하여 파괴된 조직을 재정비하고 또한 남로

당으로 새로 발족한 이후의 당원의 사기 앙양이 목적이었던 것은 두말할 것도 없다. 이리하여 또 1년이 지났다.

▲ 1947.1.12. 국대안 반대 동맹휴학(약칭 맹휴)사건이 대대적으로 벌어졌다. 남로당 중앙위원회 문화부장 김태준(金台俊)은 이 맹휴에 전후 수 십차에 걸쳐서 지령을 내렸다고 후에 자백(自白)하였다. 이때가 바로 경비대로서는 육사3기생을 모집할 무렵이었다. 따라서 좌익학생들은 군대 속에 들어가려고 꾀하였던 것이며, 군대 속에 이미 잠입한 공산당 오일균(吳一均·소령), 김종석(金鐘碩·중령) 등은 맹활동을 계속하여 좌익청년들을 군대 속에 집어넣으려고 하였다.

▲ 1947.3.8. 좌익정당 흡수공작을 완료한 공산당은 좌파 세력을 확충하기 위하여 당내 정풍(整風)을 개시하였다. 그리하여 여운형 암살을 지령하여 계동에 있는 그의 집을 습격하였으나 여운형은 이를 모면하였다. 공산당은 이것을 우익청년들의 소위(所爲)라고 허위 선전하였다.

▲ 1947.3.22. 국제노조연합회 대표단이 한국의 노동 실정을 시찰차 방문하자 이것을 계기로 24시간 총파업을 단행하였다.

▲ 1947.5.12. 임정추진위원회는 해산 명령을 받았다. 소위 임정포 고문이 운현궁 방공호에서 압수되었다.

▲ 1947.5.20. 제2차 미소공동위원회가 개막되었다.

▲ 1947.7.19. 남로당 사주를 받은 청년으로부터 여운형이 혜화동에서 피살되었다.

▲ 1947.7.27. 남산공원에서 소위 '미소공위 성공축하남북통일 정부 수립 촉진 시민대회'가 공산도배들의 획책으로 열렸다.

▲ 1947.8.12. 8월 15일 기념일을 계기로 하여 남로당을 중심으로 한 산하 공산단체들의 전국적인 대폭동 음모사건이 폭로되었다. 남로당

에서는 소위 8개 조항의 지령을 내려 8·15기념행사를 표면에 내세우고 전국적인 쿠데타를 감행하라는 것이었다. 주모자 남로당 부위원장 이기석(李基錫), 선전부장 강문석(姜文錫), 노동부장 김상혁(金相赫), 경기도당 상무위원 등 93명을 필두로 부녀동맹, 협동조합, 문맹, 법맹, 전농 등 간부 5백 여 명이 체포 검거되었다. 남로당은 비로소 비합법 정당으로 규정되게 되었고 남로당은 전부가 지하에 들어가게 되었다. 해방 직후부터 조직에 착수하여 갖은 음모를 일삼아 오던 공산당은 이로써 정상적 조직이 파괴되자, 남로당 지하 간부는 조직 단일화 즉 자위태세를 지령하고 특히 특수조직(군대, 검찰·관청, 기타 각 기관)을 강화하고 이에 주력하게 되었다.

한편 통위부 즉 국방경비대는 1947년 12월까지에 대원 2만 명으로 증설 예정이었다. 이것은 또한 공산당이 군대 속에 프락치를 유입시킴에 가장 좋은 계기가 되었던 것 것이다. 이러는 사이에 1948년이 왔다. 1948년도에는 군사고문단장 로버트 준장이 국방경비대원을 5만 명으로 증가시킬 계획이었다.

▲ 1948.2.7. 유엔한국위원단의 입국 반대 폭동사건이 발생하였다.

▲ 1948.4.3. 제주도 폭동사건(현재는 제주4·3사건으로 지칭) 발생. 전 일본군 대위인 김달삼(金達三)을 두목으로 한 민청원, 자위대원, 국방경비대원 속에 있는 프락치 등을 동원하여 5·10총선거 반대 폭동을 일으켜서 하룻밤에 9개소 경찰지서를 습격하였다.

국방경비대 내에 잠입한 남로당원 즉 남로당의 특수조직의 일부인 군대 내의 공산당원들이 처음으로 머리를 들기 시작하였다.

▲ 1948.4.14. 소위 남북협상이 평양에서 열리었다.

▲ 1948.5.10. 방화, 강탈 등의 갖은 야만적인 수단과 선거장 습격 등을 감행하였다.

▲ 1948.8.25. 8·15에 대한민국이 수립되자 남로당은 소위 선거투쟁이라 하여 공갈 협박 등으로 강제날인 시켰으며 형식적 숫자를 날조하였다. 한 사람 열 손가락 심지어는 발가락까지 사용하여 날인케 하여 숫자를 날조하였다.

▲ 1948.9.11. 소위 인공국(人共國·인민공화국)을 선포하고 인공국 지지 선전 투쟁을 전개하였다. 이를 전후하여 최후 발악하던 남로당은 정상적 조직이 무너지고 중앙집권제를 실시할 수 없게 되자 산하 도당에 자치권을 부여하였다. 그러나 특수조직에 대하여는 주력하였으니 그것이 즉 수차에 걸쳐 좌익이 침투하기 쉽던 군대 즉 국방경비대였고, 이 군대에 대한 특수조직의 책임을 맡은 것이 남로당 조직부장 이중업(李重業)이었다.

위에서 수차에 걸쳐 말한 바와 같이 1947년도까지 대원을 2만으로 증가하고 다시 1948년에 5만으로 증가하는 이 시기는 좌익세력이 군대 내에 침투하기에 가장 좋은 시기였다.

▲ 1948.10.18. 여수에 주둔하고 있던 국군 제14연대(연대장 최남근 중령) 육군 중위 김지회(金智會)를 괴수로 한 일부 대원들이 제주도사건 진압 출발 직전에 반란을 일으켰다. 이것이 즉 여수·순천의 반란사건(현재는 여순10·19사건으로 지칭)이다.

국군에 잠입하였던 좌익세력이 비로소 표면에 나타나게 되었다. 1948년 11월부터 1949년 1~2월간 장시일에 걸쳐 계속 수사의 결과로 당 특수부원 20명이 검거되었으며, 그 중 특수부책 이재복의 비서 김영식의 소지품으로 압수된 남로당 기밀서류 중에 국군(국방경비대)에 잠입하고 있는 군인당원 명부에 의하면 좌익계 군인이 5백 명에 달하고 있다. 종래 미고문단은 숙군에 대한 것을 허가하지는 않았었다. 그러나 여순반란사건(여순10·19사건)으로 비로소 숙군할 것을 허락하였던 것이다.

▲ 1948.11. 국군조직법이 국회를 통과하여 참모총장에 채병덕(蔡秉德) 중장(당시는 대령·육군참모총장 역임·육군중장 추서)이 취임하였다. 숙군은 본격적으로 이때부터 시작되었던 것이다.

▲ 1949. 옹진사건이 발생, 북한군이 군사적 침략을 개시

▲ 1949.5.8. 제6사단 8연대 소속 강태무(姜泰武), 표무원(表武源) 양 소령은 춘천, 홍천에서 월북하였다. 그들은 국군에 대해 메스를 가하게 되자 이것이 두려워서 월북한 것이다.

▲ 1949,6. 소위 조국통일민주주의민족전선을 결성

▲ 1949.9.20. 북한 괴뢰집단은 소위 조국통일민주주의민족전선의 이름으로 9월 20일 총선거를 제창하고 9월 공세를 취하였다.

▲ 1950.5. 대한민국을 반역한 중간 좌익 등 단체들을 규합한 소위 조국통일민주주의민족전선의 이름으로 남북 총선거를 제의

▲ 1950.6.25. 북한군 남침.

1948년 10월 여순반란사건(여순10·19사건)이 발생하자 숙군에 대한 본격적인 메스가 가하여졌다. 국군의 모체인 통위부 출발 당시 60명의 장교를 보유하였던 경비대는 그 후 2만으로 증가하고 다시 5만으로 증가하여 1950년도에는 20만으로 증가시킬 목표를 세웠었다.

대한민국이 수립되기 전 즉 해방의 감격과 흥분 속에서도 공산당은 독재권의 파악을 위하여 각 기관에 침투하였으며 더욱이 군대 내부에

침투하는 것을 소홀히 하지 않았다. 더욱이 1947년 8월 15일 8·15 폭동음모사건의 발각으로 대량 검거되어 정상적인 조직이 파괴되자 특수조직 특히 군대에 세력을 침투시키고 공산청년을 부식시키는 데 주력하였다.

경과하여 한층 더욱 공고해졌으며 좀처럼 뿌리를 빼기 힘들기도 했다. 그러나 공산세력도 정의의 메스 앞에는 추풍낙엽과 같이 무너지기 시작하였으며 무너지고야 말았다.

2. 초대 군감사령관 이병주 체포기

1947년 1월에 입대한 육군사관학교 제3기생 가운데는 약 80%가 남로당원이거나 그렇지 않으면 사주를 받고 있는 적색분자였다.

3기생으로 입교한 내가 맨 처음으로 놀란 것은 머지않아 수립될 대한민국 국군의 기간이 되어야 할 사관학교 생도 가운데 적색분자가 이렇게까지 많다는 것이었다. 그것은 1946년 12월 23일 공산당, 인민당, 신민당 등 3개의 좌익정당이 남로당이란 이름 아래 합동하여 그 세력이 퍼진 데도 원인이 있었겠지만 앞으로 수립될 대한민국을 약체화하기 위하여 미리부터 군대 내에 그들 프락치를 확대시키려 한 음모의 결과이기도 했다. 그러나 공산주의를 박멸하기 위하여 군대에 입대한 나로서는 날로 팽창해 가고 있는 공산분자들의 도량은 차마 볼 수가 없었다.

생도대장을 위시하여 각 중대장들까지가 전부 공산 계열이었기 때문에 그들의 영향력은 점점 확대되고 있었다. 나는 훈련을 받고 있는 하나의 학생에 불과했기 때문에 공산분자들이 공공연하게 날뛰는 것을 보면서도 어찌할 도리가 없는 것이 안타까울 뿐이었다. 그러나 나는 그들의 도량을 감시하는 데 게을리 하지 않았다. 언제 어디서건 그들을 박멸하고야 말 것이라는 결심을 가졌기 때문이었다.

그러나 그들은 자기들의 세력을 믿고 도리어 나를 감시하려고 했다. 감시뿐이 아니라 나를 위압하려고 했다. 때로는 나를 감화시켜 공산주의를 전염시키려고까지 했다. 나는 울분을 참을 수가 없었지만 그렇다고 해서 어찌할 수도 없었다. 그러나 사관후보생 교육을 끝마치고 제3기생으로 졸업을 하자 나는 뜻밖에도 제1연대 정보부대에 배속되었다. 이것은 하늘이 준 하나의 기회였다. 나의 천분을 다하도록 그리고 나의 초지를 관철하도록 하늘이 열어준 길이었다. 내가 반공사상에 불타고 있기 때문에 도리어 그러한 자리에 보내주지 않을 것이라고 생각해 왔다. 강대한 공산세력과 대항하다가 마찰을 일으키면 군 전체에 좋지 못한 영향을 끼치리라고 걱정하던 시대였기 때문이었다.

나는 참으로 기뻤다. 더구나 제1연대 정보부가 태릉 육군사관학교와 같은 건물을 쓰고 있다는데 더욱 기뻤다. 그것은 정보부가 사관학교까지 관할할 수 있기 때문이었다. 제1연대와 아울러 사관학교 내의 공산분자를 박멸시킬 수가 있었던 것이다. 그러나 정보부원으로 배속된 나의 일은 너무나 과대했다. 당시 헌병의 전신인 군감이 있었으나 그것은 미약하기 짝이 없어 정보부가 군감의 일까지 맡아보지 않을 수 없게 되었다. 즉 도망병 체포, 경리사고, 기타 부정사고까지 적발하지 않으면 안 되었다.

무엇이나 맡은 바 직책을 다하지 않을 수 없었다. 각 방면으로 침투하여 추상과 같은 메스를 가하지 않을 수 없었다. 결과 영창은 초만원이 되었다. 정보부에서는 수 백 명의 용의자들에게 수치감을 주기 위하여 그리고 그들의 감시를 용이하게 하기 위하여 붉은 옷을 입혔다. 따라서 교화소대를 신설하여 용의자들에 대한 교화사업도 시작했다.

제1차 교화소 대장은 김명규(金明奎·중령)였지만 어쨌든 일이 점점 늘어만 갔다. 그러나 영창을 확충하고 용의자들을 착착 체포하자 어느 정도의 군기는 확립되었다. 그러자 정보부에서는 군내에 침투한 공산분자들을 적발하는 일에 착수하기 시작했다. 같은 영내에 있는 육사를 비롯하여 제1연대 및 각 지방의 연대에까지 좌익 검거 선풍이 불기 시작했다. 좌익들은 전율을 느끼었으나 그래도 남로당이 표면에 나서서 공공연히 날뛰고 있던 때라 그들은 갖은 음모로 검거 선풍을 피하려하고 있었다. 따라서 좌익 검거 선풍에 대비하여 그들의 모략과 음모가 있을 것이 명약관화했기 때문에 정보부에서는 한층 더 긴장하여 좌익 감시에 진력했다.

그 결과 나는 당시의 군감사령관 즉 지금의 헌병사령관인 이병주(李丙胄) 소령이 건준 및 남로당의 지령으로 군대 내에 세포 망을 조직하고 유사시에는 조직을 통하여 폭동을 계획하고 있다는 정보를 입수했다. 그러나 당시의 소령이면 최고의 고급장교에 속해 있었다. 더구나 군감사령관(後에 헌병사령관으로 개칭)이다. 일개 하급 장교로서 어찌 건드릴 수가 있을 것인가. 만약 그러한 사람을 체포하려면 상부의 이해가 있어야 할 것이지만 그것을 이해하고 격려해 줄 사람이 몇이나 있을지도 의문이었다.

나는 어떻게 할까 하고 그 방법을 연구하는 한편 그의 죄상을 구체적으로 내사하는데 열중하였다. 정보부원을 움직여 은밀하게 조사한 결과 이병주는 그의 직계 부하 노재길(盧在吉), 정국환(鄭國煥), 김용배(金龍培) 등을 시켜서 인천에 있는 제0중대에 몇 명의 세포를 획득하는 동시에 무기를 별도로 감춰 놓은 사실과 의정부의 제0중대 그리고 문산, 연천에 제00중대에도 각각 세포를 조직하고 이병주의 명령 아래 반란을 일으키도록 준비가 착착 진행되고 있다는 사실을 알았다. 이것은 정보원을 각 지역에 파견하여 조사한 결과였기 때문에 가장 정확한 정보라고 말할 수 있었다.

6월 어떤 날이었다. 나는 제1연대장 이정일(李正一·이성가로 개명·육군소장 예편) 준장(사건 당시는 소령)을 찾아가 이 사실을 보고한 뒤 좌익계열의 검거를 실시하도록 구체적 계획을 세웠다. 그러나 총사령관인 송호성(宋虎聲) 준장에게만은 보고할 수가 없었다. 송 준장은 좌익분자에게 이용을 당하고 있었기 때문에 그 사실을 보고하면 도리어 내가 압력을 당할지도 모르기 때문이었다. 연대장과 협의한 것은 통위부 정보국과 미고문관에게만 연락하고 만일의 경우 협조를 부탁했다.

이제 남은 것은 오직 검거뿐이었다. 그러나 군감사령관(후에 헌병사령관으로 개칭)이요 고급장교인 이병주를 체포한다는 것은 용이한 일이 아니다. 체포 그 자체가 용이하지 않는 것이 아니라 그 뒤가 염려되었다. 이병주와 내통하는 고급장교들이 적지 않은 만큼 잘못하다가는 정보부원들이 반대로 검거될지도 모른다. 이것은 간단한 문제가 아니다. 정의를 위해 싸우다가도 권력에 눌리어 정의감이 감정적 행동으로 오해받게 되는 경우가 없지 않았다. 그러나 우리는 아무런 사감을 가지고 있지 않다. 오직 국군의 장래와 국가의 장래만을 위해서 싸울 따름이다. 끝내 검거를 착수하고야 말았다. 정보부원을 5개로 나누어 인천, 의정부, 문산, 연천, 기타 지구로 파견하여 전격적인 검거를 개시하였다.

그래서 목표 인물과 은닉 무기를 전부 검거 압수하고야 말았다. 특히 문산에서는 그들이 은닉한 무기를 어떤 다리 밑에서 수없이 발견했다. 이렇게 되니 이병주도 변명할 도리가 없었다. 체포된 좌익분자들은 모두가 이병주의 지시에 따라 움직였음을 자백했다. 우리는 이병주 검거에도 망설일 필요가 없게 되었다. 물적 증거가 드러난 이상 검거치 아니할 수 없었으며 검거한다 해도 아무런 지장이 있을 수 없었다. 그러기 위해서 이병주를 먼저 체포한 것이 아니고 밑으로부터 검거했던 것이기도 하지만…

그러나 이 기미를 안 이병주는 송호성과 연락을 취하여 도피의 길을 연구했다. 즉 송호성은 이병주를 군감사령관(後에 헌병사령관으로 개칭)에서 청주 제7연대장으로 전속명령을 내렸다. 이병주를 도주시키려는 의도였을 것이지만 우리가 그것을 모를 리가 없다.

이병주가 청주로 부임해 가는 날 이미 청주에서 잠복 대기하고 있던 정보부원이 그를 체포했다. 이렇게 군대 내에서 반란을 일으키려던 공산도당을 위에서부터 아래까지 총검거를 완료했다. 물론 그 밖에도 좌익 세력이 상존해 있기는 할 것이지만 잔악한 계획을 꾸미고 있던 무리들만은 숙청한 셈이었다. 상부의 명령으로 그들의 취조는 미군 CIC(방첩대)에서 담당하였다.

취조가 끝나자 이병주 이외 8명은 군법회의에 회부되었고 기타 연루자들은 경비대 군법회의에 회부되었다. 이렇게 되니 송호성 이하 좌익 동정자들은 나에게 직접적인 압력을 가하기 시작했다. 나를 전속시키려고도 하고 군에서 추방시키려 했다.

세 번이나 전속명령이 내렸으나 나는 끝까지 싸웠다. 그런데 이병주의 군법회의가 개시되던 9월 초순 나는 이병주의 변호인과 증인들의 이름을 듣고 놀라지 않을 수 없었다. 즉 변호인에는 영어에 능통한 일류 변호사가 총동원되었다. 그리고 이병주가 좌익이 아니라는 것을 변명하기 위하여 OOO 대령, OOO 대령, OOO 중령 등 고급장교들이 4~5명이나 출석했다.

반면에 검찰 측 증인으로는 나 이하 하사관(현재는 부사관으로 개칭) 3명뿐이었다. 어떤 면으로 보나 내가 불리한 위치에 놓여 있었다. 그뿐만 아니라 피고 측 뒤 의자에서는 수십만 원의 돈뭉치가 왔다 갔다 하는 것이 보였다. 권력과 금력으로 사건을 전복시키고 나를 죄인으로 만들려는 무시무시한 재판장의 풍경이었다.

이병주를 변호하는 측에서는 의사를 대동하고 이병주의 고문 여부를 조사한다고까지 했다. 재판이 시작되자 OOO 대령은 능통한 영어로 이병주가 공산당이 아니라는 것을 역설했다. OOO 대령, OOO 중령 역시 꼭 같은 논조였다. 그러니 결국은 공산당원이 아닌 이병주를 체포한 내가 무고죄를 뒤집어쓰게 되었다. 나는 미군 재판장까지 고급장교들의 말을 믿고 나를 의심하지 않을까 하고 내심 걱정이 여간 아니었다. 그렇게만 된다면 내가 죄인이 되는 것은 고사하고 국군 내에 좌익 세력을 조장하는 결과가 될 것이 아닌가. 군대 안에서 좌익이 마음대로 활동하게 된다면 국군의 장래는 어떻게 될 것인가.

그러나 미군 재판관은 극히 냉정했다. 사실 심리에 있어서 가장 과학적인 태도로 죄상을 밝혔다. 그리하여 다음날 다음과 같은 언도를 내렸다. 이병주 이하 8명에 5년 징역, 기타 1명에게는 3년 징역, 군법회의의 최고형인 5년을 언도했다. OOO 대령 이하 몇몇 고급장교들이 극구 변호를 했지만 결국에 가서는 이병주가 자기가 짊어진 죗값의 형벌을 받은 것이다.

1950년 4월 남로당 위원장 김삼룡(金三龍)이 체포되었을 때 김삼룡이도 이병주가 남로당원이며 따라서 남로당의 지령에 의하여 반란을 일으킬 계획을 세웠었다고 명백히 말한 일이 있다.

OOO 대령도 지금은 자기의 인식 부족을 깨닫고 뉘우치리라 생각한다. 그리고 6·25의 공산 침략으로 대한민국이 얼마나 타격을 받았는가를 생각할 때 당시 이병주를 처벌한 것이 얼마나 잘된 일인가를 깨달을 것이다. 이병주는 복역 중 부평에 있다가 6·25 이후 빨치산으로 들어갔다는 정보를 들었을 때 이병주가 어떠한 빨갱이였다는 것을 부인할 사람이 또 없을 것이다.

3. 제1연대 장병 몰살계획 사건

1947년 10월 나는 육군사관학교 제3기 사관후보생으로 입교하여 교육을 끝마친 뒤 제1연대 정보부로 배속되었다.

대한민국이 수립되기 1년 전으로 국군이 창립된 지 얼마 안 되던 때였다. 따라서 당시 태릉에 있던 제1연대는 국군의 모체라고도 할 수 있었다. 창설된 지 얼마 안 되는 제1연대의 정보부는 그 존재가 미약하기 짝이 없었다. 인원도 몇 명이 안 되었으며 사무계통도 짜이지 않고 있었다. 수송용 차량 같은 것은 물론 없었다. 그러나 좌익들은 국군의 모체처럼 되어 있는 제1연대를 가장 중대하게 노리고 있었으므로 정보부의 활동에는 특히 큰 기대를 가지고 있었다.

나는 취임을 하자 연대 안에 있는 공산분자를 적발하는데 가장 주력을 기울였다. 국군을 좌익화시키고 또 파괴 공작을 하려는 공산분자를 방치해둔다면 그야말로 국군의 장래가 위태로웠기 때문이었다.

나는 정보부 장병들에게 연대 내 공산분자를 적발하도록 명령했다. 그 결과 맨 처음으로 내사된 것이 김덕용(金德溶) 일등병이었다. 김 일등병은 공산당원으로서 특수 사명을 띠고 군대 내에 침투했다는 사실이 드러났다.

그러나 김 일등병의 활동을 살핌으로 연대 내의 공산 활동 전모를 탐지할 수가 있고 따라서 외부와의 연계를 알 수 있기 때문에 그를 즉시 체포하지 않고 계속 행동을 주시하기로 했다. 그래서 나는 정보부의 최희섭(崔熙燮·글 쓸 당시 육군소령) 일등병으로 하여금 김 일등병과 접촉케 하여 그 행동을 감시케 하였다. 그 결과 김 일등병은 공산당 조직부 돌격대 최만수(崔萬壽·사건 당시 46세)라는 자로부터 직접 지령을 받고 있음을 알았다.

그 지령은 즉,
(1) 제1연대 장병의 동향을 살필 것
(2) 연대 장병을 몰살할 것

⑶ 제1연대 정보부를 말살할 것이었다.

이러한 정보를 얻기까지의 고충은 이만저만한 것이 아니었다. 최 일
등병은 좌익을 가장하고 김 일등병과 접촉을 했다. 열렬한 공산주의자
인 척하고 그의 옆을 떠나지 않았다.

때로는 김 일등병의 외부 연락을 탐지하기 위하여 전 장병의 특별
외출을 허가하기까지 했다. 이렇게 해서 김 일등병을 외출시킨 뒤 정
보부에서는 사복 정보원을 미행시켜 그를 따르게 했다. 이렇게 해서
김 일등병이 특수 사명을 띠고 있음을 알게 되었지만 그 뒤로는 구체
적인 단서와 조직계통을 알기 위해 전력을 다했다.

8월 15일이 가까워 왔다. 8·15해방 기념식이 성대하게 거행된다는
계획이 발표되었고 그 행사에 제1연대가 군 행진을 담당하기로 결정되
었다. 그러자 김 일등병에게 면회 오는 사람이 부쩍 늘었다. 행사를 중
심하여 폭동이나 반란 같은 것을 잘 일으키는 공산주의의 상투 수단을
알고 있는 나는 김 일등병의 면회자가 많은 것은 반드시 어떠한 음모
를 내포한 것이라 생각하고 특별한 감시를 게을리하지 않았다. 정보원
을 가장시켜 장병 면회를 온 척하고 면회실에 침투시키기도 했으며 정
보원을 위병(衛兵)으로 가장시켜 김 일등병 면회자를 살피기도 했다.

그 결과 김 일등병이 모종의 지령을 받고 있다는 사실을 알았고, 15
일 이전에 외출을 하여 최종 명령을 받기로 되었다는 사실까지 탐지했
다. 그래서 나는 연대장과 상의하여 사병 특별 외출을 허가하도록 하
였다. 그리고 며칠 전에 미리 외출이 있을 것을 예고해 두었다. 그래야

만 김 일등병이 무리한 외출을 하지 않을 수가 있고 또 그것을 예고해 둠으로 외출 일에 대한 계획을 미리 외부와 연락할 수 있는 것이다. 말하자면 김 일등병에게 기회를 주고 그 기회를 역이용하자는 것이었다.

8월 12일 연대장 이정일(李正一·이성가로 개명) 준장(당시 계급은 소령)의 명령으로 특별 외출이 허가되었다. 김 일등병은 기다리고 있었다는 듯이 조반을 먹자마자 외출을 하였다.

나는 한편 당시의 통위부 정보국장인 백선엽(육군참모총장 역임·육군대장 예편) 소장(정보국장 당시는 대령)과 미 고문관 갓소 소령에게 이 사실을 보고하는 한편 미행으로 나갈 장병들에게 김 일등병이 만날 최(崔)라는 자의 인상을 말해주었다. 즉 그 사이의 내사로써 김 일등병과 연락을 짓고 있는 자는 최만수란 자인데 나이가 45~46세가량 되며 얼굴에 수염이 많고 그의 집은 효자동에 있다는 것을 알고 있었다. 이날 나는 신두항(申斗恒) 상사, 조정래(趙正來) 상사 등 6명을 데리고 김 일등병의 뒤를 따랐다. 김 일등병은 서울 시내로 들어가자 우선 효자동에서 수상한 사람을 만나고 난 다음 그 뒤에는 돈암동으로 와서 또 이상한 사람을 만났다. 그러고는 용산으로 가는 것이었다.

신 상사와 조 상사 등은 김 일등병의 눈을 속이면서 어디까지나 뒤를 따랐다. 연병장을 지나 원효로에 들어서자 김 일등병은 발걸음을 천천히 한가롭게 길을 걸었다. 노상에서 누구를 만나기로 한 모양이었다. 로터리 옆으로 가자 김 일등병은 과연 걸음을 멈추었다. 그의 전방 약 2미터 앞에 50세가량 되어 보이는 어떤 사람과 시선이 마주친 것이었다. 그들은 말없이 서로 가까이 갔다. 서로 마주 서자 중년 신사는 보자기 하나를 김 일등병에게 주고 두어 마디 말을 하고는 서로 모르는 척 헤어졌다. 그 중년 신사란 최만수의 인상 그대로였다.

나는 그들을 체포하려고 했다. 물건을 준 자가 최만수에 틀림 없고 또 그 물건이란 것이 심상치 않아 보였기 때문이었다. 그러나 나는 좀 더 그들의 행동을 규명하려 했다. 정보원은 언제나 침착하고 인내심이 있어야 한다.

김 일등병은 로터리 옆에 있는 중국집으로 들어갔다. 그 호떡집은 최만수가 김 일등병을 만나기 직전까지 앉아 있던 곳이다. 그리고 최만수는 육군본부 앞으로 해서 용산정거장 쪽으로 걸어갔다. 우리들은 세 사람씩 나누어 그 두 사람을 동시에 미행했다. 최만수는 삼각지를 지나 역전 파출소 골목길로 들어가 막다른 집을 향해 걸었다.

더운 여름이라 그랬는지 최만수를 기다리노라고 그랬는지 그 막다른 집 대문은 활짝 열려있었다. 그래서 대문 안으로 마루에 걸터앉은 두 청년이 보였다. 최만수가 들어서면서 눈짓을 어떻게 했는지 마루에 앉아 있던 두 청년의 눈이 이상하게 움직이는 것이 보였다. 틀림없는 일당이었다.

그 이상 더 참을 수가 없었다. 잘못하다가는 최만수의 종적을 잃어버릴 위험성까지 있었다. 그래서 나는 정보원들에게 그 집을 포위하고 3명 전부를 체포하도록 명령했다. 정보원들은 용감하게 집안으로 뛰어 들어가 그들을 포박하려 했다. 그들은 위험을 깨달았으나 도망칠 수가 없음을 알았는지 저항하기 시작했다. 아마 이편의 사람 숫자가 그리 많지 않은 것을 알았기 때문인지도 모른다.

뜻하지 않은 격투가 벌어졌다. 때리고 차고 메어치고 하며 한참 동안이나 격투가 계속됐다. 우리 정보원들은 격투를 하면서도 그자들을 도망치지 못하게 하려고 이중의 신경을 쓰고 있었다. 대문 밖에서 도망해 나오는 놈을 잡으려고 대기하고 있는 나의 눈에서는 불이 났다. 3대 3의 싸움이라 우리 정보원들이 그자들을 수월하게 넘어뜨리지 못하고 있었기 때문이었다.

나는 뛰어 들어가 정보원들과 합세하여 싸우고 싶은 생각이 치밀어 올랐지만 정보원들이 절대로 지지 않으리라는 생각과 만일의 경우 그자들이 도망칠 때 앞을 막고 체포할 사람이 없어서는 안 되겠다는 생각에 안타까운 마음이 크기는 했으나 바라보고만 있을 수밖에 없었다.

그러나 격투는 빨리 끝나지 않았다. 놈들이 딴 데로 도망가기나 하면 어떻게 할까 하고 걱정이 될 때 뜻밖에도 당시의 헌병사령관 최경록(崔慶祿·육군참모총장 역임·육군중장 예편) 준장(당시 소령)이 지프차를 타고 그 앞을 지나가다가 격투하는 장면을 발견했다.

최경록 준장은 번개같이 지프차에서 내려 격투 속에 뛰어들었다. 그리하여 다시 격투를 시작한 결과 약 30분 뒤에야 그들 3명을 완전히 체포할 수 있었다. 최 준장이 나타나지 않았다면 그들을 체포하지 못했을지도 모른다. 어쨌든 3명을 체포하여 최 준장의 지프차에 싣고 무사히 돌아왔다. 거의 같은 시간에 김 일등병을 미행하던 정보원들도 김 일등병을 체포하여 사건의 일단락을 지었지만, 만약 이날 김 일등병과 최만수를 체포하지 못했다면 제1연대의 장병은 얼마나 희생되었을지 모른다. 즉 김 일등병이 받은 보자기에는 독약이 들어 있었다. 그 뒤 경무부 감식과에서 분석한 결과 그것은 5천 명 이상을 살해할 수 있는 독약이라는 것이 판명되었다.

그리고 김 일등병의 자백에 의하면 그 독약은 8·15 기념행사로 군 행진을 끝마치고 돌아왔을 때 연대 우물에다 그것을 던져 연대 장병을 죽이게 하려고 했다는 것이다. 즉 행진을 하고 돌아오면 장병들이 목이 말라 물을 먹을 것이 분명하니까 그때를 노려 제1연대 장병을 몰살시키자는 음모였던 것이다.

가증스러운 공산당!

국군의 모체인 제1연대가 놈들의 음모에 속아 희생을 당했더라면 국군은 그 뒤 어떻게 되었을까? 지금 생각해도 치가 떨리지 않을 수 없다.

그 뒤 이 자들은 군법회의에 회부되어 김덕용(金德溶) 일등병은 10년 언도를 받고 서대문 형무소에서 복역했으나 6·25사변으로 행방불명이 되었다. 그리고 김덕용 체포의 공로자인 조정래 상사는 6·25사변 직전 00지구 전선에서 장렬한 전사를 했다.

4. 숙군의 전야

1947년 8·15를 계기로 남로당에서는 전국적 폭동을 폭발시키려는 계획을 꾸몄다. 그러나 이 사건은 미연에 발각이 되어 주모자인 남로당 부위원장 이기석(李基錫), 각 도당 상무위원 등 남로당의 간부 93명이 체포됨으로 남로당의 조직은 무너지고 말았다.

남로당이 이렇게 무너지기 시작하자 그들은 지하로 들어가서 각 도 당의 자위태세(自衛態勢)를 갖추도록 지령하는 한편 특수부 조직(군· 관공서·기타 기관)을 강화하도록 지령하였다. 그 결과 군 내부에는 갑 자기 공산세력이 확충되어 1948년 4월 3일에는 제주도 사건이 발생했 고 10월 19일에는 여순반란사건(여순10·19사건)이 일어났던 것이다.

제주도 폭동사건(제주4·3사건)은 전 일본군 대위 출신 김달삼(金達 三)을 두목으로 하여 민청원(民靑員), 자위대원(自衛隊員) 그리고 국방 경비대의 좌익계열들을 규합한 폭동이었다. 말하자면 군대 내에 남로 당 세력이 직접 대두하기 시작한 시초였던 것이다.

10월의 여순반란사건(여순10·19사건)은 육군 중위 김지회(金智會)를 괴수로 한 순전히 군대 내부의 폭동사건으로 남로당 조직이 군대 내에 서 난숙(爛熟)하고 있음을 말해주는 것이었다. 이렇게 남로당의 지령 으로 군대 내의 반란사건이 연발하게 되자 군내의 숙청은 안 하려고 해야 안 할 수가 없게 되었다.

내가 아는 것으로 육사(육군사관학교 줄임말)만 해도 생도대장 육군 소령 오일균(吳一均), 교수부장 소령 조병건(趙炳乾), 중대장 소령 김학 림(金鶴林) 등 모두가 남로당원이거나 그의 끄나풀이었다. 그래서 그 들은 자기들의 직위를 이용하여 공산분자를 육사에 입학시키는데 갖 은 노력을 다했다. 또 입교한 학생들을 적화시키는 데 전력을 기울였 다. 그 결과 육사 생도의 상당수가 공산주의자였으며 여순반란사건(여 순10·19사건)의 괴수 김지회가 그들의 부하였다는 것을 잊어서는 안 될 것이다. 김지회뿐 아니라 홍순석(洪淳錫), 박호산(朴虎山), 이무연(李武

淵) 등 남로당의 정예분자들이 그들 간부 밑에서 자라난 육군사관학교 출신이라는 것을 생각할 때 군 내부의 숙청은 필연 이상의 필연이었다. 그리하여 군내 숙청은 드디어 시작되었다. 숙군이 시작되자 맨 처음으로 남로당 특수조직의 책임자로 지목되는 소령 오일균 중령, 김종석(金鐘錫), 제14연대장 중령 최남근(崔楠根) 등을 체포하기로 했다.

김지회 등 폭도들이 지리산으로 들어가 그 세력을 부식하려고 하던 12월이었다. 남로당 계열에 대한 수사 활동이 본격적으로 진행되어 전반적인 검거 계획이 완성되어 가고 있을 때 남로당 군사부 연락원 김영식(金永植)이가 서울 삼청동에서 체포되었다. 따라서 김영식이 가지고 있던 비밀문서 속에는 군대 내부에 침투하고 있는 공산분자의 명부가 고스란히 들어 있지 않은가!

이것은 우리가 얼마를 두고 조사한 것보다 정확하고 또 상세한 것이었다. 따라서 군내 책임자가 오일균과 김종석이라는 것도 정확하게 알 수 있었다. 이 두 사람을 체포하는 것을 숙군의 결정적 요점이 아닐 수 없었다.

그러나 이 두 사람은 이미 행방을 감추고 있었다. 어디로 갔는지 자취가 묘연했던 것이다. 김영식과 연락하는 선(線)이 있기는 한데 김영식은 그것을 자백하지 않는다. 결국 오일균과 김종석을 체포하려면 김영식의 입을 빌려야 하겠는데 김영식은 죽어도 입을 벌리지 않으려 했다. 그러나 군내의 공산분자 명부가 입수된 이상 숙군은 그리 힘든 일이 아니었다.

5. 오일균 소령 체포기

오일균은 내가 사관후보생 제3기로 입대했을 때 생도대장으로 있던 자다. 그 당시에도 오일균이가 빨갱이라는 것을 알고 있었다. 그러나 나는 일개 생도요 그는 육군 소령인 동시에 생도대장의 일을 보고 있었기 때문에 빨갱인 줄 알면서도 어찌할 수 없었다. 즉 내가 사관학교 생도로 입대한 지 열흘밖에 안 된 어떤 날 김태진(金泰鎭) 후보생과 함께 불침번을 서게 되었다. 밤 열시쯤 내무반을 순시하고 돌아오니 김 후보생이 보이지가 않았다. 아무리 찾아도 보이지가 않았다.

소등을 하고 잠든 밤중이라 갈 곳도 없을 텐데 어디로 갔을까 하고 혼자서 걱정을 하며 이리저리 찾아다닐 때 어떤 방에 불이 켜져 있음을 보았다. 그 방은 오일균 생도대장의 방이었다. 혹시 생도대장에게 불려가지나 않았나 하고 그리로 걸어가 문 앞에까지 이르렀을 때였다. 노크를 하려고 하는 순간 문이 벌컥 열리며 김 후보생이 나왔다.

두 사람의 시선이 부딪치자 김 후보생은 이상스럽게도 당황한 얼굴을 보였다. 꼭 죄를 지은 사람 같았다. 그뿐만 아니라 바로 발길을 돌려 다시 생도대장실 안으로 들어갔다. 생도대장에게 무슨 말을 몇 마디 하고 나오더니 나더러 생도대장이 부르니까 들어가 보라고 했다. 무슨 일인가 하고 들어갔더니 오일균은 나를 반갑게 맞이하여 과자 한 봉지를 내주었다.

배가 고프던 참이라 나는 과자를 고맙게 받았다. 그리고는 무슨 말이 있기를 기다리고 있을 때 오일균은 수상한 사람이 있거든 숨김없이 보고해 달라고 간곡하게 부탁했다. 나는 기쁜 마음에 틀림없이 보고하겠다고 굳게 약속했다. 사관학교에서 반공사상을 가진 생도대장을 발견하고 가까이 할 수 있다는 데 나는 참으로 기쁨을 금치 못했다.

좌익이 득실거리는 판에 과자를 주면서까지 동지가 되어 달라는 사람이 있다는 것은 나에게 커다란 기쁨이 아닐 수 없었다. 그래서 그 뒤 나는 빨갱이를 적발하는데 있는 힘을 다하여 김지회, 홍순석, 박호산, 오동기, 이무연 등이 틀림없는 빨갱이라고 보고를 했다.

그러나 이상한 일은 그 보고를 받고도 오일균의 반응이 조금도 없었다는 것이었다. 분명한 빨갱인데도 불러다가 조사를 한다든지 처벌을 한다든지 하는 일이 없었다. 그 대신 그런 보고를 한 내가 도리어 그들에게서 감시를 받고 있음을 알게 되었다.

1주일동안 당번근무, 대대장 후보생 근무, 중대장 후보생 근무라며 근무를 맡기지 않는 날이 없었다. 말하자면 나에게 잠시도 자유 시간을 주지 않으려는 일종의 감시가 하나의 처벌로서 내려졌던 것이다. 그랬던 오일균인 만큼 그 뒤 내가 정보부에서 일을 할 때 그가 특수공작 책임자로 군대에 잠입해 있다는 사실이 드러났으나 나는 그다지 놀라지 않았다. 그는 처음부터 공산당원이었던 것이다.

나는 오일균과 김종석을 체포하기로 결심했으며 그를 체포하기 위하여 이미 체포된 남로당 군사부 세포 김영식의 입을 열려고 했다. 체포에 필요한 물적 증거가 필요했기 때문이었다. 그러나 김영식은 전향을 하고 모든 사실을 고백할 기미를 보이면서도 좀처럼 입을 열지 않았다.

나는 김영식을 전향시키려고 백방으로 노력했다. 잘만하면 전향할 것 같았다. 그렇게 되면 오일균과 김종석은 문제없이 체포된다. 그러나 김영식은 전향하지를 않았다. 몹시 안타까웠으나 어찌할 도리가 없었다. 어떻게 할까 하고 전향시킬 방법을 연구하고 있을 때 김영식의 처가 분만했다는 소식이 들어왔다.

나는 좋은 빌미가 생겼다 생각하고 김영식에게 그의 처가 아들을 낳았다는 소식을 전해 주었다. 그 말을 듣자 김영식은 감개무량하다는 표정을 지었다. 아무 말도 못하고 멍하니 허공만 바라보는 것이었다.

그 침울한 표정을 보자 "아들이 보고 싶지 않아?" 하고 물었다. 그는 아무 대답도 안했다. 보고 싶은 심정을 가지고 있음에 틀림없었다. 며칠 뒤 나는 김영식을 데리고 우미관 뒷골목에서 한풍옥이라는 을종 요릿집으로 갔다. 그 집이 바로 김영식의 아내가 해산을 한 김의 처갓집이었다.

김영식은 오랜만에 자기의 아내와 또 아내 품에 안겨 있는 갓 난 어린애를 보았다. 인정이라든가 인간성 같은 것은 헌신짝처럼 버리고 오직 목적만을 위하여 어떠한 수단 방법도 가리지 않는다는 그 잔인한 공산주의자라 할지라도 연극의 한 토막 같은 감격적인 장면에서 마음의 충격을 받지 않을 수 없었을 것이다.

김영식은 무표정한 얼굴로 아무것도 모르고 젖만 빠는 어린 것의 얼굴을 바라보고 있었다. 역시 인간적인 따뜻한 무엇이 가슴속에 흐르는 모양이었다. 남편의 생사를 모르고 있던 그의 아내가 뜨거운 눈물을 흘렸다. 김영식은 차마 눈물을 흘리지 못했으나 마음속으로는 울고 있는 것이 분명했다. 며칠 뒤 김영식은 자진해서 오일균과 김종석에 대한 이야기를 아는 대로 말하겠다고 했다.

나는 김영식을 위로하면서 좀 더 빨리 그러한 심경에 달하기를 기다렸었다고 말했다. 김영식의 말에 의하면 오일균과 김종석은 남로당의 직접 행동에서 떠나 남로당의 특수조직인 전술연구반에 소속하여 방금 군사교본을 연구 편집중이라는 것이었다. 이것은 남로당의 빨치산 전술에 대한 연구로서 남로당에서 이것을 촉진하고 있는 것은 지리산에 숨어 있는 빨치산에 호응하여 조직적인 폭동을 일으키려는 계획이 무르익어 감을 말해 주는 것이었다.

김영식은 여기까지밖에 말하지 않았다. 그래서 며칠 내버려 두었던 바 그는 다시 입을 열어 오일균 등이 지금 어떤 곳에 유하고 있는지는 모르지만 오일균의 사촌형이 을지로 입구에 있으니까 거기를 가면 행방을 알 수 있을 것이라고 말했다. 그 사촌형이 있는 곳이란 을지로 입구에서 종로로 가다가 왼쪽 골목으로 들어간 다동의 경기염색회사였다. 그리고 오일균의 사촌형은 회사의 사장이었다. 나는 그 회사에 정보부원을 파견하여 사장을 감시했으나 오일균이가 나타나지를 않아 그 뒤에는 적선동에 있는 사장 사택을 검색하기로 했다.

완전무장한 수사관들이 적선동 오일균 사촌형 집을 깊은 밤중에 포위하고 검색했으나 역시 오일균의 그림자는 보이지 않았다. 오일균의 사촌형은 오일균이가 1주일 전에 그 집에서 어디로 나가버렸다고 말했다. 수사관들은 그 집 부근 일대를 수사했다. 나중에는 적선동 일대 전체를 수사하기 시작했다. 그것은 오일균이가 멀리 가지 않고 그 사촌형 집을 중심삼아 연락하고 있으리라는 육감이 들었기 때문이었다.

날이 밝아 올 때까지 수사를 계속하던 중 수사관들은 내자아파트 근

처의 어떤 세탁소에서 수상한 자를 한 명 잡아냈다. 꼭 오일균이라고
는 생각지 못했다. 그것은 오일균이가 변장을 하고 있었기 때문이었지
만 수사관들은 오일균이가 아니라 해도 그 일당이기만 하면 어떤 단서
가 나오리라 생각하고 붙잡았던 것이다.

그래도 수사관은 그 수상한 자에게 "너 오일균이지?" 하고 물었다.

"나는 오일균이가 아닙니다. 절대로 오일균이가 아닙니다."라고 완
강히 부인했다.

그러나 부인하는 말투와 그 태도가 이상스럽게 느껴져 수사관들은
그를 연행하여 나에게로 왔다. 오일균이가 어찌 나까지야 속일 수 있
었으랴.

틀림없는 오일균이었다. 오일균을 체포하자 그가 가지고 있던 원고
까지 압수를 했다. 그 원고는 두말할 것 없이 폭동과 빨치산에 대한 전
술을 연구하여 책으로 발간하려고 준비해 두었던 것으로, 그 용지는 동
화백화점에 근무하고 있는 오일균의 친구 집에서 발견되었다. 그는 체
포되자 얼마 안 있어 전의 잘못을 회개하고 전향을 하는 동시 자기가
김삼룡의 지령으로 움직였다는 사실과 기타 일체의 과거를 자백했다.

나는 육군사관학교 생도대장 시대의 일을 물었다. 그는 그때 일을
회상하며 그때부터 남로당원이였다는 것을 거침없이 진술했다. 그리
고 좌익 계열이라고 지적하여 보고한 뒤 그 감시자들에게 감시하고 있
는 사람이 있으니 언어와 행동을 조심하라고 주의시켰다는 사실까지
고백했다.

이렇게 하여 육사의 생도대장으로 좌익분자들을 양성하고 있던 오
일균이가 체포되었던 것이다.

6. 김종석 중령 체포기

　오일균은 체포를 했으나 같은 임무를 맡아 보고 있던 육군 중령 김종석만은 어디에 숨어 있는지 잡아낼 길이 없었다. 전향한 김영식도 김종석의 집은 알지 못한다고 했고 오일균 역시 모른다고 했다. 남로당에서도 김종석을 오일균보다 훨씬 높이 평가하고 있었다. 김종석은 일본군 대위까지 지낸 자로서 그 두뇌가 명석하다는 정평이 있었던 것이다.

　1947년 김종석이가 제2연대장으로 있을 때 대전에서 쌀 6백 가마, 보리 1천 가마, 레이션(C-레이션·미군 전투식량)과 기타 6백 상자, 엽초(葉草) 담배 2천만 원 분의 부정사건을 일으켰었고 대구에서 운동구점을 하고 있는 민간인 최원락(崔原洛)으로부터 5백만 원의 뇌물을 받은 사건들이 발각되어 문제화되었으나 당시 미군 고문관 프라이스 대령의 주선으로 무사하게 되기는 했지만 그것들이 모두 공산당의 기금으로 조달되었던 것이 사실이다.

　그 뒤 김종석은 청주의 제4여단장 대리로 있으면서 124명의 병사를 모집하여 교육을 시켰는데 이것도 심복부하를 양성하여 유사시에 사용하려는 계획이었다. 이러한 음모를 수차에 걸쳐 꾸미고 있던 김종석이가 갑자기 행방불명이 되었던 것이다.

　그는 조실부모하고 친척도 없이 고독하게 지낸 사람이라 그 행방에 대한 단서를 잡기가 더욱 힘들었다. 이렇게 고민하고 있을 때 김영식이가 신당동에 그의 친척이 살고 있다는 말을 들은 적이 있노라고 말했다. 김종석에 대한 유일한 단서였다. 그래서 정보원들을 시켜 신당동 김종석의 친척 집을 찾아 내려했다, 확실히 친척이 살고 있기는 했다. 친척이라는 사람에게 물어 본 결과 김종석이가 얼마 전까지 거기에 있다가 아현동으로 이사 갔다는 사실을 알았다.

조금씩 단서가 드러났다. 그러나 아현동이라는 것만 알았을 뿐 확실한 주소를 알지 못하기 때문에 우리의 조사는 아현동 일대 전체에 걸치지 않을 수 없었다. 지대도 모르고 번지수도 모르면서 아현동 전체를 내사한 결과 아현동에 있는 서윤복(徐潤福)의 집에 10일간 머물러 있다가 나갔다는 사실을 알았다.

서윤복의 집에서는 김종석이가 글쓰기에 조용한 곳을 찾아 간다고 하며 나가더란 말을 들려주었다. 틀림없는 김종석이었다. 김종석은 오일균과 같이 전술연구반에서 빨치산 전술 교본 편집 책임을 지고 있는만큼 조용한 곳이 필요했을 것이다. 그러나 조용한 곳을 찾아 나갔다는 말밖에는 그 행방에 대하여 아무 말도 들은 것이 없다니 종적은 다시 묘연해 지고야 말았다. 그래도 떠나간 곳을 알 수 있을 만한 증거가 없을까 하고 여러 방면으로 질문해 본 결과 그 집에서 일하던 열 두세쯤 된 소녀가 김종석의 이삿짐을 들어다 주기 위해서 따라 갔었다는 것을 알게 되었다.

김종석의 행방을 알고 있는 유일한 소녀였다. 그래서 그 소녀에게 전말을 물어본 결과 김종석은 자기의 아내와 어린애와 그리고 그 소녀를 자동차에 태워 종로3가 변전소 앞까지 가서는 소녀만 내려놓고 을지로 방면으로 갔다는 것이었다.

소녀를 내려놓고는 자동차가 어떤 방향으로 갔느냐고 다그쳐 물었을 때 그 소녀는 을지로 3가에서 왼쪽으로 돌아 달아나더라고 했다. 그 이상은 모른다고 했다. 막연한 일이었다. 그러나 아현동 일대를 조사하듯 을지로3가에서부터 신당동에 이르기까지 그 넓은 지역 전체를 조사하지 않을 수 없었다.

아무리 조사를 해도 알 수가 없었다. 대원들은 피곤할 대로 피곤했다. 그 이상 더 조사할 수가 없어서 나는 그 소녀를 다시 찾아 갔다. 좀 더 아는 일이 없을까 하는 막연한 생각에서였다. 사실 그 소녀 이외에 김종석의 행방을 알아 낼만한 단서를 가진 이가 다시없었다. 그래서 자동차에서는 들은 말이 없느냐 또 자동차를 타러 나갈 때 무슨 말을 듣지 못했느냐 하고 구체적으로 묻기를 시작했다. 그랬더니 소녀는 그때의 일을 곰곰이 생각하다가 중대한 단서가 될 말을 해 주었다. 즉 글 쓰는데 조용한 곳으로 가야 한다고 하면서 절간 이야기를 하더라는 것이다. 글 쓰려고 조용한 곳을 찾아 간 것만은 사실이니까 절간이라는 것도 일리가 있는 말이었다.

수사원들은 새로운 용기를 얻었다. 그러나 중구(中區) 일대에만도 절간이 30여개소나 있었다. 사실은 30 아니라 50이라도 전체를 수사하지 않을 수 없었다. 하나하나 수사해 나갔으나 김종석은 절간에서도 나오지 않았다. 당시는 절간마다 전재민들이 들어가 있었다. 전재민들만 잠을 못 자게 한 사람 한 사람 깨우며 조사했으나 문제의 김종석이가 나타나지 않자 수사원들은 그만 지쳐 실망을 느끼게 되었다.

이상한 일이었다. 없을 리가 없는데도 찾아 낼 수가 없으니 김종석은 신출귀몰한단 말인가? 나는 문득 지하실이 있는 절간이 어딘가 하는 생각을 했다. 절간에 지하실이 있다면 그런 곳에 숨어서 종적을 감추고 있을 듯한 예감이 들었던 것이다. 그래서 중구에 있는 사찰 배치도를 펼쳐 놓고 지하실 있는 절간을 찾아 낸 결과 충무로3가 사거리에서 남산 쪽으로 약 10m 올라 간 곳에 큰 절간 하나가 있음을 발견했다. 이 절간의 구조를 조사한 뒤 수사원 전원을 시켜 포위케 하였다.

때는 날이 밝아오려는 새벽이었다. 수사원들은 모두가 제발 그 속에 김종석이가 숨어 있기를 진심으로 빌었다. 어떤 수사원은 절간 안에 있는 불상 앞에서 합장을 하고 기도까지 드렸다고 한다. 그만큼 우리 수사원들은 김종석을 잡기에 지쳐버렸던 것이다.

두 명의 수사원이 울타리를 뛰어 넘었다. 스님들은 벌써 염불을 올리고 있었다. 한 수사원이 복도에서 젊은 스님을 만나 김종석이란 사람이 있지 않느냐고 물었으나 그 스님은 들은 척도 하지 않았다. 이 절간의 구조는 몹시 복잡했다. 그래서 방 전체를 조사하는 데도 상당히 시간이 걸렸지만 지하실 판자 밑, 마루 밑까지 조사하는 데도 여간한 노력이 소비된 게 아니었다. 불상을 모신 방에까지 들어가 그 밑 마루 하나 빼놓지 않고 조사를 했다. 몇 십 년 묵은 거미줄을 헤치며 천장까지 샅샅이 조사했으나 김종석은 보이지 않았다.
스님들을 모두 조사했으나 스님 속에도 김종석은 끼어 있지 않았다. 정말 실망이었다. 여기서마저 김종석을 잡지 못한다면 잡아 낼 곳이 영영 없어지고 만다. 그래도 낙심치 않고 뒤진 곳을 두 번 세 번 거듭 조사할 때 스님의 침실 중 아직 이불이 개어지지 않은 곳을 발견했다.

다른 방의 이부자리는 전부 개어져 있는데 이 방의 침구만이 그대로 있다는데 의심이 들었던 것이다. 스님들은 기침을 하자마자 침구를 깨끗하게 개놓는 것이 하나의 습관으로 되어 있다. 그런데 이 방만은 어째서 이불을 개지 않았을까?

수사원들은 긴장이 되었다. 그래서 다시 한 번 방안을 조사하고 있을 때 복도를 급히 지나가는 한 청년을 발견했다.

"나가지 마라!" 수사원은 고함을 질렀다. 그러나 청년은 들은 척도 하지 않고 급한 걸음으로 복도를 지나갔다.

수사원은 뒤를 따라가 수갑부터 채웠다. 그리고 "김종석이지?"라고 물었다. 그때 청년은 자기의 운명이 다한 것을 깨달았는지 "왜, 김종석이다."라고 자백했다.

이렇게 해서 육군 중령 김종석은 절간에 온 지 1주일 만에 체포되었다. 김종석을 체포하자 이불이 깔려 있는 방으로 와서 증거물품이 있나 조사해 본 결과 아무것도 나오지 않았다. 그 사이 벌써 감추어 놓았는가 하는 생각을 하면서도 다시 살펴 본 결과 이불이 유달리 무거운 것을 발견했다. 그래서 이불을 뜯고 속을 살펴보았을 때 그 속에서 원고용지들이 떨어지고 있지 않은가!

그 원고용지란 두말 할 것 없이 빨치산 전술에 대한 책자를 발행하려던 것이었다. 그밖에 남한 일대의 작전계획 지도까지 발견했다.

김종석은 체포되자마자 그는 지난 밤 자기가 체포되고야 말 것 같은 이상한 꿈을 꾸었다고 말했다. 그리고 늘 뛰어다니는 군인생활을 하다가 방안에 들어 앉아 있으려니 무엇보다도 갑갑해 견딜 수가 없었다며 자기의 죄상을 숨김없이 고백했다. 그뿐 아니라 남한 일대에서 좌익 계열이 총궐기하면 남한을 전복시킬 자신이 있었다고까지 말했다. 참으로 가소로운 일이었다.

그 뒤 어떤 따뜻한 봄날 수색 교외에서는 수발의 M1 총소리가 들리었다. 주구들의 최후의 길을 김종석이도 밟고야 만 것이다.

7. 최남근 중령 체포기

국군 내의 남로당 간부급인 오일균과 김종석을 체포하자 남아 있는 것은 최남근(崔楠根) 중령뿐이었다. 최남근에 대한 내사를 계속하며 체포할 기회를 기다리고 있을 때 그가 연대장으로 있던 여수 주둔의 제14연대에서 여순반란사건(여순10·19사건)을 일으켰다. 이 사건이 발생되자 최남근은 어디론가 종적을 감춰 버렸던 것이다.

반란사건을 일으키고도 성공을 하지 못하자 반란의 괴수 김지회 등 도당은 지리산(智異山)으로 도망을 가버렸으나 최남근만은 지리산에 들어간 흔적이 없었다. 그래서 각 지방으로 수배를 하고 최남근을 체포하려고 했으나 어디로 가서 숨어 있는지 단서를 잡을 수가 없었다. 여러 가지로 추측한 결과 서울로 올라와서 반란사건의 대책을 강구하고 있으리라 생각되었지만 빨갱이가 들썩이는 서울에서 그의 종적을 찾아내기는 그리 용이한 일이 아니었다.

우리는 최남근이 서울에 왔다면 서울서 연락할 곳이 어딜까 그리고 누구의 지령을 받을까 하는 것을 내사하였다. 군대 내의 폭동이라면 남로당에서도 중요시할 것만은 사실이다. 따라서 폭동사건을 지휘하는 사람은 도당의 거물급이 아닐 수 없다. 그래서 남로당 부위원장인 김삼룡 등 거물급들의 연락처를 내사하기에 주력을 기울이고 있는 때였다. 때마침 수일 전에 체포된 북한 정치학교 제1기 졸업생 홍(洪)이라는 자가 전향을 성명했다. 홍(洪)은 정치학교를 졸업하자 빨치산 특수공작의 임무를 맡고 월남했다가 체포된 사람이다.

그가 자진하여 전향하겠다는 말을 하자 나는 그를 통하여 어떤 단서를 얻을 수 있지 않을까 하는 생각에 김삼룡의 연락처를 아느냐고 물었다. 그는 한 곳만 안다고 대답했다. 나는 최남근을 아느냐고 물었다. 그는 한 번 만나 본 일이 있다고 대답했다.

수사원들은 홍(洪)의 말에 의하여 을지로3가 수도극장 옆에 있는 조그마한 이층집 부근에 숨어 최남근 및 김삼룡의 출입을 감시했다. 즉 수도극장 옆에 타이어 간판을 붙인 이층집이 김삼룡의 아지트였던 것이다.

수사원들이 종일 숨어서 기다렸으나 목표 인물이 통 나타나지 않았다. 벌써 주목 받고 있음을 알고 연락처를 다른 데로 옮겼는지 모른다. 할 수 없이 홍(洪)을 그 집안으로 들어가게 했다. 즉 홍은 체포되지 않고 그대로 활동을 하고 있는 것처럼 가장한 뒤 최남근과 긴급히 연락할 일이 있어 찾아 간 것처럼 말했다.

김삼룡이라든가 기타 간부들이라도 홍이 체포되었다는 사실을 알지도 모르는데 하물며 아지트의 연락원들은 체포된 지 며칠도 안 되는 사실을 더욱 알 까닭이 없다. 홍은 그 집에 들어가 최남근의 숙소를 알

앗다. 즉 며칠 전까지 그 집에서 김삼룡과 최남근이 만난 사실이 있었다는 것 그리고 최남근은 인사동 골목 오른편에 있는 설렁탕집에 유하고 있음을 알았다.

그 집은 유행가 가수 남인수(南仁樹)의 집이었다. 이러한 사실을 알자 수사원들은 지체 없이 인사동으로 수사를 옮기었다. 수사원들은 그 집 근처에 숨어 동정을 살피기 시작했다. 설렁탕을 먹으러 들락날락하는 사람 하나하나를 유심히 살피었다. 수사원들은 설렁탕을 먹는 척하며 안에까지 들어가 있었다.

저녁 때 쯤이었다. 근사한 양복을 입은 신사 한 명이 설렁탕집으로 쏙 들어섰다. 그는 방안을 살피는 눈치도 보이지 않고 안으로 통하는 길로 들어갔다. 틀림없는 최남근이었다. 수사원들은 지체 없이 뒤를 따라가 고랑을 채웠다.

"최 중령님, 미안합니다."

최남근은 몹시 당황했으나 그래도 "이놈들, 너희들이 누구냐?" 하고 호통을 질렀다.

"자세한 것은 가서 말씀하시지요."

"나를 잡는 놈이 어떤 놈이야?"

"가서 말씀하십시오."

"어딜 간다는 말이야?"

수사원들은 너털웃음을 웃었다. 정말 가소로웠던 것이다. 죄는 생각지 않고 중령이란 계급만 따져보려는 그 가소로운 태도! 그러나 끌려오고서야 최남근은 자기의 죄상을 감추지 않았다. 여기서 묻는 대로 대답을 했다.

최남근의 고백에 의하면 그는 여순반란사건(여순10·19사건)이 발생하자 전남도책(責)과 함께 그 사건을 보고하기 위하여 상경했다는 것이다. 반란사건에 앞서 남로당에서는 각 지역 및 지방에 자위태세를 명하고 대기태세를 취하도록 지령했으나 뜻밖에도 여순사건이 일어나자 도책은 당황한 나머지 최남근과 더불어 김삼룡을 만나러 왔던 것이다.

뜻밖에 여순반란사건(여순10·19사건)이 일어났음을 알자 김삼룡도 당황했으나 일이 벌어진 이상 방임할 수도 없는 일이라 김삼룡은 사건을 확대시키라는 지령을 내렸다 한다. 그리고 최남근은 반란의 총지휘자로서 여수에 돌아갈 것을 명령받고 다음 날 떠나려다가 체포되고 말았다.

최남근을 체포한 수사원들은 설렁탕집을 계속 감시했다. 최남근과 연락을 하러 찾아오는 사람이 있을 것이 분명했기 때문이었다. 과연 지방에서 온 청년들이 설렁탕집을 찾아 들었다. 반란사건에 관계있는 자들이었다. 이리하여 지방인 6명도 체포할 수가 있었다.

최남근은 세 살 때부터 만주에서 자랐으며 본적은 중국에 두고 있는 중앙군 출신이었다.

8. 미소공동위원회 소련대표의 촬영사건

1947년 5월 20일 서울 덕수궁에서는 제2차 미소공동위원회가 열리고 있었다. 내가 임관하여 제1연대 정보부에 배속된 지 얼마 안 되었을 때의 일이다. 군대가 초창기였고 따라서 정보부도 초창기였던 만큼 정보부의 기구는 미약하기 짝이 없었다. 불과 몇 명밖에 안 되는 장병을 가지고 중요한 업무를 수행하지 않을 수 없었다. 그러나 적으나마 정보부의 장병들은 사기충천하여 임무 완수에 있는 힘을 다하고 있었다.

제2차 미소공동위원회가 열린 지 일주일도 채 못 되는 어떤 날 정오 조금 지났을 때였다. 점심을 끝마친 장병들이 연병장을 산책하고 모여서 운동을 하기도 할 때 나는 농구를 하고 있는 사병들을 바라보다가 식사시간이 되어 식당으로 걸어가기 시작했다. 식당으로 걷는 도중 우연히 어떤 사병의 침울한 표정을 보았다. 그는 혼자 앉아서 긴 한숨까지 내쉬고 있었다.

나는 딱한 개인 사정이나 있는가 해서 그에게 가까이 가 어깨를 만져주며 "무슨 일이 생겼나?"라고 물었다. 그러나 그는 대답을 안 했다.

"말해 봐, 힘닿는 데까지 도와줄 테니까." 그때야 그 사병은 입을 열고 다음과 같은 이야기를 들려주었다. 즉 그들이 야외에서 소대훈련을 받고 있을 때 소련 장교 2명과 하사관(부사관) 1명이 태릉고개에서 육사 전경과 그들의 훈련 광경을 카메라로 사진을 찍고 있었는데 그것을 보고도 소대장 김명규(金明奎)는 본체만체 하며 제지를 안 했다는 것이다.

육사를 사진 찍는다는 것은 한국의 군대 기밀을 알기 위한 것인데 그것을 보고도 제지 안한 소대장의 심리가 한심스러워 한숨짓고 있다는 것이었다. 그 말을 듣자 나는 깜짝 놀랐다. 군 기밀을 탐지해 갔다는 사실과 더불어 놈들이 한국을 얕보고 대낮에 그러한 행동을 감행했다는 분격심이 가슴속에 치밀어 올랐던 것이다. 절대로 용서할 수 없는 일이었다. 그렇지 않아도 미소공동위원회를 계기로 하여 좌익들이 함부로 떠들며 시위행렬과 갖은 수단으로 공산세력을 강화시키려는 때 이러한 도전적인 행동을 묵인할 수가 있을 것인가?

어떻게 해서든지 그 필름을 빼앗아야 했다. 그래야만 군 기밀이 소련으로까지 보고되지 않을 것이며 따라서 한국 군대의 위신도 설 수가 있다. 나는 그 하사관(부사관)에게 사진을 찍은 소련군인들이 어디로 갔는가를 물었다. 그는 소련군인들이 학교 영문 앞에까지 와서 사진을 찍고 방금 전에 서울을 향해 출발했다고 대답했다. 나는 즉시로 이정일(李正一·이성가로 개명) 연대장과 미군 고문관에게 그 사실을 보고하고 나의 결심을 말했다. 그랬더니 미 고문관은 자기의 지프차를 빌려주면서 나를 격려해 주었다.

나는 당시 이등중사 김석화(金錫華)와 일등중사 신두항(申斗恒) 외한 명에게 완전무장을 시킨 다음 지프차를 달려 소련군인의 뒤를 쫓기 시작했다. 지프차는 초스피드를 내며 순식간에 청량리에 도달했다. 거기서 파출소 순경에게 물으니 붉은 기를 단 소련 지프차가 약 10분 전에 그곳을 통과했다는 것이었다.

우리는 다시 속력을 내어 지프차를 소련 영사관으로 몰았다. 그동안 몇 번이나 미군 헌병(MP)에게 정지당하였지만 용건을 말하고 무사히 통과했다. 그러나 미소공동위원회 소련 대표는 영사관에 유하지 않고 후암동 동회사무실 앞 숙소에서 유하고 있음을 알았다. 지프차는 번개처럼 다시 후암동으로 달리었다. 소련 대표의 숙소 정문은 중앙에 있었으나 정문까지 들어가는 출입구는 2개가 있었다.

나는 완전무장한 하사관(부사관) 3명을 2개의 출입구와 한 정문에 배치시키고 정문 앞에 서 있는 미군 헌병에게로 가서 소련군인 3명이 돌아왔는가를 물어 보았다. 아마 딴 데를 들려서 오는 모양이었다. 아직 도착하지 않았다는 것이었다. 나는 3명의 하사관(부사관)에게 부탁을 하고 경비대 총사령관 송호성에게 갔다. 그것은 잠시 동안 시간의 여유가 있었기 때문에 그 시간을 이용해서라도 총사령관에게 보고하려는 것이었다.

나는 그때까지 송호성이 좌익 계열이라고는 꿈에도 생각지 못하고 있었다. 그래서 나는 의기양양해서 송호성에게 그 동안의 전말을 보고했던 바 송 준장은 뜻밖에도 "왜 쓸데없는 짓을 해? 외국 손님에게 손을 어떻게 댄단 말이야? 큰일 날 일을 당초에 하지도 말아!"라고 꾸짖었다.

"군 기밀이 탄로되어도 좋을까요? 어떻게 알고도 묵인을 합니까?"

나는 흥분한 나머지 이렇게 말했다. 그러나 송 준장은 명령으로 나의 임무를 중지시키려 했다. 나는 그 길로 정보국장 백선엽 대장(정보국장 당시 대령)과 미 고문관에게까지 가서 이 사실을 보고했다. 백선엽 대장과 미 고문관은 즉석에서 나를 격려해 주었다.

나는 든든한 마음으로 현장에 달려갔다. 현장에 도착하자 얼마 안 있어 소련군인들이 정문으로 들어왔다. 우리 정보부원들은 그 지프차를 정지시켰다. 그리고 필름을 내 놓으라고 손짓으로 행동을 했다. 그러나 소련 장교들은 고개를 흔들며 옆에 가지도 못하게 했다. 할 수 없이 우리는 소련 장교들의 신체를 검사하려 했다. 말로 듣지 않으면 완력으로라도 빼앗아야 했기 때문이었다. 그러나 뺏기지 않으려고 덤벼드는 바람에 뜻하지 않은 격투가 벌어지게 되었다. 우리는 격투를 하면서도 카메라를 발견하려고 애썼지만 어디다 감추었는지 도무지 알 수가 없었다.

좌우간 카메라를 빼앗을 때까지 격투를 할 결심으로 싸우고 있을 때 소련 장교 한 명이 내복 안 뱃속에 감추었던 카메라를 꺼내 울타리 안으로 던졌다. 그래서 카메라가 헌병들이 지키고 있는 정문 안 정원에 떨어졌던 것이다.

나는 정문 안으로 뛰어 들어가려 했다. 그러나 헌병이 나를 제지했다. 숙소 침범이라고 안 된다는 것이다.

한편에서는 아직도 격투를 계속하고 있는데 나는 이 일을 어찌 해야 좋을까. 그 순간이었다. 난데없는 미군 CIC 지프차 3대가 사이렌을 울리며 초스피드로 달려왔다. 구원의 CIC였다. 그들은 정문 앞에서 급정거를 하고 지프차에서 내리자 한편으로 격투를 말리고, 다른 한편으로 뜰 안에 떨어져 있는 카메라를 집어왔다. 이렇게 빼앗아 온 필름을 즉석에서 현상해 본 결과 그 필름 속에는 육사 이외의 기밀 장소까지 합하여 24장의 사진이 들어있었다. 미군 CIC에서는 이 사실을 하지 중장에게 보고하여 그 3명의 소련군인을 즉시 추방시키고 말았다. 이 사실을 보고하기 위하여 나는 다시 송호성 준장을 찾아 갔다. 그랬더니 송준장은 처음과 달리 "암! 그런 놈들은 잡아야 하지, 잡아야 하고말고, 잘했어."라고 나를 칭찬해 주었다. 이미 추방시켰다는 사실을 알고 할 수 없다는 생각이 들었던 모양이다.

가소롭기 짝이 없었다. 미군 고문관 갓소 소령은 제1연대 정보부를 표창하는 뜻으로 지프차 1대를 기증해 주었다.

IV. 남로당의 근멸

1. 남로당 군사부 세포 김영식 체포기

1948년 10월 18일 여순반란사건(여순10·19사건)이 일어나자 숙군은 본격적으로 진행되었다. 따라서 남로당의 군사부 연락 책임자 김영식을 무슨 수를 써서라도 체포해야만 했다.

김영식은 1946년 대구폭동사건의 주모자 이재복(李在福)의 비서로서 주로 군 내부에 세포를 부식하는 역할을 담당하고 있었던 만큼 남로당의 군 내부 세포를 뿌리 뽑으려면 그 자를 체포하지 않을 수 없었다.

김영식은 대구 출신으로 일견 대학생과 같은 인상을 준다. 그는 입술이 약간 두텁고 광대뼈가 나왔으며 눈 끝이 내려앉았고 얼굴색이 희다. 눈썹은 팔자로 되어 있고 귀가 큰데다가 머리숱이 많다.

이러한 인상을 근거로 하여 김영식을 체포하기로 했는데 맨 처음으로 수사망을 뻗친 곳이 우미관 앞 한풍옥이었다. 한풍옥이란 김영식의 처가에서 경영하는 요릿집인데 그 집이 좌익들의 아지트로 사용되고 있었다. 그러나 며칠을 두고 그 집을 중심삼아 김영식의 행방을 찾았으나 끝내 발견할 수가 없었다. 공산분자들은 변장술에 능하고 또 아지트를 쉴 새 없이 바꾼다. 필경 거처를 옮겼으리라. 그래서 한풍옥의 뽀이(boy·점원) 한 명을 매수하였다. 그것도 섣불리 하면 안 된다. 친한 척하고 천천히 하면서 돈을 써야 했다. 처음에는 아무런 목적도 없는 듯 사귀기만 하다가 어느 정도 가까워졌을 때 지나가는 이야기처럼 한마디씩 물어봤다.

이렇게 해서 그 뽀이의 입을 열게 한 바 그 뽀이는 김영식이가 삼청동에 있다는 것을 알려줬다. 그러나 삼청동에 있는 대궐 같은 집이란 것만 들었을 뿐 어디 어떤 집이라는 것은 들은 적이 없다고 말했다.

삼청동에는 그야말로 대궐 같은 집이 얼마든지 있다. 대궐 같은 집들이란 함부로 건드릴 수 없는 사람들의 집이 대부분이었다. 그러나 삼청동에 있다는 것만은 확실하니까 그곳을 중심으로 찾아내는 수밖에 없었다,

수사원들은 담배장수를 가장하고 길가에 종일 앉아 지나다니는 사람의 얼굴을 살폈다. 한편으로는 엿장수를 가장하고 이 골목 저 골목 돌아다니기도 했다. 며칠 동안 그렇게 내사하던 중 드디어 김영식과 비슷한 청년을 발견했다. 그리고 그를 미행한 결과 삼청동 00번지 장모 씨 집으로 들어가는 것을 알았다. 그때부터는 본격적인 수색을 시작했다. 기름장수 노파를 매수하여 그 집 내부를 알아내기도 하고 엿장수를 가장하여 그 집 근처를 쉴 새 없이 감시하기도 했다. 김영식이가 그 집에 살고 있는 것만은 틀림없었다. 낮에는 밖으로 나오고 밤이면 들어가 잠을 잔다.

그런데 그 집에 무서운 셰퍼드 개가 있다는 것이 큰일이었다. 어떻

게 사나운지 이상한 사람만 나타나면 물어뜯는다는 것이었다. 나중에 안 일이지만 김영식은 자기의 보신책으로 셰퍼드를 가져다가 훈련시켜 놓았던 것이다. 그러나 어떻게 해서든지 김영식을 체포하지 않을 수는 없었다. 어떤 날 밤 12시경 수사대원들은 완전무장을 하고 그 집을 포위한 다음 수 명의 대원이 담을 뛰어넘어갔다. 역시 셰퍼드가 따라 오며 맹렬하게 짖기 시작했다.

수사대원들은 미리 준비해 가지고 갔던 총검으로 셰퍼드를 찔렀다. 그리고는 집안으로 뛰어 들어갔다. 김영식은 수사망이 그곳까지 미치리라고는 생각을 못했었는지 숨을 장소도 마련하지 않고 있었다. 조그마한 방에 앉아 있는 것을 무난히 체포하였다. 그러나 김영식은 체포하였는데 비밀문서가 하나도 보이지 않았다. 이상한 생각이 들어 방안을 샅샅이 살피었으나 끝내 문서가 나타나지 않았다. 군사부 연락원인 만큼 반드시 중요서류를 가지고 있을 것이었다. 마루 밑, 천장 밑 할 것 없이 수색을 했으나 그래도 나오지가 않아 나중에는 벽을 두드려 보기까지 했다. 이 방 저 방 돌아다니며 벽을 두들기고 있을 때 어떤 곳에서 이상한 소리를 내었다. 담 벽 같으면서도 속에 텅 빈 소리가 났던 것이다. 그래서 벽지를 찢고 속을 들여다 본 결과 이중벽으로 되어 있는 그 속에 비밀문서가 가득히 들어있음을 발견했다.

참으로 기묘하게 감추고 있었다. 그래서 남로당 군사 프락치 전모에 관한 비밀문서를 압수했다. 그리고는 사진틀 뒤에서 암호로 된 문서도 압수했다. 김영식은 체포되자 자기의 임무가 무엇이었다는 것을 모두 자백했다. 낮에는 정보를 수집하여 이재복에게 연락하는 한편 밤에는 집에 돌아와 이북으로 보내는 연락문을 썼다는 것이었다.

압수된 문서는 대부분 암호로 되어 있었는데 김영식은 암호를 푸는 법만은 끝내 말하지 않았다. 우리는 할 수 없이 그 암호를 연구하기 시작했다. 20여 시간을 연구한 결과 그 암호를 해독할 수가 있어 비밀문서들도 능히 해석하게 되었다. 그 결과 김영식이가 병기, 병력 등 군 관계기밀을 모조리 탐지하고 있었다는 사실이 드러났다. 그뿐 아니라 남로당 계열의 군인 성명과 계급 심지어는 군번까지 암호로 기록해 가지고 있었다.

놀라운 사실이었다. 김영식이기 이북으로 보낸 군 기밀에 관한 정보들이 그 후 북한이 남침하는 데 얼마나 큰 도움을 주었을까 생각할 때 참으로 치가 떨리지 않을 수 없었다.

2 남로당 특수부책 이재복 체포기

남로당 특수부의 세포 김영식 체포로 말미암아 김영식의 지휘자 즉 남로당 특수부책이 이재복(李在福·46세)이라는 것을 알게 되었다. 물론 김영식의 고백에 의하면 이재복이가 아니라 이일도(李一道)였다.

이재복은 대구 10·1폭동의 총지휘자요 여순반란사건(여순10·19사건)의 무기 담당 책임자로 남로당 조직부장 이중업(李重業)에게 가장 신임을 받고 있는 자였다. 그러나 이름을 여섯 개나 가지고 있었기 때문에 김영식도 이재복을 이일도라고밖에 몰랐던 것이다. 김영식은 이재복의 심복이었을 것이지만 공산도당들은 자기의 심복에게까지 자기의 본명을 알려주지 않는다.

당시를 회고해 볼 때 이재복을 체포하는 것보다 더 힘든 일은 별로 없었다고 기억된다. 남로당의 간부인 동시에 군 관계 특수공작을 담당한 자였으며 폭동의 전 책임을 가진 자였던 만큼 우리로서는 누구보다도 그 자를 체포해야만 했다. 그래서 미 군정당국을 포함한 수사당국에서는 이 자의 체포에 70만원의 현상금까지 붙이고 이 자의 행방을 추궁했던 것이다.

그럼 이일도 이외에 6개의 이름을 가지고 신출귀몰 식으로 돌아다니고 있었기 때문에 그의 행방을 추적하기는 지극히 곤란했다. 나는 이일도가 대구에 머물러 있다는 정보를 듣고 대구로 내려가서 얼마동안을 수사했으나 결국에 가서는 이일도가 대구에 있지 않고 서울로 올라갔다는 정보를 듣게 되었다. 할 수 없이 수사망을 서울로 옮겼다.

서울로 돌아 온 수사진이 영등포, 청량리, 마포 등 있을만한 곳을 모조리 수사했으나 그래도 이일도의 행방에 대한 단서가 조금도 잡히지 않았다. 그러나 실망을 하지 않고 수사를 계속하고 있을 때 우연하게도 화신백화점 앞 조그마한 명함가게에서 이일도(李一道)라는 명함 한 장을 발견했다. 수사 개시 몇 달 만에 처음으로 입수한 단서였다. 그러나 그것은 그 명함가게에서 명함을 찍어간 나머지의 한 장이었을 뿐 누가 받은 것은 아니었다. 그리고 명함에는 이름 석 자만 찍혔을 뿐 주소도 없고 근무처도 없었다.

다만 3일 전에 그 명함을 찍어갔다는 사실만은 알아냈다. 그것만 가지고도 이일도가 틀림없이 서울에 있다는 것을 알 수 있었다. 그래서 명함 한 장을 가지고 본격적인 수사가 진행되었다.

당시 명함을 가지고 그 자의 종적을 추구하는데 책임을 맡은 사람은 조서길(趙瑞吉) 중사였다. 조 중사는 그 명함을 가지고 다니며 혹시 연락이 있을만한 사람 앞에 가서 마치 자기가 남로당 프락치인 것처럼 가장을 하고 또 이일도의 명함을 이일도에게서 받은 것처럼 자랑을 하며 명함을 내 보였다. 그러기를 몇 군데에서나 되풀이하다가 어떤 실업가에게서 이일도의 주소를 막연하게나마 알게 되었다. 즉 그 실업가는 이일도라는 사람을 자기도 아는데 신당동 근처에서 보았다는 것이었다. 이 말을 듣자 우리는 수사망을 축소하여 신당동을 중심으로 잠복근무를 시작했다.

　이 잠복근무는 3개월 동안 계속되었다. 말이 3개월이지 한 사람을 체포하기 위하여 적지 않은 수사원이 매일 같이 잠복근무한다는 것은 그리 용이한 일이 아니다. 이렇게 신당동에서 잠복근무를 하면서도 이일도의 종적을 찾아내기 위해서는 그의 연계자까지도 내사하지 않을 수 없었다. 몇 사람의 연계자를 알아 가지고 그 뒤를 미행하고 또 내사해 본 결과 이일도가 신당동에 있지 않고 효자동이니 돈암동이니 하고 여기 저기 이동한다는 사실이 드러났다.

　그러면 수사망을 그리로 옮겨가서 물샐 틈 없이 수사하지만 이일도의 그림자는 통 드러나지가 않는다. 그러다가 다시 신당동으로 옮겨와서 수사를 계속한다. 이렇게 하기를 만 3개월 계속하고 있을 때 이일도가 자기 아내와 같이 살림을 하고 있다는 사실을 알았다. 신당동 그의 처소까지 알게 되었다. 하나의 동(洞)을 3개월 동안이나 수색했으니 우리는 동에서 살고 있는 남의 집 식모의 이름까지 알게 되었던 것이다.

집을 알아 놓았으니 이제부터는 체포만 남은 일이었다. 주소를 아는데 성공한 우리는 다음 단계로 그 집안 내막을 살피는 데 힘을 썼다. 엿장수, 기름장수 등으로 가장하여 집안에 들어가 집의 구조를 알아냈던 것이다. 어디로 들어가야 좋을지 그리고 체포하러 갔을 때 본인은 어디로 도망가려 할 것인가, 이런 것을 조사한 뒤 체포하기에 적당한 시기만 기다리고 있었다.

1948년 12월 28일 밤 11시였다. 마침 토요일이라 정보원은 전부가 외출하고 나와 하사관(부사관) 1명만이 남아 있었는데 뜻하지 않은 전화가 왔다. 이일도의 집을 감시하고 있던 조서길 중사로부터의 전화였다. 즉 지금이 체포하기에 가장 적당하니 곧 사람을 보내 달라는 것이었다.

전부 외출하고 남아 있는 사람이 없었기 때문에 다음으로 연기하고 싶기도 했으나 다시없는 기회라는 말에 기다리고 있으라는 대답을 한 뒤 결국은 나와 하사관(부사관) 한 명이 현지로 달려갔다. 달려가기는 했으나 나와 조 중사 그리고 또 한 명의 하사관(부사관)만을 가지고는 그 집안으로 들어가기가 위험했다. 위험해서라기보다도 고심참담(苦心慘憺)하게 얻은 기회를 잃어버릴 우려가 컸다. 인원 부족으로 그를 도망시키면 그야말로 큰일이었던 것이다.

그러나 조 중사의 보고에 의하면 그 집안에는 이일도 부부 외에 아무도 없다는 것이었다. 그래서 약간 안심을 하고 있는데 통행금지 시간이 거의 되자 오바를 입은 노인 한 사람이 그 집 안으로 들어가고 있었다. 그래서 잠시 동정을 살피고 있을 때 안에서 여자 한 명이 나왔다. 이일도의 처였다. 그 여자는 파출소 앞에 있는 고깃간에 가서 고기

한 근을 사가지고 다시 들어갔다. 잠시 뒤에는 그 집 연통에서 연기가 올라오기 시작했다. 고기를 끓이는 모양이었다.

고기와 술을 먹으며 흉계를 꾸미고 있을 이일도와 그 노인을 생각하니 바로 뛰어 들어가 체포해 버리고 싶었으나 역시 참기로 했다. 체포에 목적이 있는 만큼 가장 안전한 시기를 기다려야 했다. 놈들이 잠들었을 때 그때에 들어가지 않으면 안 된다. 새벽 2시가 지나고 3시가 가까웠다.

이제는 잠이 들었을 것이니까 체포하지 않을 수 없었다. 정작 행동을 개시하려니까 우리의 병력이 다시 우려되었다. 병력 부족으로 실패나 하면 큰일이라는 생각에 나는 잠시 묵상에 잠겨 있었다. 그때 나는 문득 그 근처에 있는 당시 국방부차관 최용덕(崔用德·공군참모총장 역임·공군중장 예편) 준장 사택을 생각했다. 거기에 가면 위병들이 있을 것이다. 그리고 달려갔다. 최 장군을 깨우지 않기 위하여 선임하사관에게만 양해를 얻고 사병 8명을 동원시켰다. 이 8명을 데리고 나는 이일도의 집 담을 뛰어 넘었다.

이 날은 마침 정전이 되어 일대가 컴컴한 바다 같았다. 담을 뛰어 넘어가자 어떤 방이 촛불에 비치고 있음을 발견했다. 틀림없이 이일도가 있는 방이었다. 나는 우선 그 방으로 들어갔다. 문을 벌컥 열고 들어섰을 때 나는 놈들의 행동이 얼마나 빠르다는 것에 한 번 또 놀랐다. 체포하러 온 것을 알고 벌써 도망갈 준비로 뒷문을 열고 있었던 것이다. 오바까지 입고 있었다. 여자도 옷을 입고 이일도 앞에 서 있었다. 만약 담을 뛰어넘어 방안에 들어간 시간이 1분만 늦었다면 이일도는 도망을 갔을지도 모른다. 나는 그들을 보자마자 고함을 질렀다. 그들은 석고처럼 서 버렸다. 죽음을 각오한 사람들 같았다.

그러나 이일도는 다시 도망치려고 몸을 움직이려 했다. 그 순간 나는 앞에 서 있는 여자의 어깨 너머로 이일도의 등덜미를 붙잡았다. 그는 몸을 뿌리치며 도망치려 했다. 나는 다시 그의 허리띠를 붙잡고 내앞으로 그의 몸을 잡아 당겼다. 그는 힘을 주어 나를 떠밀었다. 나는 그의 오른팔을 비틀고 등덜미를 발길로 찼다. 이렇게 격투가 벌어졌으나 이층으로 올라갔던 조 중사의 지원으로 이일도는 묶인 몸이 되고 말았다. 내가 이일도의 방에 들어 간 그 시간에 조 중사는 이층으로 올라갔던 것이다. 이층에는 통행금지 시간 때문에 임시로 이 집으로 들어 간 노인이 잠자고 있었다. 그는 이일도, 즉 이재복의 아우인 이재영 (李在榮·41세)으로서 포항지구 위원장이었다.

이렇게 이름을 여섯 개나 가지고 수사진을 괴롭히던 이재복이 체포되었다. 그리고 그 집 천장 속에서 압수한 다수의 기밀문서로 말미암아 군에 잠입한 남로당 계열의 실태를 명확히 파악할 수 있게 되었다.

동시에 군대 내의 숙청 즉 숙군의 계획은 바야흐로 난숙기로 들어가게 되었다. 이재복을 체포하였지만 그 집에 대한 잠복근무는 그대로 계속했다. 이재복의 체포를 모르고 연락하러 오는 연루자들을 계속 체포하려는 참이었다.

다음 날 오후 2시 정말 수상한 자가 나타났다. 술 배달부를 가장하고 자전거에 술통을 싣고 온 어떤 청년이 이일도를 찾았다. 틀림없는 연락꾼이었다. 손에 수갑을 채워버렸다. 그는 남로당의 연락원 이시현(李時炫·사건 당시 28세)이었다. 그는 제1차 숙군 시에 체포되어 투옥했으나 병으로 가출옥하고 다시 남로당 끄나풀로 일을 보고 있는 전(前) 육군 이등중사였다.

이 자는 무슨 연락을 하려고 이재복을 찾아 갔었든가에 대하여 일체 입을 열지 않았다. 후일에 이중업(李重業)을 체포하고 나서야 이중업의 진술로 나타났지만 그날 이시현이가 이일도를 찾아 간 것은 이중업과의 연락을 지어 주기 위함이었다. 그날 이시현이가 그 사실을 자백했다면 이중업도 그날로 체포할 수 있었을 것이다. 즉 그날 이중업은 인현동에서 이일도와 연락을 위하여 이시현을 술 배달부로 가장시켜 보냈다는 것이었다. 그러나 이시현이가 돌아오지 않는 것을 보자 체포되었으리라는 것을 알고 이중업은 다른 곳으로 도망쳤다고 말했다.

그러나 이재복의 체포로 말미암아 대구10·1폭동사건의 연루자인 민주학련의 최숙희(崔淑姬·19세)와 서울시 안암동 유항상공회사 전무 최명식(崔命植·32세) 그리고 남로당 연락원 김종윤(金鐘閏) 외 수 명을 일망타진하였다.

이재복은 본명이고 이일도 이외 다섯 가지의 이름은 모두가 가명이었다. 원적은 경상북도 영일군(迎日郡) 포항이었다. 그는 일본 경도(京都) 동지사(同志社) 대학 신학부를 거쳐 평양신학교를 졸업한 후 종교가로 행세하다가 좌익에 물들어 지하운동을 했으며 8·15 이후에는 대한민국을 전복시키려고 무장폭동을 지휘하고 있었다.

이재복은 "내가 잡혔으니 남한은 이제부터 잠잠해질 거요."라고 체포된 소감을 말했다.

3. 남로당 조직부장 이중업의 체포와 그의 탈출

김영식과 이재복을 체포하자 그 다음 단계는 이중업의 체포였다. 이중업(李重業)은 1928년 서울 경복중학을 졸업하고 1933년 경성제국대학 법과 3학년 재학 당시에 소위 성대사건으로 5년간 복역한 자로서 8·15 이후에는 남한에서 우익 요인 암살과 체포, 방화사건을 야기케 한 장본인이며, 박헌영 콤클럽 하의 가장 중요 인물로서 박헌영이 월북하자 남로당 중앙조직부 책임자로서 남로당 12개 전문부와 산하 23개 단체를 지도하는 한편 남한 각 도 군·면 단위로 정보를 수집하여 박헌영에게 이것을 보고해 왔다. 그리고 대한민국을 전복시키려고 특수부대를 조직하고 이를 강화하면서 시기를 엿보다가 이재복으로 하여금 대구10·1폭동 및 여순반란사건(여순10·19사건)을 일으키게 지령하였다.

이재복이가 체포되자 파괴된 특수부 조직을 수습하기 위하여 이중업은 자기가 직접 지휘에 나서서 남로당 자금의 70%를 투입하여 특수부 조직을 끝내고 무장공세를 준비하던 참이었다. 그러나 그의 복심인 이재복과 이재복의 세포 김영식이가 체포되었으니 이중업의 체포는 시간문제였다.

이중업은 자기의 본명 이외에 이범영(李範英) 또는 김창선(金昌善)이란 가명을 가지고 교묘한 피신술로 수사망을 피해 다녔기 때문에 좀처럼 체포되지 않았다. 그래서 우리는 김영식과 이재복의 입을 통하여 이중업의 행방을 알아내려 했으나 그들은 입을 다물고 진술하지 않았다. 특히 김영식은 전향을 성명하고 나서도 이중업의 행방만은 말해주지 않았다. 분명 알고 있을 것이지만 입을 열지 않는 것은 이중업의 체포로 말미암아 남로당 전체가 붕괴될 것을 염려했기 때문이었으리라.

그러나 우리는 김영식을 납득시켜 이중업 체포에 자진 협력해 주기를 몇 번이나 요청했다. 김영식은 그래도 이중업의 행방을 말하지 않았으나 그 대신 남로당 해군책(責) 김창규(金昌奎)를 잡아주겠다고 말했다. 즉 김창규를 잡아줄 터이니 자기에게 그 이상 다른 것을 묻지 말아 달라는 것이었다.

우선 김창규라도 체포해야만 했다. 김창규의 입을 통해서라도 이중업의 행방이 드러날지 모르기 때문이다. 그래서 김영식의 말대로 장충공원 앞인 신당동 00번지의 김창규를 체포하기 위하여 수사원들이 동원되었다.

1949년 2월 24일 밤 통행금지 시간을 전후하여 김영식의 안내로 신당동을 향해 출발했다. 수사원들은 즉시로 김영식이가 알려 준 집으로 가서 그 집을 포위하고 내사했지만 뜻밖에도 그곳이 김창규의 집이 아니라 누구나 다 잘 알고 있는 애국적인 00대학 교수의 집임이 드러났다.

이상스러운 일이었다. 김영식의 진술이 그렇게까지는 허위가 아니련만 너무나 엉뚱한 사실이 드러난 데는 놀라지 않을 수 없었다. 우리뿐만 아니라 김영식도 놀랐다. 자기도 직접 찾아가 본 일은 없지만 연락원을 시켜 언제나 그 집으로 연락을 해 왔다는 것이다.

좌우간 좀 더 내사할 필요가 있었다. 그래서 다음날도 그 근처에 잠복근무를 계속했다. 김정환(金貞煥) 상사 이하 6명이 잠복하고 그 근처를 내사하고 있을 때였다. 김정환 상사가 자전거를 타고 부근 일대의 동정을 살피며 왔다 갔다 하고 있을 때 명주바지에 사지두루마기를 입은 중년신사가 보자기 하나를 들고 지난밤에 포위했던 그 대학교수의 옆집으로 들어갔다. 그 신사는 얼마 안 있어 그 집에서 도로 나왔다. 그리고는 들어갈 때보다 조금 당황한 기색으로 발걸음을 빨리하여 좁은 골목길로 들어갔다. 거동이 약간 수상했다. 김 상사는 그 자의 뒤를 미행했다. 미행하는 것을 알았는지 그 수상한 사람은 장충동 파출소 앞에 이르자 공원 쪽을 향해 달음질치기 시작했다.

　예사 사람이 아니라는 것을 느끼자 김 상사는 그 자를 따라가서 곧바로 등덜미를 잡았다. 그러자 "왜 사람을 붙잡느냐?"라고 시비를 걸었다. 반항을 하면서도 당황해 하는 빛을 감추지 못했다. 눈동자와 목소리가 절대로 떳떳한 사람 같지가 않았다.
　김 상사는 잔말 말고 가자고 했다. 다 알고 있으니까 가자고 자신 있는 어조로 말하자 그때는 도망을 치려고 했다.
　김 상사는 그 자를 붙잡고 도망을 못 치게 했다. 그래서 잠시 격투가 벌어졌지만 힘으로나 무엇으로나 김 상사를 당하지 못했다. 김 상사 밑에 깔려 꼼짝을 못하게 되자 그 때는 "이 돈을 전부 줄 테니 나를 놔주시오." 하고 애원하기 시작했다.
　김 상사는 한 층 더 힘을 주어 그 자의 목을 눌렀다. 입안에 들어 있는 종이를 빼어내는 데 성공을 했다. 그리고 그 종이란 틀림없는 연락문이었다. 침에 젖어 내용을 알아내기는 곤란했으나 물적 증거가 있는 만큼 그 자를 체포하려 했을 때 그는 손을 싹싹 비비며 "나를 살려 주시오. 이 돈을 전부 드릴 테니." 하고 다시 빌었다.

그가 들고 있던 책보는 지전뭉치의 보따리였다. 김 상사는 그의 행동이 우습기도 했지만 웃을 수도 없는 일이고 해서 고랑(수갑)을 채우고 말았다. 이렇게 해서 그를 체포해가지고 당시 서빙고에 있던 제1연대 정보부로 연행을 했다. 심문이 시작되자 나는 단도직입적으로 "이중업이지?" 하고 물었다.

그때 그자는 "아닙니다." 하고 내 말을 부인했다. 그러고 나서는 "나는 예천에서 집을 사러 서울에 올라온 사람입니다. 이게 집 살 돈입니다." 하고 83만원의 거금이 들어 있는 보자기를 가르쳤다. 엉터리없는 말이었다. 집 사러 온 사람이라면 무엇이 무서워서 김 상사에게 그 돈을 전부 줄 테니 살려달라고 애원을 했단 말인가.

그러나 나는 냉정한 태도로 그가 실토를 하도록 심문하지 않을 수 없었다.

"그러면 어제 밤에는 어디서 잤는가?" 이것만은 속일 수 없는 일이었다. 반드시 잔 곳이 있을 것이다. 그리고 그것을 함부로 꾸며 댄다면 즉시로 거짓이 탄로될 것이다. 그렇다고 해서 사실대로 자백을 한다면 연루자가 체포된다. 그 자는 한참 동안 망설이고 있다가 마침내는 자기가 이중업이라는 것을 자백하고야 말았다. 이렇게 해서 이중업이가 우연히 체포되었지만 이중업이가 그날 잡히게 된 경위는 다음과 같다.

이중업은 이때 무장공세를 취하려고 그 계획을 실천하기 위하여 시내 동대문구와 돈암동에 현주소를 정하고 장충동 1가에 있는 최동희(崔東熙)를 비롯하여 정용환(鄭龍煥·36세), 창신동에 있는 이은제(李

殷濟·41세), 함미동의 신도식(申道植), 계동 강정희(姜正熙·45세), 신설동의 손성찬(孫成贊·40세), 염천동 탁수정(卓守政·26세), 대현동 이석화(李錫華) 등 시내 각처에 연락소를 두고 정부의 전복계획을 밀의하는 동시에 조직지도원으로 고진수(高鎭洙·25세), 박백중(朴伯仲·30세), 정용환(鄭容煥), 김동옥(金東玉·32세), 이성화 등을 각 지방에 파견하여 이들로 하여금 지방 특수부를 조직케 하여 전국적 폭동을 계획 추진 중이었다.

대한민국의 정보를 수집하여 김일성과 박헌영에게 보고하는 한편 북한 공산집단으로부터 거액의 공작비를 받아 각 조직체에 배부하고 있었는데, 때마침 괴뢰(북한) 집단으로부터 일천 만 원의 현금을 받고 그 일부를 김창규에게 주기 위하여 찾아오던 길이었다.

이중업은 김창규의 집을 직접 알고 있었다. 김창규는 자기의 신변에 연락을 하기 위하여 누구에게나 자기 집을 가르쳐 주지 않았다. 연락해야 할 사람에게는 그 대학교수의 집을 자기의 집인 것처럼 가르쳐 주었던 것이다. 그래서 김창규를 찾아가면 대학교수의 집안 애들이 옆집으로 데리고 가서 가르쳐주도록 공작해놓고 있었다. 그러니까 김영식도 대학교수의 집 번지로만 알고 있었지만 이중업만은 그러한 수속을 밟지 않고 직접 찾아다닌 모양이었다.

그러나 김창규의 집에 들어갔을 때 김의 아내로부터 그 전날 밤 대학교수의 집이 가택수색을 당했기 때문에 신변의 위험을 느끼고 산속으로 가서 숨어 있다는 말을 들었다. 그 말을 듣자 수사망이 펴진 것을 알고 이중업도 불안에 사로잡혀 걸음을 빨리해서 그 근처를 탈출하려 했던 것이다.

이중업이 잡히기는 잡혔지만 그의 죄악상은 이루 말할 수가 없었다. 대한민국을 무력으로 전복시키려는 계획의 총지휘자였던 것은 물론 도덕적으로 용서할 수 없는 죄과를 짓고 있었다. 즉 그는 주문진과 포항을 중심으로 북한 괴뢰집단으로부터 매월 10kg 이상의 아편을 밀수입해 아편으로 동족을 마비시키고 있었던 것이다.

아편 밀수입과 그 판매에 대해서는 따로 사람을 배치하고 서울에는 돈암동의 박세영(朴世英), 북창동의 김재신(金在新), 신당동의 이영철(李寧喆)과 인천에는 송림동의 김희진(金希進) 들을 이용하고 있었다.

그들은 이중업의 아편은 국내에서만 판매하는 것이 아니라 홍콩, 상해 등지에까지 밀수출하여 그 판매금으로 정치자금을 조달하고 있었다. 이러한 직책을 맡아보고 있던 만큼 이중업의 체포는 남로당의 붕괴를 말하는 것이었다. 사실 이중업을 체포함으로써 남로당의 지하조직에는 절대적인 치명상을 주었고 따라서 이중업의 연루자 60여명을 체포할 수 있었다.

더구나 이중업이가 김삼룡과 긴밀한 연락을 취하고 있었던 만큼 김삼룡의 체포도 시간문제로 되어 있었다. 이중업은 체포당하는 순간 손을 싹싹 빌며 제발 살려달라고 추태를 보였지만 그 뒤에도 비굴한 태도를 보이며 다음과 같은 진술을 하였다.

"나는 진실한 공산주의자였습니다. 체포되기 직전까지도 공산주의를 위하여 생명을 아끼지 않을 결심이었습니다. 그러나 이제 체포를 당하고 생각하니 공산주의의 이론과 실천이 부합되지 않음을 깨달았습니다. 그리고 그 비법성과 독재성을 반대하고 싶어졌습니다. 나는 남로당의 기밀 전부를 세상에 폭로하고 민족이 원망하고 있는 공산주의를 말살하고 싶습니다."

가소롭지 않을 수 없었다. 그렇게 하면 살려줄 줄 알았던 모양이다. 이중업은 특별한 용서가 있을 줄 알았던지 그야말로 남로당의 비밀을 진술하기도 했다. 그러나 민주주의 국가에서는 재판이라는 것을 면할 수는 없었다. 이중업과 그의 일당 60여명은 6월 초순 예심을 거쳐 재판에 회부되고 말았다. 공정한 재판을 받고야 말게 될 것을 알자 이중업은 그때부터 태도를 달리하여 재판장에서 "나는 공산당원이요. 당신네들은 침략자입니다." 하고 새삼스럽게 항거하기에 이르렀다.

재판장은 그가 하고 싶어 하는 말을 마음대로 해보라고 했다. 그의 최후적 발악이요 또 죽음에 앞서서 공산도배들에게 자기 면목을 세우고 싶어 하는 야비한 수단임을 알았기 때문이었다.

그러나 며칠 동안 계속된 공판에서 재판장은 엄숙하게 그에게 사형을 언도했다. 이것으로 나의 임무는 완수했던 것이다. 그래서 사형수 이중업은 정보부 영창에서 헌병사령부 영창으로 이감이 되었다. 그 뒤 나는 방첩대장으로 전속이 되었지만 계속하여 이주하(李舟河), 김삼룡(金三龍) 등 거물을 비롯하여 남로당의 뿌리를 근멸시킬 계획을 세우고 있었다.

이주하, 김삼룡의 행방에 대해서 구체적인 단서가 나타나 그 체포를 내일 모레라고 기다리던 7월 하순이었다. 꿈같은 사실이 나타나고 말았던 것이다. 즉 그 체포를 그렇게까지 중요시했던 이중업이 탈출했다는 것이었다. 그것도 새벽 3시였다.

숙소에서 잠들고 있을 때 나의 머리맡 비상전화가 요란하게 울렸다.

나는 수화기를 들자 "무엇?" 하고 놀랐다. 믿을 수 없는 말이었다. 엄중한 경계 속에 감금당하고 있는 이중업이가 탈출을 하다니….

나는 전신의 피가 아래로만 내려가는 것을 느꼈다. 주먹이 쥐어지며 몸이 부르르 떨렸다. 나는 즉시로 본부까지 달려가 백선엽 대장(정보국장 당시 대령)에게 그 사실을 보고하고 난 뒤 수도청 사찰과장 최운하(崔雲霞)에게 전화를 걸었다. 당시의 헌병사령관 전봉덕(田鳳德) 대령에게 연락을 한 뒤 최운하, 김호익(金昊翊) 경감 등과 같이 협의를 하고 즉시 수배계획을 세웠다.

시내에는 즉시로 교통차단이 실시되고 삼엄한 비상경계가 뻗치었다. 이렇게 수배를 해놓은 뒤 육군형무소 소장 윤기옥(尹起玉) 대위에게 연락을 했던 바, 그는 그때까지 그 사실을 모르고 있었다.

이 날은 바로 토요일이라 윤 대위는 다른 장교들과 같이 퇴근하고 집에서 잠을 자고 있었다. 그 뒤 방첩대원과 시 경찰을 총동원했고 뒤이어 헌병까지 총동원을 해서 물샐 틈 없이 수사했으나 이중업의 행방은 알 길이 없었다.

전봉덕 대령은 50만원의 현상금까지 걸고 이중업을 체포하려 했으나 며칠이 지나도 아무런 반응이 없었다. 그 뒤 남로당 위원장의 비서 김형육(金炯六)의 체포와 그의 전향으로 이중업의 탈출 진상과 그 후의 행방을 알 수 있었지만 월북한 이중업만은 끝내 체포할 수가 없었던 것이다.

4. 김삼룡의 비서 특수조직책 김형육의 전향

김형육(金炯六)은 함흥 영생고보를 졸업하고 서울보전(보성전문학교 줄임말) 상과를 나온 후 은행과 개인회사 등에 취직하고 있었는데 본시 목사의 아들로 크리스천이었으나 8·15 후 적화사상에 물들어 남로당 중앙위원장 김삼룡의 비서에까지 채택되었다. 이중업 체포 등으로 남로당의 지하조직이 파멸 일로에 들어서게 되자 김삼룡은 이를 재조직하여 본래의 계획인 대한민국 전복을 추진시키려고 최후 발악을 하고 있을 때 김삼룡의 팔과 다리가 되어 가장 민활한 활동을 한 자가 바로 김형육이기도 했다.

국내의 모든 수사진이 이 무너져가는 남로당의 뿌리를 뽑으려고 총역량을 집중시키고 있을 때 김형육이 체포되어 중앙청 앞 경찰국 사찰과 분실 유치장에 수감되었다. 이것은 1950년 3월 25일이었다. 그는 체포되어 구금이 된 몸으로도 자기의 범죄사실을 숨길 뿐 아니라 심지어는 자기는 김형육이 아니며 '허 사장'이라는 사람이라고 완강히 심문을 거부했다. 그뿐 아니라 호주머니에 감추어 가지고 다니던 쥐약을 먹고 자살까지 기도했다. 응급치료를 하여 생명에는 관계가 없었으나 죄상을 자백하기를 이렇게까지 거부해 왔던 것이다. 김형육의 체포에 따라 그의 처도 체포하였지만 여자까지도 일체의 죄상을 부인하고 있었다. 그의 처 역시 남로당 간부로 남편 김형육과 같이 열렬히 활동한 여자였다.

이러한 사실을 알고 있었지만 김삼룡을 체포하려면 아무래도 김형육의 입을 빌리지 않을 수 없었다. 어떻게 해서든지 김이 자진해서 자기의 죄상과 아울러 김삼룡의 행방을 자백하도록 만들어야 했다. 그래야만 김삼룡을 체포할 수 있으며 따라서 남로당 계열의 최고지령을 파악하는 동시에 남로당에게 최후의 철퇴를 내릴 기회가 오게 될 것이다. 그래서 나는 김형육을 직접 만나 전향할 기회를 주었다. 그리고 나의 심복 최열(崔烈) 공작원으로 하여금 그의 전향 공작을 담당케 했다. 김형육이가 아니고 '허 사장'이라고 완고하게 고집을 피우던 김형육도 전향 공작 개시 48시간 만에 전향할 것을 암시했다. 그는 전향을 하면 그 뒤의 신변보장을 어떻게 해주겠는가? 즉 전향만 하면 처벌을 하지 않고 대한민국 국민으로서 대우해 주겠느냐는 것을 묻기 시작했다.

그가 만족하고 또 믿을 수 있을 만큼 이야기를 해 주자 그는 경찰이 아니라 군에 대하여 전향을 성명하겠다고 결의를 표했다.

나는 경찰과 교섭을 하여 전향을 표명한 김형육 부부를 필동 3가 그의 집으로 데리고 갔다. 그들의 도주를 감시하고 또 좌익들의 습격을 방지하기 위하여 최열 공작원을 무장시켜 그들과 같이 거주케 하였으나 최 공작원은 어디까지나 그들의 보호를 위하는 태도만 보이고 감시하는 눈치를 보이지 않았다.

그리하여 김형육 부부는 자유스런 분위기 속에서 재생의 기쁨을 맛보게 되었다. 다만 최후의 발악을 하는 좌익들이 자기의 전향을 알고 보복적 행동을 하지나 않을까 하는 불안이 있기는 했으나 최 공작원의 진력으로 그러한 불안도 일소할 수가 있었다.

그는 진심으로 전향을 하고 대한민국에 충성을 다하려 했다. 그래서 며칠 뒤에는 장문의 고백서를 썼다. 그것은 과연 남로당 위원장 김삼룡의 비서가 아니면 도저히 알 수 없는 남로당의 비밀 가운데도 비밀에 속하는 이야기들이었다.

그의 고백서에 의하면 세상에서 우익 진영의 간부라고 알고 있는 모모 유력 인사들이 남로당 최고 간부와 선을 잇고 연락하고 있다는 사실이었다. 우익 진영 가운데서도 지도적 입장에 서 있는 소위 애국자들이 남로당과 연계를 짓고 있다니….

나는 그들의 성명을 여기에 기록하는 것을 피하거니와 실로 개탄하지 않을 수 없었다. 그리고 자금 조달을 목적으로 OO대학 교수 김해균(金海均), OO고무회사 사장 김인해(金仁海)와 그 밖에 박인언(朴仁彦) 등으로 하여 미 군표를 위조케 하고 있는 사실도 고백되어 있었다.

OO백화점 여행사 사원을 이용하여 남로당의 연락으로 여행하는 자에게는 차표를 우선권으로 제공하도록 되어 있다는 사실이 나타났고 그밖에도 무기의 입수 방법, 아지트와의 세포관계가 상세하게 드러났다. 그뿐 아니라 남로당 조직부장 이중업이가 체포되었다가 육군형무소에서 탈출한 사실이 그대로 기록되었다. 실로 놀라운 일이었다. 이중업을 탈출케 한 장본인이 김형육이라는 데는 더욱 놀라지 않을 수 없었다. 의외에 폭로된 이 사실로서 나는 남로당의 활동이 미치지 않은 데가 없고 또 그 활동방법이 간악하기 짝이 없음을 새삼스럽게 느꼈다.

이제 김형육의 자백서에 나타난 이중업의 탈출 진상을 소개하려 한다.

5. 이중업의 탈출 계획

이중업을 탈출시킨 것은 다른 사람 아닌 김형육이었다. 군사부 세포 김형육이가 체포되어 전향을 했으며 군사부 책임자 이재복마저 체포되었을 뿐 아니라 남로당 조직부장 이중업까지 체포되고 말았으니 남로당의 지하조직은 완전히 붕괴 상태에 빠지고 말았다.

이주하, 김삼룡은 김형육으로 하여금 끊어진 연락선을 수습하고 지하조직을 재기시켜 보려고 했으나 뜻대로 되지가 않아 나중에는 김형육을 월북시켜 박헌영의 지시를 받으려 했다.

김형육은 이북으로 넘어가 이중업이가 체포되었다는 사실과 남로당이 붕괴되고 있는 현황을 보고하였다. 그때 박헌영은 분격한 태도로 이중업을 체포한 사람들에게 살해를 가하고 어떤 방법으로나 이중업을 탈출시키라고 명령했다.

이러한 명령을 받고 돌아 온 김형육은 즉시로 이중업 탈출 계획을 세웠다. 한때는 육군형무소를 파괴하고 무력으로서 이중업을 빼낼 계획도 세워보았으나 그것이 절대로 가능성 없음을 알자 나중에는 군대 내부에 침투하여 매수 공작으로 이중업을 탈출시키려 결정했다. 그래서 제일착으로 매수한 것이 당시 수도경비사령부 법무부의 구덕회(具德會) 대위였다. 구덕회를 지목한 것은 김형육이가 아니라 남로당 간부들이었다.

남로당 간부들이 구덕회가 가장 매수될 가능성이 있다고 본 모양이었다. 김형육은 상부의 명령대로 구덕회 매수공작을 했는데 처음에는 삼각지 근처에 있는 어떤 음식점에서 구덕회를 만나 술을 먹이고 현금 2천만 원을 내 주었다.

2천만 원에 눈이 어두워진 구덕회는 그 뒤부터 김형욱의 밥이 되고 말았다. 그래서 구덕회는 김형욱의 지시대로 김형욱에게 군복을 입혀 장교 마크까지 붙여준 다음 육군형무소 시찰이라는 명목 하에 김형욱을 데리고 형무소 안엘 몇 번이나 데리고 갔다.

남로당 위원장 김삼룡의 비서 김형욱이가 군복을 입고 육군형무소에 몇 번이나 들어갈 수 있었다는 것은 놀라지 않을 수 없는 사실이다. 김형욱은 형무소를 찾아갈 때마다 형무소의 구조와 감방의 조직을 조사하고 '어떻게 하면 이중업을 탈출시킬까' 하는 것만 연구했다.

한편 감방에 들어설 때마다 1호 감방에서 사형수로 구금되어 있는 이중업을 보았을 것이다. 서로 말은 주고받지 못했다 해도 김형욱이가 그의 탈출 계획을 세우고 있다는 사실을 알릴 수 있었고, 따라서 이중업은 김형욱의 감방 출입으로 무슨 일이 있고야 말 것을 믿을 수 있었을 것이다.

이렇게 세 번을 시찰하자 김형욱은 형무소 감방을 감시하고 있는 헌병을 매수하기로 결정했다. 아무래도 헌병을 매수해야만 이중업을 안전하게 탈출시킬 수 있다는 결론을 내렸던 것이다.

그래서 김형욱은 구덕회 대위와 의논하여 헌병 가운데 술 잘 먹고 여자를 좋아하는 사람을 물색하기 시작했다. 그 결과 그들의 그물에 걸린 이가 조병옥(趙炳玉) 이등중사였다. 좌익들이 사람을 매수하려 할 때는 금력과 회유책과 협박 등 여러 가지 수단을 쓰는 것이지만 가장 간단한 방법이 금력에 의한 것이다. 금력으로 사람을 매수하려면 돈을 잘 쓰고 돈을 좋아하는 사람을 골라야 한다.

　조병옥 중사를 선정하자 김형욱은 그 뒤부터 조병옥의 뒤를 미행하기 시작했다. 어떤 방면에 돈 쓰기를 좋아하는지 그리고 술은 어떤 곳에서 마시는지 그런 것을 알아야 했기 때문이다. 미행한 결과 조 중사가 서울역전에 있는 조그마한 술집에 자주 출입하고 있음을 알았다. 그래서 하루는 김형욱도 그 술집으로 가서 조 중사가 술을 먹고 있는 바로 옆방에다 술상을 차려 놓았다.

　거기서 술을 먹으며 기회를 기다리고 있다가 조 중사가 거나한 것을 보았을 때 자기도 술이 취한 척 말을 건넸다. 술 취한 사람들끼리는 말이 쉽게 오고 가게 된다. 김형욱은 조 중사를 자기 방으로 끌어다가 안주가 많으니 같이 먹자고 청했다.

　조병옥 중사는 즉흥에 아무것도 가리지 않고 김형욱의 방으로 가서 주는 대로 술을 받아 마셨다. 이렇게 조 중사를 사귀게 된 김형욱은 술로 조 중사를 매수할 수가 있었다. 며칠 동안이나 계속해서 술을 사주었다. 어떤 날은 이중업의 여동생을 데려가 소개를 해 주고 여관방으로 안내해 주기도 했다.

　한편으로는 돈을 쥐어주고 다른 한편으로는 여자까지 제공해 주자 조 중사는 100% 매수가 되었다. 그래서 제1호 감방에 들어 있는 이중업을 탈출시키는 데 대하여 완전한 합의를 볼 수가 있었다. 이제 남은 것은 오직 탈출 방법과 시일뿐이었다. 그리고 머지않아 조병옥이가 당번이고 따라서 장교들이 없는 어떤 토요일을 정하여 탈출을 단행하자는 날짜까지도 정해졌다.

6. 이중업 탈출의 밤

7월 초순의 어느 토요일이었다. 해가 기울어져가는 오후 7시, 서빙고 육군형무소 앞산에서는 두 젊은 사람이 굳은 악수를 하고 있었다. 하나는 김형육이고 다른 하나는 조병옥 중사였다.

"동무! 틀림없으니까 걱정 마십시오." 이것은 조 중사의 말이었다.

"두 번 계속할 수 없는 일이니까 신중을 기해야 합니다."

"염려 없습니다. 장교들은 전부 외출을 하고 내 위에 있는 상관이 없습니다. 나를 막을 사람이 누굽니까?"

"그럼 새벽 2시 이 자리로 나오십시오."

"틀림없습니다."

"동무!"

"동무!"

그들은 다 같이 '동무!' 하면서 서로의 손을 굳게 잡았다.

김형육과 헤어져 형무소 안으로 돌아 온 조병옥 중사는 새벽 2시가 오기만을 기다렸다. 사실 형무소장 윤 대위 이하 각 장교는 정상적인 퇴근을 하여 아무도 없었기 때문에 조 중사의 행동을 방해할 사람이 하나도 없었다.

빨리 실행하고 싶은 생각도 있었지만 김형육과의 약속이 있었기 때문에 그때까지 기다리는 도리밖에 없었다.

새벽 2시가 가까워 오자 조 중사는 행동을 개시하기 시작했다. 우선 감시를 하는 척하고 형무소 안을 한 바퀴 돌았다. 죄수들은 모두가 잠에 들어 죽은 듯이 고요했다. 교대로 들어가 누운 헌병들까지 세상을 모르고 잠들어 있었다. 기회는 오고야 만 것이다. 조 중사가 감방으로 갔을 때 이중업도 잠이 들어 있었다.

사실은 이러한 계획은 이중업에게도 알리지 않고 있었다. 알릴 필요가 없었기 때문이었다. 그것을 알리려 하다가 누구에게 발각이 되어 계획이 누설되면 일은 실패로 돌아가게 되고 마는 것이니까 본인에게도 알리지 않는 것이 좋으리라고 생각했던 것이다. 그러니 자기를 구출하려고 만반의 준비를 갖춘 뒤 감방 문을 두들기는 조 중사의 마음을 이중업이가 알 수 있었으랴.

조병옥 중사는 감방 문을 조용히 두들겼다. 이중업은 그것도 모르고 잠을 깨지 않았다. 한 번 더 나직이 문을 두들겼다. 계획을 말로 들은 일은 없지만 김형육이가 세 번이나 형무소를 찾아 왔던 사실로 미루어 무슨 계획이 진행되고 있으리라는 것만은 알고 있던 이중업이다. 무슨 소식이 있기만 기다리던 이중업인 만큼 신경이 그렇게까지 무딜 수는 없었다.

두 번째 문 두들기는 소리에는 눈을 뜨고야 말았다. 눈을 뜨고 무슨 일인가 하고 밖을 내다 볼 때 "좀 나와!" 하고 조 중사가 손가락으로 불렀다. 조병옥 중사가 조심스럽게 문을 열자 이중업은 육감에 움직였는지 아무 말도 하지 않고 조 중사의 지시대로 움직였다. 조병옥은 이중업을 데리고 형무소 정문까지 나왔다. 정문 보초를 보고 있는 자기 부하인 일등병에게 "이 죄수가 급한 병에 걸려 의사한테 갔다 올 테니까 무슨 일이 있거든 그렇게 설명해!" 하고 말했다.

일등병이 어떻게 된 일인지 몰라 벙벙하게 서 있을 때 "빨리 문을 열어!” 하고 명령했다.

“안 됩니다.” 일등병은 직책상 거절을 했다.

“상관의 명령이다. 빨리 열어!”

엄숙하게 명령을 내렸다. 그것은 협박에 가까운 명령이었다. 틀림없는 상관이다.

일등병은 어찌할 바를 모르고 주저주저하다가 마침내 정문 열쇠를 열고야 말았다.

조병옥은 이렇게 이중업을 육군형무소에서부터 무사히 탈출시킨 뒤 김형육이가 기다리고 있을 앞산 고개로 걸어갔다.

김형육은 틀림없이 기다리고 있었다. 거기에서 이중업은 김형육이가 가져온 옷을 갈아입었다. 그리고 형무소에서 입고 나온 옷은 땅을 파고 묻어 버렸다. 세 사람은 잠시 동안 앉아서 휴식을 한 뒤 신당동 쪽으로 걷기를 시작했다. 될 수 있는 대로 형무소와 반대되는 방향으로 사라지려는 의도였다.

신당동에까지 이르러 파출소 앞을 지날 때에는 김형육이가 이중업에게 포승을 묶어 쥐었다. 현역 헌병과 사복형사가 범인을 체포해 가지고 가는 것처럼 가장을 한 것이다. 그때는 이중업 체포의 경계망이 펼쳐 있는 때인지도 모른다. 그러나 현역 헌병이 범인을 체포해 가고 있는데 누가 심문할 수가 있었으랴.

아직까지도 잠들어 있는 서울 거리! 그들은 범인을 포승해 가지고 가는 척 하고 신당동에서 내수동까지 무사히 걸을 수 있었다. 김형육이가 미리 연락해 두었던 장소로서 ○○대학 교수 김용봉(金容鳳)의 집이었다. 수사진에서 물샐 틈 없는 수사를 계속하고 있을 때 이중업은 내수동 이 집에서 수사진을 비웃으며 앉아 있었을 것이다.

7. 이중업의 보복행위와 그의 월북

내수동 23번지 ○○대학 교수 김용봉이란 말할 것도 없이 남로당원이었다. 그는 이중업이 탈출해 온다는 말을 듣고 방을 준비하는 동시에 보약과 주사약까지 준비하고 있었다. 이중업이 도착하자 그는 주사를 놓고 보약을 먹여주었다. 그러나 이러한 친절에도 불구하고 이중업은 다음 날 명륜동 이용원(李容元)의 집으로 거처를 옮겼다. 수사진의 활동이 무서웠던 것이다.

이용원의 집에는 지하실이 있었는데 이중업은 조병옥과 같이 그 지하실에 숨어 있으면서 남로당원을 무장시켜 보초를 보게 했다. 이곳에 숨어 있는 동안에 조병옥을 월북시키라는 상부의 지령이 와서 조병옥은 김삼룡의 만다트(신임장)를 가지고 이북으로 넘어갔다. 후일에 들은 이야기지만 그때 월북한 조병옥은 선전공작원으로 지방을 순회하며 유세를 했다고 한다.

지하실에 일주일간 숨어 있었으나 그곳도 위험하다 하여 이번에는 청운동에 있는 김수임(金壽任)의 집으로 옮겨갔다.

김수임은 남로당 간부 이강국(李康國)의 애첩으로 그때까지는 이북에 있는 이강국으로부터 공작비를 받아 남로당 공작원으로 활동한 여자다. 그러면서 자기의 정체를 감추기 위하여 당시 내무부 최고고문관

(주한미군 헌병사령관)인 베어드 대령의 양부인 노릇을 하고 있는 한국의 마타하리였던 것이다.

그래서 베어드 대령과 동거생활을 하고 있는 김수임에게로 가서 숨어 있는 동안 이중업은 그야말로 자리를 뻗고 잠을 잘 수가 있었다. 이중업은 그 집에 숨어 있지만은 않았다. 때로는 베어드 대령의 전용 크라이슬러를 타고 시내를 유유히 횡행하기도 했다. 그 뿐만도 아니었다. 그는 남로당의 지하조직을 재건하는 동시 자기가 체포되고 남로당에 대 타격을 준 나 김창룡(金昌龍)을 살해하려는 계획까지 세웠다.

내가 청량리 밖에 살고 있는 것을 알자 이중업은 청량리시장 입구에 있는 판잣집 하나를 40만원에 사가지고 체포단 4명을 거기에 유숙케 했다. 즉 내가 매일 출입하는 어구에다 체포단을 배치했다가 내가 나타날 때 가해하려는 것이었다. 그러나 나를 노상에서 살해할 기회가 좀처럼 오지 않았다.

그래서 그 뒤에는 체포단을 나의 집까지 돌입시켰다. 즉 체포단을 자동차 조수로 가장시켜 자동차를 그 집 앞까지 몰고 가서는 자동차에 넣을 물을 얻으러 가는 척 체포단을 집안에까지 침투시켰던 것이다. 그것도 모른 부인은 달라는 대로 물을 떠 주었다. 그러나 때마침 내가 부재중이라 무사하기는 했지만 그들은 그런 수단으로 나의 집을 두 번이나 침입했었다.

나의 집에 침입했던 자가 김형육이라는 데는 더욱 놀라지 않을 수 없었다. 어쨌든 집에서도 나를 살해하지 못하자 그 뒤에는 조선호텔 맞은 편 대륙공사 즉 CIC(방첩대)를 목표로 하고 그 맞은편에 있는 선만공업사 이층 방을 하나 얻었다. 이 방에 미제 엽총을 갖다 두고 총질 잘하는 포수 김00을 배치시키고 CIC에서 나오는 나에게 발사하려는 것이었다. 그러나 그들은 그것마저 실패하게 되자 이번에는 이용운(李龍雲)이라는 청년을 시켜 대륙공사 앞을 배회케 하였다. 그곳을 배회하다가 내가 나타날 때 살해하자는 것이었다. 이중업은 이렇게까지 나를 살해하려고 악착스러운 수단을 다 썼다. 그러나 내가 끝까지 살해되지 않을 때 김형욱과 이용운은 이중업에 대한 면목이 없기 때문에 그 분풀이를 다른 데로 돌리고 말았다.

즉 수도경찰 사찰과 김호익(金昊翊) 경감을 백주에 살해하여 세인을 놀라게 한 살인사건을 저지른 것이다. 이용운은 나를 살해하지 못한 분풀이로 중앙청 앞에 있는 사찰과 분실로 들어갔다. 김호익 경감은 좌익운동을 하던 사람으로 일단 전향하여 좌익 체포에 큰 공적을 세운 사람이다.

때마침 김호익 경감이 자리에 있었기 때문에 이용운은 소지했던 권총으로 김 경감을 사살하고 그 자리에서 체포되었다. 이런 사실을 고백한 김형욱은 당시 나를 살해하려고 준비했던 미제 엽총을 금성방직주식회사 사장실에 그대로 감추어 두고 있다는 것을 말해 주었다.

이것은 놀라운 일이었다. 금성방직주식회사 사장 하면 우익인물로 세상이 다 아는 사람이다. 그가 우익을 가장하고 좌익운동을 하고 있다니….

이런 인물을 잘못 체포했다가는 우익 진영을 파괴시키려는 모략이라고 해서 체포한 사람을 의심할 것이 사실이다. 그러나 나는 김형욱을 데리고 금성방직 사장에게로 갔다. 금성방직 사장을 보자 김형욱이가 "그때 총을 돌려주십시오." 하고 말하자 금성방직 사장은 음흉스런 웃음을 웃으며 캐비닛에서 그 엽총을 꺼내다 주었다.

그때 내가 금성방직 사장 앞에 나서며 나의 신분을 말했다. 금성방직 사장은 갑자기 얼굴빛이 달라지며 손을 떨었다. 새하얗게 도금한 총대와 탄력성 있는 방아쇠! 나는 그 미제 장총을 다시 금성방직 사장 앞에 내밀어 주었다.

"나는 이 총으로 공산당을 타도하려고 하니 그리 알고 사장이 잘 보관해 두시오."

사장은 가슴이 따끔했을 것이다.

그러나 세상의 누구도 알지 못하는 사실! 즉 금성방직 사장이 좌익 계열이라는 것을 숨길 수는 없을 것이다. 이렇게 이중업은 각 방면의 인물을 동원하여 수사진에 대하여 보복행위를 감행했으나 10월 중순에는 이북으로 넘어가라는 김삼룡의 지령을 받았다.

이 지령을 받자 이중업은 김수임과 의논을 하고 베어드 대령의 전용차를 사용하기로 했다. 이중업은 머리를 노랗게 지지고 검정 안경에 마카오 양복을 입었다. 베어드 대령의 전용차를 타고 미국인 행세를 할 셈이었다.

그는 움푹 들어간 눈과 날이 선 코에 머리까지 노랗게 만들어 놓았기 때문에 미국 사람과 비슷해 보였다 한다. 그러나 문산까지는 한국 경관들이 경계를 하고 있기 때문에 그곳까지는 자동차 뒤 짐 싣는 곳에 숨어 있었지만 문산 근처에서부터는 버젓이 차 안에 앉아 문산을 통과하고 또 38선 접경까지 이르렀다.

이렇게 이중업은 고급 자동차를 타고 38선을 넘어 이북으로 무사히 건너갔다. 이렇게 이중업을 형무소에서 탈출시키고 또 이북으로 넘어 가게 한 장본인이 김형육이었다. 그러나 김형육은 그 뒤 진심으로 공산주의를 미워했고 대한민국을 위하여 싸우기 시작했다. 그는 곧 김용봉과 이용원을 체포하여 전향을 시킨 다음 그들도 군에 협력하도록 했다.

김용봉은 이중업이가 탈출하던 날 그를 숨겨 준 고려대학교수이고 이용원은 이중업을 1주일 간 자기의 지하실에 감추어 준 열성당원이다. 김형육은 이 두 사람을 전향시킨 뒤 50여명의 남로당 간부를 스스로 체포하였다. 체포할 뿐 아니라 스스로 취조까지 했다. 그리고 남로당에 자금을 제공하기 위하여 미 군표를 위조하던 박인언(朴仁彦)도 체포하였다. 그는 조금도 거짓 없는 태도로 공산주의 죄악상을 폭로했다. 그리고 자기가 그 속에서 날뛰던 것을 진심으로 후회했다. 자기의 죄를 씻기 위하여 대한민국에 협력할 것을 결심했다. 자기를 용서해 준 대한민국에 대하여 목숨을 아끼지 않겠다는 참 마음을 보여주었다.

나는 그에게 거짓이 없음을 알았다. 그래서 손을 잡고 일할 수 있는 친구가 되었다. 그는 이용원의 첩이 경영하던 명동의 '오로라' 다방을 급습하여 그 집 이층에 있는 무전기와 권총 등을 압수했으며 이중업을 이북으로 넘어 보낸 김수임을 체포하는 데도 선두에 나서서 활약을 하였다.

8. 남로당 위원장 김삼룡, 이주하의 말로

(1) 김삼룡의 체포기
1950년 3월 27일 오전 1시

무장한 군경 수사원들을 실은 트럭이 동대문 방향으로 질주했다. 종로6가에서 급정거를 하자 군경 수사대원들은 어떤 젊은 사람의 안내로 6통 5반을 향해 쏜살같이 달음질쳤다. 그리고 00번지 이성희(李星熙)라는 문패가 붙은 집에 이르자 그들은 일제히 그 집을 포위했다. 철옹성 같은 포위가 끝나자 수사원 한 사람이 그 집 대문을 두들기기 시작했다.

남로당 위원장 김삼룡이가 이 집에서 살고 있은 지 만 3년이나 되건만 이렇게 밤중에 대문을 열라고 두들기는 일은 한 번도 없었을 것이다. 그런 만큼 대답이 있을 리 없다. 두 번 세 번을 두드려도 대답이 없었다. 사실은 담을 뛰어 넘을 수도 있겠지만 완전한 포위를 하고 있기 때문에 도망칠 수 없다는 생각과 그리고 남로당의 위원장이니 체포를 해도 점잖게 체포할 생각으로 대문이 열리기까지 두들겨 보려 한 것이었다.

대문을 두들기기 열 번이나 거듭했을 때까지 대답이 없었다. 이제는 할 수 없이 담을 뛰어 넘어가기로 해야겠다고 생각하고 있을 때 대문 옆 조그마한 가게 방에서 26~27세가량 되어 보이는 절름발이 청년이 나와서 누구를 찾느냐고 물었다.

"주인 안 계신가요?"

"글쎄요. 모르겠습니다."

청년은 의아스러운 눈초리로 수사원들을 바라보았으나 수사원들은 우선 이 수상쩍은 청년의 양손에 수갑을 채워 버렸다.

이 절름발이는 이세범(李世範)이라고 하는 자로서 이 기와집 대문 옆 문간방을 이용하여 야채와 주류를 팔고 있으면서 한편 김삼룡의 연락원으로 활동하는 자였다. 김삼룡에게 전할 말이 있으면 누구나 이 야채상에 들어가 물건을 사는 척 하고는 용건을 말하고 돌아가곤 했다. 그러면 이세범은 뒷문으로 해서 안집으로 들어가 김삼룡에게 연락 사항을 보고하고는 넌지시 돌아와 장사를 계속했다.

3년 동안 이 집 대문이 열리는 것을 본 사람은 하나도 없다. 김삼룡이가 그곳에서 3년 동안 살면서 그의 얼굴을 보인 적이 한 번도 없다. 옆집 사람들도 그 울타리 안에 어떤 사람들이 몇이서 살고 있는지 통 알지 못하고 있다. 동회 사무실에서도 이북에서 넘어 온 전재민인데 늙은 부부와 가정부가 살고 있다는 정도밖에 알지를 못했다.

대한청년단의 단비를 꼬박꼬박 내는 특별단원이라는 것만은 청년단을 통해서 알고 있지만 청년단에서도 그 주인의 얼굴을 본 일이 없다. 단비도 이세범을 통해서 받아 오고 있다는 것이었다.

그만큼 김삼룡은 수수께끼와 같은 존재로 숨어 있으면서 외부와의 연락은 무엇이나 이세범에게 맡기고 있었다. 말하자면 김삼룡의 그야말로 팔다리 노릇을 하고 있는 이세범이다.

이세범을 체포하자 수사원들은 이세범의 방을 통해서 그리고 담을 뛰어 넘어 안채로 들어갔다. 안채로 뛰어 들어간 수사원들이 마루를 거쳐 안방으로 들어갔으나 거기에는 김삼룡의 젊은 처가 어린애를 껴

안고 공포에 떨고 있을 뿐 김삼룡이는 보이지 않았다. 그 사이에 숨어 버린 모양이었다. 그러나 별반 크지도 않은 집인 만큼 숨어야 별 수 없을 것 같았다. 부엌, 다락, 빈방 등을 샅샅이 수색했다. 그래도 김삼룡은 보이지 않았다.

이상스러운 일이었다. 담을 뛰어 넘었다면 밖에서 체포되었을 텐데 밖에서 아무런 연락이 없는 것을 보면 담을 뛰어넘은 것도 아니다. 할 수 없어 나중에는 김삼룡의 젊은 아내에게 물었다.

"남편은 어딜 갔어?"

"…"

"어딜 갔느냐 말이야?"

"… 왜 밖에서 여러분들이 문을 두들기실 때 밖으로 나갔어요."

"밖으로? 어디 나갈 데가 있어?"

"모르겠어요."

이상스러운 일이었으나 수사원들은 다시 밖으로 나왔다. 나와서 뜰을 자세히 살펴보았으나 역시 종적이 보이지 않았다.

"가도 멀리는 가지 못했을 텐데…." 하며 여기 저기 살펴볼 때 담에 기대어 있는 사다리 하나를 발견했다. 역시 사다리를 타고 담을 넘어간 것이었다. 할 수 없이 그 근처를 수사하지 않을 수 없었다. 아무런 죄도 없는 사람들이 곤히 잠들고 있는 것을 깨우며 이집 저집 모조리 수사를 했으나 끝내 김삼룡은 나타나지 않았다.

날이 새기까지 김삼룡을 잡지 못했을 때 대문이 열리기만 기다리고 담을 뛰어 넘지 못한 것을 후회하며 이세범과 김삼룡의 처만을 연행해 돌아왔다. 그러나 수사진에서는 실망하지를 않았다. 서울 시내 전체에 수배를 해놓고 종로6가를 중심하여 수사를 계속한 것이다.

  이중업의 체포로 남로당의 지하조직은 무너질 대로 무너졌다. 그러나 김삼룡과 이주하가 그대로 남아 있기 때문에 공산분자들은 그래도 일말의 희망을 품고 있었으며 무너진 조직을 재건하려는 희망을 품고 있었다. 그만큼 김삼룡과 이주하는 무지한 공산주의자들이 맹신하는 커다란 심벌이 되고 있었다. 김삼룡과 이주하만 살아 있으면 남로당은 없어지지 않는다고까지 믿고들 있었다.

  그런 만큼 김삼룡을 체포하지 않을 수 없었다. 조직이 없어지고 인물이 없어지면 남로당은 최후의 만가를 부르지 않을 수 없다.

  김삼룡을 체포한다는 것은 곧 남로당의 최후를 말하는 것인 만큼 수사진에서는 긴장에 긴장을 더하여 물샐 틈 없는 수사를 계속했다.

  종로6가에서는 수상한 인물만 보이면 끝까지 미행했다. 그러나 점심때가 지나도록 수사원들에게서는 아무런 보고가 들어오지 않았다. 아무래도 멀리 도망친 모양이었다.

  나는 김삼룡을 놓쳐 버린 것 같은 생각에 분한 마음을 걷잡을 수 없었다. 초조와 불안 속에 시간은 흘렀다.

  오후 2시!
  뜻밖에 북아현동에서 수사대원으로부터 전화가 왔다.
  "수상한 자를 한 명 체포했습니다만 김삼룡인지 누군지 확실한 것을 모르겠습니다."
  사실 김삼룡은 사진과 얼굴이 다르다. 그는 자기의 정체를 흐리게 하려고 사진까지 이상스럽게 찍었기 때문에 사진만 본 수사원들은 본 얼굴을 알지 못하고 있다.

나는 수사원에게 수상한 자를 곧 연행해 오라고 말했다. 수상한 자는 체포되어 왔다. 그러나 그는 자기가 김삼룡이가 아니라고만 뻗치었다. 그래서 나는 과거에 김삼룡과 교제를 갖고 있던 000를 김삼룡에게 면접시켰다. 틀림없는 김삼룡이었다. 김삼룡도 더 부인할 수가 없었던지 000를 보자 "할 수 없다." 하고 자기가 틀림없는 김삼룡임을 자백했다.

이것은 소위 김삼룡이의 진술로 알려진 것이지만 그날 밤 김삼룡은 대문 두드리는 소리를 듣자 이불 속에서 뛰쳐나와 미리부터 준비해 두었던 사다리로 울타리에 올라가 옆집 지붕으로 올라가 수사원들이 돌아갈 때까지 거기에 숨어 있다가 새벽녘에야 그 지붕에서 내려와 종로를 거쳐 북아현동으로 가다가 수사대원의 미행 끝에 체포된 것이다.

남로당 위원장 김삼룡이 드디어 체포되고야 말았다. 공산도배들에게 일말의 희망을 주고 있던 김삼룡이 이렇게 체포되자 지하조직이 무너져 가고 있던 남로당의 장래가 어떻게 되었을까? 체포된 김삼룡은 원통했으리라. 더구나 자기가 가장 신용하던 비서이자 당 부책 김형육의 안내로 3년 동안이나 숨어 살던 종로6가의 비밀 주소가 발각되었다는 사실을 안다면 그는 공산주의의 말로가 어떤 것인가를 느끼고도 남음이 있었을 것이다. 그러니까 27일 밤 수사대를 안내하고 김삼룡의 집을 포위한 것은 두말할 것도 없이 당 부책이며 김삼룡의 비서인 김형육이었던 것이다.

(2) 이주하(李舟河) 체포기

김삼룡을 체포하기 직전이었다. 포위를 했다가 놓쳐버린 수사대원들은 종로6가 일대를 경계하는 한편 김삼룡의 집에서 체포되어 온 김삼룡의 처와 절름발이 이세범을 급히 문초했다.

이세범에게 "김삼룡이 피신할 만한 곳을 알지?" 하고 김삼룡의 행방을 추궁했다. 이세범은 그런 것을 전혀 모른다고 대답했다. 전혀 모를 것 같지는 않았다. 그래서 계속 추궁을 하자 그는 "가끔 놀러 다니는 데는 알 수 있습니다." 하고 대답했다.

나는 이러한 대답이 근거 없는 진술로 시간을 지연시키겠다는 이세범의 간악한 수단이라고 생각했다.

아무 관계도 없는 집을 가리키어 그 집을 수사하는 동안 시간이 흘러감에 따라 김삼룡의 도망을 가능케 하려는 술책인 줄만 알았다. 그러나 이세범이 진술한 말을 거짓말로만 들을 수는 없었다. 설사 거짓말이라고 해도 한 번 수색을 해본 뒤 그것이 사실이 아니라는 것을 밝히어 본인에게 다시 추궁하지 않을 수 없었다. 그래서 이세범이 말하는 대로 예지동으로 출동하였다. 수사대원들이 그 집을 포위하고 집 안으로 들어갔으나 김삼룡과 같은 사람은 보이지 않았다.

이세범의 진술이 과연 근거 없는 거짓말인 줄 알고 실망할 것도 없이 돌아오려 할 때였다. 그 집 주인이라는 중늙은이가 이상스런 표정을 지으며 황망히 도망하려는 눈치가 보였다. 이상스런 일이었다. 김삼룡을 알지도 못하고 만나 본 일도 없다는 주인이었다. 그러나 그는 무엇 때문에 도망하려 하는 것일까? 수사대원은 다만 이상하다는 단순한 생각 하에 그 중늙은이를 붙잡고 고랑을 채웠다. 고랑을 채우자 이 중늙은이는 벌벌 떨었다.

수사대원들은 김삼룡이가 아닌 것만은 틀림없기 때문에 그 중노인을 본부로 연행해 놓고는 이세범을 추궁하여 새로운 단서를 포착하려고 생각했다. 그래서 중노인을 데리고 본부로 떠나려 할 때 이 중노인은 묻지도 않은 말에 "내가 바로 이주하(李舟河)이외다." 하고 자백했다.

정말 의외였다. 이주하는 군정시대에 서대문 감옥에 투옥하였다가 단식 소동을 일으켜 보석된 이래 소식을 감추고 있던 남로당 위원장의 한 사람이었다. 그동안 월북을 했다는 설도 있었고 월북했다가 다시 월남했다는 설도 있어 그의 행방이 뚜렷하지 않았다.

하기야 남로당의 운명이 경각에 있었으니까 최후의 수습을 도모하기 위하여 일제 강점기부터 변장술에 능한 이주하라 그의 종적을 알아내기가 매우 곤란하였었다.

김삼룡과 더불어 남로당의 2대 거물 이주하가 이렇게 해서 그물에 걸렸다는 것은 정말 천만 뜻밖이었다. 김삼룡을 잡으려다가 붙잡은 부산물로는 너무나 큰 것이었다. 대원들은 한편 놀랐으나 한편으로는 통쾌했다. 이것이 김삼룡이가 북아현동에서 체포되기 바로 한 시간 전인 27일 오후 1시였다. 그러니까 이주하를 체포한 지 1시간 만에 김삼룡을 체포하여 남로당의 두 위원장을 하루 사이에 모두 체포한 것이었다.

이주하의 진술에 의하면 그는 1949년 8월 중순 남로당이 위기 속에 빠져 있음을 안 김일성의 지령으로 남로당 재건을 위해 월남하였다. 월남하자 전기 주소인 예지동에서 28세의 젊은 첩을 얻어 살면서 김삼룡과 밀접한 연락을 맺고 있었던 것이다.

김삼룡과 이주하가 체포되자 남로당은 명실 공히 모래성처럼 무너지고 말았다. 2대 거물을 잃은 북한 공산집단에서는 이 두 사람을 구출하려고 갖은 애를 썼다. 그러나 이중업(李重業)처럼 탈주시킬 가능성이 없음을 깨달았던지 그들은 북한에 연금되어 있는 조만식 선생과 교환하자고 제의했다.

그만큼 김삼룡과 이주하가 그들에게 있어서 중요한 인물이었던 것이다. 그러나 돌이켜 생각해 보면 북한 괴뢰집단은 그러한 것을 표면에 내세움으로써 신경을 집중시키게 한 뒤 6·25 남침 계획에 박차를 가하였던 것이다.

9. 민보단장 ㅇㅇㅇ의 변사사건 진상

원남동 동회장이고 민보단 동대문구 단장이며 사법보호위원회 회장인 동시에 동대문 경찰서 후원회장인 ㅇㅇㅇ가 체포되어 심문 중 절명을 했다고 해서 당시의 신문들은 연재소설을 게재하듯 매일처럼 그 사실을 보도했다.

우익 진영에서는 애국자를 좌익이라고 잡아다가 고문 치사했다고 해서 방첩대장이며 그 사건의 책임자인 나를 모략중상했다.

좌익을 조장하는 행동이라고 해서 세상의 언론은 높을 대로 높았다. 세상의 여론이 그런 만큼 상부에서도 그 진상을 규명하기 전에 책임자들을 처벌함으로써 사건을 적당히 해결 지었던 것이다. 그 결과 당시 ㅇㅇㅇ를 취조한 ㅇㅇㅇ 상사는 업무상 과실치사라는 죄목으로 3년의 징역을 언도받았으며 책임자인 나는 공군부대로 전속 명령을 받았다.

나는 개인감정이나 또는 어떤 단체의 사주로 OOO를 체포하지는 않았다. 과학적인 수사방법과 물적 증거에 의하여 그를 체포하였으며, 또 그의 사회적 위치를 존중하여 절대로 고문을 하지 않았다. 그럼에도 불구하고 OOO가 좌익이 아니라는 여론 그리고 OOO가 고문치사로 죽었다는 허무맹랑한 낭설이 사회를 풍기시키고 있는 데는 놀라지 않을 수 없었다. 그러나 체포하여 심문 도중에 죽었다는 것은 그가 심장마비로 죽었다 해도 나에게는 도의적인 책임이 있었다. 직무상 책임감을 느끼지 않을 수 없었다.

더구나 세상의 여론을 살펴볼 때 내가 사건의 진상을 해명하려고 노력한다면 도리어 감정적인 반감을 살 것 같은 우려가 있어 나는 함구불언한 채 상부의 명령에만 복종했다.

그런데다가 OOO 상사가 3년 징역 언도를 받았고 또 내가 공군부대로 좌천을 당함으로써 일단락지은 것을 가지고 다시 여론을 일으킬 필요가 없었다. 그러나 때가 올 것을 믿고 있었다. 언제든지 내가 정당하다는 것이 나타날 때가 오고야 말리라 믿었던 것이다.

OOO가 죽었을 때 그 시체를 해부한 결과 고문치사가 아니고 병사라는 것이 판명되었다. 검진을 맡아 본 서울대학교 OOO 교수는 사회적 신망을 얻고 있는 의사다. 그는 5백 여회의 사체 검진을 경험한 사람이다. 그가 검진한 결과 심장마비로 판명이 되었으니까 고문치사가 아닌 것만은 일단 해명된 셈이었지만 세상에서는 OOO 교수의 검진도 믿으려 하지 않았다. 그것은 OOO가 가지고 있는 직책으로 보아 절대 좌익일 수 없다는 선입견 때문이었다. 좌익이 아닌 사람을 고문치사 해놓고는 고문치사를 심장마비의 병사라고 허위 보고한 것으로 오해들을 가지게 된 것이다. 그러니까 000 교수의 검진 결과 심장마비로 죽었다는 보고도 결국은 000가 우익을 가장한 좌익이었다는 것이 판명되어야만 신뢰할 수 있게 되었다.

정의와 공정을 생명으로 하고 있는 수사기관이나 양심을 생명으로 삼고 있는 대학교수나 다 같이 억울하기 짝이 없는 일이었다. 사실은 수사를 시작할 때 나는 차마 000가 좌익이리라고는 생각지 않았다. 대한청년단 000가 그러한 사실을 알려줄 때에도 우익 내부의 갈등이나 파벌투쟁에서 오는 하나의 모략이려니 라고밖에 생각지 않았다. 그래서 섣불리 손을 댔다가는 모략에 넘어가 세상의 오해를 살 것이라고 신중에 신중을 기했다. 그러나 000를 미행해 본 결과 그가 우익단체에서 활동을 하면서도 좌익과 연락하고 있는 사실이 드러났다.

즉 화신백화점 지하실 다방과 동대문 전차정류소 앞 전차종업원 집합소와 그리고 광화문에 있는 날개다방을 중심으로 군 관계 기밀을 남로당 연락원에게 보고하고 있는 사실이 탄로되었다.

그가 남로당에 보고한 사실은 대략 다음과 같은 것이었다.

1. 대한민국 장교 직위표
2. 병력 및 병원(兵員) 명부
3. 기갑연대 편성표
4. 비행기 대수
5. 군대 요원의 이력서
6. 해군 장비
7. 대한민국의 경찰 인원 수, 장비

이러한 사실을 탐지하는 데 한 달의 시일이 걸렸다. 좌익으로 주목받는 인물이라면 한 가지의 증거만 드러나도 체포할 수가 있었지만 원체 우익으로 이름 있는 사람이라 호락호락 체포할 수가 없었던 것이다. 그래서 난 1개월 동안 신중에 신중을 기하여 물적 증거를 수집한 뒤 1949년 9월 27일 오전 8시 그의 집을 찾아가서 그를 방첩대까지 연행했다. 방첩대로 연행하여 그의 몸을 수색한 결과 주머니에서 남로당에 보고하려던 서류가 들어 있음을 발견했다. 그 서류에는 대한민국의 경찰 인원 수와 장비는 99식 장총밖에 없다는 사실이 적혀 있었다.

　OOO는 본시 몸이 쇠약해 있었다. 그런데다가 의외의 연행으로 그는 당황할 대로 당황해 있었다. 얼굴이 파랗게 질려 온 몸을 부들부들 떨고 있었다. 극도의 공포에 사로잡혔던 모양이다. 물적 증거를 제시하고 사실을 자백하라고 할 때 그는 펄쩍 뛰면서 발악을 했다. 그러나 끝까지 추궁을 하자 부정하던 사실을 금방 긍정했다. 그는 자기의 지위로 보아 절대로 체포되지 않으리라 자신했는데도 불구하고 체포되었다는 것에 극도의 공포를 느꼈던 것 같다.

　그러나 자기의 지위를 생각할 때 어느 정도 부정만 하면 더 추궁치 않으리라고도 생각했을 것이다. 그렇지만 움직일 수 없는 물적 증거를 제시하자 어쩔 수 없다는 듯이 고백하지 않을 수 없었던 것 같다. OOO는 마침내 다음과 같은 사실을 자백했다. 즉 그는 오일균(吳一均), 김영식(金永植), 이재복(李在福) 등과 연락하였으며 중앙당 김OO와 13차에 걸쳐 회견하고 국군의 기밀을 보고했다. 동시에 그는 남로당 종로구 책(責)이었던 것이다.

1948년 1월 말에는 통의동 오일균의 집에서 중앙당 김00와 오일균 등을 만나 군 기밀을 보고하기 위해 네 번이나 거동했다. 그는 그 보고에서 육군사관학교의 교육방침, 인원 수, 교관 직위표, 미국식 훈련 내용, 고문관 성명 등을 제시했다. 그뿐 아니라 종로3가로부터 시작되는 청계천변의 노점에서 1인당 5백 원 내지 1천원의 돈을 경찰후원회라 하여 징수한 뒤 그 총액 2천4백7십여 만원 중 7백만 원만 동대문경찰서장 김용순(金用淳)에게 후생비라 하고 전해주고는 나머지 1천3백여 만 원을 고관 매수비 또는 자료 수집, 공작비로 사용했다.

이러한 사실은 서울지방 검찰청 000 검사도 인정한 것이었다. 사실을 고백하면서도 000는 창백한 얼굴로 떨기만 했다. 투쟁적인 공산주의자는 될 수 없는 사람 같았다. 공산주의에 완전히 물들어 거기에 대한 신념이 굳은 사람이라면 자기의 죄가 드러난다고 해도 그리 당황해하거나 두려워하지를 않는다.

그러나 000는 옆에서 보기가 민망하리만큼 전신을 떨고 있었다. 그래서 방첩대에서는 그의 지위와 또 너무나 심한 공포증 등을 참작하여 특별한 대우로 심문을 계속했다. 그러나 여러 날을 두고 심문할 수가 없는 사건이기 때문에 하루에 끝내려고 종일 쉴 새 없이 조서를 꾸몄다. 즉 오전 8시에서부터 오후 7시까지 점심시간과 잠시의 휴식은 주었지만 어쨌든 약 10시간을 계속 심문했다.

조서 작성이 끝나자 000는 돌연 의자에서 쓰러졌다. 나는 놀랐다. 어떻게 쓰러졌던 간에 방첩대 안에서 생긴 일이라 내가 책임을 지지 않을 수 없었다.

취조 담당관 000 상사를 불러다 자세한 내용을 물었으나 000 상사도 너무나 의외라는 것이었다. 나는 즉시 서울대학 김00 교수에게 검진을 청했다. 그 결과 급성심장마비라는 것이 판명되었지만 세상은 그 검진 보고를 믿으려 하지 않았다. 일반 사회뿐 아니라 시내의 각 수사 기관에서도 방첩대를 여러 면으로 주목하고 있었다. 나는 때가 오기만을 기다리며 참을 수밖에 없었다.

한편 000가 죽지 않았다면 애국자를 가장하고 날뛰던 붉은 군상들이 좀 더 많이 체포되고 그들의 죄상이 백일하에 폭로될 것인데 000의 죽음으로 연루자를 체포하지 못한 것을 유감으로 생각할 뿐이었다. 만약 000가 죽지 않고 그 죄상이 널리 알려졌다면 그를 옹호하고 변호하던 사람들의 얼굴이 어떻게 되었을까?

그러나 지금이라도 000사건을 의혹의 눈으로 보려는 사람이 있다면 원남동 000 집 근처 사람에게 가서 물어보라고 권하고 싶다. 동네사람들까지도 당시에는 의심했을 것이다. 충실한 동장을 가장하고 활동한 000였으니까….

그러나 6·25사변이 일어나고 괴뢰군이 서울에 침입했을 때 침입 첫날인 6월 28일 그곳 동네 사람들은 누구의 집보다도 000의 집에서 많은 북한 괴뢰군을 발견했다.

말하자면 서울에 들어오는 날로 북한 괴뢰들은 000의 집을 찾아 가서 000의 가족 생명과 또 재산을 보호해 주었다. 그리고 쌀과 기타 물자를 특별 배급해 주었다. 남로당원이 아니고 또 남로당을 위해서 일하다 죽은 사람이 아니라면 무엇 때문에 입성하는 날로 000의 가족을 방문했을 것인가.

그래서 동네 사람들도 그때서야 OOO가 틀림없는 빨갱이임을 알았다. 그리고 그의 아들은 누구보다도 앞서서 소위 의용군에 지원하고 동네 청년들을 의용군으로 강제 동원시켰다.

9·28 이후 그의 아들은 우리의 손에 체포되었다. 그는 자기의 아버지 OOO가 틀림없는 남로당원으로 종로구책이었다는 것과 당시에는 오일균, 김영식, 이재복 등을 통하여 괴뢰군 김 대좌라는 자에게 군 기밀을 보고하고 있었다는 사실을 자백했다.

이렇게 해서 한때 세간의 의혹을 사고 있던 OOO사건의 진상이 정확하게 폭로되고야 말았다.

V. 6·25이후의 좌익 발악상

1. 인민공화당 경남위원장 김동산 체포기

6·25사변이 발발하여 공산괴뢰군들이 38선을 넘자 이때까지 전향을 가장하거나 그렇지 않으면 우익을 가장하고 있던 적색분자들이 때가 됐다고 암약하기 시작했다. 그러나 권력 또는 금력을 이용하여 교묘한 수단으로 지하에 숨어 공작의 마수를 뻗쳤기 때문에 이들 공산역도들의 검거에는 상상 이상의 노력을 요했다.

당시 나는 정부의 남하에 따라 부산으로 내려가 경남방첩대(CIC) 대장으로 취임해 있었지만 CIC 본부에서는 6·25 이후 주로 북한군을 환영하려고 준비하면서 대한민국을 전복시키려는 지하활동 적발에 주력을 두고 있었다.

1950년 8월 초순 부산일대에는 5열(五列·적국 내부에서 사보타주, 역정보, 간첩 등의 활동을 하는 조직적인 집단이나 사람을 말함)의 유언비어로 말미암아 민심이 극도로 혼란 상태에 빠지고 있었다. '북한군이 언제까지 부산을 점령한다.' 등의 유언비어에 속아서 '일부 정부 고관은 일본으로 도망갔다.' 이러한 유언비어가 시내에 떠돌아다니며 민심을 혼란시켰던 것이다. 그래서 CIC 본부에서는 유언비어를 조작해 내고 있는 5열을 검거하려고 백방으로 손을 뻗치었다. 그 결과 공산분자들이 정부 요인을 암살할 계획이 진행되고 있다는 정보가 입수되었다.

즉 이때까지 그리 활약하지 못하고 있던 인민공화당(人民共和黨·이하 인공당)이 재조직 도상에 있으며 이 인공당이 요인 암살계획을 추진시키고 있다는 것이었다.

이것은 남로당의 세력 밑에서 힘을 못 쓰던 공산분자들이 북한군의 남침을 이용하여 미리부터 공적을 세워 두어야만 북한 괴뢰정권이 한국을 통일할 때 한몫 볼 수 있다는 흉계에서였을지도 모른다. 그래서 수사의 화살을 우선 좌익 전과자들에게로 향했다. 그러나 별다른 증거를 얻지 못하여 다음 단계로 지방 유지 쪽을 탐색하기 시작했다.

표면으로는 어디까지나 애국자로 자처하고 있는 지방 유지들을 탐색한다는 것은 용이한 일이 아니다. 그들 대부분이 권력이나 금력의 배경을 가지고 있다. 그리고 지방민의 세력권을 형성하고 있다. 그러한 유지 층 속을 파고 들어가 정보를 수집한다는 것은 참으로 어려운 일이다. 그러나 잡힐 사람은 잡히고야 만다. 어느 날 CIC 본부의 000 소위가 어린애의 병으로 부산시 대청동엘 갔다.

어린애를 진찰하고 난 뒤 병원 원장인 김형기(金炯磯·일명 金東山)가 "000 장관은 벌써 일본으로 피난 갔다지요?" 하고 물었다. 상대편이 군인이니까 잘 알 것이라는 듯한 어조였다.

"글쎄요. 잘 모르겠는데요."

"O월 O일에는 인민군이 부산에까지 들어온다는 데요. 우리도 미리 피난가야 할 것 같은 데요."

"아무리 그렇기로서니 그럴 수 있겠습니까?"

"군에 계시면서도 잘 모르시는구만요. 민심이 천심입니다. 제주도로 가는 배가 난리랍니다. 서로 피난가려고요."

OOO 소위는 듣기만 하고 돌아왔다. 항간에서는 있을 수도 있는 말 같지만 적어도 부산에서 기반을 닦고 유지에 속하고 있는 병원 원장이 그런 말을 사실인 듯 역설한 데 대하여 약간의 의심이 가지 않을 수 없었다.

유언비어란 지위나 명성이 높은 사람일수록 그것이 권위 있고 신속하게 전파된다. OOO 소위는 다만 유언비어의 출처를 보고해 왔다. 그래서 본부에서는 김동산의 전력을 내사하기 시작했다. 조사한 결과 그는 경성의전을 졸업하고 30년 동안이나 부산 시내의 전기 주소에서 소아과를 경영하고 있었는데 그 동안 의사로서의 명성이 상당히 높아 환자가 적지 않았다.

그러나 해방 직후 소위 조선민족혁명당에 가입하여 1946년 8월에는 동당 경남지구 위원장에 피임된 일이 있었다. 동년 10월에는 남로당 산하단체인 민전(民戰) 경남도 의장단의 한 사람으로서 활동을 하는 한편 민족혁명당이 인민공화당으로 개칭되자 동당 부산지구위원장으로 맹활약을 거듭하였다. 이러한 사실이 드러나자 우리는 수사를 더욱 진행시키지 않을 수 없었다.

김동산은 자기의 기반을 튼튼히 하면서 더구나 직업이 의사라는 것을 이용하여 병원을 연락 장소로 쓰고 있었다. 즉 6·25가 발발하자 김동산은 대한민국이 금세 없어지기나 할 것처럼 6월 28일 성OO 외 몇몇 동지를 규합하여 인공당 재건 강화를 촉진시켰다. 그리고는 소극적인 면에서 유언비어를 날조하여 그것을 항간에 퍼트림으로써 민심을 혼란시키고 그 혼란을 틈 타 정부요인을 암살하려고 암살 명부까지 작성해 두었다.

그뿐만이 아니었다. 괴뢰군(북한군)이 들어오면 환영회를 열어야 한다며 환영준비위원회를 조직하고 무지한 지방인들을 조직해 가고 있었다. 이러한 사실을 탐지한 수사본부에서는 동산병원을 중심으로 잠복근무를 시작했다.

일이 성숙해 가고 있는지 출입하는 인사가 빈번했다. 수사원들은 출입하는 사람들을 미행하는 한편 환자를 가장하고 병원 내부를 탐색하기도 했다. 전세는 아군에 불리하여 괴뢰군이 대전을 점령하고 대구방향으로 진격해 오고 있을 때였다. 김동산 일당은 이때를 기회로 요인 암살을 실천에 옮기려 하던 8월 9일 새벽이었다.

수사본부에서는 김동산과 그의 연루자 10여명을 일시에 체포하였다. 그러나 김동산은 무슨 영문인지를 모르겠다는 듯이 체포된 데 대하여 항변하려고 했다.

우리는 그를 심문하기 전에 연루자들을 그의 앞에 내다 놓았다. 그리고 압수한 권총 등 10여 종의 무기를 내 놓았다. 그때에야 김동산은 얼굴을 붉히고 자기의 죄상을 고백했다.

가소로운 무리들이었다. 전세가 약간 불리하면 간악한 흉계를 꾸미어 용서할 수 없는 행동을 감행하면서도 평상시에는 지방의 유지인 척 그리고 애국자인 척 활동하는 이중적 행동의 매국노들! 평상시에는 사업이니 장사니 하고 사상이나 정치에 아무 관심이 없는 것처럼 숨어 살다가 공산도배의 위협이나 감언이설에는 금세 기울어져 버리는 무의도식배들! 이러한 부류의 인간들이란 위험하기 짝이 없다.

어쨌든 김동산 일당을 체포함으로써 부산 시내의 유언비어는 뿌리를 끊었으며 요인 암살의 계획은 완전히 분쇄되고 말았다.

2. 승려를 가장한 남로당원

6·25사변이 발발하자 항도 부산은 유일한 군항으로 변했다. 부두에는 군수물자가 산처럼 쌓여 있었으며 항구에는 유엔군 군함 및 수송선이 수시로 출입했다.

대한민국의 군수 관계 실정은 부산항의 부두를 보면, 참으로 능히 짐작할 수 있었던 것이다. 그런 만큼 이 부두를 중심삼아 공산 5열들이 움직일 것이라는 것은 명약관화한 사실이었다. 사실에 있어서 북한 괴뢰군들은 부산으로 5열을 파견하여 부두의 실정을 조사케 하고 군기밀을 탐지하고 있었다.

부산의 수사기관에서는 5열이 움직일 가능성이 충분함을 알고 부두 일대를 중심으로 한 5열의 활동을 방지하려고 노력하기 시작했다. 부두 노동자 등 부두에 출입하는 사람들을 감시하고 있던 어느 날 우리 수사대원은 행동이 수상한 승려 한 명을 발견했다. 보기에 행색이나 옷차림도 초라하려니와 아무데나 들어가 시주를 구하는 거지 비슷한 승려였다.

그 괴승은 매일 부두에 나와 멍청하니 앉아서 바다를 바라보고 있었다. 바다뿐 아니라 들락날락하는 배들과 또 배에서 내리는 물자들을 유심히 바라보는 것이었다. 하루 종일 돌아다니다가 다리가 아파 쉬고 있는 것이라고 생각한다면 일은 간단하다. 그러나 수사관의 눈은 간단한 문제도 허술하게 넘기지 않는다. 괴승은 매일처럼 부두로 나왔다. 그리고는 오랫동안 앉아서 꼭 같은 태도로 부두 연안을 눈여겨 살펴보았다. 수상한 일이 아닐 수 없었다.

그렇지만 어떤 절에 있는 사람이며 또 어떤 계통의 일을 하고 있는지 알 길이 없었다. 사람이 많은 도시라면 미행을 해서 신분을 조사하는 것이 힘들지 않은 일이지만 산속에 사는 중을 미행한다는 것은 곤란하기 짝이 없는 일이다. 더구나 본인이 정말 어떤 사명을 띤 자라면 산속을 미행하다가 그자에게 발각될 우려가 있다. 발각이 된다면 어떤 행동을 취할지 모른다. 위험하기 짝이 없는 일이다.

수상하다고 의심되는 순간 체포해 버리면 문제는 간단하지만 아무런 단서를 붙잡기 전에 체포한다는 것은 연루자를 피신시키는 결과를 가져오게 한다. 그러니 얼마가 걸리든 또 어떠한 방법을 사용하든 그를 미행하지 않을 수 없었다.

수사원들은 노동자로 가장하고 때로는 농민으로 가장하여 그의 뒤를 미행하기 시작했다. 때로는 나무꾼으로 가장하기도 하는 등 그의 뒤를 잠시도 떠나지 않았다. 그 결과 괴승은 부산에서 멀지 않은 동래군 장산사(長山寺)의 중이라는 것, 그리고 배낭을 짊어지고 부산으로 내려와 시주를 구하다가는 부두로 나와 부두의 동정을 살피는 것이 하루의 일이라는 것을 알았다.

그런데 절간에서 가까운 부락도 있는데 어찌하여 부락에는 한 번도 가지 않고 부산 시내로만 내려오는가 하는 것이 의심스러웠다.

수사원들은 행인을 가장하고 장산사에 들어가 동정을 살피는 동시 그 근방에 잠복했다가 야간의 동정을 살피었다. 어떤 날 밤 괴승은 잠을 자는 척 하다가 곡식이 든 배낭을 메고 절간을 나왔다. 그는 산을 넘고 넘어 어떤 지점에 이르러서는 이상한 새 소리를 냈다. 새 소리를 하자 어디선지 사람이 모여 들었다.

괴승은 식량을 그 사람들에게 내 주고 무슨 이야기를 한참 하다가 다시 절간으로 돌아왔다. 절간으로 돌아와서는 다시 잠을 잤다. 새벽에 염불 외는 일도 없이 잠만 잔다. 그러다가 대낮이 되면 빈 배낭을 짊어지고 다시 부산 시내로 내려 왔다. 그만큼 미행을 하고 그의 행동을 살폈으면 충분했다. 사실은 이렇게 미행을 하고 그의 행동을 살피는데 자그마치 3개월이 소비되었다. 계속해서 그의 뒤를 미행하던 경남 CIC에서는 괴승이 부산 교외 어떤 집에 잠복한 것을 알고 그 집을 습격하여 괴승을 체포하였다. 그것은 1950년 9월 2일이었다.

괴승을 체포하고 그 집을 수색한 결과 의외에도 따발총 2자루가 나왔다. 이렇게 해서 괴승을 체포하고 심문한 결과 그가 틀림없는 남로당원임을 알아내었다. 그는 경남 동래군 기장면 내동에 본적을 둔 김인표(金仁杓)라는 자로서 1950년 1월 15일에 남로당에 가입했으며, 남로당에 가입하자 당의 명령으로 전북 김제군 금산사(金山寺)에 잠복하여 그곳의 야산대(野山隊·6·25 전쟁 이전 산속으로 들어간 공산 빨치산을 가리키는 말)에게 군과 경찰의 기밀을 제공하는 동시에 식량을 보급해 왔다.

1950년 3월 초순 금산사의 중 진공신(眞空神·승명)의 지령으로 동래군 장산사로 이동하여 역시 전과 같이 그곳 야산대와 연락하는 임무를 계속하고 있었던 것이다.

특히 장산사에 옮겨 온 뒤부터는 북한군 정치보위부 밀파원 이00의 지령을 받고 부산 일대를 배회하며 식량을 수집하여 제공해 주던 바 6·25 이후에는 특히 유엔군의 상륙 상황을 비롯한 군사기밀을 탐지하여 전기 이00에게 연락하는 한편 동 이00로부터 따발총 2자루를 받아 00지서를 습격하려 했다. 00지서를 습격하기 위하여 야산대와 연락을 취해 오던 중 사전에 체포되고 만 것이었다.

거지와 같은 동냥중을 가장하여 군 기밀을 탐지하고 또 경찰을 습격하려던 악착스런 괴승! 그는 중으로 가장했기 때문에 자기를 감시하는 사람이 없을 것이라고 생각했을지 모른다.

3. 걸인 유격대 체포기

수사진의 활동이 민활해지면 적의 행동도 그만큼 치밀해지는 것이 사실이다. 남로당 계열들은 합법적인 공작은 물론 조직적으로 지하공작을 할 수 없기 때문에 갖은 방법을 다 연구하고 있으리라 생각한 경남 CIC 본부에서는 득실거리는 거지 떼로 눈을 돌리기 시작했다.

전란으로 말미암아 먹을 것이 없어 문전걸식을 하는 수많은 거지들을 볼 때 민족적 비분을 느끼는 동시에 동정을 아니 할 수 없는 일이지만 마음에 틈이 있는 사람에게는 누구에게나 적화(赤化)의 마수를 뻗치고야 마는 공산주의자들은 전쟁으로 피해를 받아 처참한 상태에 놓여 있는 거지들을 이용할 수도 있다는 관점에서 거지들까지 감시하게 되었다. 아마도 내가 만주 땅 하이라루에서 거지 행세를 했던 경험이 더 했을 것인지 모른다. 그렇게 거지들을 감시한 결과 거지 가운데는 구걸만을 목적으로 하지 않고 필요 없는 장소에까지 배회하는 자가 있음을 포착했다.

남의 의심을 받지 않고 아무데나 돌아다니는 데는 거지가 가장 유리한 조건을 가지고 있을 지도 모른다. 그렇기 때문에 거지 가운데는 반드시 적의 5열이 섞여 있을 것이라 생각하고 5열의 조직체를 탐색해 내려 했던 것이다.

거지들을 감시하기 시작한지 며칠이 안 된 8월 16일 밤 드디어 사건이 발생되고야 말았다. 그날 밤 9시 30분경 부산 시외 모처에 탄약을 만재한 트럭 3대가 정거를 하고 있는 현장에서였다. 보초병만 서 있고 운전병들이 저녁 식사를 하고 있을 때 맨 선두에 선 트럭 휘발유 탱크에서 뜻하지 않은 불이 일어났다. 보초병이 이를 발견하고 곧 진화를 시켜 별반 피해는 없었지만 진화가 끝나기도 전에 나머지 2대의 트럭에서 이상한 불이 동시에 번쩍했다.

보초병이 누구냐고 소리를 질렀다. 그 바람에 놀랐는지 시꺼먼 그림자 몇 개가 밤 어둠을 타고 도망치는 것이 보였다. 확실히 거지 떼들이었다. 보초병은 발사를 했으나 그 사이 어디로 도망 갔는지 흔적을 감쳐 버렸다.

이 사건이 발생하자 수사본부에서는 적의 목표 대상이 될 만한 중요 지점에 대원을 배치시키고 5열의 출현을 대기하였다. 한편 수사대원을 거지로 가장하여 거지 무리 속에 침투시키기도 했다.

8월 20일 오후 8시, 부산 시내 00지점인 유엔군 탄약고에 잠복하여 5열의 행동을 감시하고 있던 수사대원의 눈에 박쥐처럼 소리 없이 다가오는 2개의 그림자가 들어왔다. 수사대원은 긴장한 눈으로 두 그림자의 행동을 살피며 때를 기다렸다. 두 그림자는 기는 듯이 땅 위에 납작 붙어 살금살금 걸어왔다. 사방을 살피면서 어둠 속을 뚫고 기어오던 두 그림자는 탄약고 주위에 늘어진 철조망 밑에 이르자 납작 엎드려 안으로 뛰어들 기세를 보였다. 그 순간 감시원은 그림자 곁으로 달려들어 손목에 고랑을 채웠다. 역시 거지였다. 35~36세 되어 보이는 어른과 이제 12살 밖에 안 되어 보이는 어린아이 2명이었다. 체포되자 그들은 자기들의 죄상을 숨김없이 자백했다.

나이가 많은 김중택(金仲澤)은 강원도 영월에서 살던 자로 일찍부터 남로당에 가입한 당원이었다. 뿐만 아니라 영월의 제비산에 들어가 공비가 되어 부락을 습격하여 약탈, 살인, 방화를 거듭하다가 6·25사변이 일어나자 공비 두목인 북한 괴뢰군 총위(국군 대위 해당 계급)와 같이 남하하여 부산 시외 동래 모처에다 아지트를 정하고 유엔군의 상륙 동태를 비롯하여 군사기밀을 탐지하고 있었다.

그러던 중 전기 괴뢰군 이00가 부산 시내 좌천동에 살고 있는 김기복(金基福) 외 1명을 소개해 주며 유엔군 탄약고를 폭발시키라고 명령했다. 김기복이란 소년은 이날 그와 함께 체포된 어린아이였다. 그래서 김중택은 김기복과 또 다른 1명을 데리고 폭파시킬 목적물을 찾아 탐색하던 중 부산 시외에서 탄약을 싣고 쉬고 있는 국군 트럭을 발견하자 라이터로서 휘발유 탱크에 불을 질러 놓았던 것이다. 그러나 첫 계획이 실패로 돌아가자 그 다음에는 이OO 총위로부터 OO지점에 있는 유엔군 탄약고를 폭발시키라는 명령을 받았다. 그래서 이날 밤 김기복 소년거지와 같이 탄약고에 접근하다가 체포당한 것이다.

나는 거지를 이용하여 악질행위를 감행하고 있는 악질 가운데도 악질인 이OO 총위란 자를 체포하기로 했다. 몸 둘 곳이 없고 밥 먹을 곳이 없는 가련한 거지들을 악용하여 정보를 수집하고 또 탄약고에 불을 지르라고 협박 공갈하는 비인도적인 무리는 한시도 용서할 수가 없었다. 그래서 이OO 총위란 자의 인상을 묻고 또 그들의 아지트를 알아 수사대원을 급파했다. 그것은 남포동 근처의 시장이었다. 사람이 붐비는 장터를 연락처로 삼고 있었던 것이다. 거지로 분장을 한 이OO 총위가 이 가게 저 가게에 들려 동정을 구하면서 김중택과 약속한 연락장소로 걸어오고 있었다.

그러나 멀리서 연락장소를 한참 동안 바라보던 이OO 총위는 김중택의 모습을 찾을 수 없게 되자 그만 발길을 돌려 버렸다. 김중택과 김기복이 유엔군 탄약고를 폭파시키려 떠난 지 하루가 거의 되었는데도 탄약고에서는 불이 나지 않았다. 그리고 김중택과 김기복은 돌아오지도 않았다.

체포당한 것이 틀림없다는 생각이 들었지만 혹시나 해서 오기는 왔으나 역시 연락 장소까지 그들이 오지 못했음을 알고는 발길을 돌리는 것이었다. 이 모습을 본 우리 수사대원들은 그 자의 뒤를 놓치지 않고 급히 달려가 뒷덜미를 붙잡고 "이 총위님, 같이 가십시다." 하며 그 자의 얼굴을 노려보았다.

입은 옷이며 일부러 더럽게 한 얼굴이며 거지 그대로였다. 가증스럽기 짝이 없었다. 그는 "나는 거지입니다, 총위가 무슨 말입니까?" 하고 끝까지 속여 보려 했다.

"이 자식이 누굴 놀리는 거야. 알지도 못하고 함부로 사람을 잡을 줄 알아?" 수사대원들은 그의 팔에 고랑을 채워버렸다.

구경꾼들이 밀려왔다. 거지가 절도질을 하다가 잡힌 줄만 알고 웅성웅성했다. 그때야 그는 부인해야 소용이 없는 줄 알고 머리를 숙여버렸다. 당장에 죽여도 시원치 않을 놈이었다. 거지들까지 빨갱이로 만들고 있던 빨갱이! 그러기 위해서 자기까지 거지 시늉을 하고 돌아다니는 악질이었다. 사실 그 자는 거지들을 감언이설로 꼬여가지고 시외로 나가 공갈과 협박 그리고 허위선전 등으로 거지들을 적화시키며 그들을 이용해 왔던 것이다.

나는 이OO 총위란 자의 입에서 자기가 계획하고 있는 음모 전부를 거짓 없이 토하도록 했다. 그는 김중택 이외에 울산군 출신 이수만(李樹萬) 외 6명에게 부산 시외에 있는 유엔군 탄약고를 폭파시키도록 지령했다는 사실도 자백했다. 그리고 이수만 등 6명은 그 탄약고를 폭파시키기 위하여 노동자를 가장하고 잠입해 있다는 것이었다. 그 말을 듣자 나는 수사대원을 그 창고로 급파하여 간발의 차이로 일당 7명을 송두리째 검거해 버렸다.

만약 이○○ 총위란 자를 체포하지 않았다면 부산 시내의 탄약고는 거지들의 손에 모조리 폭파되었을지도 모른다.

4. 남로당 경남도 도당책 안소주 체포기

6·25 남침이 개시되자 일시 괴멸 상태에 들어갔던 남로당 계열들은 조직 재건에 광분함으로써 남침 적구들과 호응하려 할 것이 명약관화한 일이었다.

얼마 전 김동산(金東山) 등 인공당 간부를 일망타진한 바 있지만 이것은 남로당의 방계에 지나지 않는다. 방계조직의 활동이 그렇거늘 남로당 자체가 가만있을 리 없다. 반드시 지하운동이 전개되고 있으리라 추측한 경남 CIC 본부에서는 수사대원들에게 남로당 지하운동 적발에 중점을 두도록 지시했다.

그러나 남로당 계열들은 자기들의 행동을 감추기 위하여 당국의 신임을 얻고 있는 지방 유지와 중간노선을 걷고 있는 회색분자들을 협박하고 공갈하여 이용하는 새 전술로 나왔기 때문에 당분간은 남로당 재건운동에 대한 정보를 입수하기가 곤란해졌다.

그들의 전술이 변했다는 사실을 탐지한 우리는 지방 유지 및 중간파들에게로 정보망을 확대시키고 지금까지 의심해 본 일이 없는 유력자들을 미행하기 시작했다. 그 유력자들은 자기들의 지위와 권력을 믿었기 때문에 미행자가 감시의 눈빛으로 자기들 곁에 와 있다는 것은 생각조차 못했다. 그렇기에 유유한 태도로 남로당의 앞잡이 노릇을 했으며 또 그들에게 갖은 편의를 제공해 주고 있었다.

즉 부산 시내에서 무역업을 경영하는 정00은 자기 사택을 남로당원의 도피 장소로 제공하는 한편 남로당 자금 조달과 식사, 의류 등을 제공하며 적구들의 흉계에 장단 맞추고 춤을 추고 있었다.

군납업을 하고 있는 부산 시내 부전동의 강진수(姜振秀)는 부부가 공모하고 자기 집을 남로당 경남도당 수습위원회 간부인 주00, 장00, 박00 등의 회합장소로 제공하는 동시 그들의 무기와 기밀문서를 은닉해 주고 있었다.

즉 남로당의 매국노들은 이러한 유력자 내지 회색분자들을 이용하여 모든 연락과 회합의 편의를 얻고 있었다. 이러한 사실을 탐지하자 그 뒤부터의 수색은 식은 밥 먹기보다도 용이했다. 그리하여 우리는 재건남로당 경남도당책으로 부산시에 잠복하고 있는 안소주(安小柱)가 총책임자로 활동하고 있는 사실을 알았다. 안소주는 해방 이전부터 공산당에 가입, 지하운동을 지속하다가 1949년 3월에 월북하여 소련식 정치학을 전공한 자로 6·25 발발 약 3개월 전에 박헌영의 특수지령을 받고 재차 월남했다.

그 외에도 남로당 군사부책 김00, 부산 시(市)책이며 도지도 조직책인 주00, 기타 장00, 박00 등이 소위 경남도당 수습위원회를 조직하고 전기 무역상들의 집에서 빈번한 회합을 가지고 있음을 알았다. 그리고 이자들은 남로당을 재건하는 동시에 그 조직을 철도원과 학생층에 핵심을 두고 추진시킨다는 사실까지 탐지하였다.

8월 15일, 수사진은 즉각 행동을 개시하여 안소주 이하 30명의 남로당 수습위원들을 일망타진하였다. 그들은 북한 괴뢰군이 부산까지 밀려올 것을 믿고 때를 기다리면서 정부요인 암살, 철도 파괴, 폭동, 유언비어 등 가지각색의 흉계를 꾸미고 있던 자들이었다.

남로당 경남도당 수습위원회를 중심으로 한 검거를 일단락 짓자 부산시 남로당 수습위원회들에 대한 검거를 시작하여 남로당 부산시당 조직부책 최석규(崔錫奎) 외 15명도 체포하였다. 최석규는 6·25 이전 당국에서 온정을 베풀어 포섭을 하려 했으나 그것을 뿌리치고 지하로 잠입했던 골수 공산주의자였다.

이렇게 근 50명을 체포했지만 체포당한 자들의 진술에 따라 아직도 연루자가 남아 있음을 포착, 수사망을 더욱 확대시킨 결과 20여명을 다시 검거했다. 이렇게 해서 8월 15일로부터 8월 30일까지 15일 동안에 부산 시내에 잠복하고 있던 남로당 계열 70여명을 총검거했던 것이다.

지방 유지와 유력자를 이용하여 안전지대를 찾으려던 가소로운 무리들에게 결과적으로 역효과를 가져오게 한 이 같은 현실에 대하여 공산도배들은 얼마나 후회를 하였을 것인가.

5. 밀매음의 여성유격대

홍등가에서 몸을 팔고 있는 여자라고 하여 모두가 윤락의 슬픔 속에 있는 것은 아니었다. 거지 세계에까지 남로당원이 침투해 있는데 홍등가의 밀매음이라고 해서 남로당 프락치가 없을 수 있겠는가? 이 같은 의심을 갖게 되자 수사진에서는 홍등가를 향해 눈길을 돌렸다.

6·25가 발생되자 부산 근처에는 소위 야산대라는 것이 있어 빨치산과 같은 행동을 취하고 있었다. 이 야산대는 치안의 교란, 부락의 습격, 요인 암살 등을 계획하여 북한 괴뢰군의 남침을 돕는 역할을 수행하려고 후방에 있는 각계각층을 이용하고 있었던 것이다. 그래서 홍등가에도 그들의 마수가 뻗쳐 있을 것을 예측하고 감시의 눈을 날카롭게 하고 있던 8월 초순이었다.

부산시 수정동을 거닐고 있던 경남 CIC 본부 대원 한 명이 골목길에 적지 않은 사람이 모여 아옹다옹 싸우고 있음을 보았다. 무슨 일인가 하고 가까이 가보니 어떤 매춘부가 동네여인들과 싸우고 있는데 그 기세가 대단했다.

"쌍년들! 내가 양갈보질 하는지 언제 봤니? 건방진 년들 어디다 주둥아리들을 놀리냐…."

보기에는 양부인 같지가 않으나 매춘부임에는 틀림이 없는 그 여자가 동네 부인들에게 입에 담을 수 없는 욕설로 야단치고 있었다. 매춘부가 야단을 치고 있는 한편에서 동네여자들이 "그러면 찾아오는 깜둥이는 뭐냐?"라고 힐난하는 소리가 들려왔다.

이렇게 야단법석을 치고 있을 때 한편 옆에서 서로 주고받으며 수군거리는 구경꾼의 말소리가 또 들려왔다.

"저 쌍통에 반해 다니는 깜둥이도 있어…."

"한 사람하고만 산다는데도 옷 하나 변변치 못 입고 있어…."

이런 말을 들으며 양부인을 보니 정말 얼굴도 보잘 것이 없었다. 옷도 대단한 것을 입지 못했다.

수사대원은 문득 이상한 생각이 들었다. 돈도 제대로 받지 못하면서 몸을 팔고 있다는 것이 의심스러웠던 것이다. 그래서 끝까지 서서 구경을 하고 있을 때 양부인이 독 오른 소리로 "쌍년들 어디 두고 보자. 음지가 양지 되는 때도 있을 거다." 하고 휙 달아나 버렸다.

이 모습을 본 수사대원은 즉시 경남 CIC 본부에 보고를 해 왔다. 그 보고를 듣자 나도 의아한 생각이 들었다. 양부인 생활을 하면서도 그렇게까지 기세를 올린다는 것은 특별한 자존심이 없고서는 있을 수 없는 일이다. 그리고 남들이 다 아는 일을 가지고 자기가 양부인이 아니라고 부인할 필요는 또 어디 있을까? 나는 수사대원에게 그 양부인을 감시해 보라고 명령했다.

그날 밤 수사대원이 잠복근무를 하고 돌아와 보고를 할 때 나는 참으로 놀라지 않을 수 없었다. 그 보고에 의하면 날이 어두워지자 흑인 군인 한 명이 소련식 경기관총 한 자루를 메고 그 여자의 집으로 들어갔는데 나올 때는 기관총이 보이지 않았다는 것이었다. 자기의 사랑하는 여자의 집이라면 무기를 놓고 올수도 있는 일이지만 우선 육감이 이상하게 들었다.

소련식 자동기관총이면 보통 무기와는 다르다. 그것을 매수하여 빼앗은 것인가? 아닐까? 하는 의심이 들었던 것이다. 그러나 상대가 유엔군인 만큼 물적 증거가 확실치 않은 이상 그 여자를 함부로 체포할수가 없었다. 그래서 대원을 시켜 잠복근무를 계속시키는 동시 그 여자의 신분을 탐색케 했다. 그 결과 그 여자를 찾아오는 수상한 남자가 있음을 알았다. 남편인지 친척인지는 모르나 어쨌든 수상한 사람이 아침에만 찾아왔다가 몇 시간도 안 되어 돌아간다는 것이었다.

이것은 의심치 않을 수 없는 사실이었다. 틀림없이 어떤 사명을 가지고 있는 여자의 행동이었다. 그러나 확실한 물적 증거가 없는 한 검거를 할 수 없다. 그래서 하루는 흑인 군인과 정교(情交)하는 장면을 감시시켰다. 집 주인과 결탁하고 내부에 들어가 벽 너머로 들려오는 말소리를 듣게 했던 것이다.

한참 동안 흥분한 가운데서 두 사람의 애무가 끝나자 여자의 목소리가 들려오기 시작했다. 그것은 극히 서툰 영어였으나 남자는 능히 알아듣는 모양이었다. 그런데 놀란 것은 여자가 달러 대신에 권총을 달라는 것이었다. 그러자 흑인 군인은 무엇 때문에 무기를 달라는지 알아볼 정신적 여유조차 없는지 차고 갔던 권총을 풀어 주고 돌아가는 것이었다. 이것을 본 이상 더 기다릴 필요가 없었다. 즉시 여자를 체포하고 방안을 수색했다. 그 결과 이삼일 전에 흑인 군인이 들고 갔던 소련식 자동기관총 한 자루와 탄환 20발이 천장 속에 들어 있었다. 그리고 그날 빼앗은 권총 한 자루도 무난히 압수를 했다.

이러한 증거물이 나타났는데도 불구하고 여자는 흑인이 보관해 달라고 해서 맡아 두었을 뿐이라고 거짓말을 했다. 그리고 그 흑인을 불러달라고 발악까지 했다.

그러나 그는 드디어 자기의 죄상을 고백하고야 말았다. 즉 그는 오난연(吳蘭蓮)이란 여자로 6·25 직후 야산대의 지령에 의하여 처음으로 밀매음을 시작했으며 유엔군을 꼬이어 무기를 획득하여 야산대에 제공할 것을 사명으로 하고 있었다는 것이다.

목적을 달성하기 위해서는 여자의 생명이라고 하는 정조까지 팔게 하는 윤리도 인정도 없는 공산도배들!

6. 국군 위문을 가장한 여학생 인애회사건

국군 위문을 표면 목적으로 내걸고 조직된 순진한 여학생들의 모임이 6·25사변이 일어난 지 약 1개월 후인 7월 30일 부산 시내에 조직되었다.

이날 암남동 최순자(崔順子)의 집에서는 17명의 여학생들이 모여 인애회(仁愛會)라는 것을 조직하고 앞으로 국군을 위문하는 방법을 토의하자고 했다. 그런 자리에서 국군 위문에 대한 이야기가 반대로 흘러 국군 비난 토론회로 변하고 말았다. 그리고 점점 남하하고 있는 공산괴뢰군을 칭찬하는 동시에 아무래도 믿을 수 있는 것은 북한군이라고 결정을 지어버렸다.

집을 빌려 준 최순자는 현역 군인 최00 대령의 누이동생이었다. 국군 위문 운동을 전개시키자는 김옥자(金玉子)의 말에 반가운 마음으로 집을 빌려 주었지만 결국 모임의 목적이 딴 곳으로 흘러 갈 때 최순자는 얼굴을 붉히고 국군 위문이 아니라 괴뢰군 위문이 아니냐고 질문을 했다. 그때 김옥자는 "어떤 군대고 간에 모두가 같은 민족의 군대니까 우리는 어느 편이 더 민족을 사랑하고 정의를 위해 싸우고 있는가를 알아 민족과 정의를 위해 싸우는 군대를 위문해야 하지 않느냐?"고 설명을 한 뒤 감언이설과 또 협박 등 언사로 최순자의 발언을 막아 버렸다. 그뿐 아니라 임원을 선정할 때 최순자를 회장으로 결정지어 버리고 말았다.

이것은 어디까지나 국군 위문을 가장하기 위하여 국군 대령의 누이 동생을 이용했던 것이다. 그리고는 부회장에 김옥자가 되어 모든 실권을 장악했으며 그 밑에 선전부, 문예부, 음악부 등의 부서를 두었다.

이렇게 인애회를 조직한 뒤 겉으로는 국군 위문을 표방하면서 내면으로는 '정의의 사도 인민군 기치 아래 집결하라!'는 슬로건 밑에 움직였다. 그래서 문예부에서는 괴뢰군을 환영하자는 요지의 원고를 작성하여 잡지와 삐라를 만들기로 했고, 음악부는 괴뢰군 환영의 노래를 만들어 보급 지도하기로 했다.

이 인애회에는 최순자 이외에도 국군의 가족 되는 여자가 3명이나 있었다. 모두가 국군 위문을 한다는 말에 입회를 했으나 입회를 하고 보니 꿈에도 생각지 못했던 빨갱이 단체였던 것이다.

그러나 한 번 가입을 하자 발을 뺄 수도 없었다. 왜냐하면 딴 마음을 가지고 조직에서 이탈하면 생명이 위험하다는 협박과 그리고 만일에 경찰이 아는 날엔 조직에 가입했다는 사실만으로도 체포된다고 공갈을 했기 때문이었다.

순진한 여학생들은 이러한 협박 공갈에 그만 두려고 해도 그만 둘수가 없었다. 사실 그러한 단체에 가입했다는 것이 이미 하나의 범죄를 저지른 것 같았던 것이다. 처음에는 그러한 공포 속에서 할 수 없이 끌려 다녔지만 감화되기 쉬운 소녀들이라 나중에는 모두가 빨갱이로 변하여 열렬한 공산운동자들이 되었던 것이다. 그들은 공포에 떨고 있는 소녀들에게 "인공기를 만들어라!" "삐라를 뿌려라!" 하고 강제로 임무를 맡겨 수행하지 않을 수 없게 했다.

그런 임무를 한두 번 수행하고 나면 그때는 어찌할 수도 없다는 체념과 함께 자기도 모르는 사이에 빨갱이가 되고 마는 것이다.

8월에 들어서자 그들은 실천 활동으로 들어갔다. 괴뢰군(북한군)이 부산에 침입했을 때 환영용 복장으로 옷을 통일하기로 하고 '몸뻬'를 만들기 시작했다. 그리고 머리에 두를 수건을 만들고 거기에 인공기를 수놓기도 했다.

한편으로는 자기들이 만든 괴뢰군 환영의 노래를 연습했다. 괴뢰군이 부산에 들어와도 자기들만은 살 수 있다는 생각을 가지고 허황된 꿈속에서 매일 모이다가 8월 26일 수사본부에 의해 일당 모두가 체포되었다.

지하운동을 해 본 경험이 없는 더구나 소녀들끼리의 조직이란 것이 그리 오래 비밀 속에 묻혀 있을 수는 없는 법이다. 이쪽에서 알려 하지 않아도 자연히 알도록 되어 있다. 그리고 공산주의에 대한 신념을 가진 것이 아니라 공갈 협박이나 감언이설에 넘어가서 맹목적으로 추종하고 있는 소녀들 쯤 그리 문제될 것도 없다. 다만 시일이 오래가서 그들의 신념이 조금씩 굳어지고 그 영향력이 커질 것이 우려될 뿐이었다. 다만 이 소녀들을 조종하고 있던 남로당원 박순용(朴純用)의 악질적 행동만이 얄미운 것이었다. 사실 인애회란 것은 박순용의 조종 하에 움직이고 있었다.

박순용은 부산에 본적을 둔 자이지만 일찍부터 월북하여 괴뢰정권에 아부하고 있다가 6·25 사변 발발 직후인 7월 4일 북한 흥남으로부터 북한군 정치보위부의 밀령을 받고 부산에 잠입하여 순전히 여학생 중심의 괴뢰군(북한군) 환영단 조직의 임무를 맡고 있었다. 그는 부산에 잠입하자 자기의 외사촌 누이동생인 김옥자를 찾아가서 인애회 조직을 부탁했다. 그래서 김옥자가 중심이 되어 최순자를 비롯한 국군가족 4명과 기타 12명을 규합하여 인애회를 조직하고 괴뢰군(북한군) 환영준비를 추진시키고 있었던 것이다.

인애회 회원 전원은 체포되자 악몽에서 깨어난 것처럼 눈물을 흘리며 잘못을 뉘우쳤다. 유혹의 마수에 걸려 어쩔 수 없이 끌려 다니던 경솔을 후회하고 다시 대한민국의 품으로 돌아올 것을 맹서했다. 더구나 최순자 등 군인가족들은 부끄러움을 이기지 못하는 뜨거운 참회의 눈물로서 괴뢰군과 싸우고 있는 오빠들에게 다시는 면목이 없는 행동을 절대로 하지 않기로 결심했다.

생각하면 가증스러운 것은 오직 공산도배들뿐이었다.
거지를 이용하는가 하면 중을 가장하도록 하고 순결의 처녀를 매춘부로 만드는가 하면 철없는 소녀들을 앞잡이로 내세우기도 하는 야만적이요, 철면피요, 잔인하고 부도덕한 공산도배들을 생각할 때 그들에 대한 적개심은 강철보다도 더 굳어지지 않을 수 없었다.

7. 북한 괴뢰 유격대와의 결전

북한 괴뢰군의 남침이 신속한 속도로 38선 이남으로 밀려오는 바람에 아군 방어선이 대전 이남으로 축소되자 민심은 간과하지 못할 정도로 악화되었으며, 이에 따라 아군 방어선 이내로 침투해 들어온 공산역도들의 암약은 날로 활발해지고 있었다. 그래서 경남 CIC에서는 공산역도들의 폭동 음모를 방지하기 위해 그 정보 수집에 불면불휴(不眠不休)의 노력을 거듭했다.

그 노력의 결과 부산 시내에 '인민유격대'라는 것이 조직되어 일대 폭동을 야기하려는 불측한 음모를 꾸미고 있다는 사실을 탐지했다. 우리는 어떻게 해서든지 이 악질분자들을 검거함으로써 사건을 사전에 방어하려 했다. 그러나 구체적인 단서가 좀처럼 잡히지 않았다.

초조한 가운데 수색을 계속하고 있던 8월 10일 드디어 경남유격대 선전책 이상용(李相龍)이가 모처에서 비밀회의를 연다는 정보가 입수되었다. 우리는 시기를 놓치지 않고 회의장소로 달려가 그들을 포위하고 이상용 이하 10명의 유격대원을 체포하였다. 그러나 유격대원이 10명만 될 것 같지 않을 것이라는 판단 하에 그들을 심문한 결과 유격대 조직책인 서광호(徐廣鎬)가 유격대의 중심세력을 가지고 있는 사실을 알아냈다. 따라서 서광호의 은신처가 부산 시내 토성로라는 것을 알아내고 서광호의 본거지를 급습하였으나 서광호는 이미 본거지를 버리고 종적을 감추고 있었다.

그들은 부산 시내에 숨어 있을 것이 분명했다. 멀리 달아날 수가 없다. 그들의 목적이 후방을 교란시키고 폭동을 일으킴으로 괴뢰군의 남침을 가능하게 만들려는데 있는 만큼 부산을 떠나서는 아무런 성과도 올릴 수 없는 것이다. 그래서 물샐 틈 없는 수사망을 펴고 서광호 등의 종적을 찾아내는데 전력을 다했다. 며칠 동안의 꾸준한 노력으로 서광호 등의 행방을 알아낸 결과 범일동 뒷산에 50여명이 무장을 하고 숨어 있다는 것이었다.

폭동을 일으킬 결정적 단계에 이른 것이 분명했다. 시간의 여유를 준다면 어떠한 행동을 감행할지도 모른다.

경남 CIC 본부에서는 시간적 여유를 주지 않기 위하여 대원 전체가 무장을 한 다음 정보 입수 즉시 범일동 뒷산을 향해 행동을 개시했다. CIC 대원들은 적들과의 전투를 각오하고 돌진을 했다. 범일동 뒷산 밑에 이르자 긴장한 대원들은 포위망을 펴고 한 걸음 한 걸음 기어 올라갔다. 이번에는 절대로 놓칠 수가 없었다. 그야말로 이 잡듯 산을 뒤지며 올라가고 있을 때였다.

돌연 전방의 나뭇가지가 바람도 없는데 흔들리고 있음을 발견했다. 대원들은 더욱 긴장한 태도로 그러나 침착하게 흔들리는 나무를 목표로 전진했다. 채 몇 걸음도 떼지 않았을 때 흔들리는 나무 밑에서 움직이고 있는 검은 그림자를 발견했다.

순간 "정지! 누구냐?" 하고 호령을 질렀다.

그러나 저 편에서는 대답 대신에 권총을 발사해 왔다.

"탕 탕!"

권총은 연속 발사되었다. 드디어 전투는 벌어졌다. 포위망을 축소시키며 적들을 향하여 육박하는 대원들은 그야말로 결사적이었다. 격전을 하면서도 탄환 속을 뚫고 기어 올라갔다. 중도에서 이(李) 중사가 부상을 당했다. 그러나 이 중사는 부상당한 몸을 이끌고 돌진을 계속했다. 제 아무리 유격대라 할지라도 오합지졸들을 모아 놓은 것이라 끝까지 저항하지 못한 채 드디어 손을 들고야 말았다. 유격대원 50명이 무기를 들고 항복해 왔던 것이다.

서광호는 선두에 서서 유격대 최후의 말로를 조상하는 듯 고개를 숙이고 침울한 얼굴로 참회의 표정을 지었다. 유격대 전원을 검거했으나 적지 않은 이들 유격대가 무엇을 먹고 살았느냐가 하나의 문제로서 남았다. 어떤 부락도 습격당하고 양식을 약탈당한 사실이 없다.

그렇다면 이북에서 공작비를 지출했거나 그렇지 않으면 부산의 지역민이 거출했거나 둘 중의 하나일 것이다.

서광호를 심문한 결과 북한 괴뢰군에게서는 조달을 받지 않고 있었다. 그렇다면 지역민들이 거출한 것임에 틀림이 없다. 그래서 유격대원들을 심문하는 동시에 지역민들에 대한 내사를 계속하던 중 결국은 경남식육연합회 이사장 조동찬(曺東燦)이 남로당 폭동 자금 조달 책임자라는 것을 알았다. 조동찬이가 책임자가 되어 30여명의 상인들로부터 일천만 원 이상의 공작비를 거출하여 유격대에 제공하는 등 계속하여 암약하고 있었던 것이다.

물론 이 상인들도 남로당의 악질당원으로부터 협박, 공갈을 받아 돈을 내놓기 시작했으나 전세가 약간 불리한 것을 보자 미리부터 공작비를 내두면 북한군이 들어와도 생명을 유지할 수 있다는 생각 하에 나중에는 자진해서 돈을 내기까지 했다. 언제나 자기 개인의 이익에만 눈이 어두운 상인 모리배들이라 슬며시 공산도당에게 한 다리를 걸어놓고 한 몫 보려는 것이었다.

악질 공산도배들에게 협력을 하여 폭동과 요인 암살에 협조한 기회주의자들을 내버려 둘 수는 없었다. 모리배들의 부패한 일면이 폭로됨과 동시에 악질 모리배들을 모두 체포했다.

8. 인민재판준비위원회사건

1950년 7월 15일, 피난민의 행렬이 약간 뜸해진 대구역 근처에서 칠성동 쪽을 향해 걸어가는 노동자 풍의 두 청년이 있었다.

뜨거운 햇볕을 피할 생각도 없이 걸어가며 무엇을 열심히 이야기하고 있는 두 청년은 복장으로 보아 노동자 같기는 했으나 얼굴과 눈초리로 보아 절대로 노동자는 아니었다. 이야기를 하면서도 가끔 뒤를 돌아보는 눈은 확실히 남의 주목을 꺼리는 것 같았고 또 공포 속에 잠겨 있는 것 같기도 했다.

노상에서 이러한 괴청년들을 발견한 CIC 대원은 그들 뒤를 미행하지 않을 수 없었다. 두 청년은 인적이 드문 골목길에 들어서자 한 청년이 보자기에 쌌던 물건을 다른 청년에게 내 주었다. 키가 나지막하고 머리가 곱슬곱슬한 청년은 받은 물건을 한 손에 쥐고 인사도 없이 다른 한 청년이 갔던 길을 되돌아 나왔다. 손에 든 물건이 무엇인지는 모르나 그는 손에 힘을 주어 그것을 잡아 쥐고는 속도를 빨리하여 걷는 것이었다.

그는 일정한 숙소도 없었다. 거리를 함부로 헤매다가는 발 닿는 곳으로 들어가 밥을 사먹었으며 밥을 먹고는 멍하니 앉아 시간만 보내다가 와서 거리로 나와 밤까지 헤맨 뒤 아무데나 들어가 하룻밤을 지냈다. 수사대원은 그만 체포해 버릴까도 생각했다. 그러나 이렇다 할 단서가 없을 뿐 아니라 연루자가 하나도 드러나지 않았다. 그래서 좀 더 동정을 살피기 위하여 사흘 동안이나 그 괴청년의 뒤를 따라 다녔다.

사흘째 되는 날 이 괴청년은 버스회사로 가서 부산행 버스를 탔다. 가진 것이라고는 3일 전 어떤 자에게서 받은 조그마한 보따리 하나뿐 그 밖에 아무것도 없었다.

그러니까 피난민이랄 수도 없다. 수사대원은 같이 버스를 타고 부산까지 따라 갔다. 부산에 도착한 청년은 버스에서 내리자 곧 국제통신사를 찾아 가서 배일기(裵一基) 기자를 만났다. 배 기자는 벌써부터 요시찰인의 한 사람으로 지목받고 있는 사람이다.

배일기와 한참 동안 이야기를 하고난 괴청년은 부산 거리를 여기저기 배회하다가 대신동3가에서 어떤 청년을 만나 간단한 목례를 한 뒤 민활한 동작으로 무엇을 받은 뒤 다시 거리를 헤매기 시작했다. 한참 동안 돌아다니다가 번화한 거리를 지나 시청 앞 길목에 이르자 누구와 약속이 있는 듯 나무그늘 밑을 서성거렸다.

해가 떨어질 때까지 나무 밑에서 서성거리던 괴청년은 딴 장소에서 약속이 있는지 황황히 발길을 돌려 대신동으로 향했다. 대신동에 거의 이르자 텁수룩한 청년과 목례를 하고는 서로 아무관계가 없는 사람들처럼 따로따로 걸어 가다가 동대신동3가 000의 문패가 붙은 집으로 쑥 들어갔다.

이 집은 어떤 국민학교(초교) 여선생인 박송죽(朴松竹)의 집이었다. 수사원은 부산의 수사본부와 연락하여 사건의 탐색에 진력한 결과 그날 괴청년과 같이 박송죽의 집에 들어간 청년이 부산지구 남로당 기존조직 일부를 인계받고 있다고 지목받고 있는 박일용(朴一用)이라는 것을 알았다.

수사원이 괴청년을 미행하기 시작한지 만 1개월이 지난 8월 18일 수사본부에서는 괴청년 이하 박일용 등 관계자들을 체포하기 시작했다. 체포한 결과 괴청년은 서정오(徐正五)라는 자로서 그는 대구에서 괴뢰군(북한군) 정보원에게 공작금 15만원을 받고 부산으로 내려가 소위 반동분자 즉 대한민국의 우익 중요인사 명부를 작성하여 두었다가 괴뢰군(북한군)이 부산에 침입할 때 즉시로 우익인사들을 체포하여 인민재판에 회부할 임무를 수행하고 있었음을 알았다.

서정오는 경남 함안 출신으로 7월 15일 대구역 근처에서 괴뢰군(북한군) 정보원에게 공작금을 받을 때 '부산지구 유엔군 동태와 군사기밀 조사 첩보 및 정부 또는 정계요인 암살을 할 것이며 그것이 불가능할 때에는 반동분자의 명부를 작성하였다가 인민재판에 회부하라.'는 지령을 받았다. 그는 부산에 도착하자 국제통신기자 배일기를 만나 그의 소개로 남로당원 박일용과 이용호를 만났다. 이용호(李龍浩)는 괴뢰군 정치보위부에서 밀송해 온 권총 4자루를 은닉하고 있는 행동대원이었다.

서정오는 그들과 박송죽의 집에서 밀회하고 인민재판준비위원회를 조직한 뒤 총책에 서정오, 부책에 배일기와 이용호, 분대책(分隊責)에 박일용 등으로 결정한 다음 대원을 확대하면서 정부 및 정계요인 명부를 작성하고 있었다.
괴뢰군이 부산까지 침입할 것으로 생각한 어리석은 무리들이 이들 준비위원회에 가입하기 시작하여 일당 17명의 인원을 구성하고 그들이 박송죽의 집에서 전체회의를 열고 있을 때 수사본부에서는 박송죽의 집을 일거에 습격하여 17명 전부와 26년식 권총 4정, 기타 탄약 등을 압수하여 흉악한 음모를 꾸미고 있던 공산 악당들을 일소해 버렸다.

9. 인민해방군사건 진상

1948년 5월, 공산주의 운동이 아직 합법적일 때였다. 8·15 직후에는 공산당이 장안파와 재건파로 나뉘어 서로 싸우다가 박헌영 일파가 득승했지만 이때에는 공산당 운영방침을 중심으로 하여 또 다시 양파로 갈리게 되었다.

즉 공산당 운영은 중앙집권으로 각 세포조직을 움직여야 한다는 박헌영 일파의 콤클럽파와 모든 중요 문제는 당 대회를 열어 전체회의에서 결정해야 한다는 서완석(徐完錫) 일파의 대회파(大會派)가 서로 분립되어 세력다툼을 하게 되었다. 이것은 결국 박헌영의 독재적 행동에 불만을 품은 일부 당원들의 분파적 행동으로 세력과 자리다툼의 형식으로 나타났던 것이다.

서완석은 공산당의 원로로서 그의 지위는 상당했으나 박헌영 일파를 몰아낼만한 조직적 기반이 없었다. 얼마 동안 서로 싸우며 내부가 완전히 분열된 것 같았으나 결국은 박헌영 일파가 서완석 일파를 축출하고 다시 득승을 하였다.

패배를 당한 서완석은 그렇다고 해서 박헌영에게 굴복하고 그 밑에서 일할 수가 없게 되었다. 그래서 넘어간 곳이 북한이었다. 남로당에는 발 들여놓을 곳이 없으니까 자연 북로당(북조선노동당)을 도피처로

삼아 월북한 것이지만 월북한 서완석은 박헌영의 비행을 폭로함으로써 자기 세력을 만회하려 했다.

　북로당에서는 박헌영이가 남한 공산당 세력을 독점하는 데 경계를 하고 있었던 만큼 서완석을 이용하여 남한에도 북로당의 뿌리를 심으려 계획했다. 그래서 북로당에서는 박헌영에 대하여 불안을 품은 서완석에게 소위 인민해방군 조직의 임무를 주어 다시 월남하도록 지령을 내렸다. 이러한 사명을 받고 다시 넘어오기는 했으나 공산당의 조직이 남로당 일색으로 흐르고 있는 현실 속에서 새로운 조직을 만든다는 것은 그야말로 용이한 일이 아니었다.

　그러나 자기의 세력권을 확장하고 싶은 야욕과 더불어 북로당의 지령이 있는 만큼 서완석은 활동을 개시하지 않을 수 없었다. 그래서 지방인 김일광(金一光)과 경비대 군감사령부(헌병사령부 전신)의 이승권(李承權·사건 당시에는 하사관이었으나 그후 전향하여 반공전선에서 활약하고 있음)을 중심으로 하여 세력을 부식하기 시작했다.
　김일광은 당시 제5연대 육군중위 박승노(朴承魯)와 이혁기(李赫基), 이강수(李康洙) 등과 통하는 자로 그들 간의 연락은 이경우(李慶雨)가 맡고 있었다.
　말하자면 인민해방군을 조직하여야 하는 만큼 그 조직을 국군에 두지 않을 수 없었다. 이렇게 박승노를 중심으로 하여 제5연대에 세포를 조직하는 한편 그와는 전혀 별개인 조직체로 군감사령부의 이승권을 통하여 군 세포 조직운동을 병행시켰던 것이다. 이승권은 지방인 조영한(趙永漢)과 연락을 취하여 오일균(吳一均), 김종석(金鐘錫)과 통하게 되었다.

　서완석은 북로당으로부터의 자금을 부산에서 공급받고 있었기 때문에 서울과 부산을 왕복하며 동지 규합과 조직 확충에 충혈이 되었다. 그 결과 조선통신사 사회부장 조병구(曺秉球) 등 민간 측에서 수십 명의 동지를 획득하고 남로당 타도와 아울러 해방군 조직에 박차를 가하고 있었다.

　북한 괴뢰(북한)집단에 인민군이 있듯이 남한에도 해방군이 있어 유사시에는 해방군이 남한을 전복하고 정부를 수립하자는 꿈을 가졌을지 모른다. 특히 북로당의 배경을 가지고 있는 만큼 서완석의 기반이란 날로 굳어가기 시작했다. 사실 북로당으로서는 북로당의 세력을 부식할 필요도 있었겠지만 최후의 목표는 대한민국을 전복시키자는 것이니까 어떠한 방법으로든 대한민국을 전복시킬 힘만 양성하면 그뿐이었을 것이다. 어쨌든 서완석은 박승노를 중심으로 한, 한 가닥의 조직체와 이승권을 중심으로 한, 한 가닥의 조직체를 각각 확장시켜 가고 있었다.

　우리 정보부에서는 남로당의 세포 조직과 아울러 소위 해방군의 조직체가 부식되어 가고 있음을 알고 이들을 체포하려 했으나 중심인물은 군인이라 해도 그 밑에서 일하는 자가 대부분 민간인이었기 때문에 더욱 신중을 기하지 않을 수 없었다.

　당시는 공산주의가 합법적으로 표면에 간판을 내걸고 있었기 때문에 체포할 명목도 문제였다. 그러나 이 자들은 무기를 가지고 있는 사실을 알았다. 그래서 우리는 민간인들의 무기 불법소지를 명목으로 하여 박승노를 중심으로 한 20여명의 민간인들을 체포하였다.

 따라서 이승권과 이혁기 등을 중심으로 한 세포도 일망타진이 되었다. 이렇게 해서 서완석의 소위 해방군을 조직하여 국군을 없애버리고 나아가서는 대한민국을 붕괴시키려던 꿈을 일찌감치 깨뜨려 버리고 말았던 것이다.

육군 특무부대장 김창룡 장군 비망록

숙명의 하이라루

CHAPTER 2

I. 천인공노할 197명의 학살 사건

9·28 수복 이후 서울 시내의 부역자 처벌을 엄정히 하기 위하여 검찰청, 경찰서 및 CIC(방첩대) 3자가 군경합동수사본부를 구성하고 내가 부장으로 취임해 있던 1950년 12월 20일이었다.

어떤 시골부인 한 명이 수사본부로 찾아 와서 당황한 어조로 "여기가 합동수사본부입니까?" 하고 물었다.

부원이 그렇다고 대답하자 그는 큰일 났다는 소리만 연발하며 "빨리 좀 가 봐 주세요." 하며 애원했다. 그래서 그 부인을 진정시키고 이유를 물은 결과 다음과 같은 사실을 알 수 있었다.

즉 그는 이미분(李美粉)이라는 여자로 경기도 양주군 진건면에 거주하고 있다. 그가 볼일이 있어 출타했다가 동네로 돌아갈 때 노상에서 어떤 동네사람을 만났는데 동네사람 말이 군인가족 전부가 학살을 당했으니 들어가면 큰일 난다고 말렸다.

이미분은 죽은 가족들의 시체도 볼 수 없는 것이 기막혔으나 들어가면 자기마저 학살당할 것이 겁이나 도망쳐 나와 호소할 곳을 찾아다니다가 어떤 사람에게 합동수사본부로 가라는 말을 듣고 찾아 왔다는 것이었다. 이 말을 듣자 합동수사본부에서는 우선 현장을 탐사하기로 했다. 수사원 5명을 선출하여 그 중 나이든 3명을 걸인 또는 피난민으로 가장하여 부락 안에 들어가 실정을 살피게 하는 동시에 나머지 2명은 부락 주위에서 정보를 수집하며 사실을 확인케 하였다.

부락 내의 군인가족과 우익인물 전부를 학살하였다고 하니 악당들의 수효 내지 그들이 소지하고 있는 무기의 수효가 적지 않음을 짐작할 수 있었다. 그래서 정복수사원 몇 명을 파견했다가는 도리어 피해를 당할 우려가 있었기 때문에 가장한 수사원을 파견했던 것이다. 걸인과 피난민으로 가장한 수사원 3명이 부락 내로 들어가 걸식을 하는 척 하며 학살의 진상을 파악하려고 했다.

동네는 무덤과 같이 쓸쓸했다. 나다니는 사람 하나 보이지 않았다. 1·4후퇴를 앞두고 피난을 가야할 것이지만 피난 가는 사람 하나 없었다. 간혹 노인과 어린애들이 보이기는 했으나 그들은 거지만 보고도 도망질을 하기 때문에 붙들고 이야기할 사람이 없었다. 때로 목검을 든 사람과 총을 멘 사람이 보이기도 했지만 그들은 살기가 등등한 눈으로 거지와 피난민을 가장한 우리 수사원들을 의심쩍게 바라보았다. 할 수없이 수사원들은 빈집 속에 들어가 하룻밤을 지나기로 했다.

빈집에 들어가 불을 피우고 둘러앉아 서로의 얼굴을 쳐다보며 수사 방법을 연구하던 중 한 수사원이 옆집으로 가서 식은 밥이라도 좀 달라고 구걸을 했다. 그들이 들어 있는 바로 옆집에는 늙은이들만 살고 있음을 알았기 때문이었다.

주인부부는 거지 차림의 수사원들을 보고도 공포에 어린 눈으로 누구냐고 물었다. 수사원은 6·25 때 가족들을 잃어버리고 혼자서 떠돌아다니는 사람인데 다시 피난가라는 말을 듣고 걸식하며 남하한다고 대답했다. 그 말에 조금 안심했는지 주인마누라가 식은 밥 한 덩이를 가져다주며 사뭇 동정하는 눈초리로 보았다. 그때 수사원은 이 동네 사람들도 전부 피난을 갔느냐고 물었다. 즉 집집마다 비어서 밥도 빌어먹을 수 없다는 말을 했다.

그때 주인마누라가 피난 간 것이 아니라 방위대원들에게 학살되었다는 사실을 말했다. 수사원은 죽은 사람들이 빨갱이냐고 물었다. 주인 노파는 빨갱이는커녕 군인가족들이 대부분 죽었다는 말을 했다. 그리고 죽은 사람이 2백 명도 넘을 것이라는 것과 그 시체를 뒷산에 한꺼번에 매장했다는 것을 알려 주었다.

다음 날 아침 수사원들은 나무를 하는 것처럼 하고 산속으로 들어갔다. 2백 명이나 죽여 매장을 했다고 하면 매장한 곳이 적지 않을 것 같았기 때문에 현장을 살펴보기 위함이었다. 그러나 산속으로 들어서려고 할 때 난데없는 청년 3명이 나타나 어디를 가느냐고 물었다. 한 사람은 목검을 메고 있었다. 피난 가는 사람들이라고 하자, 피난 가는 사람들이 무엇 때문에 산으로 가느냐고 물었다. 추워서 나무를 하러 간다고 대답하자 그들은 "그럼 우리들을 따라 오시오, 나무가 많은 데를 알려 주리다." 하고 한 명이 앞서고 두 명이 뒤를 따랐다.

변장을 하고 온 수사원임을 눈치 챈 모양이었다. 그래서 산속으로 끌고 가서 죽여 버리려는 눈치였다. 수사원들은 그들에게 검문당할 것을 예상하고 무기를 휴대하지 않고 있었다. 그런 만큼 무기를 가졌을지도 모르는 세 사람에게 끌려서 가자는 데까지 갔다가는 필경 희생을 당하고야 말 것 같은 생각이 들었다. 그래서 언덕길을 넘어가고 있을 때 한 수사원이 담배를 한 대 얻을 수 없느냐고 말을 붙였다.

그때 앞을 서서 걷던 자가 뒤돌아서서 담배를 꺼내 주며 "똑바로 말해. 특무대에서 왔어, 경찰에서 왔어?"

"피난민이라는데 경찰이 다 뭡니까?"

수사원 한 명이 이렇게 대답하는 순간 앞에 섰던 자의 턱을 터져라 하고 후려갈겼다. 동시에 다른 두 수사원이 한 명씩을 맡아 가지고 급소를 쳤다. 이렇게 해서 겨우 위험상태에서 빠져 나온 수사원들은 근처 동네에서 실정을 조사하고 있던 수사원과 만나 즉시 수사본부로 연락을 했다.

수사본부에서는 즉시 피의자들을 검거하려고 했다. 그러나 그동안 조사한 바 범인들이 경찰지서주임과 방위대장을 비롯한 대원 30명이라는 사실에 비추어 그들의 반항이 있을 것을 예측함에 정상적인 체포가 곤란함을 느끼었다. 그래서 그곳 지서주임과 경찰관 1명을 양주경찰서로 호출하고 방위대원들은 양주군방위대본부로 비상소집을 하였다. 그렇게 해서 그들의 세력을 분산시키는 한편 범인들의 도주를 방지하려고 했던 것이다.

사실은 경찰서주임과 방위대장이 군경가족들을 학살했으리라고는 상상도 못할 일이었다. 우리도 반신반의했지만 무엇보다도 특무대원이냐 경찰 형사냐 하고 물으며 우리 수사원을 죽이려 산으로 끌고 갔다는 사실에 비추어 그들이 좌익을 가장한 경찰지서주임이요, 향토방위대장이라는 의심이 들었다.

어쨌든 2백 여 명을 학살했다고 하니 우선 체포를 해 놓고 그들의 행동을 규명하지 않을 수 없었던 것이다. 그래서 지서주임과 순경 1명 그리고 방위대장을 비롯한 대원 20여명을 부락에서 멀리 떨어진 양주군으로 호출하여 체포한 뒤 연루자를 조사한 결과 진건면 면장과 청년단장 등 10여 명이 가담한 사실을 알았다. 수사원들은 즉시로 현지에 출동하여 범인 전부를 고스란히 체포하였다.

범인들은 자기들이 우익단체의 간부나 또는 공무원이라는 것을 믿고 있었으며 또 수사본부의 눈이 그렇게 빨리 움직일 것을 상상 못했던지 한 명도 도주를 하지 않고 있었다. 일당 30여명을 체포하는 동시 학살 현장을 탐사한 결과 참으로 천인공노한 야만적 학살 방법으로 근 2백여 명에 달하는 무고한 생명을 죽인 사실이 드러났다. 그 시체 가운데는 군인가족인 최광평과 그 부인 이소사 등 그야말로 노인이 들어 있는가 하면 어린애를 업은 모자를 그대로 쏘아버린 시체도 있었다. 7~8세밖에 안 되는 어린아이도 적지 않았다.

차마 눈을 뜨고 바라볼 수 없는 참혹한 형상을 이루고 있었다. 증거를 인멸시키려고 구덩이를 파고 매장해 버렸으나 원체 인원이 많은 만큼 채 묻지를 못하여 시체의 일부분이 드러난 것도 있었다. 야만적인 공산도당이 아니고서는 도저히 감행할 수 없는 행동이었다.

한편 검거한 범인들을 심문한 바 범인들은 모두가 빨갱이라는 것이 드러났다. 즉 6·25 당시 그들은 남침한 괴뢰군들에 협력하며 이적행위를 했었다. 그러다가 9·28 수복으로 괴뢰군(북한군)들이 후퇴를 하자 그때는 자기들의 생명을 부지하기 위하여 우익단체의 일들을 맡아 보았다. 그러나 진건면 인민위원회 서기장인 남로당원 홍성택은 그들의 이중적인 성격을 파악하고 한편 협박 공갈로써 그들을 남로당원으로 가입시킨 뒤 정신교양을 실시했다. 지하조직을 강화하면서 괴뢰군(북한군)이 멀지 않아 다시 남침한다는 것을 선전하는 바람에 경찰지서 및 향토방위대는 완전히 남로당의 앞잡이 노릇을 하게 되었다.

그러던 중 12월 19일 양주경찰서로부터 면민들을 양주군 구리면(구리시)까지 소개시키라는 지시가 왔다. 이 지시를 받자 홍성택을 비롯한 지서주임 이종설(李鐘卨), 방위대장 황계규(黃溪奎), 동 감찰부장 장수남(張秀男), 면장 이상범(李象範), 순경 강윤수(姜允洙) 등이 경찰지서에 모여 기다리던 때가 왔으니 면내의 우익인사와 군경가족을 학살해 버리자고 협의를 했다. 그래서 그들은 청년단원 및 방위대원 30여 명을 동원하여 지서에 가지고 있던 무기와 지하에 숨겨 두었던 무기를 가지고 면내에 있는 군경가족 및 우익인사와 그들의 가족 전부를 끌어다가 면사무소 바로 옆에 있는 창고 속에 감금해 두었다.

그러나 시체를 처리할 방법이 없기 때문에 납치한 197명의 군경가족들을 뒷산으로 끌고 가서 경기관총 및 소총을 난사하여 그들 전부를 학살하였다.

학살하고는 시체를 검색하고 양민들이 소지했던 시가 5백 여 만원의 금품을 탈취하고 시체를 묻지도 않은 채 돌아왔다. 증거를 인멸하기 위하여 하루가 지난 다음날에야 구덩이를 파고 시체들을 합장했다. 괴뢰(북한)들이 다시 남침해 오면 그동안 우익단체에서 일을 보았다는 사실이 탄로되고 동시에 숙청당할 것이 겁이 나 공적을 만들어 두기 위하여 감행한 죄악상일지는 모르나 사체를 매장한 현장을 본 사람이면 그들의 잔악한 야만적 행동에 저주하지 아니할 사람이 없을 것이다. 특히 진건면 면장 이상범과 지서주임 이종설은 면민들로부터 도민증 수수료라 하여 일인당 일천 원의 부당한 금전을 탈취 착복한 악질임도 드러났다.

저주받은 공산도당의 역적들! 그들의 죄악이 언제까지 계속되려는가?

이 악질 도당들이 양민을 학살하려고 회의를 열었을 때 그들은 학살 대상자들을 좌익이라고 허위날조하기로 결정했다고 한다.

괴뢰군이 들어올 때에는 반동분자를 학살해 버렸다고 보고할 것이지만 만일 대한민국 수사관계에서 조사할 때에는 그들이 좌익들이기 때문에 죽었다고 허위 보고함으로써 그네들의 죄상을 은닉하려는 음모까지 꾸몄던 것이다.

더욱 가증스러운 일이었다. 만약 괴뢰군이 다시 남침해 오는 날에는 자진 빨치산이 되어 괴뢰(북한)들의 선봉부대가 되려고까지 계획했던 악질분자들이 대한민국 수사기관에게는 양민을 좌익이라 몰고 학살한 변명을 준비했다는 것은 정말 용서할 수 없는 일이었다.

사실 그들은 괴뢰군(북한군)이 다시 남침해 오는 날 자기들의 열성을 보이기 위하여 전원이 빨치산에 가입할 것을 결정했던 사실까지 드러났던 것이다.

Ⅱ. 일본인 중공군 전사 생포 사건

우리 특무대원은 후방에서만 활동하는 것이 아니라 적의 5열을 방지하기 위해서는 일선의 최전선에서까지 활동하며 그 성과를 올리고 있다. 그리 큰 전과라고는 말할 수 없을지 모르나 최전선에서 일본인 중공군 전사를 생포한 사건 하나를 소개하려 한다.

제2차 진격을 감행하고 있던 당시 적들은 일선을 통하여 간첩들을 남하시킨다는 정보가 들어왔다. 그래서 특무대원들은 최전선에 배치되어 적들의 간첩을 수색하기에 노력했던 것이다.

1951년 5월 13일 새벽이었다. 강원도 강릉군 차계리 일대에서 중공군 제20군 제58사단과 아군의 격전이 벌어졌을 때 우리 특무대원은 전초선으로 나아가 적의 5열(五列·적과 내통 또는 적을 이롭게 하는 자)이 남하하지나 않는가 해서 감시를 하고 있었다.

전초선이란 아군의 주저항선을 넘은 진공지역을 말한다. 아군의 수색대만이 나아가 적의 동향을 살피는 지대로서 적진에서 가장 가까운 거리에 놓여 있는 곳이다.

나무 밑에 숨어 적정을 살피고 있을 때였다. 문득 중공군 전사 한 명이 아군 전초선을 향해 걸어오고 있음을 발견했다. 발자국 소리를 죽여 가며 허리를 구부리고 걸어오는 폼이 아군 진지를 수색하러 오는 것임에 틀림없었다. 아니 기회를 보고 아군 주저항선을 돌파하여 남하를 기도하는 적의 간첩인지도 몰랐다. 이 중공군 전사를 발견한 우리 특무대원은 그의 후방에 병력이 숨어 있는가를 살피었으나 그런 기미는 보이지가 않았다.

적은 아무것도 모르고 총을 든 채 특무대원 앞으로 점점 가까이 걸어오고 있었다. 특무대원은 잠시 생각했다. 사살해 버리고 말까? 사살한다면 간단한 일이었다. 이쪽에 숨어 있는 것을 모르고 가까이 오는 적에게 권총을 한 방만 발사하면 그뿐이었다.

중공군과 일 대 일 상황에서 어떻게 해서든 적을 생포하여 정체를 밝혀 보는 것이 특무대원의 임무였다. 그는 적이 좀 더 가까이 오기를 기다렸다. 30m, 20m, 10m. 특무대원의 심장은 고동치기 시작했다. 어떻게 해서 생포를 할 것인가? 만약 생포를 하려다가 적의 저항으로 자기가 희생을 당하면 어떻게 할까?

그러나 특무대원은 기다렸다. 나무에 몸을 바짝 대고 적이 바로 눈앞에 이를 때까지 기다렸다. 적은 무엇을 노리고 걷는지 총부리를 내밀고 멀리 사방을 휘둘러보며 특무대원이 숨어 있는 곳으로 왔다. 특무대원은 적이 눈앞에 이르렀으나 그래도 참았다. 특무대원 앞을 지나 두어 걸음 앞으로 나갔을 때야 특무대원은 적의 뒤를 따라가며 벼락같은 소리로 "손들어!" 하고 권총을 적의 등에다 대었다.

적이 돌아설 여유가 없을 만큼 빠른 동작으로 소리를 지르며 권총을 가져다 댔던 것이다. 아군 전초선을 혼자서 걸어오는 만큼 적은 공포 속에 불안을 느끼고 있었을 것이다. 그럴 때 불의의 고함소리가 나며 권총이 등 뒤에 닿자 그는 몸을 껑충 뛰며 놀라는 동시에 두 손에 잡고 있던 총대를 떨어뜨리고 두 손을 번쩍 쳐들었다.

손을 들자 적은 뜻밖에도 일본말로 자기는 중공군이기는 하나 일본 인이라는 것을 말했다. 특무대원은 의외에 진기한 수확을 거뒀다는 즐 거움에 일본인 중공군을 생포하여 사단본부에 이르렀다.

사단본부에 이르자 일본인 중공군은 한국군에 생포된 것을 다행한 일이라고 기뻐하며 도리어 이러한 기회가 오기를 기다렸다고 진술했 다. 그리고 중공군 속에 가입해 있는 일본인들의 현황에 대하여 자세 한 설명을 들려주었다. 그는 마쓰시타(松下一和·32세)라는 자로서 일 본 미야자키(宮崎) 현(縣) 출신이며 종전 전년인 1944년 1월 15일 관동 군 철도 제18연대에 입대하여 만주 목단강에 배속되었다 한다.

그러다가 중국 본토로 파견되어 철도 복구공사에 종사하던 중 8·15 를 당하여 우왕좌왕하던 끝에 중공군에게 체포되어 중공군에 편입되 었다. 이렇게 귀국을 못하고 중공군에 체포된 일본 군인은 부지기수인 데 그들은 6개월 이상을 공산주의 사상과 중국어를 배우고 난 뒤 강제 적으로 중공군에 편입되었다는 것이었다.

그들 일본인은 각 부대에 분산 배치되어 일본인으로서 부대를 편성 치 못했기 때문에 손톱만한 자유도 가지지 못하고 오직 고용병처럼 끌 려 다니고 있는데 6·25사변이 일어나자 대부분의 일본인이 한국 전선으로 끌려나와 맨 선두에서 싸우면서 희생을 당하고 있다는 것이다. 그렇기 때문에 자기가 전초선을 뚫고 나아가 한국군의 동향을 수색하고 오라는 명령을 받고 나왔으나 그는 차라리 한국군에게 생포되어 자기 나라로 돌아갈 수 있는 기회가 생기기를 내심으로 바라면서 나왔다는 말을 진심어린 어조로 말하였다.

사실 패전으로 말미암아 중공 오랑캐들에게 체포되어 중공군에 강제 편입은 되었을망정 미국의 원조로 전쟁 이전 못지않게 부흥하고 있는 자기 나라의 고향을 그리워하고 있을 일본인들의 심정을 모를 수 없다. 그러나 오랑캐들은 인해전술을 쓰기 위하여 일본인들을 강제로 군대에 편입시키고 그들을 최선두에 내세우고 죽음을 강요하고 있는 것이다.

마쓰시타는 포로수용소에 수용되었으나 반공포로 석방문제가 대두하였을 때 수많은 반공포로와 함께 수용소를 탈출하였다.

Ⅲ. 상이포로로 가장한 괴뢰 간첩

1951년에는 북한 괴뢰들이 북한으로부터 간첩과 공작원을 한국에 파견하는 한편 일본에 있는 조련계(조총련 지칭)의 공산분자들을 움직여 일본으로부터 간첩과 공작원을 한국에 파견하는 양면작전을 쓰기 시작했다.

이러한 사실을 탐지한 우리 특무부대에서는 조련계의 5열들을 적발하기에 힘쓴 결과 국군 장교로 입대하여 집단 월북 및 반란을 기도하기 위하여 조련의 지령으로 입국한 박삼식(朴三植) 등 다수의 5열을 체포하였다. 체포된 5열들은 대부분이 밀항으로 입국한 자들이지만 그 중에는 당시 재일한국의용군(정식 명칭·재일학도의용군)을 모집하는 기회를 이용하여 합법적으로 입국한 자도 있었다.

체포된 박삼식도 그러한 말을 했다. 즉 조련계 민청간부로 맹활동을 하던 김석대(金錫大)란 자가 특수지령을 받고 지금 쯤 미군부대에 잠복하고 있으리라는 것을 말했다.

박삼식은 김석대와 잘 아는 사이로 김석대가 1950년 9월 동경에 있는 유엔군 제1군단 병기단에 지원 입대하여 인천에 상륙한 사실을 알려 주었다. 이러한 말을 듣자 우리는 김석대가 소속되어 있는 미군 부대를 탐색하고 그 미군부대에 대하여 본인의 유무를 조회한 바 그 미군부대로부터 1951년 1월 그가 행방불명이 되었다는 회신이 왔다. 그가 행방불명이 되었다는 것은 결국 그가 어떠한 공작을 실천하고 있다는 것을 말해주는 것 같아 우리는 김석대의 행방을 밝히려고 한 달 이상이나 각 방면으로 수배하고 있었다.

　그러던 중 동년 4월 괴뢰방송이 김석대가 월북한 사실을 보도하는 동시에 국군 장병들에게 월북하라고 선전을 하고 있음을 청취하였다. 유엔군의 군사기밀들을 조사해 가지고 그것을 보고하기 위하여 월북한 모양이었다. 어쨌든 월북한 사실을 확인한 이상 일단 수사를 중지하지 않을 수 없었다. 약 2년 동안 김석대에 대한 수사를 중지하고 있던 중 1953년 4월에 휴전 협정을 앞두고 상병포로(傷兵捕虜)의 교환이 실시되었다. 이 상병포로 가운데는 군인 및 군속에 국한된 것이 아니라 노무사단의 노무자와 납치된 민간인도 포함되어 있었다.

　우리는 적들이 이 상이병 포로 교환을 통하여 그들의 공작원이 침투해 올 것을 예상했다. 국군 장병 가운데도 오랫동안의 교양으로 공산주의에 감염이 되어 특수 사명을 띠고 돌아오는 사람이 있으리라고 추측하지 않을 수 없었다.

　공산도당들은 어떠한 행동에 있어서도 자기들에게 불리하거나 이익이 없는 일은 절대로 하지 않는다. 아무리 상이병 포로라 할지라도 그들에게 공산사상을 고취하여 빨갱이가 될 수 있도록 공작해 놓았을 것이 틀림없었다. 그래서 우리 특무부대에서는 교환되어 돌아온 포로들을 한 명 한 명 심사하였는데 그 중 민간인으로 납치되어 갔다가 돌아온다는 변00가 아무래도 심상치 않음을 느꼈다. 병도 대단한 병이 아니었다. 그리고 무엇 때문에 납치되었는지 그 이유가 분명치 않을뿐더러 원적과 주소가 명확치 않았다.

특히 조사관들이 느낀 것은 그 변00가 일본에 오래 있은 사람 같다는 것이었다. 말과 태도에 그런 것이 많이 드러나 있었다. 그래서 2년 전의 재일 조련계 간첩단과 관련시켜 그 당시 미결 또는 월북으로 체포치 못했던 자들의 명부를 조사했다. 그리고 변00라는 자와 비슷한 간첩들의 사진도 꺼내어 대조하면서 조사를 계속하였다.

그런데 뜻밖에도 2년 전 미군부대에 소속되었다가 월북한 김석대의 얼굴과 변00의 얼굴이 비슷한 것을 발견했다. 변00는 어디까지나 김석대가 아니라는 것을 변명했으나 김석대의 사진을 면전에 내놓았을 때 그는 머리를 숙이지 않을 수 없었다. 과학적인 수사방법에 그만 손을 들지 않을 수 없어 자기가 틀림없는 김석대라고 자백하고야 말았다. 뻔뻔스럽기 짝이 없는 놈이었다. 간첩으로 미군부대에 입대까지 했다가 월북했던 자로서 다시 또 남하하여 간첩행동을 하겠다는 것은 지나친 자신을 가진 오만하기 짝이 없는 태도이다.

하기야 가능하기만 하면 될 수 있는 대로 많은 간첩을 남하시키려는 공산도배들이라 이용가치가 있기만 하면 강제로 파견하고 있으니까 본인의 의사가 아니라 해도 남하하지 않을 수 없을 것이다.

그들은 간첩들이 살아서 돌아 갈 것을 생각지 않는다. 성공을 하면 다행하고 실패하면 그뿐이라는 생각을 가지고 있다. 그렇기 때문에 대부분의 간첩들은 남한에 원적을 둔 자들로서 일견 그들의 사상을 시험해 보기 위해 파견한 듯한 감을 주기도 한다. 파견된 간첩들도 성공을 해야만 생명이 부지될 수 있는 것을 알기 때문에 무모한 행동을 감행하는 것이지만 모름지기 간첩으로 남하했다가 무사히 월북한 자는 몇 명이 되지 못할 것이다.

어쨌든 김석대는 월북하여 괴뢰(북한) 중앙정치국 선전부에 소속되어 대한민국의 실정을 날조, 허위 선전하다가 대남공작에 대한 교양을 받은 뒤 괴뢰군 중앙정치국 선전부원 이춘수(李春洙)에게 다음과 같은 지령을 받고 상이병 포로를 가장하여 다시 남하했다.

1. 귀향한 뒤에는 국군에 입대하지 말고 북한 밀파공작원과 접선할 것
2. 만나는 사람이 인민군 중앙정치국 선전원이라고 하면 그가 밀파원인 줄 알 것
3. 파견원과 접선한 뒤에는 그를 적극 보호하여 그의 지령에 의하여 활동할 것

그리고 김석대가 미군 부대에서 월북하기까지 즉 일본에서 잠복해 들어와 활동한 죄상은 다음과 같다. 김석대는 경남 남해군 고현면 출생으로 본적지에 있는 농업전수학교를 졸업하자 일본군에 응소되어 나남부대(羅南部隊)에 입대하여 대만에 주둔 중 8·15 해방을 맞고 귀국하자 곧 공산당 및 민청에 가입하여 민청위원장으로 활동하였다.

1948년 3월에 밀항으로 도일하여 규수(九州) 조련 산하 민청에 가입

하고 조련 산하의 괴뢰(북한)정치학원을 졸업한 뒤 민청위원장으로 승진했다. 그 뒤에는 동경으로 이주하여 그곳 괴뢰중앙고등정치학원을 졸업한 뒤 남해군 당 조직책으로서 밀항 도일한 김상철(金相喆)과 만나 남해 각지에 산재한 빨치산에게 무기를 공급하도록 협의하였다.

그 무기를 공급하기 위하여 김석대는 동경에 거주하고 있는 조련계의 박창영(朴昌榮) 외 수명에게 자금 40만 엔(일화)을 모집하여 엽총, 모젤 권총, 후오레바 권총 및 그 실탄 등을 다시 매입하여 전기 김상철에게 주어 밀항 귀국케 하였다.

1950년 1월 유엔군에서 재일한국인의용군을 모집하게 되자 이것을 기회로 하여 괴뢰군(북한군) 정치보위부 파견원의 지시에 의하여 다음과 같은 임무를 띠고 유엔군에 지원 입대하여 인천을 경유하여 강원도 884고지에 배치되자, 그동안 수집한 유엔군 및 국군에 대한 군사기밀을 가지고 무단이탈하여 월북하였다.

후방에 나올 기회가 없었기 때문에 일본을 떠날 때의 임무를 전부 수행하지는 못하였으나 당시 그가 맡은 바 지령은 다음과 같았다.

1. 낙동강 전선에 참가하면 한국군 군사 사항을 괴뢰군에게 보고할 것
2. 가능한 한 한국군을 인솔하고 괴뢰군에 귀순할 것
3. 만일 후방에 배치되면 군수품 적치소에 방화할 것
4. 부산에 상륙하면 즉시로 부산시 대창동 한국요리점 여주인에게 소속부대의 병력 장비 등을 전달할 것

Ⅳ. 지리산 공비들의 부산 침투

1951년 동계작전은 지리산 공비들에게 절대적인 타격을 주어 그 90% 이상이 섬멸되었다. 계속되는 토벌작전에 지리멸렬된 공비들은 조직을 수습할 방도가 없어 결국은 1952년 여름부터 하산하여 민간에 침투할 방침을 세웠다. 즉 야지침투(野地浸透)라는 것이었다.

이러한 야지침투는 주로 생명이 남은 공비들이 연명하는 동시에 후방을 교란시키고 또 재산(在山) 공비들과 연락하여 군 시설의 파괴공작과 더불어 폭동을 야기하려는 계획을 세웠던 것이다.

그리하여 산간 촌락을 비롯하여 각지의 농촌과 도시로 분산침투하려는 공비들을 적지 않게 체포하여 지리산 공비들의 최후적 발악인 야지전투계획을 방지하여 오던 중 생포한 지리산 공비로부터 이종욱이란 공비가 부산에 침투했다는 사실을 알게 되었다. 이종욱(李鐘郁)은 3명의 공비와 같이 1952년 7월 경 부산에 침투했다고 하나 이 사실을 알기는 반년이 거의 지난 1953년 1월경이었다.

그동안 부산에서는 침투해 온 공비를 적지 않게 체포하였지만 이종욱이란 자만은 체포되지 않았던 것이다. 당시는 반공청년의 석방과 포로 교환 등 국제적인 사건들이 국내에서 일어나고 있는 때인 만큼 특무대에서는 그러한 시기를 이용하여 공비들이 준동할 것을 예상하고 그들의 동향을 극히 주목하고 있었다. 더구나 부산은 임시수도인 만큼 공비들의 준동대상이 되는 곳이다. 공비들의 침투를 근절하지 않을 수 없었다. 그러나 이종욱의 이름과 그의 인상을 알았을 뿐 아무런 단서도 잡지 못했다.

생포된 공비의 진술에 의하면 이종욱은 눈썹이 적다는 것, 얼굴이 희다는 것, 그리고 나이가 34~35세 가량이라는 것뿐이었다. 그러나 특무대에서는 이러한 인상만을 가지고라도 그를 체포하려고 각 대원들에게 지시를 내렸다. 약 2~3개월 동안 각 방면으로 수색을 했으나 그러한 인상을 가진 자가 나타나지를 않았다.

반드시 부산 시내에 있을 것이다. 그리고 조직을 확대시키고 있을 것이다. 그래서 수색을 그대로 계속하고 있던 4월 부산시 보수동에 의외의 대화재가 일어났다. 수많은 부산시민이 이재민으로 유리(遊離)하지 않을 수 없었다. 그 이재민 가운데 특무대 대원도 한 명이 있었다. 그러니까 화재가 일어난 지 약 1주일이 지난 30일이었다.

화재로 말미암아 이재민이 된 특무대원이 초량동에 방 하나를 얻고 그리로 이사를 갔다. 이사를 끝내자 짐을 날라 준 친구들과 같이 술을 한 잔씩 나누려고 근처에 있는 술집으로 들어갔다.

술이 나오고 있을 때였다. 노동자 같은 차림을 한 두 청년이 들어와 술을 청했다. 한 방안에 앉아서 술을 먹고 있던 특무대원들의 시선은 새로 들어온 두 청년에게로 쏠리었다. 가냘픈 손이라든가 창백한 얼굴이 어딘가 인텔리같이 보이는 데도 노동자의 복장을 한 청년 또 한 청년은 얼굴이 희고 동그란데 유달리 눈썹이 없었다. 특무대원들은 이종욱에 대한 인상을 퍼뜩 머릿속에 그리며 그들을 유심히 보았다.

수색을 하고 있는 이종욱과 흡사한 인상을 가진 노동자!
그리고 확실히 인텔리 같은 데도 노동자 복장을 한 청년!
그들을 의심하지 않을 수 없었다. 그들의 거처를 알아두기 위하여 특무대원들은 일찌감치 술집을 나와서 밖에서 대기하고 있다가 그들의 뒤를 미행했다.

주소를 알고 돌아온 대원들은 다음 날 아침 본부에 보고를 했다. 이 보고로 말미암아 이종욱 검거의 수색은 본격적으로 시작이 되었던 것이다. 우선 괴청년 두 명이 살고 있는 동회사무실로 가서 그들의 동적부를 살펴보았다. 인텔리 같은 청년은 박한성(朴漢成·33세)으로 본적이 경남 함안이고 전 주소가 통영으로 되어 있었다. 이종욱이라고 주목되는 자는 정일영(鄭一泳)으로 본적이 같은 함안군이며 전 주소는 사천군이었는데 입주 연월일은 다 같은 1952년 6월 30일로 되어 있었다. 생포된 공비의 진술과 입주 연월이 비슷할 뿐 그밖에는 하나도 같은 것이 없었다. 그러나 입주한 때와 그리고 그 인상이 거의 같다는 점에서 그들의 정체를 명백히 하지 않을 수 없었다.

확증을 얻기 위하여 잠복근무를 계속하고 있던 5월 10일이었다. 정체불명의 두 청년이 그들 거처로 들어갔다 나왔다. 잠복했던 대원 한 명이 그들을 미행한 바 그 중 한 명이 노상에서 잡화를 펴놓고 장사를 하고 있었다. 미행하던 대원이 잡화상을 검문한 바 그는 경상남도 양산군의 도민증을 가지고 있었다. 살고 있다는 동회로 가서 동적부를 살펴보았으나 거주계도 제출되어 있지 않았다.

특무부대에서는 이상의 4명만이라도 체포할까 했으나 아직까지 확실한 증거가 없을 뿐 아니라 연루자가 더 있을 것 같은 생각에 좀 더 확증을 얻으려 했다. 그 결과 15일에는 정일영이가 부산역전에서 역시 정체불명의 청년 두 사람과 가두 연락하는 것을 발견했다. 그래서 새로 등장한 두 청년을 그들의 거처인 대신동까지 미행하고 동적부를 조사해 보았다.

역시 동적부에는 기재되어 있지 않은 사람들이었다. 특무대원들은 이상 6명을 전부 감시하기 시작했다. 그러던 중 25일 대신동에 살던 두 명이 서면으로 이사를 갔다. 이사를 간 뒤 며칠이 지나자 그 중 한 명이 부산역 앞으로 가서 다시 정일영과 가두 연락하는 것을 발견했다.

어느덧 5월도 지난 6월 7일, 행상인 임무영과 같이 정일영의 집을 찾아 갔던 자가 진주(晉州)방면으로 행상(行商)을 떠난다는 것을 알았다. 특무대원은 그 자를 미행하여 그가 가는 데까지 따라갔다. 이 괴청년은 진주에 도착하자 하룻밤을 자고 그 다음 날 거창 행 버스를 탔다. 그리고는 산청(山淸)에서 내려 약 15리의 산길을 걸어가다가 돌연 행방불명이 되고 말았다. 분명히 지리산 속으로 들어간 것이었다. 이러한 사실을 알자 특무대에서는 진주역과 부산역 초량역에 잠복하여 그가 돌아오는 것을 기다리고 있었으나 6월 말일까지 그는 소식이 없었다.

한편 정일영을 미행하던 대원이 7월 2일 경남여객 앞에서 정일영과 전기 지리산으로 입산했던 자가 만나는 것을 보았다. 그들은 서로 만나자 즉시로 걷기를 시작하여 염선동 어떤 집으로 들어갔다. 그 집에 들어갔던 정일영은 서너 시간 후에 거나한 얼굴로 나왔으나 산속에 들어갔던 자는 영 나오지를 않았다. 아마 그 집에 살고 있는 모양이었다. 그래서 동회로 가서 동적부를 살펴본 결과 6월 15일 입주한 안승열(安承烈·사건 당시 30세)이라는 것을 알았다. 이만하면 그들을 의심하고 체포할 만하기도 했으나 좀 더 과학적인 방법으로 확증을 얻기 위하여 가장 우수한 대원 1명으로 하여금 그들과 접촉하도록 했다.

　즉 특무대원이 지게꾼으로 가장을 하고 정일영과 박한성이 살고 있는 초량동에 하숙을 정했다. 하숙을 정하자 그는 술을 마시고 들어가서는 하숙집 주인이 듣도록 큰 소리로 대한민국을 욕하며 떠들었다. 즉 불평객이라는 것을 보였던 것이다. 그리고는 정일영과 박한성이 다니는 술집을 매일처럼 찾아가서 술을 마시면서 그들에게 이야기를 걸기도 했다.

　매일 이렇게 하며 정일영과 박한성에게 접근하고 있을 때 하숙집 주인이 특무대원을 위험한 불온분자로 보고 내쫓아 버렸다. 이 기회를 타서 특무대원은 정일영과 박한성을 찾아가서 대한민국에서는 돈 없는 놈은 살 수가 없다고 하숙집에서 쫓겨난 이야기를 했다. 그러면서 대한민국에 대한 욕설을 함부로 퍼부었다.

　정일영과 박한성은 그의 손을 잡아 다니며 쉬쉬했다. 남들이 들으면 의심할 것이 겁났던 모양이다. 그러나 특무대원은 잡혀서 죽기밖에 더 하겠느냐고 하며 더 떠들었다. 그러다가 이럴 바에는 산속에 들어가서 산사람(공비)이라도 되고 싶다는 말을 했다. 그러자 그들은 특무대원을 정말 불평 많은 노동자로 믿었던지 8월 15일 자기들 집으로 이사 오라는 말을 했다. 특무대원은 억지에 못이기는 척하고 그들 집으로 이사를 가서는 계속해서 불만 불평을 털어 놓고 지리산 속에 들어가고 싶은 의사가 있음을 다시 암시했다.

그 뒤부터 그들은 특무대원을 교양시키기 시작했다. 그리고는 일을 시키기 시작했다. 특무대원이 처음으로 맡은 일은 염선동에 있는 안승열에게 서류를 전달하는 일이었다. 특무대원은 안승열에게 문서를 전달해 준 뒤 술까지 얻어먹고 돌아왔다.

이렇게 정일영과 박한성이 특무대원을 신뢰하고 임무를 맡기고 있던 9월 초 이튿날이었다. 서면에 있던 성명 미상의 두 청년이 초량동으로 몰래 왔다. 서면에서는 경찰의 일체 검색이 시작되었기 때문에 위험하다고 도망 온 것이었다.

이러한 사실이 일어나자 박한성이가 특무대원에게 자기들은 공비들로서 야지 침투를 위하여 싸우고 있는 중인데 입산을 해도 곧 하산해야만 하는 환경이기 때문에 입산할 생각을 말고 같이 투쟁하자는 말을 했다. 일이 이에 이르자 지게꾼을 가장하고 그들 속에 침투했던 특무대원은 쾌재를 부르며 본부로 달려왔다.

이제는 더 추궁할 아무것도 없다. 확실한 증거를 파악한 이상 오직 체포만이 있을 뿐이었다. 수색하기 시작한 지 만 9개월이 되는 9월 4일 드디어 체포는 착수되었다. 체포는 힘들지 않았다. 즉시로 일당 전부를 잡았으나 안승열만은 어디로 가고 집에 있지 않았기 때문에 5명만을 잡았다.

안승열까지 체포하기 위하여 계속 잠복근무를 한 결과 그 사이 또 입산하여 여러 가지 정보를 제공하고 돌아오는 그를 9월 17일 무사히 체포하였다.

하산(下山) 공비 6명을 체포하여 취조한 결과 당시의 지리산 공비 두목 이현상(李鉉相)은 공비 전부를 하산시킬 계획이었다고 했다. 그러나 이들 6명의 완전 체포로 말미암아 그 하산계획도 무너지고 만 것이다.

V. 대구시당 재건공작의 전야

1951년 11월 하순이었다. 대구시 삼덕동 로터리 근처를 사찰하고 있던 특무대원이 노상에서 이상스런 종이 한 장을 주웠다. 그리 크지도 않은 종이였으나 작은 글씨로 쓴 등사 글자가 이상스러워 그것을 주워 읽어 본 결과 그것은 뜻밖에도 불온 문서였다.

즉 그 내용은,
  1. 공산주의 세력의 강대 확대와 자본주의 세력의 퇴폐상
  2. 미·영·불에 대한 약소국가의 반대투쟁 상황
  3. 한국전쟁의 최후승리는 인공에 있다.
  4. 제4지구당의 재수습
  5. 대구시당의 재수습 등의 내용이 적혀 있었다.

이 조그마한 지편(종잇조각)으로 우리는 제4지구당과 대구시당이 재건공작 도상에 있다는 것을 알 수 있었다. 우연히 얻은 지편 한 장을

가지고 우리는 대구에 잠복하여 지하조직을 강화하려는 공산도당을 검거하는 첫 출발을 내디디었다. 그러나 그 문서 끝에 1952년 9월 18일이라는 작성 연월일과 '이류'라는 작성자의 이름이 막연하나마 하나의 단서는 될 수 있었지만 그밖에는 이렇다 할 증거가 조금도 없었다.

국문으로 씌어 있는 이류! 이것만이 대구시당을 재건하려는 공산도당을 체포하는 유일한 단서였던 것이다. 그래서 우리는 재산(在山) 공비 제4지구당의 체계를 조사하면서 '이류'라는 이름을 찾아보았으나 제4지구당에는 이류라는 이름이 들어 있지 않았다. 이류라는 이름이 있을만한 곳을 모조리 조사해 보았으나 결국 찾아내지 못한 우리는 사상 요시찰인 및 사상전향자들의 동향을 감시 시찰하기 시작했다.

이류가 본명이 아니라 별명임에 틀림없을 것 같았기 때문에 요시찰인들의 동향을 통하여 잠복해 있는 이류를 포착하려 했던 것이다. 그 결과 대구시 동인동에 살고 있는 요시찰인 000의 주택에 정체불명의 청년들이 다수 집합하고 있는 사실을 알았다. 그리고 한편으로 경북 도민증 신청자를 조사한 결과 그 중에 의심스러운 사람이 하나 있었기 때문에 그 자의 행동을 감시한 결과 그가 이형칠(李亨七)이라는 자로 동인동 000의 집에 출입하는 정체불명의 청년 중 한 명이라는 것을 알았다.

이형칠은 대구시 대봉동에 하숙을 하고 있으며 철공소 직공 또는 정미소 직공 등을 전전하며 일정한 직업도 없는 사람이었다. 이형칠이가 하숙하고 있는 집에는 제대 군인인 최면호(崔勉浩)라는 자도 독방을 얻어 하숙하고 있었는데 이들은 같이 술도 마시고 같이 토론도 하며 그 사이가 매우 밀접하였다. 그리고 최면호에게는 현역 군인들도 출입하고 있었는데 약 1개월 반을 두고 미행감시를 했으나 그들의 정체를 알 수가 없었다.

　대구시당과 제4지구당이 재건을 준비하고 있음을 알고 있었기 때문에 그들이 거기 관계있는 사람들이 아닐까 하는 막연한 추상으로 계속 미행을 하고 있던 특무부대원들이 이형칠과 동인동의 요시찰인 등 용의자 4명의 사진을 비밀리에 촬영하는 데 성공하였다. 그들의 사진을 촬영하자 우리는 그 사진을 가지고 정체를 파악하는 데 그 수사망을 확대시킬 수 있었다. 당시 안동 근처에서 괴뢰(북한) 제4지구당 산하의 공비를 토벌하고 있던 군경부대가 공비들을 생포하며 전과를 올리고 있었다. 그래서 우리는 그들의 사진을 가지고 가서 생포자들에게 보이며 아는 얼굴이 있는지 없는지를 알아보았다. 그러나 생포된 포로가 대부분 농민 출신의 공비 경험이 얕은 자들로서 그 사진 속 인물들을 아는 자가 없었다.

　한편 이형칠의 하숙집을 중심으로 하여 20여명의 특무대원을 동원하여 그들의 행동을 계속 감시하였다. 그것 가지고도 부족한 감이 있어 이형칠의 하숙집 근처로 특무대원 가족을 이주케 하여 음으로 양으로 그들의 행동을 감시했다. 이렇게 다수병력을 동원하여 그들을 감시할 때 대원들로부터 이형칠 이하 용의자 전부를 체포하자는 의견이 제출되었다.

　물론 체포하면 일은 간단하다. 그러나 그들이 진정한 조직원들이라면 체포한다 해도 사실을 있는 대로 진술할 리가 없다. 그리고 물적 증거가 없는 이상 그들의 지하조직 세포를 전부 체포하고 소탕할 수가 없다. 그래서 고생스럽기는 하지만 좀 더 그들의 행동을 감시하고 하부조직을 탐색하도록 했다. 좀 더 다른 방면으로 그들과 접근하기 위하여 이형칠 등이 하숙하고 있는 집을 내사한 결과 그 집 주인의 아들이 대구시 00중학교 2학년 학생임을 알았다.

나는 그 중학교 2학년에 재학 중인 학생으로 우리 대원들의 자제가 있지 않은가를 조사했다. 그 결과 어떤 대원의 동생이 바로 그 학교 2학년에 재학하고 있음을 알고 대원을 통하여 그의 동생에게 이형칠과 최면호의 행동을 감시 보고하도록 부탁했다. 약 일주일 전 하숙집 주인의 아들은 이형칠과 최면호는 빨갱이 책만 읽고 있으며 말하는 것도 공산당임에 틀림없어 자기 부모들도 걱정하고 있는 중이라는 말을 했다. 또 한편으로는 6·25 당시 영주에서 약간의 부역행위를 하고 체포되었다가 죄과가 경미할 뿐 아니라 개전의 희망이 있어 석방한 차성국(車成國)으로 하여금 그들과 접촉케 하였다.

즉 차성국은 자기도 공산주의자인 동시에 6·25 당시 공산운동을 했다고 자칭하여 그들과 접촉했던 것이다. 그 결과 차성국도 이형칠과 최면호가 빨갱이에 틀림없으며 자기를 경계하면서도 공산사상을 고취하였다고 보고했다.

이만큼 정보를 수집했으면 이형칠이가 공산도당이라는 단안을 내릴 수 있었다. 그리고 그를 중심으로 하고 모이는 무리들이 전부가 지하조직에 가담하고 있다는 것 역시 추측할 수가 있었다. 그런데 1952년 3월 초순 아군 토벌대의 토벌에 의하여 제4지구당의 재산 공비들이 생포되었다. 당시 생포된 공비는 제4지구당 조직책 이하 3명으로 모두가 제4지구당의 간부였다. 더구나 그 중 한 명이 조직 책임으로 이류라는 이름을 알지 않을까 해서 이류가 누구인가를 물었다. 한편 이형칠의 사진도 제시하고 아는가 모르는가를 물었다.

이류라는 이름으로 등사한 지편을 단서로 하여 이형칠을 포착하고 그의 사실을 확인하기는 했으나 이류가 과연 누군지는 알지 못하고 있었다. 그러나 생포된 제4지구당 조직부책이 이형칠의 사진을 보자 즉석에서 "대구시당 재건책으로 파견된 이류(李鎏)입니다." 하고 진술하는 것이 아닌가! 우리로서도 놀라지 않을 수 없었다.

3개월 이상 고심하며 수사를 계속한 보람이 드러났다.
이제는 그 지하조직을 근멸시킬 자료만 수집하면 그뿐이었다. 이류가 도주하지 못하도록 감시를 하며 동인동 요시찰인의 집에서 집회하는 청년들 그리고 대봉동 이형칠 하숙에 집회하는 자들을 미행, 잠복 등 수사한 결과 수사망에 걸린 자만 14명에 달했다.
3월 12일 우리는 행동을 개시하여 이류 이하 13명을 일망타진하여 대구시당 재건공작을 사전에 분쇄하고 말았다. 이류를 체포하여 심문한 결과 이류의 죄상은 다음과 같이 드러났다.

원적: 서울특별시 마포구 아현동 산 0번지
주소: 대구시 대봉동, 대구시당복구재건책 이류(李鎏·일명 이형칠·사건 당시 27세)

이류는 6·25 이전에 월북하여 김일성대학 경제과의 국비생으로 재학 중이던 북로당원으로 6·25사변이 일어나자 괴뢰(북한)중앙당 지령에 의하여 대남정치공작원으로 월남하였다.

월남 이후에는 경북도 의용군 정치부장, 경북도당 선전부장, 경북도 유격대 제3참모 박광철(朴光哲)의 정치지도원, 경북병단 선전부장, 안동군당 부위원장 등의 중요 직책을 역임하다가 9·28 수복 이후에는 소백산, 문수산, 청량산 등지로 입산 전전하며 공비로서 추곡 공출 반대, 징병 및 징용 반대, 군사시설 파괴 등의 잔악한 행동을 감행하면서 구변 부락민에게는 다음과 같이 선전하였다.

1. 유격대에 물심양면으로 원조하라.
2. 대한민국은 멸망하고 인민공화국이 최후의 승리를 한다.
3. 동무들이여 산으로 오라.

이렇게 공비로서 부락을 습격하여 식량과 의류, 농우 등 다수를 약탈하고 있다가 1951년 11월 12일 경북도당책이며 유격대 제3지대장인 박종초(朴鐘招)로부터 하산하여 다음과 같은 대구시당 재건수습의 지령을 받았다.

첫째, 무장대를 조직하여 교란전을 전개할 것.
둘째, 군 프락치를 조직 강화할 것 등의 임무를 받고 대구 시내에 잠복하였다.

대구 시내에 잠복하자 대봉동에 하숙을 정한 뒤 동인동 거주의 이유한(李裕漢)과 접촉하여 이재기(李在基), 송영훈(宋榮薰), 이달교(李達

敎) 등을 포섭하고 정당원으로 입당시킨 뒤 그들에게 당적 지위와 조직에 대한 과업을 부여하였으며, 이재호(李在鎬), 이희태(李羲泰), 이희대(李羲大), 이교남(李敎南) 등에게는 연락 포스트 등의 역할을 부여하여 소기의 목적을 달성하도록 지하조직을 확대시키고 있었다. 특히 이류와 이유한은 군내에 침투할 계획으로 90헌병대 문관 윤철(尹撤)을 기만, 이용하여 자기들의 취직을 알선해 주도록 청탁을 한 뒤 1952년 12월에는 윤철로부터 헌병대정보원 배지와 공용출장증명서를 입수하고 정보원을 가장한 뒤 공산당 지하조직으로 활동하고 있었다.

VI. 공산당의 남북협상 음모 내막

1952년 2월 초순 제주도 출생이라는 27세의 묘령의 여성이 나를 찾아왔다. 그는 나를 만나자 자기의 신세타령을 하면서 자기와 결혼했던 남성이 공산주의 운동을 한다는 사실을 말했다.

세상에는 개인의 감정을 가지고 상대방에게 복수를 하겠다는 불순한 마음으로 상대방을 빨갱이로 조작하여 투서하는 경우가 적지 않다. 더구나 자기와 같이 동거생활을 하던 남자가 자기를 배척했다고 해서 남편의 행동을 보고해 오는 행동은 일단 불순한 동기라고 볼 수밖에 없다. 만약 아무 사고 없이 그 남편과 동거생활을 하고 있다면 그 여자가 일부러 와서 자기 남편의 비행을 보고할 리가 없기 때문이다. 그래서 그 여자의 말을 반신반의하며 들은 결과 그렇게 무근(無根)한 것 같지는 않았다. 즉 그 여자는 제주도에서 국민학교(초교) 교원으로 있었는데 당시 제주도에 주둔하고 있던 한만교(韓萬教)라는 육군 이등상사와 연애관계가 되어 결국에는 결혼까지 했다고 한다.

결혼 후 한만교가 제대하여 그들은 대구로 이주하여 단란한 가정을 이루고 있던 중 한만교가 볼일이 있다고 하며 다시 제주도로 가서는 그곳 도립병원 간호부 김정희(金貞姬)란 여자와 정을 맺고 동거생활을 하면서 자기를 돌보아주지 않는다는 것이었다. 즉 남편이 자기를 돌보지 않고 다른 여자와 동거생활을 한다는 데 불만을 갖고 있는 것이 분명했다.

　그러나 그 여자는 자기의 신변 이야기를 끝내자 남편과 동거생활하는 김정희가 좌익분자라는 것 즉 제주도 폭동사건(제주4·3사건)이 발생했을 때 남로당 계열로서 적극 활동했고 그의 가족들도 폭동에 가담했다가 행방불명이 되었다는 사실을 말했다. 그리고 한만교는 최근 정체불명의 사람들과 빈번히 거래하고 있는데 그들의 이야기는 남북협상에 관한 것, 그리고 정부요인을 암살하고 연립정부를 수립해야 한다는 것들이라고 했다.

　나는 그러한 이야기를 듣자 그 여자에게 고맙다는 말을 해서 돌려보내기는 했으나 속으로는 자기의 분풀이를 하기 위하여 침소봉대해서 보고한 것이라 의심치 않을 수 없었다. 그래서 조사해 본 결과 사실무근한 것을 허위보고했다면 그 여자를 무고죄로 기소하려고 그 여자의 주소와 성명을 명기해 두었던 것이지만 일단 보고되어 온 사건인 만큼 조사만은 안 할 수가 없었다.

　그래서 대원을 제주도로 파견하여 한만교와 그의 정부 김정희의 배후관계를 조사하였다. 그 결과 김정희는 제주도폭동사건(제주4·3사건) 당시 중요한 역할을 담당한 여자로서 좌익으로 지목받고 있는 여자임이 판명되었다. 그리고 한만교는 대구에 거주하고 있는 박진목(朴

進穆)이란 자와 충남 대덕군에 거주하는 한정수(韓政洙), 충남 논산에 거주하는 김태원(金泰元) 등과 서신 연락하고 있는 사실을 발견했다. 그 왕래하고 있는 서신 속에는 사대주의 사상을 버리고 민족자결주의를 고취하며 이승만대통령의 재선을 반대해야 한다는 문구들이 들어 있었다.

대한민국의 국정을 반대하고 정부를 전복시키려는 음모가 숨어 있는 것이 틀림없게 되었다. 그래서 박진목, 한정수, 김태원 등의 배경을 조사하기로 했다. 조사한 결과 박진목은 6·25 당시 괴뢰군의 의용군에 종군했던 사실을 알았다. 그래서 조사를 계속한 결과 6·25 이전에는 남로당 달성군책이었고 남로당 경남도당 위원이었다는 사실이 드러났다. 말하자면 박진목은 남로당원임에 틀림없었다.

한편 한정수는 과거에 한독당 재정부장을 역임한 자로 대한민국 정부에 불만을 품고 남북협상의 꿈을 꾸고 있는 반정부자라는 것이 판명되었다. 또 김태원은 과거 한독당 산하의 학생연맹원으로 활동했는데 한정수의 지도 밑에 움직이고 있음을 알았다. 이러한 사실에 비추어 남로당이 한독당원을 이용하여 합법적인 반정부운동 내지 정부전복운동을 일으키고 있다는 사실을 알 수 있었다.

당시 남로당은 그 간부들이 전부 체포되었고 또 그 지하조직이 완전히 궤멸되고 있었기 때문에 남로당 계열의 지하운동이 절대로 가능하지가 못했다. 그런 만큼 한독당을 이용하여 합법적인 반정부운동을 전개하려 했던 것이다.

공산주의란 자기들의 사상과 완전히 부합하지 않는 단체라도 자기들 목적을 달성하기 위해서는 임시적으로나마 타협하고 포섭하는 척

이용하는 것이다. 그러다가 목적을 달성하면 무자비하게 숙청하는 것이지만 당시는 한독당의 불평분자들을 포섭하여 대한민국을 전복시키는 방법 이외에 다른 방법이 없었던 것이다. 이러한 결론에 이르자 우리는 그들 조직 속에 들어가지 않고서는 그들의 음모공작을 신속하고 정확하게 파악할 수가 없다고 생각한 나머지 과거 광복청년단 출신을 선발하여 제주와 충남지방에 파견하고 그들과 접촉케 하였다.

파견된 대원들은 자기들이 한독당의 사상을 준봉하고 있으며 현재 대한민국 정부에 불평을 품고 있는 듯이 가장을 하였다. 파견된 대원들은 박진목과 한정수 등에 접근하여 그들의 충복이 될 것을 맹서하면서 맹렬히 활동했다. 그 결과 박진목은 1·4후퇴 당시 서울에 남아 있다가 괴뢰군(북한군) 대남공작총책 이승엽(李承燁)을 만나 현 정부의 불평분자들을 규합하여 남북협상을 추진하는 동시에 국내의 정치 혼란을 조장하는 한편 대통령 선거 시에는 이시영(李始榮)을 추대하여 정국을 혼란케 하라는 지령을 받았다는 사실을 탐지했다.

그리고 나아가서는 제대군인과 과거에 한독당 산하 청년단 출신들을 규합하여 정부요인들을 암살시키라는 지령까지 받고 방금 청년들을 규합하는 데 최대의 노력을 기울이고 있다는 사실까지 알아내었다. 이러한 사실을 알게 되자 우리는 이 사건을 소홀히 취급할 수 없었다. 방임해 둔다면 자기도 모르는 사이에 남로당 계열의 모략에 움직이게 될 사람이 적지 않게 발생할 것이다. 그동안 조사한 것만 해도 박진목 일당에 의해 움직이고 있는 자가 무려 20여명이나 되는 것을 알았다.

우리는 이들의 행동을 감시하고 그 조직의 정확한 죄악을 위하여 무려 90여명의 대원을 동원하였다. 그야말로 그들의 행동 감시에 물샐틈 없는 치밀성으로 미행, 잠복 등 불면불휴의 수사를 거듭하였다. 그 결과 충남 논산에 거주하는 김태원(金泰元)이 적극 활동을 개시하여 구체적 행동에 돌입했다는 정보를 입수하였다. 즉 김태원은 전 한독당 간부 박영덕(朴永德)으로 하여금 노년층에 활동케 하여 대통령 선거에 대비하도록 지방순회를 시키는 한편 자기는 무기를 구하려 제주도에 갔다는 것이었다.

한편 한정수는 지방의 유지들을 움직여 한국은 남북협상으로서만 통일할 수가 있으며 미국의 원조만 받으려는 현 대한민국의 사대주의 사상으로서는 남북협상이 이루어지지 않는다는 반정부적 언동으로 동지를 규합하기에 혈안이 되어 있었다.

참으로 가소로운 일이었다. 남북협상으로 한국이 통일된다는 것은 한국을 공산도당들에게 내맡긴다는 것과 마찬가지의 일이다. 그렇게만 된다면 한독당 같은 것은 틀림없는 숙청의 대상이 되고 말 것이지만 그들은 그것까지를 생각지 못하고 남로당의 앞잡이로 날뛰는 것이었다.

5월에 접어들자 무기를 사려고 제주도로 갔던 김태원이가 미식 권총 10정과 탄약 다수를 매입하여 가지고 대구로 돌아왔다는 정보를 들었다. 정부요인 암살용이었다. 우리는 더 기다릴 수가 없었다. 5월 5일 영시를 기하여 전국적으로 검거를 단행하고 소위 남북협상파들을 일망타진하였다.

한만교의 본처가 나를 찾아 와서 이야기를 해준 지 만 3개월이었다.

처음에는 한만교의 본처를 의심하기도 했었지만 일이 이에 이르자 도리어 그 여자에게 감사하지 않을 수 없게 되었다.

Ⅶ. 유엔군을 아편으로 마취시키려는 적

1952년 5월 초순이었다. 인천 시내에 북한 제 모르핀(morphine) 주사약 견본이 돌아다닌다는 정보가 들어왔다.

괴뢰군(북한군)은 모르핀을 밀수출하여 그 돈으로 간첩들의 공작비에 충당하고 있다는 사실을 알고 있었기 때문에 모르핀 주사약이 들어왔다는 것은 곧 북한군 간첩이 침투하고 있다는 사실을 말해 주는 것도 된다.

그래서 우리 특무부대에서는 매(賣)약상을 중심으로 한 모르핀 주사약을 적발하기 시작했다. 공산도배들은 가지각색으로 남한에 침투하여 가지각색의 후방 교란 작전을 계획하고 있다.

모르핀 공작이란 간첩들의 공작비를 제공하기 위한 것이기도 하지만 한편으로는 유엔군 군인에게 사용케 함으로써 염전사상을 유발시키려는 음모도 숨어 있는 것이다.

마약으로써 국민과 군인을 마취시키려는 비인도적 행동은 인류 역사상 절대로 용서할 수 없는 일일 것이지만 공산도배들은 침략정책을 수행하기 위하여 마약보다 더한 것이 있다면 그것도 사양치 않을 것이다.

우리는 간첩 가운데도 가장 악질적인 모르핀 밀수입자를 검거하는 데 갖은 노력을 다했으나 좀처럼 현물을 적발할 수 없었다. 아직까지는 많이 들어오지 않았기 때문이겠지만 상표가 없는 물건인 만큼 적발하기가 곤란했다.

놈들은 계획적으로 밀수출하기 위하여 북한에서 제조했다는 것을 감추려고 상표를 위조하고 있었던 것이다. 적발하려고 시작한 지 10여 일 지난 뒤에야 인천 지유시장에서 최00라고 하는 사람으로부터 이북 모르핀 주사약 몇 개를 발견하고 압수하였다.

최00라는 사람은 당시 강화도 일대서 성행되고 있는 남북 밀무역에 종사하고 있는 자 인만큼 최00를 통하여 우리는 괴뢰들의 간첩을 일망타진하려고 했다.

최00는 4월 하순경 북한에서 잠입해 들어온 밀무역상 박00를 만나 북한 제 모르핀 주사약을 팔아 보지 않겠느냐는 말에 우선 견본이 있어야 하지 않느냐고 했더니 20여 본의 주사약을 주더라는 것이었다. 그 견본을 가지고 각 방면에 보여줬는데 성능이 좋다고 하기 때문에 전기 박00에게 그 모르핀을 살 의사가 있다고 말했으니까 멀지 않아 박00가 다시 올 것이라는 것까지 말해 주었다.

그러나 언제 올는지 또 오면 어디에 유하는지 그것은 최00도 알지 못하는 일이었다. 그래서 우리는 특무대원 2명을 강화도에 잠복시키고 최00를 조종하며 박00을 체포하려 했다.

7월이 되도록 박00는 나타나지 않았다. 혹시 우리가 경계하고 있는 사실을 미리 알고 딴 곳으로 들어오지나 않나 해서 수사망을 넓히었으나 아무런 단서가 잡히지 않았다.

그런데 7월 3일 우리가 적발하려는 북한 제 모르핀 주사약이 뜻하지 않았던 서울 동대문시장에서 발견되었다.

우리는 놀라지 않을 수 없었다. 그렇게까지 경계를 하고 있는데 우리도 모르게 그 마약이 서울에까지 들어왔다는 것은 간첩들의 손이 그만큼 넓어졌다는 것을 말하기 때문이었다.

동대문시장에서 그 주사약을 팔려다가 우리 특무대원에게 발견된 김삼복(金三福)은 역시 강화도 밀무역상의 한 사람이었다. 그러나 간첩들은 언제나 자기의 정체를 남에게 알리지 않고 있는데다가 모르핀은 특히 특수한 마약환자들이 사용하고 있는 것이기 때문에 체포하기가 대단히 곤란했다.

김삼복을 체포하였지만 그자 역시 낙원동 어떤 여관에서 이00란 자에게 샀다는 것만을 말할 뿐 이00가 어디서 사는 사람인지 이름이 무엇인지도 모르고 있었다. 그러나 모르핀을 팔고 있는 사람인만큼 김삼복은 아편꾼들을 알고 있었다. 그래서 아편꾼들을 더듬어가며 이00란 자를 체포하려고 백방으로 수사의 손을 뻗쳤다. 이00의 종적도 묘연하기 짝이 없었다.

한편 강화도에서는 파견된 대원으로부터 끊임없는 보고가 들어왔으나 박00란 자의 행적은 아직도 나타나지 않고 있었다. 아편 밀수업자 대신에 정부에서 금지하는 여러 가지 밀무역상들을 체포하여 적지 않은 성과를 올리기는 했으나 우리의 목표물인 아편 밀수입자 박00를 체포하지 못한 데 대해 초조감을 느끼지 않을 수 없었다.

그러나 최00와 김삼복 2명을 조종하여 박00와 이00를 체포하기에 끊임없는 노력을 하고 있을 때 인천 어떤 여관에서 이OO라는 자를 체포하였다. 김삼복을 체포한 지 한 달도 훨씬 지난 8월 중순 이삼돌(李三乭)을 체포하기까지의 고심이란 이루 말할 수 없었다. 김삼복에게 밀무역을 그대로 시키면서 다른 사람이 김삼복을 조금도 의심치 않도록 하고는 특무대원이 김삼복의 뒤에서 그의 눈치만 살피는 것이었다.

그러니까 김삼복은 물건을 정말 사기 위하여 이삼돌을 찾은 것처럼 보였다. 그래도 이삼돌은 좀처럼 나타나지 않았다. 그러다가 인천시 밀무역상들이 자주 출입하는 조그마한 여관에서 이삼돌을 발견한 김삼복이가 특무대원에게 이삼돌을 알려줌으로써 이삼돌을 비로소 체포한 것이지만 이삼돌이란 자는 인천 양키시장에서 체포한 최OO와 같이 북한에서 들어온 박OO에게서 인삼 50근과 모르핀 만여 본(本)을 사서 살포했다는 사실을 고백했다.

이삼돌은 박OO의 이름도 알고 있었다. 즉 박OO라고밖에 모르던 우리는 마약 간첩의 이름이 박동수(朴東秀)라는 것 그리고 그의 외모와 인상이 어떻다는 것까지 알게 되었다. 인삼 50근과 모르핀 1만 본만 해도 시가로 절대 적지 않은 돈이었다. 그 적지 않은 돈을 박동수는 이미 간첩들의 공작비로 남한에 뿌렸던 것이다.

참으로 분하기 짝이 없었다. 미리 잡았다면 그 적지 않은 돈과 아울러 박동수가 연락하고 있는 간첩들을 좀 더 일찍 잡을 수 있었을 것을! 그러나 이삼돌은 박동수가 8월 중순에 월북하였는데 한 달 쯤 지나 더 많은 물건을 싣고 오도록 약속이 되어 있는 만큼 멀지 않아 다시 나타날 것이라고 말해 주었다. 우리는 실망치 않고 계속하여 강화도를 경계하였다.

한 달 또 한 달… 이렇게 두 달 동안이나 강화도에 잠복하여 박동수가 나타나기를 기다리고 있던 10월 12일 드디어 박동수가 배를 가지고 강화도에 도착했다.

박동수는 특무대원들이 기다리고 있는 것을 알았는지 몰랐는지 밤을 이용하여 상륙하고서는 어떤 여관집에 들어 밀무역상들과 같이 자기가 가지고 온 모르핀과 인삼에 대하여 이야기를 하고 있었다. 잠복 수색하기 약 5개월만에야 박동수를 발견했던 것이다. 특무대원들은 더 기다릴 필요성을 느끼지 않고 박동수를 체포하였다. 체포하자마자 박동수가 가지고 온 배를 찾아가 그 안에 싣고 온 수없이 많은 모르핀 주사약과 인삼을 압수하였다.

만약 이날 박동수를 체포하지 않았다면 조그마한 범선이기는 하지만 배로 하나 가득 실은 모르핀이 유엔군과 대한민국 동포를 마취시키기 위하여 시장으로 흘러 나갔을 것이며, 또 그 약값이 괴뢰(북한)들의 간첩공작비로 흘러나갔을 것이었다.

박동수를 체포하고 심문한 결과 그는 동년 2월부터 5차에 걸쳐 강화도를 출입하며 모르핀 및 인삼 등을 밀수입하고 그 돈으로 간첩들의 공작비를 제공했다는 사실을 알았다.

즉 박동수는 6·25 당시 황해도 장단군에서 치안대장으로 활약하다가 장단군 인민위원회 노동과원이 되었으며 9·28 당시에는 월북하여 묘향산에서 피신하고 있었다. 1951년 1월 8일 중공군의 재침으로 고향에 돌아와 인민위원회 양정과원으로 활동하고 있던 중 10월에는 괴뢰(북한)집단 중앙당으로부터 소환되어 금강정치학원(金剛政治學院)에 입교하여 교양을 받은 뒤 중앙당 제1지구당에 배속되어 거기서 다시 대남공작원의 루트 안내공작에 대한 교양을 받았다.

1952년 2월 26일에는 개성과 강화도 간에서 간첩을 수송하고 또 간첩에게 연락을 하는 동시에 공작비를 제공하는 즉 루트 안내책으로서 활동하기를 시작하여 활동 개시한 지 8개월 동안 즉 체포될 때까지 5차에 걸쳐 인삼 50근과 모르핀 만 본을 남한에 살포하였던 것이다.

Ⅷ. 조병창 방화범, 석방과 재체포

괴뢰(북한) 집단은 대한민국의 각 방면에 대한 정보를 수집하고 또 후방을 교란시키기 위하여 교묘한 방법으로 5열(적에 동조하거나 이롭게 하는 자)을 남파하고 있다. 5열의 성격이 다양함과 동시에 그 수효도 적지 않게 많다.

때로는 12~13세의 소년 소녀를 5열로 이용하는가 하면 70살이 넘은 노인을 이용하기도 하여 5열 식별이 대단히 곤란한 때가 있다. 그동안 우리 방첩요원이 5열들을 체포하여 미연에 적화를 방지한 일이 적지 않으나 체포된 5열이 도리어 여론을 일으켜 5열 방지에 암영을 던졌던 사실을 생각하면 이들의 이면공작에 놀라는 동시 이들에 대한 증오심이 더욱 치열해지지 않을 수 없다.

즉 부산시에 있는 국방부 제1조병창의 방화사건은 한때 방화(放火)냐 실화(失火)냐 하여 항간의 물의가 높았을 뿐 아니라 국회에서까지 말썽이 되었던 문제다.

이 조병창의 화재는 과연 실화였던가? 나는 단언할 수 있다. 실화가

아니라 틀림없는 방화라고! 그것도 괴뢰(북한)집단이 남파시킨 5열의
손에 이루어진 방화라는 것을 확언하는 바이다.

1952년 11월 20일 새벽 2시 40분 조병창에는 뜻하지 않은 화재가 발
생했다. 화염이 충천했고 저장했던 화약은 다음 날 아침까지 폭발하며
천지를 진동시켰다. 조병창은 완전히 잿더미가 되어버렸다. 시가로 치
면 20억 이상의 손실이었다. 그밖에 부근 민가 300호가 연소되어 400
세대 2천여 명의 이재민이 발생하였다. 피해액으로만 보아도 절대 간
과할 수 없는 일이었다. 더구나 국방부의 군수공장이라는 것을 생각할
때 단순한 화재라고는 생각할 수가 없었다.
　더구나 발화현장인 탄약 공장 준비실에는 실화가 발생할만한 조건
이 조금도 없었다. 그런데도 불구하고 그 준비실에서 화재가 발생했다
는 것은 기이한 일이 아닐 수 없었다.

우리는 조사를 시작했다. 우선 전기기술자와 화학 권위자 및 수사관
들을 중심으로 하여 현장을 감정했다. 혹시 누전이나 또는 자연 발화
가 아닌가 해서 여러 각도로 조사를 해 보았으나 절대로 누전이나 자
연발화가 아님을 검정했던 것이다. 우리는 실화가 아니라 방화라는 단
정을 내렸다. 그런 만큼 방화라면 범인이 있을 것이라는 판단 하에 범
인 수색을 하는 방향으로 수사의 눈을 돌리었다.
　우선 당일의 공장 사정을 알기 위하여 당일의 일직사관 공군 소위
황세청을 문초했다. 그 결과 우리는 황 소위를 의심하지 않을 수 없게
되었다. 즉 화재가 발생하기 8시간 전인 18시 30분 황 소위는 조병창
을 무단이탈하여 그 근방에 있는 영미관 및 일성관 등 요릿집에서 술

을 마신 뒤 요릿집 작부 윤옥자(尹玉子)와 더불어 근방 여관에서 동침하다가 화재가 발생한 지 2시간 뒤에야 돌아왔다는 것이다. 술과 여자를 좋아하는 황 소위이기는 하지만 일직사관으로 있으면서까지 밤새도록 직무를 이탈했다는 것은 있을 수 없는 일이었다.

판문점 휴전회담은 적들의 지연작전으로 시일만 끌고 있으며 국내적으로는 지리산 공비 토벌로 공비들이 전멸상태에 놓여 있는 만큼 적의 5열이 가장 많이 침투되어 있는 시기였다. 그런 만큼 조병창의 방화도 5열의 조작이 아니라고 말할 수가 없었다. 어쨌든 우리는 황 소위가 고의로 직무에 태만하였는가, 그렇지 않으면 누구에게 이용 기만을 당하여 태만했는가를 알아 봐야 했다.

한편 부근 주민들로부터 그날 밤에 일어난 여러 가지 사항과 평소에 수상한 자가 배회한 일이 있는가, 없는가를 조사했으며 조병창 직원 전부에 대한 신원조사까지 착수했다. 백방으로 범인을 수사하는 한편 황 소위의 그날 밤 행동을 심문한 결과 그는 동 조병창의 문관 정필모(鄭必模)와 같이 술을 먹었고 그날 밤 여자의 화대도 정필모가 지불했다는 사실을 알았다.
그래서 정필모의 소행을 조사해 본 결과 그는 같은 문관인 정지렴(鄭芝濂), 김병초(金炳楚)와 가깝게 지내고 있음을 알았다.
우선 정필모에게 그날 밤 무엇 때문에 술을 샀으며 또 색시까지 사서 주었는가를 문초했다. 황 소위와 평소에 가까운 사이도 아니면서 술값 5만원, 색시 값 5만원 도합 10만원을 썼다는 것은 필유곡절(必有曲折)의 사실이다. 그리고 일개 문관으로서 그러한 돈이 어디서 났는가를 의심치 않을 수 없었다. 정필모는 아직 풋내기 공산당원이었다. 이러한 유도심문에 갈팡질팡하다가 끝내 정지렴에게서 돈을 받았다는 사실을 고백했다. 이렇게 되면 정지렴이가 무엇 때문에 정필모에게 돈을 주어서 황 소위에게 술을 먹였느냐가 문제된다.

정지렴은 정필모에게 돈을 주면서 황 소위에게 색시까지 사서 안긴 뒤 밤새 들어가지 못하도록 만들어 놓으라고 당부했다고 한다. 그렇다면 틀림없이 정지렴이가 방화의 직접 책임자인 것이었다. 그래서 정지렴의 신원을 조사한 결과 그는 6·25 후에 피난민을 가장하고 월남한 자로서 그의 조카사위 김병초의 소개로 자기 신분을 숨긴 뒤 조병창에 취직한 자였다.

더구나 정필모의 고백에 의하면 정지렴은 그와 김병초에게 오랫동안 공산주의 교양을 시켜 왔으며 대한민국이 머지않아 공산화된다는 것을 역설하였다 한다. 그래서 그 다음에는 김병초를 문초하기 시작했다.

김병초는 그날 밤 화재가 일어나기 약 10분 전에 조병창을 나갔다는 사실을 알고 있었기 때문에 조병창에서 나오는 길로 간 곳이 어딘가를 추궁했다.

그는 자기 집으로 돌아가 잤다고 대답을 했다. 그래서 특무대원이 그의 집으로 가서 물어본 결과 아침이 다 밝아서야 돌아왔다는 것을 알았다. 의심하지 않을 수 없었다. 그래서 추궁한 결과 나중에는 합숙소에 가 있었다는 사실을 고백했다. 아무리 새벽 2시라해도 조병창의 신분증명을 가진 이상 집으로 돌아가지 못할 일은 없다. 그럼에도 불구하고 합숙소에 갔다는 것도 이상스런 일이었다. 합숙소에서 조사한 결과 방화하기 직전에 돌아온 김병초가 합숙소에서 정지렴과 만났다는 것을 또 알게 되었다.

틀림없는 방화범들이었다. 그래서 김병초를 다시 심문한 결과 그는 할 수 없이 자기가 방화했다는 사실을 고백했다. 즉 황 소위가 없는 틈을 타서 탄약공장 준비반실로 들어가 석유와 양초로 도장(塗裝) 제조한 길이 2m 쯤 심지에 불을 놓고 합숙소로 달려가 정지렴과 같이 불타오르는 조병창을 바라보고 있었다는 것이었다. 그러한 일은 모두가 정지렴의 지시에 의하여 행해졌다고 고백했다. 이제는 정지렴을 체포할 단계에 이르렀다.

그러나 체포된 정지렴은 이북이 싫어서 그립고 그립던 대한민국을 찾아 도망해 왔다고 하며 절대로 그런 일을 할 사람이 아니라고 부인했다. 그러나 이미 김병초와 정필모가 자백을 한 이상 혼자서만 부인한다고 해서 말이 성립될 수는 없었다. 그는 고백하지 않을 수 없었다.

정지렴은 당년 33세로서 평북 철산군 부서면에서 출생하여 초등학교(초교)를 나오자 면서기로 근무하다가 8·15 해방을 당하자 공산주의에 공명하여 노동당에 자진 가입하고 그 외의 사회단체에도 가입한 뒤 괴뢰 인민학교에서 근무하다가 인민학교 교장까지 지낸 자이다. 6·25 사변이 발발하자 동년 10월 27일 본적지에서 개최된 군당 열성자 대회에서 월남의 특수임무를 맡고 괴뢰군 첩보기관인 526군부대 부부대장 김영식에게서 다음과 같은 지령을 받고 남하했다.

1. 피난민으로 가장 남하할 것
2. 남하 후에는 남한 정치요인을 암살할 것

3. 중요 공장에 침투하여 종업원을 포섭하고 그 시설을 파괴할 것
4. 경남북 일대에서 투쟁하고 있는 남도부(南道富) 유격대 세포와
   연락하고 그 지시를 받을 것
5. 신변 위험 시 또는 임무 완료 시는 월북할 것

등등의 지령을 받고 11월 5일 본적지를 출발하여 평양 개성 등지를 경유하여 피난민으로 가장하고 인천에서 선편으로 부산에 침입하였다. 부산에 도착하자 때마침 조병창에 문관으로 근무하고 있는 조카사위 김병초를 만나 임무를 달성하기 위하여 조병창에 취직했던 것이다. 그 뒤 남도부의 선(라인)과도 접촉이 되어 조병창에 대한 기밀을 보고하는 한편 남도부의 지령을 받고 있었다. 그러다가 김병초가 정필모를 감화시키어 조병창 방화를 계획하다가 황 소위가 일직사관으로 일보는 날을 선택하여 정필모로 하여금 음주케 하고 김병초로 하여금 방화를 시켰던 것이다.

이러한 사실을 자백했기 때문에 1952년 12월 12일 관계자들을 중앙 고등군법회의에 회부했던 바 정지렴은 군재에서 번의하여 자기가 빨갱이가 아님을 다시 강조했다.

자기는 이북에서 학교 교장으로 있을 때 우익반동이라고 몰려 할 수 없이 도피해 왔으며 남한을 동경해서 찾아 온 사람에게 방화의 죄명을 씌운 것을 너무나 억울하다고 자기의 죄상을 부정했다. 그는 법정에서 자기들의 가족이 자기의 월남으로 말미암아 반동가족이라고 학살되었을 것이라 하며 눈물까지 흘리었다. 그는 국군이 수복할 때까지 피해 다녔으며 수복 후에는 치안대 간부로 활동하다 월남했기 때문에 가족

이 희생되었을 것은 틀림없다고 말했다.

군재에서는 어떻게 생각했는지 정지렴을 무죄로 판결했다. 우리는 아연해지고 말았다. 무죄면 무죄의 근거가 있어야 한다. 다만 본인의 허위 진술만을 가지고 무죄가 될 수 있을 것인가. 일설에는 정치성을 가진 재판이라고도 하고 일부에서는 우리를 비난하기 위하여 무근한 사실을 날조했다고도 하고 또 한편에서는 정상배들의 농간 재료로 이용되고 있다는 설도 있어 드디어는 국회에서까지 논의가 되었었다. 이 문제를 국회에 상정시키기 위하여 몇몇 저명인사들은 막대한 금품을 유용하여 0000들을 선동하기 급급해 하는 등 여러 가지 잡음이 발생했으나 어쨌든 조병창의 방화범 정지렴은 무죄가 되어 석방되었던 것이다.

억울한 누명을 뒤집어쓰게 된 우리 수사진에서는 사건의 진상이 폭로될 기회를 기다리며 좀 더 확실한 증거를 포착하기에 계속 진력하였다. 그 뒤 몇 달이 지났을 때 우리는 괴뢰군 제4지구당책 박종근(朴鐘根)으로부터 지령을 받고 전멸된 대구의 지하조직을 재건하려고 암약하던 공산도당 20여명을 체포하였다. 동시에 압수한 서류 속에서 박종근(당시 강원도 및 경북 일대에서 준동하던 공비 두목)으로부터 보내 온 지령문 속에 "남로당 세포에서는 부산 조병창을 방화하고 과감한 투쟁을 했다." 운운의 문구가 씌어 있었다.

1952년 1월 원산에서 월남한 피난민 홍순욱(洪淳郁)이란 청년이 간첩 혐의로 일시 체포되었던 일이 있다. 그가 감방에서 나와 진술한 바에 의하면 정지렴이가 틀림없는 방화범이란 것을 다시 확인하였다. 즉 홍순욱이가 들어 있는 감방에는 박종근의 지령으로 대구시의 지하조직을 재건하려다가 체포된 이류라는 자가 있었다.

그자가 홍순욱에게 "나는 이미 죽은 사람이지만 홍 동무는 살아나게 될 터이니 석방되어 나가거든 남도부의 선을 이어 조국해방운동에서 싸워 주시오. 남도부와 연선을 지으려면 부산 조병창 방화범 방화사건으로 체포되었다가 석방된 정지렴 동무를 찾으시오." 하고 말했던 것이다.

정지렴이가 남도부의 지령에 움직이지 않았고 또 조병창에 방화하지 않았다면 공산주의자들이 정지렴의 이름을 알 까닭이 없다. 더구나 그 해 9월경 문산 OOO을 통하여 도주 월남한 괴뢰(북한) 장교 김광제(金光濟)의 진술에 의하면 정지렴이 괴뢰(북한) 첩보부대 526군부대의 지령을 받고 월남했다는 사실이 다시 들어왔다. 즉 김광제는 괴뢰군(북한군) 526군부대 서부연락소장이며 북로당 장단면책(責)으로 있은 사람인데 그는 526군부대 부부대장(정지렴에게 지령을 주어 월남케 한 자)이 서부연락소에 참석하여 부산 조병창 방화사건을 극구 찬양하고 방화 혐의로 정지렴이 체포되었으나 사실을 끝까지 부인했다고 하며 그 행동을 영웅적 행동이라고 높이 찬양했다는 말을 들었다고 진술했다.

이렇게 됨에 정지렴이가 조병창의 방화범이란 것은 숨기려고 해야 숨길 수 없게 되었다. 그러나 석방된 정지렴의 행동을 감시할 필요가 있기 때문에 미행을 한 결과 그는 대한군경후원회의 후생사업을 빙자

하고 각지 항만과 비행장 등을 배회하고 있었다. 또 다시 첩보 행동을 하는 것이라 생각하고 계속 미행을 할 때 정지렴은 감시하고 있다는 사실을 감지하였는지 행적을 감춰 버렸다.

그 뒤 정지렴의 행방을 탐지한 결과 뜻밖에도 미군 기관에 대북공작원으로 입대하여 교육을 받고 있다는 사실을 알았다. 더구나 정지렴이 자기 고향인 평북지구에 파견되기를 자원하여 불원 월북하게 되었다는 말을 들었을 때 우리는 그의 대담성에 놀랐다. 그리고 자칫하면 정지렴을 영원히 놓치지나 않나 하고 초조했다.

괴뢰군(북한군)의 첩보원으로 대한민국의 조병창을 방화한 장본인이 자기의 죄상을 감추고 미군 첩보기관에 입대하여 유엔군의 일원으로서 월북 도피한다는 것은 상상하기에도 곤란한 일이었다.

어쨌든 놓쳐서는 안 되었다. 그를 놓치면 조병창 방화사건은 영원히 오리무중 속에 잠길 것이며 따라서 우리 수사본부는 끝까지 누명을 벗지 못할 것이었다. 우리는 미군과 연락하여 정지렴을 체포하였다. 체포하여 다시 군재에 회부하였을 때는 군법회의에서도 그의 죄상을 인정하고 사형에 처했다.

최근의 공산도당들은 5열의 역할을 안전히 하기 위하여 합법적으로 안주지를 정한 뒤 고위층에 접촉하여 그 보호를 받으려는 정책을 쓰고 있기 때문에 5열의 진부를 판단하지 못하고 정지렴과 같이 방화를 하고도 무죄 석방이 되는 경우가 있다는 것을 여기에 부기해 두는 바이다.

IX. 미장원을 경영하던 부부 간첩

1953년 1월 초순이었다. 영등포에 거주하고 있던 어떤 특무대원 부인이 미장원에 갔다 와서 남편에게 심심풀이로 한 이야기가 간첩을 체포하게 된 하나의 단서가 된 사건이 있다.

사건이란 참으로 우연한 데서부터 시작되는 경우가 많다. 그 특무대원의 부인은 미장원엘 갔다가 거기서 들은 이야기를 자기 남편에게 전했을 뿐이었다. 남편이 특무대원이라고 해서 수상한 이야기까지 참고가 될까 해서 말한 것은 아니다.

부부생활에서는 아무 관계가 없으나 보고 들은 것을 서로 말하는 때가 많다. 저녁상을 앞에 놓고 마주 앉았을 때 그들은 부인의 파마(퍼머넨트) 이야기로 화제가 돌아갔다. 잘됐느니 잘못됐느니 또는 값이 비싸니 안 비싸니 하고 이야기를 하던 끝에 부인이 "미장원만 내면 돈을 잘 버나 봐요." 하고 말했다.

"여자라는 여자는 모두 다 미장원에 다니니까 그렇겠지."

남편이 이렇게 대꾸했을 때 부인이 "손님이 없어도 수지가 많은가

봐요." 하고는 미장원에서 들은 말을 이야기했다.

즉 평택(平澤)에도 미장원이 몇 개 있는데 그 중에도 금강미장원은 손님이 특히 적으나 주인은 밤낮 서울과 인천으로 돌아다니며 돈을 잘 쓰고 다닌다는 것이었다. 그때까지도 남편은 귀담아 들으려고 하지 않았으나 "딴 것으로 돈 벌이를 하는가 보지." 하고 말했을 때 "주인이 없는데도 남자들이 모여서 무역 이야기들을 한다니까 그런 장사를 하는지도 모르지요." 하는 아내의 대답에 특무대원은 육감적으로 이상한 예감이 들어 그 미장원의 이름을 거듭 물었다.

때마침 강화도 일대의 밀무역 선(루트)을 통해 침입하고 있는 북한 괴뢰의 대남 간첩들을 수색하고 있는 만큼 그 특무대원의 신경이 날카롭지 않을 수 없었다. 그래서 다음 날 본부에 보고를 하여 본부에서는 평택 금강미장원을 내사하기로 하였다. 특무대원이 평택으로 파견되어 그 미장원과 여주인을 확인한 뒤 동회에 가서 조사한 바 그 여자는 이애자(李愛子)로서 서울특별시 동대문구 전농동에서 약 3개월 전 이주해 온 것으로 되어 있었다.

그래서 특무대원은 다시 서울 전농동의 동적부를 살펴보았으나 거기에는 이애자가 살고 있었다는 흔적이 조금도 없었다. 역시 흑막이 있는 여자임에 틀림없다고 생각한 특무부대에서는 대원을 파견하여 계속 미행케 하였다. 약 1개월간 미행한 결과 이애자는 대부분 서울서 지내고 있는데 영등포구 양남동에서 김학수(金學秀)라는 사람과 동거하고 있음을 알았다.

김학수는 경북 예천군 개포면 금동에서 살다가 1952년 11월 상경하여 취직운동을 하고 있다고 하지만 돈을 잘 쓰고 있다는 사실도 드러났다. 그래서 2월 하순경에는 특무대원을 예천으로 파견했다. 그러나 김학수의 전 주거지로 알려진 주소에는 김학수라는 사람이 산 일이 없다는 것이었다. 그 대신 그 집에는 박종호(朴宗鎬)란 사람이 살았는데 그 사람도 6·25 직전에 서울로 이주했는데 6·25 때 무역을 하다가 월북했다는 것이었다.

그런데 박종호의 연령과 김학수의 연령이 비슷하다는 사실에 비추어 박종호가 김학수로 변명(變名)하고 있는 것이라는 의심이 들었던 것이다. 그래서 김학수의 신원을 조사하기 위하여 특무대원이 경찰관으로 가장을 하고 김학수를 미행하다가 가두검문을 하였다. 그러나 김학수는 서울시민증을 가졌을 뿐 아니라 국군 제대증까지 가지고 있지 않은가!

이상한 일이었다. 원적을 속이었거나 그렇지 않으면 변성명을 하고 있는 것이 틀림없는데 제대증까지 가지고 있다는 것은 도무지 알 수가 없었다. 이애자를 한 번 더 조사해볼 필요가 있어 이번에는 특무대원이 소매치기를 가장하고 이애자를 미행하다가 그의 핸드백을 절취하였다.

그러나 그 핸드백 속에도 서울시민증이 한 장 들어 있을 뿐 증거 될 만한 것이 아무것도 없었다. 그래서 시민증을 분석해 보았다. 특무대 과학실에서는 여러 가지 각도로 조사해 본 결과 위조 시민증이라는 것이 밝혀졌다. 그래서 그것을 확인하기 위하여 동대문 구청에 가서 조사한 결과 이애자의 시민증을 발행한 사실이 없다는 것도 알았다. 따라서 김학수의 시민증과 제대증 역시 구청과 육군본부에 조회해 본 결과 그것들도 전부가 위조라는 것을 알았다.

　나중에 안 것이지만 괴뢰(북한)정권에서는 남한에 파견하는 간첩들에게 꼭 같은 시민증을 만들어 주고 있었다. 이렇게 조사한 결과 괴뢰군(북한군)의 스파이임에 틀림없다는 단안을 내리고 1953년 3월 20일 이애자와 김학수를 체포하였다. 체포하고 심문한 결과 그들은 다음과 같은 죄상을 자백하여 괴뢰군(북한군)의 스파이라는 것을 알려주고야 말았다. 즉 이애자는 본명이 김영순(金永順)으로 6·25 이후 여맹(女盟)에 가입하여 활동하다가 9·28 당시 월북하였으며, 1·4후퇴 시에는 중공군과 같이 다시 서울로 돌아와 여맹원으로 계속 활동하다가 3월 14일 국군의 진격으로 다시 월북하였다.

　월북하여 해주에 집결해 있던 중 중앙당의 지령으로 개성에 있는 제1지구당 특수부(대남공작대)에 소속되어 약 1개월간 간첩훈련을 받다가 박종호(김학수)와 부부를 가장하고 월남하라는 명령에 전기 박종호와 더불어 월남하였다.
　월남 당시 그는 6만원의 공작비와 서울시민증을 받았으며 서울지구에서 군사기밀을 탐지하여 별도 파견하는 사람에게 그 정보를 제공하라는 지령을 받았는데 이애자는 월남하자 아는 사람이 없는 평택을 선정하여 거기에다 거주지를 정하고 금강미장원을 경영하면서 서울에 출입하여 군사기밀을 탐지하고 있었다. 그리고 박종호는 6·25 당시 괴뢰군(북한군)에게 의료기구를 제조하여 제공하다가 9·28 당시 월북하여 강계에서 대기 중 중공군과 같이 다시 월남하여 남로당 서울시 중구당에 가입한 후 활동하였다. 그 뒤 국군의 진격으로 다시 월북하여 황해도에 있는 서울시당 간부학교에 입교하여 교양을 받은 뒤 1951년 10월 제1지구당 특수부에 배치되었다가 이애자(김영순)와 부부를 가장하고 월남하라는 지령을 받았다.

　당시 박종호는 공작금으로 10만원과 시민증 및 제대증을 받고 김영순과 함께 월남했으나 동거 생활하는 것이 도리어 의심을 살 우려가 있어 그는 영등포에 거처를 정하고 유엔군 및 국군의 동태를 조사하고 있었다. 그러나 그들은 자기들이 수집한 군사기밀을 보고할 사람이 나타나지 않아 그 선(線)을 이으려고 각방으로 활동하다가 그만 체포되고 만 것이다.

X. 국군을 가장한 무장 공작원

강화도는 북한 괴뢰집단의 대남 간첩들이 출입하는 루트로 되어 있기 때문에 우리 특무대에서는 언제나 강화도에 대한 감시를 게을리 하지 않고 있었다.

1953년 1월 15일 우리는 북한 괴뢰의 간첩 박용암(朴龍岩)을 강화도에서 체포하였는데 그의 배후관계와 연락 대상들을 심문하는 중 뜻하지 않은 정보를 입수했다. 즉 그가 북한 괴뢰 중앙당 연락부에서 대남 간첩 교육을 받고 있을 때 무장 체포단인 동시에 이미 파견된 간첩들의 사업을 검열하라는 지령을 받고 평양을 출발하는 무장 간첩 2명을 보았다는 것이었다. 그리고 그 무장 간첩들은 대한민국 국군의 각종 신분증을 위조해 가지고 있었으며 국군 장교와 하사관의 군복을 휴대했다는 사실까지 말해 주었다.

그 무장 간첩들이 평양을 출발한 것은 박용암이가 평양을 출발하기 약 10여일 전인 1월 초순이었다 한다. 그러니까 박용암이가 체포된 날로부터는 약 15일 전의 일이다. 이러한 정보를 입수한 우리는 국군을 가장한 무장 간첩이 이미 서울에 잠복해 있으리라고 추측했다. 그래서 서울 및 인천 등지에 물샐 틈 없는 수사망을 펼쳤다.

어떤 지령을 받고 넘어왔는지는 모르나 국군을 가장하고 잠입한 만큼 그들의 목표는 대한민국의 중요한 인물임에 틀림없을 것이다.

참으로 위험한 일이었다. 그러나 서울과 인천 등지에는 일선에서 출장 또는 휴가 나온 군인이 수 없이 많았기 때문에 국군을 가장한 간첩을 적발하기는 참으로 곤란 중에도 곤란한 일이 아닐 수 없다. 그리고 국군을 가장한 간첩이 사실상 잠복했다고 해서 국군장병 전부를 검문 검색하기가 힘들었다. 설사 검문 또는 검색을 한다 해도 위조 증명서를 적발하기가 쉬운 일이 아니었다. 그래서 우리는 연구에 연구를 거듭했다. 아무리 그들이 국군을 가장했다고 해도 어딘가 다른 데가 있지 않을까 하고 연구를 했던 것이다. 우선 외모로 조금이나마 다른 데가 있어야만 적발하기가 쉬울 것 같았다.

그러나 좀처럼 다른 점을 발견할 수 없었다. 우리는 공작원의 외모를 연구하는 동시 그들의 심리상태를 연구한 결과 그들이 아무리 국군처럼 완전히 가장을 했다 해도 만일의 경우를 대비하는 준비가 있을 것이라 생각했다. 그래서 그러한 면을 연구하던 중 그들이 국군과 꼭 같은 권총을 휴대했을 것에 틀림없으나 그 권총의 격발장치는 언제나 해 가지고 다니리라는 결론에 이르렀다.

국군은 권총을 휴대한다고 해도 격발장치만은 하지 않는다. 후방에 있는 군인은 그럴 필요가 없기 때문이다. 그러나 간첩들은 역시 불안한 가운데서 언제나 만일을 생각하며 행동을 하여야 하는 것이니까 권총에도 격발장치를 하고 다닐 것이라는 결론에 이르렀다. 이러한 결론을 얻자 우리는 특무대원 전체에게 격발장치를 한 국군을 주시하라고 지시했다. 그리고는 가장한 간첩의 인상을 아는 박용암을 대동하고 서울 시내를 순찰하기 시작했으나 한 달이 지나도 그 간첩은 체포되지가 않았다.

우리는 별별 생각을 다했다. 군복을 벗고 사복으로 행동을 하지는 않는가? 그렇지 않으면 당분간 잠복해 있으며 행동을 개시하지 않지나 않았을까?

한편으로는 그런 정보를 제공한 박용암까지 의심을 했다. 그러면서도 계속 수사를 하고 있던 2월 18일 정오경이었다. 서울 시내를 순시하고 있던 특무대원이 남대문 뒤 큰 길에서 미제 권총을 휴대한 육군 중위와 육군 일등중사를 발견했다. 자세히 살피니 그 장교의 권총이 격발장치가 되어 있었다. 특무대원은 대낮에 대로상에서 발견한 그들이 '정말 적의 간첩일 수 있을까?' 하고 의심을 했으나 격발장치를 했다는 사실에 우선 의심을 품지 않을 수 없었다.

그러나 그들이 정말 대남 간첩이라고 한다면 검문할 때 반드시 반항할 것이 분명하기에 섣불리 검문할 수도 없었다. 그래서 응원부대를 청하여 20m 후방으로 미행케 하고 그들 옆으로 접근했다. 그들 2명은 남대문 시장 근처인 시(市) 경찰국 앞을 지나고 있었다. 그들 뒤로 접근해 간 특무대원은 재빨리 권총을 빼들고 그들 등 뒤에 대는 동시에 "손들어!" 하고 소리를 질렀다.

그들은 너무나 돌발적인 일에 당황하며 본능적으로 손을 들었다. 그 사이 우리 특무대원들은 허리의 권총을 빼앗고 심문을 시작했다. 그들은 자기들이 가진 출장 증명서와 국군 신분증을 내어 보이며 틀림없는 국군이라고 설명했다.

사실 틀림없는 국군인지도 몰랐다. 위조 증명서를 육안으로 더구나 노상에서 식별할 수 없었기 때문이었다. 그러나 한 번 의심을 했던 사람들인 만큼 특무대원들은 그들을 연행하여 본부에까지 이르렀다. 본부에 이르러서까지 자기들이 국군이라는 것을 역설할 수는 없었다. 가짜이기에 자기들의 직속상관 이름을 알지 못할 뿐 아니라 자기 부대의 위치를 비롯하여 부대 현황을 알 수가 없어 대답을 못하는 것이었다.

결국은 자기들이 간첩이라는 것을 실토하지 않을 수 없었다. 그리고 평양을 출발하여 개성에서 1개월 동안 대기하고 있다가 개풍군 중면 식현리의 화선(火線)을 돌파하고 서울에 잠입한 지 채 몇 시간이 안 되었다는 사실도 자백했다. 즉 그들은 서울에 잠입한 그날로 체포되고 말았던 것이다.

이제 그 무장 간첩의 신분과 임무를 적으면 다음과 같다.

1. 가장 중위 권병희(權炳熙·33세), 충북 제천군 제천읍 장O리, 괴뢰 중앙당연락부 대남무장공작대

권병희는 6·25사변 전 강원도 영월군 상동면에서 전평(全評)에 가입하여 활동 중 영월경찰서에 체포되어 징역 5개월, 집행유예 1년을 선고받고 가출옥했으나 계속하여 지하운동을 실천하다가 다시 체포되어 춘천지방법원에서 미결수로 있다가 6·25사변을 당했다. 6·25 이후

에는 서울에서 직업동맹 광산노조 중앙위원회 지도원으로 활동하다가 다시 영월로 가서 영월군당 간부로 활동했다.

9·28 이후에는 월북하여 괴뢰군 제5사단과 강원도당과의 연락 임무를 맡았으며 그 뒤에는 강원도당학교, 금강정치학원 등을 졸업하고 중앙당 연락부에 소환되어 대남 간첩 공작에 대한 교양을 받은 뒤 무장공작원으로 남하 명령을 받았다.

그가 남하할 때에 받은 임무는 前경기도당 여주군당위원장 오해수(吳海洙)를 비롯하여 공산당에서 전향한 소위 반동분자들을 암살함으로써 공산주의자들이 전향하지 못하도록 하라는 것과 다음에는 대한민국의 군사, 정치 등 정보를 수집했다가 임무 완수 시 월북하여 보고하라는 것이었다.

2. 가장한 일등중사 정봉식(鄭鳳植·29세), 경남 사천군 삼천포읍 벌리, 괴뢰 중앙당 연락부 대남무장공작대

정봉식은 6·25사변 전 삼천포읍당 조직부원으로 활동하다가 6·25 이후에는 사천군당 서무과원으로 활동하다가 9·28 당시 월북했다. 월북하여서는 괴뢰 제2군단에 소속되었다가 1·4후퇴 당시에는 서울로 나와 서울시당 총무과원으로 활동하였으며 국군 진격으로 다시 월북하여서는 서울시당학교와 금강정치학원을 졸업하였다. 학교를 졸업하자 중앙당 연락부에 소환되어 권병희와 함께 무장공작원으로 월남하라는 명령을 받았다.

XI. 적십자 북한 괴뢰 대표와의 도모기

1953년 7월 초순 부산 부두에는 뜻하지 않은 태업 기운이 떠돌았다. 노동자 전체에 걸친 태업도 아니고 그렇다고 태업 이유도 그리 뚜렷하지 않았다. 그래서 우리 특무부대에서는 사상적 배경이나 있지 않나 해서 조사한 바 과연 배후에서 태업을 조종하고 있는 김원범(金元範)이란 자를 수사 검거하였다.

김원범은 원산 출신으로 국군이 원산을 수복할 때까지 그곳에서 면 인민위원장을 역임하다가 국군의 원산 후퇴 시 피난민 속에 끼어 남하한 자다. 공산당의 지령에 의하여 특수임무를 받아 남하한 것 같지는 않으나 원래 북로당원이었던 관계상 부두노동자를 자원하여 부산부두에 잠입하여 지하조직을 결성하는 한편 공산주의자를 획득하려고 노력한 것이 발각되었다.

공산주의자들은 이해관계에 가장 잘 움직이는 노동자들을 선동하여 태업이나 파업을 시킴으로써 사상적인 동요를 일으키고 나아가서는 공산주의로 이끄는 것이 상투적 방법으로 되어 있다. 말하자면 김원범은 노동자들이 태업을 일으킬 만큼 노동자들의 불평을 조장하였으며, 나아가서는 지하세포를 조직할 준비를 갖추고 있었던 것이다. 김원범의 진술에 의하면 그가 포섭하여 동지가 되어 손잡고 일하는 사람이 부산부두에 몇 명이 있을 뿐 아니라 거제도 피난민수용소에도 적지 않게 있다는 것이었다.

우리는 부산부두에 뻗히려는 김원범의 지하조직을 완전히 좌절시키는 한편 거제도 역시 싹트려는 공산 계열의 움직임을 수사하기 시작했다. 거제도 피난민수용소 내부를 수사하는 도중 당시 거제도포로수용소(捕虜收容所)의 미군 통역으로 있는 안길운(安吉運)이란 자가 전기 김원범과 연락을 갖고 있는 사실을 탐지하였다.

안길운은 1951년 1월 국군이 후퇴할 당시 함남지구에서 월남하여 피난민 수용소에 거주하며 형 안길현(安吉鉉)의 원조로 거제종합고등학교를 졸업한 후 1953년 7월 1일부터 거제도 고현에 주둔하고 있던 미군부대의 통역으로 취직하고 있었다. 미군부대에 근무하면서도 김원범과 연락을 하며 공산주의 사상을 보급하고 동지를 모으려고 노력하고 있다는 정보를 입수한 우리는 안길운의 교우관계와 기타 행동을 주시하기 시작했다.

북한에서 내려온 피난민들의 생활은 곤궁하기 짝이 없었다. 그러한 생활상을 이용하여 공산주의 사상을 고취하기 위해 공산마수가 뻗으려는 것은 응당 예상할 수 있는 일이다.

공산주의는 언제든지 불평불만이 있는 곳으로 스며들기 때문이다. 물론 공산 치하의 북한이 싫어서 월남해 온 그들이라 아무리 생활이 곤궁하다 해도 공산주의 사상에 물들 것은 아니지만 그래도 정신이 견고치 못한 사람은 선동, 협박 등에 움직일 수도 있는 것이다. 그런 만큼 안길운의 행동은 극히 주목할 만한 것이었다. 그래서 그의 교우관계를 내사한 결과 그와 빈번히 만나는 사람이 피난민 출신의 식료품상 최00라는 것을 알았다.

최00라는 청년은 안길운과 같이 피난하여 월남한 뒤 장사를 시작하여 생활이 어느 정도 안정되어 있었다. 그렇기 때문에 공산주의에 대해서는 조금도 흥미를 가지고 있지 않았다. 그러한 최00를 통하여 들은 바에 의하면 안길운은 같이 피난 왔다는 점에서 최00에게 아무것도 숨김없이 말하고 있었는데 만날 때마다 안길운은 최00에게 다시 월북하자고 말했다는 것이다. 그리고 월북하면 반동분자로 숙청당할지도 모르니까 괴뢰들이 필요로 하는 정보를 수집해 가지고 가서 제공하면 도리어 환영할 것이라고 말했다는 것이었다.

최00가 들려준 이 같은 정보에 의해 우리는 안길운이 월북하기 위하여 여러 가지 정보를 수집하고 있을 것임을 알고 그를 미행하기 시작했다. 우선 그가 그동안 이미 수집한 정보를 조사하기 위하여 특무대원을 그가 거처하는 집으로 보냈다. 특무대원은 안길운이 미군부대에 출근하고 없을 때 그의 집으로 들어가 소지품을 조사해 보았다.

그러나 이렇다할만한 증거품은 나오지 않고 그 대신 일기장에서 다음과 같은 글이 발견되었다.

1. 우리들의 환경은 우리들에게 조그마한 자유도 주지 않는 적지이다.
2. 고향에 있는 동무들은 이러한 심정 속에서 소리 내어 피 끓는 진

정을 듣고 있는지.

3. 이곳에 내 마음을 엮어 조국으로 보낼 수 있는 그날이 왔으면! 오 그날이 빨리 왔으면!

특무대원은 이런 문구를 사진으로 찍어가지고 돌아왔다. 안길운이가 대한민국에 반감을 가지고 월북하려는 의사를 갖고 있음이 틀림없는 사실로 되었다. 월북한다면 그가 최00에게 한 말과 같이 괴뢰들의 처벌을 받지 않기 위하여 정보를 수집할 것도 틀림없는 사실이었다. 그래서 우리는 안길운의 행동을 감시하기 위하여 영어에 능통한 장교 한 명을 선택하여 민간인으로 가장하고 안길운이가 다니는 미군부대 통역으로 취직하게 했다.

우리 대원은 영어 실력이 안길운보다 월등 높았고 또 그는 자기도 1·4후퇴 때 평양에서 남하했다고 거짓말을 꾸몄기 때문에 안길운과의 접촉은 상상 이상으로 빠르게 되었다.

특무대원은 안길운의 마음을 사기 위하여 자기는 남하한 것을 후회하여 북한을 그리워하는 것처럼 말했다. 그러자 안길운은 유일한 동지를 얻은 듯이 반가워하며 하숙하고 있는 특무대원을 자기 집으로 데리고 가서 같이 지내자고까지 했다. 특무대원은 고맙다는 의사를 표시하면서 안길운의 집으로 이사를 가서 그와 생활을 같이 하였다. 이사를 간 지 한 달 동안 특무대원은 안길운의 행동을 감시하면서도 안길운의 말에 무조건 추종할 것 같은 태도를 표시했다.

한 달이 지난 어떤 날 안길운은 우리 특무대원에게 "월북할 기회가 있습니다. 여기에 와 있는 중립국 적십자사단 공산 측 대표와 연락하면 반드시 편의를 보아줄 겁니다. 한 번 공작해 봅시다."

"거참 좋은 기회군요."

당시 거제도에는 포로 교환을 계기로 소위 중립국 적십자사 대표로서 체코와 폴란드 대표들이 와 있었다.

며칠 뒤에는 그들 대표와 만났는데 월북하면 반드시 대우를 잘 해주겠다는 말을 들었다 하며 희색이 만면하여 중간보고를 했다. 그 뒤 며칠 동안 안길운은 열심히 무엇을 쓰고 있었다. 그것은 공산 측 대표들에게 제공할 거제도 포로수용소에 대한 여러 가지 정보를 적은 것이었다.

특무대원은 속으로 웃으면서 안길운의 행동을 감시하고만 있었다. 그러다가 9월 3일 정보를 완전히 정리한 안길운이가 우리 특무대원에게 "오늘 이 정보를 제공하기로 했습니다. 이것만 받으면 우리를 월북시켜 줄 것입니다." 하고 만족한 웃음을 웃었다.

이것은 그가 자기의 죄를 밝히고 빨리 검거해 달라는 것과 마찬가지의 말이었다. 그렇지 않아도 소위 감시위원이라는 명목 하에 오기는 왔으나 대한민국의 여러 가지 정보를 수집하는 것을 목적으로 하는 공산 측들이라 안길운이 제공하는 정보를 얼마나 기다리고 있었을 것인가.

김원범의 지도로 공산주의 사상에 눈이 어두운 안길운!

한번 반동을 하면 일시 포섭하는 척 하기는 하나 언제이건 숙청하고야 마는 공산주의를 모르는 안길운!

안길운이가 괴뢰 측 대표와 만나러 떠날 때 우리 특무대원은 수사망을 강화하고 괴뢰(북한)측 대표단 숙소 앞에서 그를 체포하고 말았다.

XII. 중공 간첩 체포기

　중공군은 북한에 계속 주둔하며 북한을 식민지화시키고 있다. 그들의 야욕이 한국 전체의 점령에 있는 만큼 북한에서 철수하는 일이 없을 것이 분명하다.

　따라서 대한민국의 모든 기밀을 탐지함으로써 대한민국의 전복을 기도하기 위하여 북한 괴뢰를 통하여 각 방면으로 간첩을 남하시키고 있는 사실은 우리가 다 잘 알고 있는 사실이지만 그렇다고 해서 북한 괴뢰만을 믿고 중공 자체의 간첩행동을 하지 않으리라고는 생각할 수가 없는 일이다.

　그러나 중공 자체의 간첩행동은 무역으로 출입하는 선박을 이용하는 이외의 다른 방법이 별로 있을 수 없다. 그래서 우리는 외국에서 들어오는 상선들에 대하여 특별한 관심을 가지고 있던 바 1953년 7월 하순 부산특무대에 근무하고 있는 대원으로부터 홍콩으로부터 입항한 중화민국 선박이 다수의 귀중품을 밀수입하여 항만에 유포시키고 있다는 정보를 입수했다.

특히 당시에 입항하고 있는 중국 선박에서는 그 귀중품들을 염가로 처분하고 있다는 사실을 탐지하는 동시에 부산에 거류하는 중국 상인으로부터 그 선박이 매우 의심스럽다는 말을 들었다. 즉 물건을 사러 배 안에까지 들어갔던 바 갑판 위에서 선원들이 중공의 노래를 부르고 있었다는 것이었다. 이러한 정보를 입수한 대원은 즉시로 그 선박에 잠입하여 그들의 행동을 감시하려 했으나 그때는 그 선박이 벌써 출항하고 부두에 남아 있지 않았다.

그러나 다시 또 들어올 날이 있을 것이라 생각한 특무부대에서는 부산과 인천 등지에 입항하는 중국 선박들의 실태를 감시하는 한편 중국 선박을 상대로 밀수품 매매를 생업으로 하는 한국인들을 조사하기 시작했다. 그러던 중 8월 하순 경 부산시 영주동에 거주하는 김명규(金明奎)가 몇몇 사람과 함께 중국 상인을 상대로 밀수품의 매매를 하고 있다는 사실을 알았다. 그래서 특무대에서는 과거 상업에 경험이 있는 대원 한 명을 선발하여 장사꾼을 가장하고 김명규와 접근시켰다. 그 대원은 약 4개월 동안이나 밀수품 매매자로서 김명규를 따라다니며 부산에 입항한 중공군 선박으로부터 밀수입품을 알선 중개했으나 사상적으로 의심스러운 중국 선원을 발견할 수는 없었다.

물론 단순한 밀수입사건은 밀수입사건으로서 관계당국에 연락하였지만 우리가 목표하는 바 간첩을 적발할 수가 없었던 것이다. 그러던 중 12월 초순 경 밀수품 판매업자 김명규가 중국 무역선 이래호(移來號)의 입항을 손꼽아 기다리고 있음을 알았다. 그동안 한 번도 들어왔다는 말을 들은 적이 없는 배의 이름이었다. 그래서 대원이 이래호를 손꼽아 기다리는 이유를 물었다.

　김명규는 지난 4개월 동안이나 사귀어왔기 때문에 우리 대원을 어느 정도 신용했던지 이래호는 중화민국의 상선이기는 하나 그 배의 취사반장인 양붕(梁鵬)은 조금 색다른 사람으로 중공에 가깝다는 것 그리고 그가 가지고 오는 물건 값은 다른 배의 물건 값보다 월등 싸다는 것을 말해 주었다. 그러면서 8월 초순에 다녀갈 때 11월 안으로 다시 들어온다고 약속을 했는데도 아직 들어오지 않는다고 말했다.

　특무대원은 7월 하순 경 어떤 중국 상선이 입항하여 귀중품 다수를 염가로 팔았으며 그 승무원들이 중공의 노래를 불렀다는 바로 그 배가 이래호가 아닌가 하고 김명규에게 전보다 더 가깝게 접근했다. 특무대원은 이래호가 들어오면 자기도 한몫 볼 수 있도록 해달라고 특별한 부탁을 하기도 했다. 그랬더니 김명규는 그 배만 들어오면 수지가 단단히 맞는다고 싱글싱글 웃기만 했다.

　특무대원은 김명규에게 술을 사면서 그를 매수하기에 노력한 바 12월 중순 김명규는 희색이 만면하여 이래호가 입항했다는 사실을 대원에게 말해 주는 동시에 밀수품의 일부를 대원에게 분여(分與)하여 주었다. 그러나 우리 대원은 물건을 사는 것이 목적이 아니었던 만큼 이래호의 양붕을 직접 만날 공작을 계속하였다. 그렇다고 해서 면식도 없는 양붕을 직접 만날 수가 없어서 김명규를 통하여 그를 만나도록 공작을 계속하던 중 하루는 김명규가 자기와 같이 양붕을 만나러 가자고 했다. 그것은 양붕이가 가지고 온 매물을 선금을 주고 태반 구입했으나 아직도 남은 물건이 있는데 그것은 선금을 주지 않아도 위탁판매로 맡을 수 있다는 것이었다. 그러나 그렇게 하려면 그가 요구하는 몇 가지 정보를 제공하여야 하는데 특무대원에게 그 정보를 수집해 가지고 오라는 것이었다.

그가 요구하는 정보란,
1. 휴전 후 한국군 장교들의 여론
2. 휴전 전후의 징소집 비교 상황 등인데 그런 정보를 수집해 가지고 내일 아침 양붕을 만나자고 했다.

대금을 주지 않고 위탁으로 물건을 준다는 것은 물건을 무상으로 준다는 말과도 같다. 같은 고장에 살고 있는 사람이라면 모르는 일이지만 외국에 사는 사람이 외국인에게 물건을 위탁으로 준다는 것은 물건값을 뺏길 각오가 있을 때에만 할 수 있는 일이기 때문이다. 그렇게 돈으로 정보를 사려고 하는 중공 간첩의 악질적 행동도 행동이려니와 돈이면 무엇이나 팔아먹겠다는 김명규도 가증스럽기 짝이 없었다.

김명규는 사상적 배경이 없이 단순한 상인으로서도 정보를 돈으로 팔 수 있는 자였다. 그러나 단순한 상인으로만 볼 수 없는 것이 그는 중공 간첩 양붕을 돈벌이의 대상으로만 생각하는 것이 아니라 인간적으로 존경받을만한 사람이라는 것을 누누이 역설하였다.

양붕을 칭찬하는 것은 그와 같은 관계가 있다는 것을 말해주는 동시에 양붕의 지도 밑에 있다는 것도 말해주는 것이다. 그래서 그를 체포하기 전에 그의 사상과 배후 관계를 조사하려고 했지만 이래호가 곧 출항한다는 말을 들었기 때문에 양붕을 놓쳐서는 안 된다는 생각에 김명규를 조사할 겨를이 없이 김명규부터 검거했다. 즉 정보를 가지고 양붕을 만나러 가기로 한 12월 14일 특무대에서는 김명규의 집을 습격하여 그를 체포하는 동시에 여러 가지 증거품을 압수했다.

압수한 증거품 속에는 양붕에게 제공하려던 정보와 정보 수집을 하기 위한 세포와 더불어 그 세포망의 인명부 그리고 양붕에게서 받은 귀중품 등이 들어 있었다. 이것은 김명규가 단순한 상인이 아니라 양붕의 지도에 의하여 빨갱이의 세포를 조직하고 있다는 사실을 말해주는 것이었다.

김명규를 검거하고 심문한 결과 그는 중공 간첩 양붕에게 과거 수차례에 걸쳐 정보를 제공한 사실을 자백했다. 그리고 양붕과 정보 제공을 약속한 사실을 자백했다.

그래서 곧 이래호(移來號)로 달려가 양붕을 체포하는 동시 밀수입한 금괴, 시계, 양복지 등과 미국 달러를 다수 압수하였다. 그러나 양붕은 자기가 중공 간첩이란 것을 전면 부인했다. 그리고 김명규에게 정보를 부탁한 사실까지도 부인했다.

김명규를 대면시켰을 때 김명규가 며칠날, 몇 시에 정보를 제공하면 물건까지 위탁의 형식으로 주겠다고 하지 않았느냐고 질문했으나 양붕은 그것까지 부인하였다.

사상적으로 상당히 교양된 악질 간첩이었다. 사실이 드러났는데도 불구하고 끝까지 부정한다는 것은 보통 사람에게는 있을 수 없는 일이었다. 양붕은 자기의 배가 출항하게 되었으니까 빨리 석방해 달라고 말했다. 배가 떠나기 전에는 석방해 줄줄 알았던 모양이다. 그러나 악질 간첩을 체포한 이상 만만히 석방할 수가 있을 것인가?

이래호가 출범한 지 10여 일이 지나자 양붕은 단념을 했던지 홍콩에 있는 중공 간첩기관의 지령에 의하여 대한민국의 군사정보를 수집하기 위하여 1952년 즉 1년 반 전부터 한국에 내왕하면서 각종 정보를 수집한 방법과 요령을 사실대로 자백했다. 그리고 김명규에 대해서도 세포를 조직하고 정보를 제공해 주면 상당한 보수를 주겠다는 약속이 있었다는 사실을 고백했다.

즉 양붕은 홍콩에 있는 중공계 첩보기관의 지령에 의하여 순금, 각종 시계, 양복지, 기타 귀중품(貴重品)을 밀수입하여 한국 경제계를 교란시키는 한편 중공계 첩보기관의 자금 조달을 감행했던 것이다. 당시 양붕에게서 압수한 것만도 순금 48돈, 미화 2,550달러, 양복지 7책 분이었지만 만약 이미 양붕을 체포하지 않았다면 그는 안심하고 한국에 출입하며 자기가 목적한 간첩행위를 자행했을 것이 분명하다.

XIII. 북한 괴뢰 유격총사령, 남도부 체포기

    1949년 8월 경북 의성경찰서가 피습되고 동년 10월 안동이 피습되었을 때 그 만행의 주력부대가 김달삼(金達三) 부대라는 것과 그 부대의 부사령관이 남도부(南道富)라는 것을 알았다.

    남도부의 이름을 알자 그를 체포하려고 했으나 그 뒤 월북하여 소식이 묘연하던 중 6·25사변이 발발하자 그는 괴뢰(북한) 유격대 제7군단 약 천명을 인솔하고 부산을 점령할 목적으로 다시 남하하였다.

    그러나 부산 점령의 목적을 달성하지 못하고 9·28을 맞자 그는 경남지구에 잔류하면서 갖은 만행을 다했다. 그의 만행이란 세상이 다 아는 것으로 조병창 폭파사건, 물금역과 기장역 피습사건, 부산시 회동리의 미 공병대 피습사건 등 그때그때마다 세상을 놀라게 한 사건들이다.

    그 밖에도 부산을 중심으로 한 경남 일대의 방화, 살인, 약탈 등 유격전과 대남 간첩단의 지도 등 그의 죄과는 이루 열거할 수 없을 정도였다.

지리산의 이현상과도 달리 부산을 중심으로 한 후방 교란에 중점을 두고 있던 만큼 남도부는 우리의 신경을 총집중시키고도 남음이 있었다. 괴뢰(북한) 두목 김일성도 이현상보다 남도부의 임무를 더 과대평가했는지 남도부에게는 괴뢰군(북한군) 중장 계급과 괴뢰 최고 훈장인 자유독립훈장 1급과 국기훈장 1급을 수여하였다. 그리고 일설에 의하면 괴뢰집단을 비롯하여 소련 및 그 위성국가에서도 남도부의 유격전술을 연구하였다는 것이다.

북한 측에서 그렇게 중요시하는 남도부인 만큼 그가 남한에서 자행한 갖은 죄악상은 잔학하고 치밀성이 있었다. 조직적이요 용감하기도 했다. 그래서 우리 특무대에서는 남도부를 체포하기 위하여 결사적 노력을 경주했으나 좀체 체포되지가 않았다.

1951년 동계에 개시된 수도사단(사단장 송요찬 준장)과 8사단(사단장 최영희 준장)의 물샐 틈 없는 공비 토벌에서도 그는 잡히지 않고 빠져 나갔다. 남도부는 본명이 하준수(河準秀)인데 일제 강점기 때 일본 이름으로 개명한 것이 남도부라 한다. 그러나 남도부가 우리 이름으로도 통할 수 있었기 때문인지는 모르나 해방이 된 뒤에도 그대로 남도부란 이름을 쓰고 있었다. 그리고 그는 당수도(唐手道) 선수로 3단의 실력을 가지고 있다. 경남 함양 출신인 그는 일제 강점기에 일본에 유학하고 있던 중 학병에 반대하고 귀국하였을 때부터 공산주의자가 되었다 한다.

남도부 체포의 수사는 그가 신불산과 운문산을 중심으로 활동하고 있을 때 그가 파견한 도시공작원과 가두세포를 적발 체포하고 남도부 및 그 간부 부하의 동태를 파악한 뒤부터 시작이 되었다. 그러나 본격적인 수사가 개시된 것은 1952년 5월경 괴뢰 중앙당 결정서 94호(1951년 8월 결정)와 제111호(1952년 1월 결정) 즉 도시, 어농촌 등의 평야지로 침투하여 강력한 지하조직을 실시하라는 지령이 도착했을 때부터였다.

이러한 지령이 도착했다는 사실을 알자 우리는 남도부가 불원간 평야지로 침투해 내려 올 것을 확인하는 한편 그들에 대한 유도공작을 실시하며, 다른 한편으로 남도부가 침투하리라고 예상되는 지점 10개소를 지정한 뒤 100여명의 대원을 동원하여 내사, 접선, 미행, 잠복, 파수 등 그들의 동향 파악과 단서 발견에 노력했다.

그들의 활동무대인 운문산에 대원들을 가장시켜 입산시키기도 했고 그들이 출몰할 만한 지점에 대원들을 잠복시켜 밤을 새우게 한 일이 한 두 번이 아니었다. 그러나 남도부의 행방은 묘연할 뿐 이렇다 할 단서가 잡히지 않았다.

부족한 병력과 경비를 가지고도 꾸준히 체포에 노력하고 있을 때 제5사단의 공비 토벌이 다시 시작되었다. 1953년 12월 하순이었다. 이 공비 토벌 작전은 남도부의 야지 침투를 촉진시키는 것이라고 생각한 나는 수사진을 강화시키어 침투 예상지구의 사찰 경계를 강화시켰다. 사찰 경계를 강화시킨 지 며칠도 안 된 어떤 날 경남 창녕지구에 파견된 대원으로부터 제4지구당 유격작전참모 차진철(車鎭喆·24세)이가 창녕읍에서 5리쯤 떨어진 곳에 있는 그의 백부 성(成)씨 집에 들른 일이 있다는 보고가 들어왔다.

차진철은 본명이 성일기(成日耆)인데 서울 보성중학을 졸업하자 월북하여 북청에 괴뢰 제3군관학교를 졸업한 뒤 대남유격대 요원으로 재교육을 받고 남도부의 산하 부대장으로 남하한 자이었다.

그의 백부는 창녕에서 유력한 부호로서 주택만 해도 그야말로 궁궐 같은 것이었다. 이 정보를 입수하자 나는 차진철이가 백부의 집을 중심으로 출입하거나 그 집에 숨을 것이라고 판단을 내렸다. 그래서 백부에게 회유공작을 하는 한편 인부를 가장하여 특무부대원을 그 집에 잠복시켰다.

잠복근무를 시작한 지 며칠도 안 되어 차진철이가 과연 나타났다. 인부를 가장하고 있던 특무대원은 그를 무난히 체포하고 권총 2자루까지 압수하였다. 그래서 우리는 밀양에 임시 수사본부를 설치하고 차진철을 전향시키기 시작했다. 백부의 협력까지 빌어 가면서 차진철을 전향시킴으로써 남도부 일파를 일망타진하려 한 것이었다. 밀양지구에서는 차진철을 중심으로 하여 남도부의 행방을 포착하려는 일방, 대구지구에서는 남도부의 부하인 제4지구당 유격부사령관 유재응(劉載應)과 유격대 중대장 홍만식(洪萬植), 신경천(申敬天)을 체포하는 데 주력하였다. 즉 유재응과 홍만식 등을 대구 주변에 두면서 대구 시내에 침투할 계획을 세우고 있다는 정보가 들어왔기 때문에 대구에도 물샐 틈 없는 수사망을 펼쳤던 것이다.

그런데 1953년 12월 경 대구 시내 00은행원 김00가 특무대를 찾아와 유재응이 자기 집에 찾아왔었다는 사실을 보고했다. 즉 유재응은 김00와 함흥상업학교 동창생인 동시에 식산은행에 같이 근무한 일이 있는 만큼 김00를 믿고 찾아 왔던 것이며 앞으로도 찾아 올 것이라는 것이었다. 이 보고에 접하자 우리는 김00의 집 근처를 경계하여 잠복근무를 시작했으나 거의 두 달이 지나도록 유재응은 나타나지 않았다.

　두 달이 거의 지난 1954년 1월 16일에야 유재응이가 김00의 집에 나타났다. 잠복했던 대원들은 유재응을 발견하자 즉석에서 체포하려고 했으나 그가 무기를 가졌다면 체포하는데도 신중한 태도를 취하지 않을 수 없었다. 대원이 희생될 지도 모르지만 김00의 가족에게 피해를 줄지도 모른다. 그래서 김00에게 부탁하여 점심을 먹자고 꾀어내어 거리로 끌고 나오도록 하였다. 김00는 부탁대로 유재응을 데리고 거리로 나왔다. 그들은 오래간만에 만나 반갑다는 듯이 담화를 하면서 동성로 헌병사령부 앞 십자로에까지 이르렀다. 여기서는 그가 반항하려야 반항할 수가 없을 것이다. 그래서 뒤를 따르던 특무대원이 달려들어 순식간에 유재응을 포박하고 말았다.

　유재응이 체포되자 그의 입을 통하여 남도부의 행방을 알려고 했으나 그는 얼마동안 남도부를 만나지 못했다고 말했다. 그 대신 매달 18, 19일 이틀 동안 한국은행 대구지점 대합실에서 만나기로 약속되어 있다는 사실을 자백했다. 그리고 자기 부하들은 대부분이 영천, 대구 지방으로 침투시켰으며 유격대 군의장(軍醫長) 지춘란(池春蘭) 이외 2명이 아직 팔공산 산속에 남아 있다는 사실과 유격대 중대장 홍만식이 대구 시내에 있는 자기 종형 집에 숨어 있을 것이라는 사실을 자백했다. 홍만식의 종형이라는 사람의 이름과 주소는 모르나 그가 유도 3단이며 00경찰서 유도 조교라는 것 그리고 한약국을 경영한다는 것만을 안다고 말해 주었다.

우리는 우선 홍만식을 체포하기로 했다. 그래서 경찰서 유도 조교를 조사하는 한편 유도선수로 한약국을 경영하는 사람을 조사했다. 그 조사는 그리 힘들지 않았다. 즉 칠성동 헌병검문소 뒤에 있는 이원직한약국(李源稷漢藥局)이 바로 그 약국이라는 것을 알았다. 그래서 특무대원을 환자로 가장시켜 한약국에 침투케 했다.

유재응에게서 들은 홍만식의 인상과 같은 청년이 약국에서 발견되었다. 홍만식에 틀림없는 청년을 발견하자 나는 특무대원을 동원하여 이원직한약국을 포위하고 홍만식을 체포하였다. 유재응을 체포한 지 사흘만인 1월 19일이었다. 홍만식을 체포하자 홍만식이가 가명이며 그의 본명이 이원량(李源良)이라는 것도 알게 되었다.

홍만식을 체포하자 나는 30명의 대원을 선발하여 기동대를 조직하고 팔공산의 지춘란 등을 체포하기 시작했다. 기동대원들은 모두가 민간인처럼 변장을 하고 팔공산 밑 대율지서까지 트럭으로 가서 그곳에서부터 눈이 덮인 팔공산의 경사진 산길을 더듬어 올랐다.

그들의 아지트가 있다는 오도암을 찾기까지 대원들은 10여 시간을 허비했다. 눈 덮인 산길이 험하기도 했지만 지리에 밝지 못한 만큼 목적지를 찾는다는 것이 여간 힘든 일이 아니었다.

밤이 새도록 팔공산을 헤매며 오도암을 찾던 대원들은 아침 6시에야 겨우 오도암에 이를 수 있었으며 오도암에 이르러서도 약 1시간 동안이나 헤매어서야 공비들의 아지트를 발견했던 것이다. 밤을 꼬박세우며 산속을 헤매며 아지트를 더듬던 대원들의 기쁨이 어떠했을까!

무성한 나무에 가려 있기 때문에 속이 잘 들여다보이지 않았으나 공비 2명이 누워 있는 것만은 어렴풋이 보이었다. 대구시에서 3, 4리밖에 안 되는 곳에 공비가 다리를 펴고 잠을 자고 있다니! 대원들은 적개심에 가슴이 타오르는 것 같았다. 체포할 것도 없이 그 자리에서 총살시키고 싶은 충동이 일어났다. 그러나 최후의 목표는 남도부를 체포하는 데 있다. 어떻게 해서든 살려서 남도부의 행방을 알아야만 했다. 그러나 잠든 공비들을 생포하기는 그리 쉬운 일이 아니다. 자세히 보니 공비들 머리 앞에는 칼뱅 총이 2자루 나란히 놓여 있었다.

지금은 잠이 들고 있지만 접근하는 발소리에 눈을 뜨고 칼뱅 총을 든다면 우리 편의 희생이 없지 않을 수 없다. 더구나 그들이 누워 있는 지점까지 돌입하려면 1분쯤은 걸려야 했다. 그리고 나무숲을 헤치고 들어가려면 반드시 소리를 내야만 하게 되어 있었다. 발소리도 발소리려니와 나무소리라도 나고야 말 것이 분명했다.

그 대신 공비들이 눈을 뜨는 순간 칼뱅 총을 들고 발사하는 데는 30초면 충분할 것 같았다. 그래서 그들이 잠들고 있을 때 엄습을 해서 생포하는 것이 그 중에도 안전할 것 같았다. 그래서 최OO 대위와 손OO 소위와 윤OO 상사 3명이 결사대를 조직하고 아지트로 돌입하기로 결심했다.

최 대위 이하 3용사는 발소리를 죽여 가며 아지트 가까이 기어갔다. 숨소리도 크게 내지 않고 한 걸음 한 걸음 가까이 갔다. 그러다가 공비들을 지척 간에 두었을 때는 야구를 할 때 베이스에 슬라이드 하듯 몸을 뻗히어 공비들을 뒤덮어 깔아버렸다.

어느 새 눈을 뜨고 칼뱅 총으로 손을 뻗치려던 공비들은 그만 기동대원들에게 깔리는 바람에 허둥지둥했으나 한 놈이 칼뱅 총을 쥐고 방아쇠를 잡아 당겼다. 총소리가 고막을 울렸지만 대원들은 자기들의 권총을 빼지 않았다. 비록 희생을 당하는 경우가 있다 해도 끝까지 생포하겠다는 결심이 굳었기 때문이었다.

얼마동안 난투가 벌어졌다. 그러나 2대 3의 난투인 만큼 싸움은 우리 편에 유리했다. 몇 분이 안 가서 그들을 완전 포박하고 말았다.

포박한 결과 한 명은 지춘란이고 다른 한 명은 문일준(文逸俊)임을 알았다. 지춘란은 여자 군의 소위로서 6·25 당시 중앙당의 지령으로 대남유격대의 사명을 띠고 남하했으며, 문일준은 괴뢰군 전사로 9·28 당시 낙오하여 유격대에 편입된 자였다. 이렇게 지춘란까지 체포했지만 나는 차진철, 유재응, 홍만식 등을 통하여 남도부의 행방에 대한 정보를 종합 정리하는 데 게을리 하지 않았다.

여러 가지 정보를 종합한 결과 남도부는 1953년 10월경 부하들에게 야지 침투를 명령한 뒤 행방을 감췄다는 것이었다. 그러나 유재응과는 매월 18, 19일에 걸쳐 대구 한국은행 지점 응접실에서 만나기로 했고, 부산지구 공작원인 안병화(安炳和)와는 한국은행 부산지점에서 만나기로 약속되어 있었다. 그리고 그밖에는 대구 영남일보와 부산 국제신문 광고란을 통하여 암호로 연락하기로 되어 있었다. 그뿐만 아니라 차진철과는 대구에 있는 차진철의 종매(從妹) 성씨 집에서 매달 20일 만나기로 되었다는 것이었다.

이러한 정보를 종합하자 우리는 각처에 수배하고 경계망을 넓혔다. 그러나 남도부가 맨 마지막으로 나타났던 곳이 바로 차진철이 체포된 창녕군의 차진철 백부집이란 것을 알게 되었을 때 나는 차진철의 백부집과 차진철의 종매 성씨 집에 중점을 두었다. 즉 차진철의 진술에 의하면 남도부는 1953년 10월 경 창녕 성씨 집에 20일 동안이나 잠복해 있었다는 것이었다.

그 집에서 머슴을 가장하고 20일 동안이나 잠복해 있다가 떠날 때 대구에 있는 차진철의 종매 집에서 만나자고 약속하였다니까 어떤 곳보다도 그 성씨라는 집을 찾을 것이 분명했다. 그래서 대구시 동인동에 있는 성씨 집을 찾아가 회유공작을 하여 남도부가 나타나기만 하면 곧 연락해 달라고 함과 동시에 그 집을 중심으로 한 경계망을 철옹성처럼 쳐 놓았다. 즉 그 집 방 하나를 빌려 심OO 일등병 부부를 입주시키는 한편 그 옆집에는 강OO 상사 등 4명의 대원을 징병기피자로 가장하여 입주시켰다.

만일 남도부가 나타나기만 하면 성씨가 심OO 일등병 부인에게 연락하고 심OO 일등병 부인은 강OO 상사에게 연락하고 강OO 상사는 준비해 두었던 무전으로 특무대에 보고하기로 되어 있었다. 이렇게 남도부의 출현을 기다리며 한 달을 보낸 1월 20일 저녁 6시였다. 강OO 상사로부터 본부에 무전연락이 왔다. 즉 15분전에 남도부가 나타났는데 성씨가 안방으로 들여다 앉혀 놓고 있다는 것이었다.

그날은 바로 공비 2명을 팔공산에서 생포한 날이었다. 무전을 받자 특무대원들은 피곤을 풀 생각도 못하고 성씨 집으로 달려가 이중삼중으로 포위하였다. 이렇게 성씨 집을 포위하자 나는 강OO 상사에게 무전으로 남도부 체포를 명령했다. 강 상사 등 4명의 특무대원은 권총을 들고 성씨 안방으로 달려갔다. 그리고 문을 벌컥 연 뒤 남도부에게 "손들어!" 소리를 높이 외치었다.

불의의 습격을 받은 남도부는 잠시 당황한 빛으로 손을 들었으나 조금씩 냉정해 가는 그의 얼굴에는 반항할 기세가 역력히 보이었다. 체포되기보다는 죽는 한이 있더라도 반항해 보려는 눈치였다. 눈이 번쩍이기 시작했다. 빨치산들의 눈은 유달리 독기에 차 있다. 그 독기 있는 눈을 번쩍일 때 우리 대원들은 긴장하지 않을 수 없었다. 더구나 남도부는 당수도 3단의 실력을 가진 자다. 기회를 주기만 하면 무슨 일을 저지를지 몰랐던 것이다. 그래서 권총을 든 강○○ 상사 뒤에 섰던 엄○○ 문관이 날쌔게 달려들어 박치기로 남도부의 급소를 찔렀다.

남도부는 그만 졸도하고 말았다. 그 사이 대원들이 남도부의 손에 수갑을 채우고 그의 허리에서 소련제 권총 한 자루를 압수하였다. 이렇게 하여 5년 동안 경상남북도와 강원도 일대에서 갖은 만행을 감행하고 우리 동포들을 떨게 하던 남도부는 체포되고 말았던 것이다. 이제 남도부 일당이 5년 동안 저지른 죄상을 나열하면 다음과 같다.

  1. 군경 및 양민 학살 2,800여명
  2. 각종 무기 약탈 800여정
  3. 동 탄약 약탈 20여만 발
  4. 민가 방화 700여호
  5. 군용 열차 전복 38회
  6. 군경 자동차 소각 670여회
  7. 부산 조병창 방화

육군 특무부대장 김창룡 장군 비망록

숙명의 하이라루

CHAPTER 3

I. 제2의 위조지폐 사건

1. 주범 손근욱의 악몽

해방 후 공산도당들의 정치적 또는 사상적 파괴행동은 우리가 주지하는 사실이지만 정치적 교란행위에 수반하는 경제적인 교란행위 또한 묵과할 수 없었다.

공산당 재정부장 이관술(李觀述)을 중심으로 한 소위 정판사사건은 아직도 우리의 뇌리에 생생한 기억으로 남아 있거니와 정판사사건의 주범이라고도 할 수 있는 위조지폐 기술자 손근욱(孫根旭)은 정판사사건으로 형무소 생활을 하다가 6·25 이후 괴뢰의 남침으로 탈옥하자 정판사사건과 동액의 위조지폐를 다시 계획하다가 체포되고 말았다.

손근욱은 6·25 이후 남로당의 지시에 의하여 10억 원의 위조지폐를 인쇄하여 경상남북도 지구에 유통 사용케 하여 대한민국의 경제를 교란시키고 괴뢰군 남침을 가능케 하려 했던 것이다.

이제 손근욱이가 정판사사건의 주범이 되기까지의 경위를 소개하고 그 뒤 제2의 위조지폐사건의 범죄사실을 적으려 한다. 손근욱은 본시 황해도 황주 태생으로 가난한 집에서 겨우 국민학교(초교)를 졸업하고 는 서울에 대한 동경심을 품고 18살 때 서울로 올라왔다. 서울에 오기는 왔으나 누구하나 기다려 주는 사람이 없는 곳이라 시골소년에게 있어 서울은 냉정할 따름이었다.

그러나 손근욱은 어떻게든 서울에서 살려고 했다. 처음에는 넝마 장사를 하며 겨우 하숙비를 버는 정도였다. 그러다가 종로에 있는 대동인쇄소(大東印刷所) 견습직공으로 취직이 되자 그는 생활비 근거를 가지고 앞날의 생활을 꿈꾸기 시작했다.

취직이 된 지 약 1년이 지났을 때에는 화신백화점의 여자점원과 연애를 하게 되었으며 그 연애가 시작된 지 얼마 안 되어 그들은 결혼생활을 하게까지 되었다. 얼마 동안 결혼생활을 계속했으나 그의 아내는 유혹이 많은 백화점 여점원으로서 가난한 부부생활에 만족하지를 않았다.

손근욱은 아내를 말할 수 없이 사랑했다. 자기에게는 과분한 여자 같았기 때문에 아내가 원하는 것이면 무엇이나 사주려고 했다. 그러나 일개 인쇄 직공으로 허영에 들뜬 여자를 끝까지 만족시켜 줄 수는 도저히 없었다. 그는 심신이 피곤하여 그만 자리에 눕고 말았다. 그러다가 8·15를 맞이했을 때 아내는 남녀평등이라고 하며 나돌아 다니기를 즐기다가 마침내는 손근욱을 버리고 어디론가 도망가 버리고 말았다.

자신이 없고 의지가 굳지 못한 손근욱은 아내의 타락과 가출에 막대한 타격을 받았다. 아내를 저주하기도 했고 자기가 돈이 없음을 한탄하기도 하며 가슴 아픈 나날을 보내고 있었다.

공산주의란 언제나 사람의 마음이 움직일 때 파고드는 법이다. 손근욱이가 비관하고 한탄하며 살고 있을 때 조선공산당 중앙집행위원회 기관지 해방일보 인쇄 직공으로 들어오라는 청탁을 받았다. 임금도 많이 주고 대우도 좋다는 바람에 손근욱은 생각할 여유도 없이 그 인쇄소에 취직했다. 즉 정판사(精版社)였다. 8·15 직후라 공산도당들은 노동자들의 환심을 사기 위하여 임금도 다른 곳보다 많이 주었고 대우도 특별히 해주었다. 손근욱은 돈이 없다는 이유로 쓰라린 경험을 맛보았던 만큼 돈이 무엇보다도 제일이었다. 따라서 돈을 많이 주는 공산당이 또한 좋았던 것이다.

공산주의가 어떤 것인지도 모르는데다가 자신의 의지가 굳지 못한 손근욱에게는 가장 큰 유혹이 아닐 수 없었다. 손근욱은 공산당원이 되면 공장에서 버는 돈을 같이 나눠먹는 줄만 알고 공산당에 입당까지 했다. 나중에는 당원을 무자비하게 숙청하지만 초창기에는 사상도 보지 않고 도리어 감언이설로 당원 수효만 늘리려는 것이 또한 공산당의 정책이다. 손근욱은 그야말로 공산주의의 A, B, C도 모르며 돈을 많이 준다는 바람에 공산당에 입당했다. 그에게는 무엇보다도 돈이 필요했던 것이다.

그러던 어느 날 공산당 재정부장 이관술(李觀述)이 그의 비서를 통해 손근욱을 만나자고 했다. 손근욱은 높은 사람이 만나자는 말에 무턱대고 승낙했다. 내심으로는 자기를 높은 자리로 승진시켜 주려는 것이나 아닌가 하는 마음에서였다. 그러나 이관술은 손근욱에게 위조지폐를 인쇄할 것을 부탁했다. 그 대신 돈은 얼마든지 주겠다는 제안이었다.

손근욱은 즉석에서 승낙을 했다. 근 10년 동안의 인쇄 직공 생활에서 터득한 기술이 상당하기에 위조지폐 만들 기술도 넉넉했다. 손근욱은 같은 인쇄 기술자 홍양두(洪陽斗)와 같이 위조지폐를 인쇄하기 시작했다. 백 원짜리 조선은행권의 위조지폐가 인쇄되어 시장에 나돌기 시작하자 손근욱은 백만장자 부럽지 않게 호화스러운 생활을 했다.

오경자(吳京子·손근욱 처)는 없어도 좋았다. 그 대신 유산월(柳山月), 김금자(金襟子) 등의 기생첩을 두고 매일 같이 먹고 마셨다. 이렇게 되자 손근욱은 공산주의가 정말 좋은 것으로 생각했다.

그러나 수도경찰청의 수사에 의하여 정판사사건이 탄로되고 연루자들 전부가 검거되었다. 손근욱도 형을 언도받고 서대문형무소에 수감되어 2년 동안 수감생활을 하다가 몸이 극도로 쇠약하여 집행유예로 나왔다. 출옥하여 3개월 동안 치료를 받고 건강이 회복되자 그는 다시 위조지폐를 만들 계획을 세웠다.

남로당에서는 대한민국의 경제계를 교란시켜 사회질서를 파괴하려는 목적으로 위조지폐를 만들려 했지만 손근욱은 남로당의 그러한 목적보다도 우선 자기 개인생활의 풍족이 그리웠던 것이다. 그렇지만 그의 뒤를 따르던 수사기관의 눈을 피하지 못하여 그는 다시 수감되지 않을 수 없었다. 서대문형무소에 수감되어 있던 중 손근욱은 같은 방에 수감되어 있는 김00라는 자를 알게 되었다. 김00은 철저한 공산주의자였던 모양이다. 즉 손근욱은 감방에서 김00에게 공산주의 사상을 배웠다. 배웠다기보다 쓸어 넣어주는 감언이설들을 그대로 받아들였던 것이다. 6·25가 가까웠을 때 손근욱은 사상적으로도 공산주의자가 되어 있었다. 그러다가 6·25 남침을 당하자 괴뢰군(북한군)들은 서대문 감옥 문을 열었다. 감옥에서 탈출해 나온 손근욱은 인민군이 고마웠다. 그래서 인민군 만세를 마구 불러댔다.

형무소 앞에서 김00란 자가 손근욱의 손을 힘 있게 잡으면서 앞으로 일을 같이 하자고 할 때도 손근욱은 쾌히 승낙하고 목숨을 바쳐 일할 것을 맹서했다. 그리고 텅 빈 명륜동의 자기 집으로 왔을 때 손근욱은 쓸쓸하기 짝이 없었다. 첩이 둘씩이나 있었지만 한 명도 얼씬하지 않았다. 손근욱은 자기에게 돈이 없기 때문에 찾아오는 사람이 없는 것이라고 생각지 않을 수 없었다.

6·25 동안 손근욱은 별일이 없었지만 돈이 없다는 고독감을 금치 못했다. 그러다가 9·28이 가까웠을 때 김00가 손근욱을 찾아왔다. 자기는 월북을 하지 않을 수 없어 떠나지만 손근욱은 이남에 남아서 다시 위조지폐 10억 원을 인쇄하여 유통시키라는 것이었다. 그러면서 현금 70만원을 주고 떠났다.

손근욱은 돈을 받자 그때야 다시 살아난 것 같음을 느꼈다. 그는 즉시로 오경자를 찾아 갔다. 돈만 있으면 오경자도 다시 돌아올 것 같았던 것이다. 그러나 오경자는 그를 만나주지도 않았다. 그래서 다음 날에는 인편에 벨벳 치마감 한 벌을 보내고 다시 찾아갔다. 그날은 오경자가 반갑게 맞이해 주며 그를 얼싸안기까지 했다.

그들은 지난 이야기를 하던 중 오경자가 6·25 동안 어떤 괴뢰군 장교와 동거생활을 하다가 이제는 혼자 몸이 되었다는 것을 말하고 손근욱의 품안에 안기어 울기를 시작했다. 손근욱은 오경자가 자기를 떠난 것도 결국은 돈이 없는 탓이었다고 생각한 나머지 오경자를 용서해 주고 다시 같이 살자고 말했다.

"이 집은 인민군 장교의 집이었는데 여기서야 살 수 있나요." 오경자가 이렇게 걱정할 때 손근욱은 갖고 있는 돈을 보여주면서 걱정할 것이 하나도 없다고 말했다. 돈만 있으면 집도 구할 수 있다는 것이었다. 손근욱은 오경자와 같이 행복스러운 생활을 꾸며나갈 새로운 계획을 꿈꾸기 시작했던 것이다.

2. 제2의 위조지폐 계획

다음 날 손근욱은 오경자에게 돈을 주면서 딴 집을 얻으라고 했다. 돈을 받은 오경자는 아현동 근처에 집을 얻고 이사를 하려 했으나 이사를 앞 둔 오경자가 "아무래도 위험하니까 앞 집 사람을 죽여야겠어요."라고 말했다.

즉 오경자 앞집에는 대한청년단 간부가 숨어 있는데 그가 인민군 장교와 같이 살던 자기를 잘 알고 있는 만큼 다른 데로 이사를 간다 해도 국군만 들어오면 자기를 찾아와서 죽일 것 같다는 것이었다.

국군이 인천에 상륙했다고 하는 만큼 서울 탈환도 멀지 않았다. 괴뢰군이 남아 있는 동안 그 사람을 없애야 발을 펴고 살 수 있다. 그래서 오경자는 손근욱의 손목을 잡고 꼭 죽여줘야만 하겠다고 졸랐다.

손근욱에게 있어서 그것은 문제가 아니었다. 사랑하는 오경자를 위하여 사람 하나쯤 죽이는 것이 힘들 것이 없었다. 그는 당장에 정치보위부로 달려가 자기의 신분을 말하고 악질분자가 어디 숨어 있으니 같이 가달라고 청했다. 정치보위부에서는 손근욱에게 치사를 하며 그가 안내하는 대로 따라갔다.

정치보위부 대원은 손근욱과 오경자를 앞세우고 대한청년단 간부 집으로 들어가 가택수색을 했으나 남자는 한 사람도 없고 여자 한 명만이 집을 지키고 있었다. 남자가 어디 갔느냐고 물어도 어디를 갔는지 모른다고 대답했다.

보위대원은 할 수 없이 남자 대신 여자라도 가자 하고 여자를 잡아 가려 했다. 그러나 여자가 옷을 갈아입고 나오겠다고 하며 안방으로 들어가서는 나오지를 않았다.

보위대원은 총대를 내밀고 안방으로 들어갔으나 여자는 보이지 않았다. 부엌으로 해서 안뜰로 나갔을 때였다. 갑자기 커다란 돌 하나가 날아와 보위대원의 머리를 갈겼다. 보위대원은 그만 그 자리에서 쓰러지고 말았다. 그 집 주인인 청년단 간부가 장독대에 숨어 있다가 돌로 보위대원을 갈겨버린 것이었다. 보위대원이 쓰러지자 청년단 간부는 보위대원이 가졌던 총을 뺏었다. 그리고 다음에 나타날 사람을 향해 총부리를 겨누고 있을 때 무슨 일이 생겼나 궁금해서 오경자가 안뜰로 나왔다. 청년단 간부는 방아쇠를 당겨버리고 말았다. 오경자도 그 자리에서 쓰러지고 말았다.

총소리를 듣고 겁에 질린 손근욱이 다시 보위부로 달려가 사실을 보고하고 10여명의 보위대원과 같이 달려왔을 때에는 두 시체만이 누워있을 뿐 사람 그림자 하나 없었다.

자기가 안심하고 살기 위하여 남을 죽이려다가 도리어 사람에게 맞아 죽은 오경자! 오경자의 시체를 안은 손근욱은 희망을 잃어버리고 실망의 눈물을 흘리지 않을 수 없었다. 김00에게서 받은 70만원은 그 사이 전부 써버렸다. 그리고 오경자는 죽고 말았다.

게다가 유엔군이 서울을 탈환하게 되었다. 앞으로 자기는 국군에 붙들려 죽지나 않을까 하는 불안이 생겼다. 국군이 서울에 입성하고 대한민국 수도로 복구되자 손근욱은 이때부터 반발하기를 시작했다. 3개월 뒤에는 괴뢰군(북한군)이 다시 침략해 온다는 말이 머리에서 떠나지 않는 동시에 김00가 70만원을 주며 "손 동무는 기술이 훌륭하니까 서울에 남아서 맡은 바 임무를 수행하십시오!"라고 하던 말이 생각났다.

손근욱은 맡은 임무를 다한 뒤 괴뢰군(북한군)이 다시 들어올 때 자기의 공적을 자랑하고 싶었다. 그리고 자기가 태만해서 임무를 수행하지 않는다면 괴뢰군(북한군)이 다시 들어왔을 때 숙청당하고 말 것이라고 겁을 먹었다.

"주저 말고 일을 하자!"

손근욱은 이렇게 결심을 하자 무엇보다도 자기에게 협력해 줄 사람이 있어야 한다는 생각으로 친한 사람들을 찾아보기로 했다. 그러나 친하던 좌익분자들은 대부분 월북했을 터이니 찾아가려고 해야 찾아갈 데도 없었다. 그는 문득 이종태(李鐘泰)를 생각했다. 나이는 20살밖에 안 된 소년이지만 오경자의 일가 되는 사람이며 또 돈도 어느 정도 가지고 있다. 자기를 믿고 자본을 융통해 줄 것 같았다,

그는 마침내 장충동(獎忠洞)에 사는 이종태를 찾아갔다. 그 동안 지난 이야기와 오경자가 죽은 이야기를 주고받다가 손근욱은 괴뢰군(북

한군)이 3개월 뒤에 다시 서울로 진격해 온다는 말을 했다.

3. 실천의 길로

이종태는 곧이듣지 않았지만 손근욱은 어린 이종태가 넘어가도록 있는 말 없는 말을 덧붙여 이종태를 넘어뜨리고야 말았다. 그 뒤에는 괴뢰군(북한군)이 들어오고야 말 터이니까 그동안 위조지폐를 만들어 풍성풍성 지내다가 괴뢰군(북한군)에게 그 경과를 보고해서 그럴듯한 자리를 얻어야겠다고 말했다.

어린 이종태는 어리둥절해서 말도 못했지만 손근욱이가 돈에 대한 매력을 주어 섬기는 데는 침을 삼키지 않을 수 없었다. 그것도 몇 천, 몇 만원이 아니라 10억의 돈을 찍어 낸다고 하는 말에 이종태는 그만 황홀해지고 말았다.

좋은 집도 살 수 있다, 양복도 마음대로 해 입을 수 있다, 예쁜 여자와 결혼도 할 수 있다. 이종태가 호화스런 꿈을 꾸고 있을 때 손근욱은 한번 해볼 용기가 없느냐고 유혹의 말을 던졌다.

이종태는 "내가 할 수 있는 일이 무엇이냐?"고 물었다. 그때 손근욱은 "나는 기술밖에 가진 것이 없으니까 자금을 대달라."고 말했다. 이종태는 "얼마만큼 있으면 되겠느냐?"고 물었다.

손근욱은 "기계와 약품만 사면 되니까 40만원 가지면 된다."고 했다. 이종태는 "40만원을 가지고 10억 원을 만들 수 있다면 어떻게 해서든지 만들어야겠다."고 말하며 며칠만 여유를 달라고 했다. 손근욱은 그러라고 말한 뒤 자기 집으로 돌아왔다. 종태가 돈을 마련하겠다고 승낙했으니 이제는 지폐를 만들 수 있게 되었다. 돈을 함부로 찍어서 호화롭게 살다가 괴뢰군(북한군)이 들어올 때 그때는 높은 자리에 앉아 다시 또 호화롭게 지낼 생각을 하니 가슴이 뛰는 것 같았다.

다음 날 그는 일찌감치 종태를 찾아갔다. 돈을 준비해 놓았을까 반신반의했지만 그래도 종태만 믿을 수밖에 없었다. 손근욱은 종태가 소식이 있을 때까지 기다릴 수가 없었기 때문이었다. 찾아온 손근욱을 보자마자 이종태가 웃는 낯으로 돈이 되었다고 자랑처럼 말할 때 손근욱은 지폐를 아주 만들어 놓기나 한 것처럼 기뻐했다.

손근욱은 40만원을 받아들자 곧 거리로 나와 고물상과 사진재료 상점들을 찾아다녔다. 그렇지만 구하려는 물건이 별반 있지 않았다. 괴뢰군(북한군)들이 후퇴할 때 귀중하다고 하는 물건을 대부분 약탈해 가지고 간 모양이었다. 돈을 주고도 물건을 살 수 없었다.

사흘 동안 서울 장안을 전부 뒤지고서야 필름 동판, 화학약품, 인쇄 잉크, 모조지 등 재료를 겨우 구할 수 있었다.

재료를 산 뒤 손근욱은 "이제 돈을 만들 수 있게 되었는데 동무는 그 돈을 어떻게 쓸 계획이오?" 하고 종태에게 물었다.

어린 종태지만 그는 "언제쯤 지폐가 인쇄되어 나옵니까? 그것부터 알아야지요?" 하고 어른처럼 말했다. 손근욱은 늦어도 20일 후면 돈을 쓸 수 있게 된다고 설명했다.

"그때까지 무사할까요?" 이종태가 다시 물었다.

그때 손근욱은 "위험하기는 하지. 그렇지만 10억 장사가 되는데 그만한 위험쯤 무서워서야 일을 할 수 있나!" 하고 큰소리를 했다.

큰소리를 하기는 했으나 사실은 두 번이나 형무소 생활을 맛본 손근욱이다. 그리고 얼마 전 안국동 어떤 약국에서 약품을 사가지고 나올 때 이상한 눈초리로 자기를 쏘아보던 사람이 머리에 떠올랐다. 벌써 수상하게 생각하고 미행하는 것이나 아닐까 하며 겁이 들었다. 만약 이제 잡히기만 하면 지폐를 만들어 보지도 못하고 형무소에 들어갈지 모른다.

사실 이때부터 CIC에서는 손근욱을 미행하기 시작했던 것이다. 손근욱은 공포를 금할 수가 없어서 이종태에게 안전하게 일할 방법이 없을까 하고 걱정을 했다. 그러나 나이 어린 이종태에게 특별한 방법이 있을 리 없었다. 손근욱은 혼자서 걱정을 하며 사온 약품들을 조사했다. 호구로 산(酸), 암모니아, 암모니아 수(水), 염화질소(鹽化窒素) 2액(液), 염산(鹽酸), 인쇄 왁스, 구리세정, 알코올, 휘발유, 모피루 유(油) 등 여러 가지 약품을 조사하고 있을 때 문득 경무대(景武臺·현 청와대) 경찰서에 있는 한효원(韓孝源) 경사를 생각했다.

8·15 이전부터 아는 친구였다. 오랫동안 만나지 않았지만 찾아가서 이야기를 하고 돈맛을 보이면 자기들을 보호해 줄지도 모른다는 생각이 들었다.

손근욱은 한효원 경사를 찾아갔다. 그리고는 또 다시 괴뢰군(북한군)이 3개월 뒤에 서울로 침입해 온다는 말을 하고 자기가 맡은 바 임무가 무엇이라는 것을 설명했다. 자기를 보호해 주기만 하면 돈은 얼마든지 줄 수 있으며 또 괴뢰군(북한군)이 들어와도 생명을 절대 보장해 주겠노라고 장담을 했다.

한효원은 어떻게 생각했는지 힘들지 않게 승낙을 했다. 승낙할 뿐만 아니라 위조지폐를 만드는 데 자금이 필요하면 자금까지 대겠노라고 말했다. 너무나 쉽게 대답을 하는데 손근욱은 도리어 그 말이 믿어지지 않을 정도였다. 자기를 체포하기 위해서 협력하는 척하는 것이나 아닌가 하는 생각까지 들었다. 그러나 한효원은 다음 날 차관명(車官明)이란 사람을 소개해 주며 그 사람이 인쇄 장소를 제공해 줄 터이니까 그 집에 가서 인쇄를 하라고 말했다.

손근욱은 그때야 겨우 안심을 했다. 그래서 그날은 재료와 기계와 약품들을 명륜동에 있는 차관명의 집으로 옮기고 거기서 일을 착수하기 시작했다.

모조지를 천(千) 원짜리 지폐와 꼭 같이 절단하고 인쇄기계를 수리하고 사진을 찍고 하며 하루하루를 바쁘게 지냈다. 한효원도 매일 같이 찾아와서 그 근방의 경계를 게을리 하지 않았다.

4. 새로운 공포

천 원짜리 지폐를 찍은 사진이 동판에까지 올라 이제는 그야말로 본격적인 단계에 이르렀다.

손근욱은 총책임자, 이종태는 비서, 한효원은 정보 및 경비의 책임자, 차관명은 노력과 식사를 제공하는 사람. 이렇게 사무 분야를 나누어 가지고 일을 착착 진행시켰다. 그러나 그들은 언제나 불안감을 없앨 수 없다. 도적놈은 제발이 저리단 말이 있지만 죄악을 범행하고 있는 자들로서 어찌 공포관념을 버릴 수 있을 것인가.

서울의 모든 수사기관이 부역자를 적발하는 데 총력을 집중시키고 있었다. 그런 만큼 그들이라고 안전감을 가질 수는 없었던 것이다. 그래서 그들은 차관명이가 아는 이성도(李聖道)의 집을 교섭해서 며칠을 명륜동, 며칠은 이성도의 집인 회현동으로 부지런히 장소를 옮기기로 했다. 장소를 이동하면서 일을 한다면 아무리 수사기관이라 해도 자기들을 발견할 수 없을 것 같았기 때문이었다.

　이성도는 공산당원이 아니었지만 차관명의 협박에 못 이겨 방을 빌려 주기로 했다. 이성도는 8·15 이후 자기의 친구가 공산당에 협력하지 않았다고 해서 공산당원들에게 맞아 죽은 일을 기억하고 있었다. 그런 만큼 그들의 말을 듣지 않았다가 언제 어디서 암살을 당할지도 모른다고 생각했다.

　어쨌든 차관명은 이성도의 방을 빌리기로 하고 필요할 때는 언제든지 그리로 옮기려 했다. 그런데 뜻밖에도 정판사사건 당시 손근욱과 같이 감옥에 들어갔다가 6·25 때 탈옥한 홍양두(洪陽斗)가 체포되었다는 소식이 들어왔다.

　손근욱은 깜짝 놀랐다. 그동안 통 소식을 모르던 홍양두가 지금 체포되었다면 자기도 멀지 않아 체포될 우려가 있기 때문이었다. 손근욱은 차관명을 시켜 홍양두의 집에 가서 그 동안의 사정을 알아오게 했다. 가족들이 어떻게 살고 있는지 그리고 홍양두는 어디서 어떻게 체포되었는지 모두가 궁금했다. 그리고는 암호 편지를 한 장 써 주었다.

　차관명은 시키는 대로 홍양두의 집을 찾아갔다. 홍양두의 처 김필임(金必任)은 손근욱의 심부름으로 왔다는 말을 듣고 차관명을 반갑게 맞이해 주었다. 그리고 암호편지를 받아 읽고는 "손 동무에게도 미행하고 있는 사람이 있다고요?" 하고 자문자답했다.

차관명은 그런 사실을 몰랐기 때문에 "그런 일은 별로 있는 것 같지 않던데…."라고 대답했다.

"미행하는 사람이 있는 것 같아 일도 제대로 되지 않는다고 그랬는데요? 그렇지만 그런 겁을 먹지 말고 빨리 지폐나 만들라고 그러십시오. 사실은 우리도 돈이 굉장히 필요합니다." 하고 김필임은 자기 남편의 석방 운동을 하는 데 돈이 시급히 필요하다는 말을 했다.

어제도 오늘도 딸 홍정숙(洪貞淑)이가 중부경찰서로 갔는데 암만 가면 돈 없이 무슨 소용이 있겠느냐 하며 하루빨리 위조지폐를 찍어 내 달라고 했다. 그리고 자기 딸 홍정숙이를 좋아서 따라다니는 남현명(南鉉命)이란 국군 대위가 있는데 그이도 홍양두를 석방시켜 주려고 애쓰고 있으니까 돈만 있으면 문제가 없다고 했다.

그때 차관명은 "그래도 약 20일가량 기다리셔야 하겠는데요. 그때야 돈이 찍어질 것이니까요." 하고 대답했다.

김필임은 이럴 때 동지를 구하지 않으면 언제 구하겠느냐고 하면서 돈을 딴 데서 돌려서라도 주기를 바랐다. 차관명은 잘 알았다고 대답한 뒤 명륜동 자기 집으로 돌아왔다. 집에서는 손근욱과 이종태가 천원권 사진 현상을 하고 있었다. 차관명은 손근욱에게 김필임이가 하던 말을 들은 대로 보고했다. 그 보고를 듣자 손근욱은 근심 띤 얼굴로 "빨리 만들어서 도와줘야겠는데 일이 그렇게 돼야지! 큰일이로군!" 하고 혼잣말 비슷이 중얼거렸다.

동시에 "참 요새 한효원 동무는 왜 통 보이질 않을까요?" 하고 물었다. 손근욱의 얼굴이 대단히 심각해 보였다. 겁에 질린 사람 같았다.

"한 동무가 안 오면 어때요?" 차관명이가 이렇게 말하자 손근욱은 "한 동무가 옆에 있어 줬으면 안심이 될 것 같은데 불안해서 일을 할 수가 있어야지요." 하고는 천원권 만큼 잘라 놓은 모조지 맨 윗장을 가져다가 차관명에게 보여주었다.

그리고 그 종이 위에 얼룩이 난 것을 가리키며 "이건 우리들의 땀방울 자리도 아니고 침을 뱉은 흔적도 아닙니다." 하고 설명했다.

"그럼 무슨 자리 같습니까?"

"미행원이 들어와서 약품을 조사하다가 떨어뜨린 것입니다."

"언제 들어올 새가 있었나요?"

"있지요. 우리가 여길 빈 때가 있었습니다."

"그랬으면 좋겠는데요. 그런 것 같지는 않습니다."

손근욱은 홍양두가 체포되었다는 사실을 들은 뒤부터 공포증이 일층 심해진 것만은 사실이었다.

그러나 그들이 모르는 사이에 미행원이 그들 뒤를 조금도 놓치지 않고 있는 것만도 사실이었다. 손근욱은 불안감에 일을 할 수 없었다. 그래서 다음 날에는 아침 일찍 회현동 이성도의 집으로 작업장을 옮기었다.

그들은 회현동 이성도 집에서 일을 계속했다. 천원 지폐를 사진 찍어 그것을 동판에 밀착시키고 또 주자번호형(朱字番號型)의 활판을 만들기까지 했다. 더구나 이성도의 누이동생 이성애(李聖愛)가 열심히 그들을 도와주는데 더욱 용기가 났다. 이성애는 그들에게 식사를 지어 주었을 뿐 아니라 외부의 연락을 도맡아 보아 주었다. 시간만 있으면 그들 옆에 와서 격려를 해 주기도 했다. 그러나 며칠이 지나는 동안 빨갱이가 아닌 이성애는 위조지폐 만드는 목적이 단순한 금전문제가 아님을 알고 실망을 느끼기 시작했다. 그들에게 이용당하고 있다는 사실을 깨닫자 전율과 공포까지 느꼈다.

이렇게 전율을 느끼고 있던 어느 날 낯모르는 사람들이 그의 집을 찾아왔다.

5. 체포되는 날

한 사람은 육군 대위였고 나머지 두 사람은 여자였다. 그들은 손근욱을 보자 돈을 달라고 했다. 돈이 없어서 경찰서에 들어간 사람을 석방시키지 못한다고 했다.

손근욱이가 며칠만 참으면 돈을 찍기 시작한다고 대답하자 그들은 다른데서 돌릴 수라도 있지 않으냐고 말했다. 성의가 없고 의리가 없을 뿐 아니라 사상이 의심스럽다는 말까지 했다. 그래도 돈이 없는 걸 어떻게 하겠느냐고 손근욱이가 애걸을 하자 그들은 "내일까지 돈을 준비하지 않으면 수사기관에 보고할 테니 그럴 줄 알아!"라고 협박을 한 뒤 돌아갔다.

이런 광경을 보자 이성애는 더욱 무서워졌다. 그들이 돌아가서 한마디만 입을 벌리면 자기까지 철창생활을 면할 수 없었다. 이성애는 어디로 도망을 치고 싶었다.

그러나 손근욱이가 "이 집에 있다가는 위험하니까 오늘로 다시 옮깁시다." 하고 얼굴이 질려서 말했다. 그들은 명륜동 차관명의 집도 위험한 것을 깨달았다. 그래서 제3의 아지트인 장충동 이종태 집으로 작업장을 옮기기로 했다. 이사 갈 것을 결정하고 짐을 꾸린 뒤 출발하려 할 즈음 차관명이가 이성애를 보고 "동무들 같이 갑시다." 하고 말했다.

이성애는 그들이 잘 간다고 속으로 기뻐했다. 그들이 자기 집을 떠나기만 하면 자기에게는 죄가 돌아올 것 같지 않았기 때문이었다. 그런데 차관명이가 뜻밖에도 이런 말을 할 때 이성애는 가슴이 따끔했다. 그러나 "저는 집에 있어야 해요. 집일을 누가 보고요?" 하고 떨어지려 했다.

"안 됩니다. 이제 며칠 안 남은 일을 다 같이 끝내야 하지 않겠소. 이성애 동무가 떨어지면 큰 지장이 생깁니다."

이성애가 있으면 일에 능률이 나기 때문인지 그렇지 않으면 그녀가 의심이 나서 남겨 둘 수가 없기 때문인지 어쨌든 그들은 이성애를 데리고 가야 한다고 말했다. 이성애가 여러 가지 변명을 했으나 소용이 없었다. 살면 같이 살고 죽으면 같이 죽어야만 하게 되었다고 협박까지 하며 이성애를 끌고 가고야 말았다. 이성애는 할 수 없이 따라가고야 말았다.

그들은 장충동 이종태 집에 도착하자 이종태의 어머니를 문밖에 파수 세워놓은 뒤 작업을 시작했다. 필름에 밀착된 한국은행권 앞뒷면 한 장씩을 현상하여 그 밀착된 필름에 염화질소 등 여러 가지 화학약품을 사용하여 동판에 현상하는 것이었다. 그리고는 그 현상된 동판을 묵판(墨版)에 고착시켜 인쇄기에 삽입하기까지 했다. 인쇄기가 돌기 시작했다. 금적색 부분인 번호와 총재인(總裁印)이 찍혀 나왔다.

그들은 물건이 되기 시작하는 것을 보자 전부가 감격한 표정을 지었다. 색깔을 맞추어 앞뒷면을 몇 번씩 찍어 내기만 하면 완전한 지폐가 되는 것이었다. 우선 손근욱이가 빙글빙글 웃으며 "상당히 오래 걸렸지요. 참 모두들 고생했습니다." 하고 말했다.

그때 차관명이가 "참 벌써 두 달이나 지나갔는데요. 그것도 쉬운 일이 아니군…." 하고 감개무량한 듯이 말했다. "그래도 이제부터 돈을 흥청흥청 쓰게 됐으니까 두 달 동안 애쓴 보람이 있지요." 이종태가 이렇게 말하자 옆에 있던 한효원과 이성도는 싱글벙글 웃기만 했다.

사실 이날만은 한효원까지 와 있었다. 그것은 일이 끝나 가니까 모두들 궁금하기도 했을 것이지만 이성도 집에서 남현명 대위의 협박을 받고 자리를 옮기려 할 때 한효원이가 와서 그 광경을 보고는 그들을 경비할 겸 이종태 집까지 따라 왔던 것이다. 위조지폐에 관계가 있는 사람 전부가 한 자리에 모여 있는 만큼 그들의 기쁨은 한층 더 컸다.

차관명이가 나가서 술 한 되를 사가지고 왔다. 유쾌한 축배를 올리자는 것이었다. 간단히 축배를 올리고는 더욱 신이 나서 일을 시작하려 할 때 한효원이가 자기는 근무관계로 다녀와야 하겠다고 했다. 근무 도중에 잠깐 나왔던 것인데 너무 오래 있으면 재미가 없으니까 일단 들어갔다 나와서 일을 돕겠다고 하며 돌아갔다.

한효원이가 나가자 손근욱은 갑자기 떨기를 시작했다. 일이 완성되어 간다는 감격에 못지않게 최후가 무사할까 하는 공포심이 들었던 것이다. 옆에 있던 한효원이가 없어지자 그러한 공포가 갑자기 그를 엄습했는지 "좀 쉬어야겠는데…." 하고 손근욱은 자리에 누워버렸다.

자리에 눕자 그의 몸이 떨리기 시작했다. 그는 안국동에서 번뜩 본 미행원이 눈앞에 그려지는 것이었다. 그리고 명륜동에서 생긴 모조지의 얼룩과 오늘 남현명에게서 받은 협박을 생각하는 것이었다.

불길한 징조뿐이었다. 그 불길한 징조는 화폐를 인쇄 완료하기 전에 현실로 재현될 것만 같았다. 만약 불길한 일이 생기기만 한다면 자기의 목숨은 남을 것 같지가 않았다.

"오경자!" 그는 잠꼬대처럼 오경자의 이름을 불렀다.

오경자가 허영에 빠지지 않고 자기를 버리지 않았다면 자기는 이러한 죄악을 범하지 않았을지도 모른다. 오경자가 원망스러웠다.

차관명, 이종태, 이성도, 이성애 모두가 손근욱의 용기를 돋우기 위해서 격려하였으나 소용이 없었다.

"오늘이 며칠이오?" 손근욱은 누운 채 날짜를 물었다. 자기가 죽는 날이나 알고 싶다는 표정이었다.

"12월 11일입니다."

"알았어!"

손근욱은 좀처럼 일어나지 않았다. 몇 시간 뒤 한효원이가 다시 왔을 때야 "한 동무! 일이 끝날 때까지 제발 내 옆에 있어주시오." 하고 애원을 하면서 일어났다.

"이제부터 인쇄를 시작해서 삼사일만 계속하면 돈이 쏟아집니다. 이삼일만 내 옆에 있어 주십시오. 이제 한 달만 더 참으면 인민군 동무들이 들어오지 않습니까? 그때는 우리가 정말 활동할 수 있지요. 우리의 세상이니까. 한 동무도 한 자리를 얻을 테니까 그까짓 경찰서 조금 땡땡이치십시오."

이런 말을 하는 손근욱이 누워서 읊조릴 때는 아주 딴 사람이 된 것 같았다. 그들은 일을 시작했다. 밤을 새어가면서 지폐를 찍었다.

　밤이 인쇄기계 소리에 함께 깊어 갔다. 한 시가 지나고 두 시가 지났을 때였다. 바깥에서 갑자기 눈보라치는 요란한 소리가 들리었다. 소총소리가 한 방 들려왔다. 한효원이가 권총을 빼어 들었다. 그러나 "꼼짝들 말고 있어!" 하는 고함소리가 들릴 때 방안에 있던 사람들은 제각기 숨을 곳을 찾으려 했다.

　손근욱은 올 때가 온 것을 짐작하고 인쇄하던 종이들을 태우려고 성냥을 찾으려 했다. 그때 다시 "가만있지 못해! 꼼짝하면 쏜다." 하는 고함소리가 들리었다. 그것은 창구멍으로 총부리를 들이밀고 있는 사람의 목소리였다. 모두들 어리둥절해 있을 때 "손들엇!" 하는 소리가 들렸다. 한 곳에서만 들리는 소리가 아니었다. 이곳저곳 사방에서 손들라는 소리가 요란하게 들리었다. 한효원도 권총을 놓고 손을 들지 않을 수 없었다. 창밖에 포위하고 있는 사람들에게 대항한다는 것은 무리한 일이 아닐 수 없었기 때문이다.

　모두가 두 손을 높이 들었을 때 문 여는 소리가 요란하게 나는 것과 동시에 적지 않은 수사원이 밀려들어와 하늘로 향한 손마디에 고랑을 채웠다.

　"이놈들! 두 달 동안이나 너희 놈들을 따라다니기에 얼마나 고생했는지 알아!"

　손근욱은 이 말에 안국동에서 보던 미행원이 정말 미행원이었다는 것을 알았다. 위조지폐단이 한 명도 남김없이 포박되었을 때 트럭이 한 대 집 앞에 이르렀다. 위조지폐단은 모조리 트럭 위에 실리었다.

한 겨울 매서운 바람이 살을 깎는 것 같았다. 끄는 대로 끌리어 트럭 위에 올라갔을 때 어둠속에서 "나는 육군 대위다. 내가 위조지폐단과 무슨 관계가 있다고 잡아가는 거야?" 하는 목소리가 트럭 한 모퉁이에서 들렸다. 남현명이었다.

자세히 보니 그 옆에는 홍양두의 처 김필임과 홍양두의 딸 홍정숙이가 웅크리고 앉아 있었다.

II. 붉은 밀사의 최후 :
소위 대남 평화사절 사건

1. 김평의 반생

모택동(毛澤東)은 북한 괴뢰군의 남침 계획에 앞서 우리 국군의 항전을 중지시키는 동시 괴뢰군(북한군)의 무혈 남침을 조성키 위하여 소위 대남평화사절로 김평(金平·일명 김성현·36세)을 남하시켰다.

즉 대남평화사절로서 모택동의 지령을 받은 김평은 1950년 6월 8일 길림(吉林)을 출발하여 6월 10일 평양에 도착하여 김일성과 상의한 후 6월 27일 평양을 떠나 7월 9일 부산에 도착하였다.

부산에 도착하자 당시 6·25사변으로 국군이 약간 불리한 조건 하에 있음을 기화로 당시의 국방부장관 신성모(申性模)와 채병덕(蔡秉德) 장군을 만나 평화회의를 제기하고 국군의 항전을 중지시키려 했으나 유엔군 및 국군의 결전 태세에 그만 목적을 달성치 못하고 시일을 보내다가 국군의 노도 같은 북진을 보자 그만 실망을 느끼고 말았다. 그러나 김평은 이왕 남하한 길이니 어떤 수단으로나마 모택동의 지령을 완수하려고 최후의 발악을 하다가 CIC의 수사망에 걸리고 말았다.

이제 김평이 걸어온 길과 아울러 소위 대남평화사절의 임무가 어떤 것이었는가를 김평 자신의 진술에 의하여 기록하려 한다.

김평은 평안북도 신의주 미륵동에서 출생했다. 아버지는 수레를 끄는 노동자였고 어머니는 시장에서 두부를 팔고 있었다. 집안이 가난한데다가 김평은 공부를 좋아하지 않았다. 보통학교에 다니면서도 책 읽는 것보다 나다니며 남을 때려주는 데 흥미를 느끼고 있었다. 남자고 여자고 닥치는 대로 때려줘 옆집 순희(順姬)라는 계집애는 애꾸눈까지 되었다고 한다.

그 뒤부터 아버지의 감시로 밖에도 잘 나가지 못했으나 낙제하지 않을 정도의 성적으로 보통학교를 졸업하자 그는 어떤 잡화상점의 점원으로 들어갔다. 그 상점에 들어가서도 몇 달이 못 되어 결국은 상품을 훔쳐내다가 발각이 되어 쫓겨나고 말았다. 그 뒤에는 압록강 철교로 나가 소매치기를 시작했고, 17살부터는 아편장사를 시작했다. 한편 금을 밀수출하는 사람들의 앞잡이가 되어 항문에다 금을 넣고 철교를 넘어 넘겨준 뒤 수수료를 받으며 돈을 벌었다. 그러자 17살에 술과 색에 빠지기 시작했다.

그는 돈을 벌려고 했다. 그것은 결국 술을 마시고 계집질을 하기 위함이었다. 그러면서도 남이 못하는 일을 해보겠다는 생각을 가지고 있었다. 남 못하는 일이란 아무것이나 좋았다. 강도질도 좋았고 계집질도 좋았다.

19살 때 그는 자기의 친구 부인을 강간했다. 그 결과 그는 경찰서 수사망에서 도망하기 위하여 만주로 들어갔다. 변장을 하고 만주로 들어가는 기차 칸에서 만몽(滿蒙) 카렌다공사 외교원이라는 사람을 알게 되었다. 만주가 처음이고 주머니에 돈이 없는 만큼 어떤 사람이고 의지를 해야만 했기 때문에 그는 외교원의 가방을 들고 그가 가자는 대로 갔다.

외교원은 봉천(奉天·현재 심양)에서 내렸다. 김평도 그를 따라 봉천에서 내렸다. 봉천에 이르자 외교원은 단골여관으로 갔다. 외교원은 단순한 외교원이 아닌지 얼마 동안은 봉천을 떠나지 않았다. 극장이며 경마장 같은 데로만 다니고 있었다.

외교원과 김평은 아주 가까운 사이가 되어 매일처럼 경마장에 다녔다. 경마장에 가서는 마권(馬券)을 사는데 이상스럽게도 마권이 들어맞아 매일 적지 않은 돈을 벌 수 있었다. 거기서 번 돈으로 김평은 일본, 중국, 한국 등 여러 나라 여자들을 번갈아 향락하였다.

19살 난 방탕아! 술과 여자, 도박의 결과는 아편까지 즐기게 했다. 아편을 즐기게 되자 그때는 절도와 강도를 시작하게 되었다.

이렇게 타락할 대로 타락한 생활을 1년 가까이 계속하고 있을 때 카렌다공사 외교원이 산해관(山海關)에 갈 일이 있는데 같이 가지 않겠느냐고 물었다. 김평은 밀수 관계로 가는 것이라 생각하고 뒤따라가기로 했다. 돈을 버는 일이라면 어떤 방법도 가릴 수 없는 처지였던 것이다.

산해관이란 당시 만주와 중국 간의 국경이다. 금을 가지고 그 국경만 넘으면 돈을 벌 수 있다는 것이었다. 김평은 신의주에서 금을 항문에 넣고 철교를 건너던 경험이 있기 때문에 외교원이 주는 금을 항문에 넣고 기차를 탔다.

기차가 떠나자 이동 형사들이 쉴 사이 없이 지나다녔다. 그러나 산해관에 이르자 세관원들이 짐을 조사함과 동시에 걸음걸이까지 조사했다. 김평이 무사히 통과했다 생각하며 산해관역으로 나오려 할 때였다. 형사 한 명이 뒤를 쫓아오며 김평에게 물어볼 말이 있다고 했다. 할 수 없이 형사를 따라 역장실로 들어갔을 때 형사는 그에게 옷을 벗으라고 했다. 항문 속에 금을 숨기고 있는 사실을 걸음걸이로 짐작했던 모양이었다.

김평은 일이 틀렸다는 것을 깨달았다. 어차피 발각되고야 말 것이라면 조사 끝에 내놓을 것 없이 자진해서 내주는 것이 현명한 일일 것 같았다. 그래서 금을 항문 속에서 꺼내주자 형사는 그를 데리고 경찰서로 갔다.

일주일 뒤에는 징역 3년의 언도를 받고 철창생활을 하는 몸이 되고야 말았다. 불량소년의 말로는 결국 이런 것이 되고 말았다.

2 공산주의 유혹

철창생활은 김평에게 커다란 전환점을 가져왔다. 첫째, 아편을 끊을 수 있었다. 둘째, 자기의 과거를 반성할 수 있었다. 셋째는 그가 감방 속에서 공산주의자가 될 수 있었다는 것이다.

감방 속에는 대부분이 밀수출입의 상인들이었지만 그 중에는 공산주의자도 한 명 끼어 있었다. 공산주의자들은 어떠한 곳에서도 동지를 구하는데 기회를 놓치지 않는다. 김평은 자기가 과거에 너무나 지나친 쾌락 속에 빠졌다는 것을 반성하고 있을 때인 만큼 무엇이나 새로운 것을 붙잡으려고 노력했다. 그럴 때 공산주의자의 선동은 100%

의 효과를 나타내게 되었다.

감옥에서 나오자 김평은 공산주의자로 일생을 보내려고 결심했다.
때마침 중일전쟁(中日戰爭)이 시작되어 몇 해 지난 뒤라 북경에는 중
공군 조선의용대라는 것이 있었다.

그러니까 1940년 그는 의용대로 자진 입대하였다. 김평은 의용대
에 입대하자 공산주의에 대한 연구를 누구보다도 열심히 했다. 군
사문제, 정치문제, 조직문제 등 각 방면에 걸쳐 연구를 거듭한 결과
1943년에는 일약 의용대의 간부로 승급할 수 있었다. 그래서 중공당
(中共黨·중국공산당의 줄임말)의 신망을 얻고 중공당 최고학부인 연
안대학(延安大學)에 입학할 수도 있었다.

8·15 해방이 되던 해 즉 1945년에 연안대학을 졸업한 그는 중공당
의 특별 지령으로 중공군 조선의용대 제5지대 제6연대의 정치위원으
로 취임하여 소위 반동분자 숙청을 시작했다. 그가 소년시대부터 가
지고 있는 난폭성은 이 반동분자 숙청에 또 다시 머리를 들었다. 많
이 죽이면 그만큼 칭찬을 받는 만큼 그는 그의 난폭성을 살려 무고한
청년과 국민정부 계통의 관리 및 그의 가족들을 그야말로 무자비하게
학살하였다. 강간도 마음대로 했다.

이러한 행동이 그의 성적을 높이었는지 중공당에서는 김평을 길림
에 있는 길림일보의 편집국장으로 영전 명령을 내렸다.

영전이 아닐 수 없었다. 한낱 불량소년에 지나지 않던 그가 신문의
경력이 조금도 없으면서 일약 편집국장이 되었다는 것은 공산주의 사
회에서만 있을 수 있는 일이다. 그러나 김평의 임무는 남한의 현실을

왜곡하여 악선전을 하고 북한의 괴뢰정권을 극구 찬양하여 만주에 있
는 한국 동포들을 공산화시키는 데 있을 뿐이었다. 부하 기자들로 하
여금 그러한 기사를 쓰도록 감독 지시만 하면 그뿐이었다.

어쨌든 김평은 맡은 바 임무를 완수했기 때문에 중공정권에서는 김
평을 더욱 중요시 하여 간부들이 길림에 출장할 때는 김평을 으레 찾
아보게끔 되었다.

김평이 편집국장으로 취임한 지 1년 4개월이 지난 어떤 날 그는 중
대한 사명을 받고 북경으로 출발했다. 그것은 중공과 북한 괴뢰집단
과의 비밀군사동맹을 체결하는데 사전 협의를 하자는 것이었다.

김평과 모택동의 회합에서 논의되었던 그 군사동맹이 1949년 2월
14일 드디어 체결되었지만 이 군사동맹의 공로자 김평이 그로 말미암
아 받은 신망은 더 말할 것도 없는 것이었다.

이 군사동맹은,
 1. 양자 간에 어느 쪽이 침략을 당할 때에는 중공 및 북한 괴뢰집단
    은 공동전선을 결성하여 공동으로 방위할 것
 2. 군사기지가 필요할 때에는 언제나 무상으로 제공할 것
 3. 군사적 작전수행에 있어서 필요할 때에는 공동 참모부를 설치할 것
 4. 군수물자를 상호 교류할 것

이 동맹의 목적은 북한이 남한을 침략하는 데 있었다. 침략을 당할
때 공동 방위하자는 것은 북한이 남한을 침략할 때 공동전선을 취하
자는 의미였던 것이다. 즉 이 동맹을 체결하던 1949년 2월부터 중공

과 북한 괴뢰집단에서는 남한 침략의 구체적 계획을 세웠던 것이다.

이러한 군사동맹을 체결하는 동시에 북한 괴뢰들은 38도선 접경에 호(壕)를 파고 병력을 이동하기 시작했다. 그러면서도 그들은 그러한 침략적 계획을 은폐하고 감추기 위하여 조만식(曺晚植) 선생과 이주하(李舟河), 김삼룡(金三龍)을 바꾸자는 방송을 시작했다.

대한민국에서는 그 방송을 신용하지 않았으나 선전에는 선전으로 응대하는 수밖에 없기 때문에 교환방법까지 제의했다. 대한민국이 이렇게 나오자 그때는 괴뢰(북한)들이 교환 시일을 끌면서 남침 준비만 갖추었다. 그러할 때 모택동과 주은래(周恩來)가 만주 시찰로 나왔다가 김평을 만나 중대한 사명을 맡겼다. 즉 북한 괴뢰가 머지않아 남침을 시작할 테니 김평이 대남평화사절로 남하하여 대한민국의 수뇌부와 만나 싸움을 오래 계속할 것 없이 인민공화국에 항복하도록 설득하라는 것이었다.

김평은 그러한 지령을 받고 6월 8일 길림을 떠나 신의주를 거쳐 평양으로 왔다. 6월 10일 평양에 도착했을 때 김일성은 김평을 환영하는데 국빈 이상으로 대우를 했다.

3. 남하 준비

평양에 이르자 김평은 좀체 구경하기 힘든 고급 자동차를 타고 김일성 관저로 향했다. 김일성은 요담할 생각보다도 우선 김평을 환대하는 데 전 신경을 기울였다. 성대한 연회가 계속되었다. 그리고는 소위 해방녀(解放女)라는 접대부를 시켜 극진한 친절을 베풀게 했다.

김평은 어렸을 때부터 술과 여자를 좋아한 사람이라 진탕 마시며 여자를 즐기었다. 며칠 동안 이렇게 호화로운 날을 지내다가 사흘 째 되는 날 아침에야 김일성이가 조반을 같이 하자고 자동차를 보냈다. 조반을 같이 하자는 것은 즉 중요한 회담을 하자는 뜻이었다. 김일성과 조반을 같이하면서 그들은 김평의 임무에 대하여 이야기를 시작했다.

먼저 김평은 괴뢰군(북한군)이 대한민국을 침략할만한 군사적 실력이 있는가 물었다. 그 말에 김일성은 절대 자신이 있다고 대답했다. 즉 대한민국에는 병력이 많지 않은데다가 무장도 변변치 못하여 얼마 안 되는 지리산(智異山) 유격대 토벌에도 기진맥진한다는 것, 그리고 1950년 1월 애치슨 미 국무장관의 성명에는 극동방공 라인이 알류샨으로부터 일본 유구와 필리핀으로 되어 있기 때문에 남한이 그 속에 포함되지 않았다는 것, 그러니까 괴뢰군(북한군)이 남침을 한다 해도 미국이 원조를 하지 않을 것 등을 설명했다.

김평은 남침 개시 날짜를 물었다. 김일성은 남북 총선거를 하자는 호소문을 보냈고, 또 조만식과 이주하, 김삼룡의 교환을 교섭 중이니까 그러한 정치적 모략의 성과를 보면서 곧 침략을 개시하겠다고 대답했다. 김평은 다시 공격을 개시하면 얼마 만에 승리를 거둘 수 있느냐고 질문했다. 김일성(金日成)은 대담하게도 1주일 이내에 부산까지 점령할 수 있다고 대답했다. 서울은 24시간 이내에 점령하고, 한강은 이틀 후에 도강할 수 있다는 것이었다. 그것은 국군의 장비가 약하기 때문이라고 말했다.

그때 김평은 괴뢰군(북한군)이 부산까지 점령한다고 해서 완전한 승리를 했다고 볼 수 있느냐고 물었다. 즉 장개석(蔣介石) 정부처럼 제주도로 옮겨가서 정비를 갖춘 뒤 다시 상륙할 것은 예상치 않느냐고 물었다. 그랬더니 김일성은 자기도 그것을 생각하고 있기는 하지만 김평의 임무가 그것일 것이라고 하며 김평의 손목을 잡았다. 즉 국군이 참패를 하면서도 제주도로 이동하지 못하도록 공작해 달라는 것이었다.

그때 김평은 자기가 모택동에게 받은 지령이 그것이었으니까 그 임무를 수행하기는 하겠는데 그 임무를 수행하기 위해서는 공작비와 공작원의 신분 보장과 그리고 공작원의 선택을 맡아 주어야겠다고 말했다.

김일성은 그런 것 쯤 문제가 안 되는 것이니까 요구하는 것은 무엇이든 말하라고 했다. 김평은 무엇보다도 공작원이 필요했다.

남하하여 국군의 최고 간부와 만나려면 그 최고 간부와 만날 수 있는 사람이 있어야 했기 때문이었다. 그래서 생각한 것이 채병덕 장군의 친척이었다. 채병덕 장군은 평안북도가 고향이니까 그곳에는 채 장군의 친척이 아직 살고 있을 것이다. 그 친척을 데리고 가면 그 친척을 통하여 채 장군과 접근할 수 있을 것 같았다.

김평은 채병덕 장군의 친척 한 명을 데려가 달라고 김일성에게 부탁했다. 김일성은 쾌히 승낙하고 채 장군의 친척을 체포해 오는 동안 북한의 공업시설을 시찰해 달라고 했다. 이러한 회담을 끝내자 김평은 경이포, 용강, 몽금포, 신천온천 등지를 순회하며 산업시설 시찰보다도 주로 주색에 잠겨 며칠을 보냈다.

김평이가 평양으로 다시 돌아갔을 때는 김일성이가 채 장군의 친척 한 명을 체포해 놓고 있었다. 그는 채 장군의 친척 되는 채재근(蔡在

根)이었다.

　김평은 채재근에게 여러 가지로 꼬이어 같이 남하하여 일을 하자고 말했다. 영문을 모르고 끌려 온 채재근은 무슨 일인지를 몰라 입을 다물고 대답도 안 했다. 김평은 그를 여관방에 감금하고는 종일 음식을 제공하며 혼자 생각할 기회를 주었다. 즉 말을 듣겠느냐 안 듣겠느냐, 안 들으면 생명이 없다는 것을 알아야 한다는 것을 느낄 기회를 주었던 것이다.

　채재근이 그런 것을 모를 리 없다. 보아하니 상당히 높은 사람 같은데 그렇게 높은 사람의 말을 듣지 않았다가는 자기도 모르게 죽을 것이라고 생각지 않을 수 없었다.

　다음 날 아침 채재근은 김평에게 명령대로 복종할 것을 승낙했다. 채재근은 남하했다가 일이 뜻대로 안 되면 어디로 도망칠 것까지 생각했었다. 그러다가 6월 24일 평양 시가는 갑자기 살벌한 경계 속에 싸이었고 25일에는 전쟁이 벌어졌다는 말이 들려왔다.

　그러자 김평이가 곧 이남으로 떠날 준비를 하라고 명령했다. 채재근은 무엇 때문에 이남으로 가자는지를 통 몰랐다. 그러나 명령을 거역하면 총살당하고 말 것이 분명했기 때문에 시키는 대로 하고 있을 때 김평은 가자고 하고서도 떠날 생각을 않고 분주히 나다녔다.

　그 사이 김평은 김일성과 만났던 것이다. 그리고 김일성에게서 평화 교섭은 괴뢰군(북한군)이 수원과 대전을 점령했을 때부터 시작해 달라고 부탁받았다. 사전 준비가 끝나자 6월 27일 김평은 채재근을 동반하고 드디어 대남평화사절의 임무를 띠고 평양을 출발했다.

4. 청계장 마담

기차를 타고 평양을 떠나 그들은 남천에서 기차를 내렸다. 기차가 그 이상 가지 못했기 때문이었다.

그들은 남천에서 트럭을 타고 개성에 이르러 그곳에서 하룻밤을 잤다. 다음 날 아침 새벽 그들은 군용트럭을 타고 괴뢰(북한)의 손에 들어간 서울로 떠났다.

김평은 생전 처음 구경하는 서울이라 남대문과 종로 등으로 돌아다니며 서울 구경을 했다. 그러나 괴뢰군(북한군)의 입성으로 말미암아 집집마다 닫힌 대문이 열려지지 않은 채 잠겨 있는 만큼 서울거리는 쓸쓸하기 짝이 없었다.

한국 민족의 역사적인 수도 서울이 이렇게나 쓸쓸한 것이었던가? 잠자리를 구하러 여관을 찾아다녔으나 여관마다 문을 잠근 채 열어주지를 않을 때 김평은 더욱 감상적인 고적감을 느끼었다.

아무리 공산주의자라 해도 민족적 감정만은 어쩔 수 없는 모양이었다. 잠자리도 구하지 못한 김평은 어떤 괴뢰군(북한군) 장교에게 부탁하여 6·25 전까지 요릿집 경영을 하던 청계장에서 겨우 여장을 풀 수가 있었다.

청계장 주인 마담 이영숙(李永淑)은 뜻밖에도 김평을 친절하게 맞이해 주었다. 김평은 괴뢰군(북한군)이 입성하였으니까 괴뢰(북한) 장교가 안내한 사람인만큼 어쩔 수 없이 친절을 베푸는 것이라 생각했지만 나중에 알고 보니 공포 속에서 할 수 없이 친절을 베푼 것이 아니라 진심에서 환영한 것임을 알았다. 즉 이영숙은 자기 남편이 빨갱이였는데 6·25 전 형무소에 들어갔다 나오는 길로 월북하였다고 했다. 그런 만큼 빨갱이들이 서울을 점령한 것이 진심으로 반가웠다는 것이었다.

김평은 옛 동지를 오래간만에 만난 것처럼 반가웠다. 더구나 이영숙이가 그동안 요릿집을 경영하면서 고생했다는 여러 가지의 이야기를 들을 때 김평은 그에게 대하여 일종의 동정심까지 느끼었다. 이영숙은 국군 장교들과 고급관리들에게 갖은 학대를 받으면서도 하소연할 곳마저 없었노라고 눈물어린 음성으로 이야기를 했다. 그것은 이역(異域)과 같은 곳에서 처음 만나는 여자라는데 호기심이 컸기 때문인지도 모른다. 사실 이역에 나가 친절하게 대해주는 여자를 만나자 김평은 평소에 가지고 있는 호색적 성격이 움직이기 시작했다. 그래도 공산주의자의 마누라였는데 하룻밤은 체면을 지켰으나 다음날부터는 체면도 버리고 육체적 관계를 맺기 시작했다.

채재근에게 미안한 생각이 들어 이영숙으로 하여금 채재근에게도 여자 한 명을 데려다 주면서 김평은 이영숙과 맺지 못할 치정생활을 계속했던 것이다.

이삼일 머물며 있는 사이에 청계장 지배인이라는 김진영이가 찾아왔다. 아첨을 하고 한몫 볼 생각이 있었는지는 모르지만 김진영은 초면인 김평에게 수다스러울 정도로 말을 많이 했다.

자기의 어렸을 때 고생하던 이야기로부터 인쇄 직공으로 있다가 요릿집에 취직하여 10년 동안이나 남모르는 고생을 했다는 이야기를 늘어놓았다. 그리고는 요릿집을 경영하느라고 별의별 아니꼬운 꼴을 보앗다고 했다. 김평은 김진영의 내심을 모르기 때문에 지나가는 말로 어떤 아니꼬운 꼴을 보았느냐고 물었다. 그때 김진영은 함부로 권총을 뽑아 헛총질을 하고 기생을 강제로 데리고 가는 군인들이 제일 아니꼬운데 그 중에서도 총참모장이란 채병덕이 눈이 시어 볼 수가 없을 정도라고 말했다.

이 말을 듣자 김평은 귀가 솔깃해졌다. 채병덕 장군에 대한 정보를 입수하려는 잠재의식이 활동했던 것이다. 그래서 채병덕 장군에 대한 이야기를 꼬치꼬치 물어 본 결과 채 장군이 김부전(金富全)이란 기생을 제일 좋아했다는 사실까지 알았다.

김부전이란 기생은 일제 강점기에 친일파 재벌가와 살았는데 현재는 한국 정계와 군부 간부하고 교제하는 유명한 기생이었다.

김평은 우선 김부전을 만나야 하겠다고 생각했다. 김부전을 통하여 채병덕 장군과 접근하는 것이 가장 가까운 길일 것 같았던 것이다. 그래서 김평은 김진영에게 김부전을 한번 만나게 해 줄 수 없느냐고 물었다. 그때 김진영은 내일 아침에라도 김부전을 찾아가 보겠다고 쾌히 승낙했다.

김평은 김진영에게 10만원을 주면서 애써 달라고 부탁을 했다. 김진영은 김평과 가까울 수 있는 기회가 온 것만도 고마운데 돈까지 준다는 것이 황송스러워 돈만은 받지 않으려고 했으나 김평이가 굳이 떠맡기는 바람에 할 수 없이 돈을 받았다.

그러나 김부전을 만나고 싶다는 말을 들은 마담 이영숙이가 "너무 하시지 않아요?" 하고 질투를 하는 데는 김평이도 약간 난색하지 않을 수 없었다.

김부전을 만나 가깝게 되면 또 무슨 일이 생길는지 그것은 모를 일이지만 딴 마음을 먹고 만나자는 것이 아닌 만큼 "나를 색마인 줄 아시우?" 하고 웃어버렸다.

"색마라고 누가 그랬어요. 그렇지만 우리 집으로는 데려오지 마세요." 이영숙은 김평을 얼싸 안으며 애교를 떨었다.

"걱정 말아요. 영숙 씨를 두고 딴 여자를 생각하려고? 과업을 수행하기 위하여 필요한 사람이니까 만나려는 거지…." 김평은 이영숙의 볼기를 툭툭 치며 안심하라고 말했다.

그러나 다음 날 아침 김부전에게 갔던 김진영이가 돌아와서 김부전의 집은 대문이 닫힌 채 아무도 없더라고 보고했다. 이남으로 도망을 쳤거나 딴 데로 가서 숨었으리라는 것이었다.

그럴듯한 말이다. 고관들하고만 사귀는 기생이 서울에 남아 있을 리가 없을 것 같았다. 그러나 김부전을 만나야 채병덕 장군과 접근할 수 있을 것이라고 생각하던 김평인 만큼 첫 출발이 실패로 돌아간 데 대하여 섭섭지 않을 수 없었다.

'부산에 가서라도 김부전을 찾아내고야 말아야지!' 김평은 혼자서 이렇게 생각했다.

그러는 사이에 괴뢰군(북한군)이 수원을 지나 대전까지 점령했다. 김평은 김일성이가 대전을 점령한 뒤 공작을 시작해 달라고 한 말이 기억났다. 그래서 서울을 출발하여 부산을 향해 떠날 준비를 했다. 이 출발에 대하여 누구보다도 슬퍼한 이는 이영숙이었다. 그는 눈물까지 흘려가며 김평을 붙잡으려 했다. 며칠 사이에 사랑이 그렇게까지 깊어졌는지 그것은 모를 일이었으나 애정보다도 과거 교관이나 국군을 상대로 영업을 해온 만큼 자기의 죄가 무서워 김평을 붙잡아 두려고 했는지도 모른다. 그러나 김평에게는 이영숙의 눈물 같은 것은 문제도 되지 않았다. 가고 싶을 때 떠나면 그뿐이었다. 그래도 이영숙은 김평을 못 잊어 금반지 하나를 주면서 자기를 보듯 몸에서 떼버리지 말아 달라고 애원을 했다.

김평은 그 사이 이영숙이의 육체를 희롱한 것만으로 만족했다. 무슨 미련이 있을 수 없었다.

5. 일로(一路) 부산으로

김평과 채재근은 지프차를 타고 서울을 떠났다. 한강철교가 끊어졌으나 김평이가 가진 증명서로 나룻배를 동원하여 지프차까지 한강을 건널 수 있었다. 어떤 증명서인지 그것만 보이면 보는 사람마다가 머리를 굽신굽신했다. 그러나 수원을 지나자 미군 비행기의 폭격으로 마음대로 달릴 수가 없었다. 낮에는 잠을 자고 밤에만 그것도 헤드라이트를 켜지 못한 채 조금씩 달리는 수밖에 없었다.

대전을 지나 최전선에 이르자 그들은 지프차를 돌려보내고 걷기를 시작했다. 전투지역을 돌파하고 대구까지 걸어가려는 것이었다.

거기서부터 그들은 밤에만 걸었다. 폭격이 무서워서가 아니라 국군에게 붙잡힐 것이 두려웠기 때문이었다. 될 수 있는 대로 산길을 골라 인적이 없는 곳으로 걸어갔다. 총소리가 나고 포 소리가 들리는 최전선에 이르자 그들은 죽음을 각오하고 비상선을 돌파하는 데 성공했다. 그것은 기적과 같은 일이었다. 중도에서 몇 번이나 붙잡힐 뻔 했으나 그래도 붙잡히지 않고 왜관까지 나올 수 있었다.

왜관에 이르자 그들은 쉴 새도 없이 대구로 나왔다. 대구에서는 여러 번 헌병들의 검문을 받았으나 그때마다 서울시청 직원이니 동아일보 기자니 하고 거짓말로 검문을 통과했다. 그러나 대구에 도착하자 채병덕 장군이 대구에 있지 않고 부산으로 내려갔다는 말을 듣고 그들은 대구에 머물러 있을 필요를 느끼지 않았다.

그들은 버스를 타고 부산으로 내려갔다. 부산에 도착하자 김평은 수사망에 걸릴 것이 조심스러워 자기는 동래에 하숙을 정하고 채재근만 부산에 유숙케 하였다. 그리고는 채병덕 장군과 김부전을 찾아내기 시작했다. 이때 채재근은 어느 정도 김평의 수족이 되어 김평의 말이면 맹목적으로 추종하게끔 되어 있었다. 그런데 채재근이가 하숙하고 있는 바로 옆방에는 장빈식(張賓寔)이란 사람이 들어 있었다. 서로 옆방에 있기 때문에 자연 알게 되고 또 술도 같이 먹었다. 그러나 장빈식에게는 어떤 여자가 찾아오는데 때로는 그 방에서 자고 가기도 해서 어떤 관계인가를 물어 보았더니 장빈식은 그 여자가 자기의 누이동생이라고 말했다. 그래도 수상한 생각이 들어 김평에게 그런 이야기를 하자 김평은 장빈식의 정체를 확인하라고 채재근에게 말했다. 정체를 확인하면 이용할 수 있다는 것이었다.

그러나 채재근이가 아무리 알아보려 해도 장빈식의 정체만은 알 수가 없었다. 할 수 없이 채재근은 독자적으로 채병덕 장군의 현재 직분과 주소와 그리고 가족상황 등을 조사하기 시작했다.

하숙집 주인과 이야기를 주고받다가 채병덕 장군이 육군총참모장이 아니라 경남지구 계엄사령관이라는 것을 알았다. 그 말을 듣자 채재근은 계엄사령부로 찾아갔다. 때마침 채병덕 장군은 외출하고 있지 않았다. 그 틈을 타서 채재근은 자기가 채 장군의 친척이라는 것, 그리고 이번 전쟁 통에서 이북을 빠져 나왔다는 것을 말한 뒤 위병소 하사관(부사관)들을 통하여 채 장군의 주소와 가족 수 등을 알아내었다.

이러한 사실을 알아낸 채재근은 지체 없이 김평에게 들은 말 전부를 보고했다. 숙소는 채병덕 장군의 형 채병선(蔡秉善)의 집이며 가족은 채 장군 부부와 어린애 3명이란 것을 세세히 보고했다. 그 말을 듣자 김평은 혼자서 생각했다. 채병덕 장군이 좌천을 해서 경남지구의 계엄사령관이 되었으니 그를 만날 필요가 있을까? 채병덕 장군을 통하면 신성모를 만날 수 있을 것만은 틀림없었다. 그래서 계속해서 채병덕 장군을 만나도록 공작할 것을 결심했다.

채재근을 어떻게 해서 방문하도록 할까, 피난민처럼 꾸미어 동정을 받도록 할까, 아니면 생활이 넉넉하여 돈이 있는 것처럼 꾸밀 것인가가 문제였다. 즉 채병덕 장군이 관심을 끄는 방법을 꾸며야 했던 것이다.

생각한 끝에 김평은 역시 후자를 택했다. 인간이라는 것은 아무래도 주는 것보다 받는 것을 좋아한다. 동정을 받으려 찾아다닌다는 인상을 주는 것보다는 선물을 사가지고 반가이 찾아가는 것이 효과적일 것 같았던 것이다.

돈을 함부로 쓰는 것처럼 보이면 도리어 의심을 받지 않을까 하고도 생각했다. 그래서 김평은 채재근이가 해방 후에 남북무역을 시작하여 갑자기 돈을 번 것처럼 꾸미도록 했다.

6. 김평의 새로운 계획

그렇게 결정하자 김평은 거리에 나가 고급 치마감 몇 벌을 사가지고 채재근에게 와서 "고급 치마감인데 이걸 가지고 채병덕 장군을 찾아가시오. 장사하다 남은 물건이라고 말하는 동시에 최근까지 남북무역을 하다가 넘어왔다고 말하십시오." 하고 말했다.

채재근은 그대로 하겠다고 약속을 한 뒤 저녁 때 만날 시간을 결정하고 채병덕 장군 댁으로 떠났다.

채재근을 보내자 김평은 부산 부둣가로 나갔다. 유엔군이 얼마나 많은 물자를 실어 오는가를 직접 목격하기 위함이었다. 부둣가에 나가 무한량으로 쌓여 있는 물자들을 보았을 때 김평은 그만 입을 딱 벌리었다. 저렇게 많은 물자를 가져 온 이상 유엔군이 함부로 항복하지 않을 것을 알았기 때문이었다. 따라서 평화 교섭 같은 것은 꿈에도 생각할 수 없는 일이었다.

김평은 평화 교섭을 단념하고 다른 방면의 공작을 시작해야겠다는 생각을 했다.

첫째, 후방 국민의 경제를 교란하고 싶었다.

경제 교란은 즉 전쟁혐오증을 일으키는 것이다.

참으로 좋은 방법이기는 하나 조직을 가지지 않았고 따라서 힘을 가지지 않은 만큼 그것은 불가능에 가까운 일이었다.

둘째로 후방 국민의 사상을 교란하고 싶었다.

사상 교란도 결국 국민의 정의를 상실시키고 전쟁을 혐오케 하는 큰 역할을 한다. 그것은 유언비어를 조작하여 유포시키는 것인데 그것은 결국 자기의 수족이 될 만한 사람이 많은 때에는 가능한 것이다. 그러니까 사상 교란도 당분간은 가능성이 없었다.

셋째로 생각한 것이 국군 독살사건이었다.

육군병원에 침투하여 독약을 사용하여 수백 명의 군인을 독살시키면 군인들의 사기가 떨어질 것이 분명하다. 이것만은 어느 정도의 활동만 하면 가능할 것 같았다.

정치적 교섭을 하기 위하여 월남한 김평으로서는 그 본래의 임무와 너무나 거리가 먼 계획이었다. 이런 생각을 하며 부두와 다방을 헤매며 돌아다니던 김평은 채재근과 약속한 시간에 채재근의 하숙집으로 갔다.

채재근은 아직 돌아오지 않았다. 김평이 채재근의 하숙방에서 혼자 이것저것 궁리를 하고 있을 때 황혼이 거의 되어서야 채재근이 돌아왔다. 채재근은 채병덕 장군을 만난 경과를 보고했다.

처음 찾아 갔을 때는 채병덕 장군이 집에 있지 않아 그의 부인에게만 인사를 하고 촌수를 따지며 자기가 채병덕 장군과 친척이 된다는 것을 설명했다는 것이었다. 부인은 반가워하며 들어오라고 했기 때문에 집안으로 들어가 선물을 내어주고 돌아오려고 할 때 부인이 머지 않아 돌아올 터이니 이야기나 하며 기다리라는 바람에 이때까지 기다리고 있었다고 했다. 그러다가 채병덕 장군을 만났는데 채 장군도 반가워하며 자기를 알아보더라는 것이었다. 채재근은 이상 사실을 보고하는 동시에 내일도 다시 찾아가기로 했다는 말을 하며 일이 성공된 것을 기뻐했다.

김평은 채병덕 장군과 만나야 소용이 없을 것을 알고 있기 때문에 이야기할 흥미가 없었던지 밖에 나가 정종 한 병을 사들고 와서 술이나 마시자고 했다.

김평은 채재근 옆방에 하숙하고 있다는 장빈식이라는 사람을 만나보고 싶은 호기심이 속으로 컸다. 혹시 동지가 될 수 있는 사람이라면 하는 마음이 있었기 때문이었다. 김평은 술을 마시기 시작하자마자 채재근에게 옆방에 있는 사람도 부르는 것이 어떠냐고 물었다. 김평의 속심을 모르는 채재근은 김평의 말이 떨어지기도 전에 장빈식을 불렀다.

장빈식은 부르자마자 채재근의 방으로 들어왔다. 거기서 김평은 장빈식과 인사를 한 뒤 술을 나누며 이야기를 시작했다. 처음에는 연애 이야기로부터 시작했으나 술이 거나해졌을 때부터는 정치, 경제, 사상 문제까지 꺼내고 대한민국을 비평하다가는 공산주의를 비평하기도 했다. 그것도 장빈식의 사상을 떠보기 위함이었다. 장빈식은 덩달아 대한민국에 대한 불평불만을 털어놓았다. 그래서 김평은 장빈식이가 회색분자가 아니면 지하운동자일 것이라고 생각했다. 술이 만취하자 그때는 공산주의적 언사를 슬며시 사용했다. 그랬더니 장빈식은 서슴지 않고 공산주의를 찬양하였다.

김평은 뜻하지 않은 성과에 만족했으나 장빈식의 누이동생이란 여자까지 끌어다가 사상을 검토해보고 싶은 생각에 장빈식이에게 누이동생을 데려오라고 했다.

술들이 취한 것을 알았던지 장빈식이가 몇 번이나 불러도 그의 누이동생은 들어오지 않았다. 만취된 채 쓰러져 자고 나자 다음 날 아침에는 장빈식을 데리고 다방으로 나갔다.

장빈식과 가까워지려는 노력이었다. 부산역 근처에 있는 '내고향' 다방에서 그들은 종일토록 정치, 경제 등의 이야기를 기탄없이 나누었다. 이렇게 하기를 1주일 동안이나 계속하는 사이에 장빈식은 완전히 김평의 사람이 되고야 말았다. 김평이가 장빈식에게 유엔군이 국군에게 원조하는 무기가 그 수량이 얼마나 되는가를 조사하라고 지시했을 때 장빈식은 쾌히 승낙했다.

장빈식은 김평이가 모택동의 밀사(密使)라는 것만은 몰랐으나 중대한 사명을 띠고 남하한 사람이라는 것만은 알고 있었다.

장빈식이가 김평의 부하가 되자 그는 자기의 누이동생 장빈경(張賓卿)까지 끌어들였다. 그렇게 되자 김평은 장빈경에게 임무를 따로 맡기었다. 즉 부산에 육군병원이 몇 개나 있으며 거기에 수용되고 있는 환자의 수는 얼마며, 육군병원에 부식물을 대고 있는 상인은 누구누구며, 간호장교와 위생병의 수효는 얼마나 되는지 그것을 알아오라는 것이었다.

그 임무를 수행하는 데 필요한 자금은 얼마든지 지출하겠노라 말했다. 장빈경도 쾌히 승낙했다. 그는 현재 미군 PX에 근무하고 있지만 그는 과거 사범대학에서 민주학련의 여자 세포 책임자로 맹활동을 하던 좌익 극렬분자였다. 그의 남편 역시 남로당원으로 해방 이후 계획하여 지하운동을 하며 살인, 방화, 파괴 등을 감행해 온 자였다. 그런 만큼 장빈경은 다시 그러한 일을 맡을 수 있다는 데 만족감을 느꼈던 것이다. 장빈경은 PX에 출근을 게을리 하면서까지 동지 획득에 혈안이 되었다.

십여일 동안에 그는 7~8명의 여자 동지를 포섭하고 그들에게 임무를 하나하나 맡기었다. 그중 김영란(金英蘭)이란 여자가 있었는데 이 여자가 어떤 날 극장에서 제5육군병원에 입원하고 있는 상이군인을 우연히 알게 되었다는 이야기를 했다.

장빈경은 그 말을 듣자 지체함이 없이 김영란에게 제5육군병원의 모든 기밀을 탐지하도록 지시했다. 김영란이가 상이군인을 알게 된 동기는 다음과 같았다.

어떤 극장에 갔을 때 김영란 바로 옆에 어떤 상이군인이 앉아 있었다. 김영란은 장빈경으로부터 여자들의 임무 목적을 듣고 있었기 때문에 그 상이군인과 사귀려는 목적으로 추파를 보내며 친절을 베풀었다. 사랑에 굶주렸던 상이군인이라 쉽사리 김영란의 친절을 받아들였다.

영화가 끝나고 헤어질 무렵에는 서로 작별을 섭섭히 여길 정도에까지 이르렀다. 그래서 김영란은 곧 찾아갈 테니 병원 주소와 병실 호수를 알려달라고 했다.

상이군인은 그저 고마워서 자기의 병실을 가르쳐 주며 꼭 면회 와 달라고 부탁했다. 이렇게 알게 된 상이군인을 이용하기 위하여 김영란은 제5육군병원에 출입하기 시작했다. 출입하는 동안에 상이군인의 상관인 동시에 그 상이군인과 같이 부상을 당했다는 장교까지도 인사를 하고 친근하게 되었다.

이렇게 친하게 다니는 사이에 제5육군병원에 대한 기밀을 전부 탐지하여 장빈경에게 보고했을 때 장빈경은 김영란에게 독약을 주면서 취사반에 들어가 가마솥에다 그 독약을 집어넣도록 명령을 내렸다.

그 명령을 받자 김영란은 독약을 가지고 육군병원에 가서 장교의 심부름으로 물을 뜨러 다니는 척하며 취사장에 출입을 했다. 취사장에 출입을 하며 독약을 던질 기회를 노리고 있을 때 그 행동이 아무래도 심상치 않다고 생각한 헌병에게 붙잡히고 말았다.

고향이 전북이라는 23세의 여자 김영란을 체포하자 CIC에서는 무엇보다도 그 배후관계를 조사하기 시작했다.

7. 월하의 고백

김영란을 체포하자 사건이 사건인 만큼 그 배후관계를 추궁치 않을 수 없었다. 그 배후관계를 추궁하는 중 김영란은 장빈경의 사주로 움직였다는 것을 고백했다. 그래서 장빈경의 주소를 물어 그 집을 수색했으나 장빈경은 이미 한 달 전에 이주를 하고 그 집에 있지를 않았다.

그러나 그 하숙집 주인을 통하여 장빈경은 결혼한 여자이며 남편은 서울에 남아 있다는 사실과 하숙집에 같이 있던 남자는 그의 오빠라는 것을 알 수 있었다. 그리고 옆방에 들었던 사람들도 며칠 전부터 나가고 돌아오지 않는다는 말을 듣고 방안을 수색해 보았으나 증거될 물건이 하나도 있지 않았다.

그날부터 부산 시내의 각 여관을 모조리 수색했으나 장빈경과 그의 오빠는 나타나지 않았다. 당시 경남 CIC 대장으로 있던 나는 사건의 중대함을 느끼고 배후관계를 일망타진하기 위하여 심사숙고하지 않을 수 없었다. 그래서 이미 체포된 김영란을 움직이는 수밖에 없었다고 생각한 나머지 직접 김영란을 만났다.

김영란은 미모의 처녀였다. 미모의 처녀를 보자 반역적 무리들이 그를 이용했다는 사실에 일종의 울분을 느끼기도 했다.

나는 극히 친절하고 부드러운 음성으로 "지금 몇 살이십니까?" 하고 물었다.

김영란은 나의 친절한 말소리에 그만 감격을 했던지 묻는 말에는 대답도 안하고 "대장님! 저는 잘못한 것이 없습니다. 장빈경이라는 년이 시키는 대로 한 것뿐입니다." 하고 울기 시작했다.

"정말입니까?"

"정말입니다. 장빈경이란 년이 죽일 년입니다."

"장빈경은 언제부터 알았지요?"

"배화(培花)학교 동창입니다. 제 상급생이었는데 저를 동생으로 삼았어요. 그러다가 이번에 부산서 만났는데 그년이 글쎄 그런 무서운 일을 하라고 하지 않아요?"

"장빈경이가 숨어 있을만한 곳을 모르겠어요?"

"얼마 전 남포동(南浦洞) 뒷골목에서 장빈경의 친구를 만나는 걸 봤습니다. 집도 알 수 있습니다. 그 년을 잡아 드리면 저를 석방해 주시겠어요?"

김영란은 공산당의 조직생활에 대하여 경험이 없는 것만은 능히 짐작할 수 있었다. 나는 대원들을 시키어 김영란과 같이 남포동으로 보냈다. 그러나 얼마 안 되어 돌아온 대원들은 장빈경은 이미 흔적을 감추고 없었기 때문에 장빈경의 동창생이라는 그 집 주인 마누라만 데리고 왔다.

나는 그 여자를 불러다가 직접 심문을 시작했다. 나는 우선 그 여자가 장빈경과 어떤 관계를 가졌는가를 물었다.

그는 장빈경과 여학교 동창생으로 장빈경이가 빨갱이라는 것은 모르고 있었다고 대답했다.

"며칠 전에 장빈경을 만난 일이 있지요?"

"네, 며칠 전에 만났습니다만 몹시 당황한 모양으로 이야기도 잘 못했습니다. 가슴이 아파 병원에 가야겠다고 하면서 곧 떠나갔습니다."

"무슨 병원엘 갔습니까?"

"창선동(昌善洞) 골목길로 들어가면 적십자 병원이 있는데 그 근처 외과병원이라는 말을 들었습니다."

"가슴이 아픈데 외과병원에 가다니요?"

"아마 아는 의사가 있는가 보지요?"

이렇게 심문을 한 뒤 다음날 아침 그 여자를 앞세우고 특무대원들이 외과병원이라는 곳을 찾아갔다.

춘해외과(春海外科)란 간판을 보자 대원들은 그 병원으로 들어가 의사의 양해를 얻은 뒤 병원에 출입하는 사람들을 감시했다. 약 2시간이나 기다려도 장빈경은 나타나지 않았다. 그래서 의사에게 장빈경의 인상을 말하고 그러한 여자가 온 일이 없느냐고 물어보았으나 의사는 잘 기억할 수가 없다고 대답했다.

그대로 잠복근무를 하고 있을 때 12시가 조금 지나서야 장빈경이가 나타나 진찰실로 들어갔다. 특무대원들은 뒤에 숨어서 그의 행동만 감시하고 있을 때 장빈경이를 진찰하던 의사가 내과 병원으로 가보라고 하는 말이 들렸다.

진찰이 끝나자 처방전을 받은 장빈경은 약제실 앞으로 가서 처방전을 내밀었다. 그때였다. 약제실에서 종이쪽지 하나가 나왔다. 그 종이를 받아 본 장빈경은 갑자기 얼굴을 붉히고 어쩔 줄을 몰라 했다. 동시에 어디로 도망치려는 것을 앞질러 체포를 했다.

장빈경을 체포하자 특무대원은 약제실로 뛰어 들어갔다. 그러나 그때는 여자 한 명이 있을 뿐이었다. 그래서 장빈경에게 쪽지를 준 사람이 누구냐고 물었다. 여자는 CIC에서 왔다는 사람인데 그 사이 뒷문으로 나갔다고 대답했다. 특무대원들은 공모자를 놓친 것이 분했으나 이미 때가 늦은 것을 어찌할 수 없었다. 그 뒤 약제사가 변소에 갔다 돌아왔는데 약제사에게 도망친 남자의 거동을 물었을 때 약제사는 다음과 같이 대답했다.

"CIC에서 왔다고 하며 쥐약을 내 놓으라고 그랬어요. 그렇지만 그 약을 팔았다가는 우리가 처벌을 받기 때문에 팔지를 않았습니다."

이 말을 듣자 장빈경 일당들은 약방과 병원으로 다니며 극약을 사들이고 있다는 사실을 알았다. 그래서 한편 약방과 병원에 수배를 하고 동범인들을 체포하려 했다.

사건은 절대로 적지가 않았다. 빨리 체포하지 않으면 얼마나 큰 피해를 볼지 모르는 것이었다. 그래서 나는 장빈경을 심문하기 시작했으나 전형적인 공산주의자로 생긴 장빈경은 함구하고 입을 벌리지 않았다. 어떠한 질문에도 대답을 하지 않았다. 장본인을 잡았으나 사건은 역시 오리무중 속에 잠겨 있게 되었다. 그래서 우리는 관계있는 집마다 잠복하고 가짜 CIC 대원과 그 배후 관계자를 탐지하는 데 노력하였다.

며칠이 지난 어떤 날 장빈경의 하숙집에 잠복하고 있던 특무대원들이 장빈경의 방으로 들어가고 있는 어떤 사람을 발견했다. 대원들은 옆방에서 그 사람의 동정을 살피고 있었는데 그 사람은 누워서 조금도 움직이지를 않았다. 할 수 없이 그 방으로 들어가 몸수색을 한 결과 그는 채재근이라는 신문기자증과 시민증을 가지고 있는 사람이었다.

장빈식과 장빈경에 대한 것을 물었을 때 그는 옆방에 있던 관계로 알기는 하나 그 이상 다른 관계는 있지 않다고 대답했다.

"같이 다니는 분이 있다던데요?" 하고 물었을 때 그는 "채병덕 장군 댁에 갔습니다." 하고 자신만만하게 대답했다. 그리고 자기는 채 장군과 친척관계라고 말했다. 그래도 특무대원들은 장빈경과 대면시킴으로써 어떤 단서가 드러나지 않을까 하여 본부까지 연행했다.

채재근을 연행하여 장빈경과 대면시켰으나 별다른 징후가 나타나지 않았기 때문에 그 신분증명서와 또 채병덕 장군의 친척이란 점에서 그를 돌려보냈다.

채재근을 돌려보내고 나자 나는 우울하기 짝이 없었다.

커다란 사건을 사전에 발각하고는 범인들을 잡지 못하여 고민하는 마음! 이것을 체험해 보지 못하고는 알 수 없는 괴로운 사실이다.

나는 방을 거닐면서 창밖으로 바다를 내다보았다. 한편에는 둥근 달이 떠 있고 부둣가에는 배의 전등불이 껌벅거리고 있었다. 우울한 나의 마음이 감성적으로 흘렀는지 아름다운 바다의 밤 풍경을 장빈경에게 보여주고 싶은 생각이 들었다. 그래서 주번하사관을 불렀더니 대답이 없었다. 나가보니 주번하사는 책상에 기대어 잠들어 있었다.

나는 직무에 태만한 하사관(부사관)을 꾸짖고 싶었으나 꾸짖을 마음이 생기지 않았다. 스스로 생각해도 이상스런 일이었다. 군기를 엄수하지 않는 부하에게는 엄격하기 짝이 없는 내가 그날만은 보고도 못 본 척 내버려두고 싶었다. 그래서 그를 깨워 장빈경을 데려오라는 것만 명령하고 한마디도 꾸짖지를 않았다. 장빈경이가 들어왔다. 그러나 장빈경에게도 피의자를 대하는 태도를 보이고 싶지 않았다. 그래서 아무 말도 하지 않고 무슨 말을 먼저 꺼낼까 하는 생각을 하며 잠시 방안을 왔다 갔다 하다가 장빈경을 한번 바라보았다.

장빈경은 내가 CIC 대장이라는 것과 나의 성격도 알고 있었다. 그러나 불러다 놓고 아무 말 없이 혼자 방안을 거닐고 있는 나를 보자 무슨 생각이 났던지 생긋 웃었다.

나는 그의 웃음에서 창부와 같은 교태를 발견하고 일종의 비애를 느꼈다. 화장도 안하고 머리도 빗지 못한 험상궂은 얼굴에서 추녀(醜女)와 같은 인상을 받았다.

나는 얼굴을 돌려 창밖을 보았다. 달이 무던히 높이 떠올라 있었다. 밝은 달을 보자 나는 불현듯 "달이 밝지요?" 하고 말을 걸었다. 그는 대답 대신에 창밖으로 달을 쳐다보았다. 그리고 한참 지나서야 "당신 같은 분도 달을 감상하실 줄 아십니까? 사람만 잡아다 때리는 줄 알았더니…" 하고 나를 보았다.

그도 역시 감상적인 마음을 품은 모양이었다. 그때 나는 다음과 같은 말을 했다.

"나는 저 달을 볼 때 이태백의 계수나무를 생각하는 것이 아니라 그 속에 나의 영원한 애인이 살고 있는 것 같이 생각합니다. 나는 연애라는 것을 모르고 살고 있지만 저 달을 바라볼 때마다 그런 생각이 듭니다."

"대장님도 시적인데요.?"

"나는 시를 모릅니다. 예술도 모릅니다. 그러나 예술 이전에 인간이 느낄 수 있는 것이 있지 않습니까? 그런 것을 가지고 시니 문학이니 하는 것은 관념주의자인 공산주의자들만이 할 수 있는 말입니다. 안 그렇습니까?"

"공산주의가 유물주의지 왜 관념주의입니까?"

"공산주의가 사상적 노예로서 하나의 공식주의가 되어 있는 이상 관념주의 가운데서도 미신에 가까운 관념주의입니다. 공산주의가 있는 곳마다 방화, 살인, 파괴 또는 동족상잔이 따르고 있으니 그것은 광신적 관념주의자의 행동이라고밖에 달리 볼 수가 있소?"

"그건 궤변입니다."

"남의 이야기를 그렇게 궤변이라고 단정하는 것이 벌써 당신이 관념주의자라는 것으로 증명합니다. 보시오. 그래 공산주의자들이 진정한 사랑을 생각해 본 일이 있소? 인정과 의리 같은 것을 공산주의 사회에서 용납합니까? 나는 공산주의자들이 애정과 의리를 부정하고 인간을 기계처럼 취급하는데 가장 큰 불만이 있으며 따라서 그런 인간들을 불쌍하게 생각합니다. 말하자면 공산주의자들은 인조인간이지요. 기계적으로만 움직여야 하니까요."

"그럴지도 모르지만 우리는 그 사상을 성서처럼 생각해야 합니다."

"그게 관념주의자라니까요."

"그래도 할 수 없지요. 이제 회개한들 저를 살려주시겠어요? 그런데 한 가지 물어 보겠는데 제가 함구불언(緘口不言)을 하는데도 왜 고문을 안 하십니까? 이상한 일인데요."

"고문은 당신네 공산사회에서나 하는 것이지 인권 옹호의 민주주의 국가에서도 고문하는 줄 아시오? 할 줄 몰라 안 하는 줄 아시오?"

장빈경은 대답을 하지 않았다. 좌우간 이때까지 함구불언하던 장빈경이가 이만큼이라도 지껄이는데 나는 그의 마음이 약간 달라진 것을 눈치 채고 "언제부터 공산주의자가 되었소?" 하고 물었다.

그는 놀란 것처럼 몸을 움찔하고 고개를 숙였다. 옛 추억이 회상되는 모양이었다. 한참 뒤 그는 이야기를 꺼내기 시작했다.

그는 사범대학에 다닐 때 오빠 장빈식의 소개로 어떤 남자를 알아 사랑하는 사이가 되었다. 그는 처음부터 공산주의를 선전하고 있었는데 장빈경은 얼마 동안 공산주의가 싫어서 그 남자와 가까이 하지 않으려고 했다. 그러나 사춘기의 감수성 많은 처녀로 그와 자주 만나는 동안 자기도 모르게 그를 사랑했고 결혼까지 했다. 따라서 사상적으로는 남편을 따를 수밖에 없었다.

남편은 지하운동을 하다가 서대문형무소에서 복역하고 석방되는 날로 월북하였는데 6·25사변이 일어나자 장빈경은 남편이 돌아올 것을 기다리고 있었으나 오빠 장빈식이가 지방으로 내려가서 일을 하자는 말에 할 수 없이 부산까지 왔다. 부산에 와서는 생활이 곤란하기 때문에 PX에 취직을 했지만 남편이 서울까지 와서 일하고 있을 생각을 하면 뼈가 저린 것처럼 마음이 아팠다. 정말 그리워 못 견딜 지경이었다.

그럴 때 우리 옆방에 낯모를 손님이 들었다. 며칠이 지난 뒤 그들의 정체도 알게 되었고 그들에게서 임무도 받게 되었을 때 장빈경은 남편을 떳떳한 얼굴로 만나기 위해서라도 공산당의 일을 해야 한다고 생각했다. 그래서 오빠 장빈식과 처음 보는 김평 그리고 채재근과 손을 잡아 일을 하게 되었다. 장빈경이가 여기까지 말할 때 나는 처음으로 듣는 김평과 채재근이란 이름에 놀라지 않을 수 없었다. 반드시 공모자요 또 조종자일 것 같았다.

"채재근을 모르세요? 몇 시간 전에 여기 왔던 사람 아니에요? 채병덕 장군의 친척 된다는 사람 말입니다. 그 사람은 이북에서 사명을 띠고 최근에 넘어 온 사람입니다. 아시면서도 모르는 척 하십니까?"

"참 그렇지요." 나는 모른다고 말할 수 없었다.

"그런데 채재근을 왜 그냥 돌려보냈습니까?"

나는 채재근을 돌려보낸 실수를 뉘우쳤다. 그러나 장빈경에게 그런 눈치를 보이면 안 될 것 같아서 "석방하지는 않았으니까 걱정 말아요." 하고 대답했다.

그때 장빈경은 "이왕 시작한 것이니 다 말씀 드리지요. 채재근과 김평은 참으로 악질입니다. 그들은 우리에게 일을 시키면서도 자기들의 정체를 감추고 있습니다. 그러나 조직생활의 경험이 없는 사람도 눈치가 빠릅니다. 그들은 김일성의 밀사입니다. 춘해외과 병원에서 나와 연락하던 자가 바로 채재근입니다."

이 말을 듣자 채재근을 돌려보낸 것이 분해 견딜 수 없었다. 그러나 한편 달과 바다 덕택에 장빈경으로 하여금 모든 죄상을 실토케 한 것이 얼마나 기뻤는지 모른다. 나는 잠시도 참을 수 없었다. 장빈경에게 고맙다는 말을 하고 돌려보낸 뒤 대원들을 불렀다.

8. 김평의 체포와 처형

밤은 깊었다. 그러나 나는 즉석에서 특무대원들을 동원하여 채재근을 체포하여 오라고 했다. 채재근과 그 방에서 자는 자를 모조리 체포해 오라고 했다. 그러나 채재근의 하숙집까지 갔던 대원들은 빈손으로 돌아왔다. 채재근은 통행금지 시간이 30분이나 지나서 집을 나갔다는 것이었다.

나는 그들이 채병덕 장군 댁에나 가지 않았나 하고 전화라도 걸어보려 했으나 깊은 밤중에 그럴 수도 없어서 대원들을 채 장군 댁에 잠복시켰다. 잠복근무하던 대원은 아침이 되어도 채재근이가 나오지 않기 때문에 안으로 들어가 채재근이가 오지 않았느냐고 물었다. 채병덕 장군 댁에서는 젊은 청년이 한 명 나와 채재근은 전날 왔다가고 아직 오지 않았다고 대답했다.

김평이란 사람도 없느냐고 물었으나 그도 채재근과 같이 나간 뒤 오지를 않았다고 대답했다. 그래서 어디로 갔는지 모르냐고 물어 보았을 때 그 청년은 그들이 동래로 갔을 것이라고 하며 김평의 숙소를 가르쳐 주었다.

대원들은 즉시로 동래로 가서 김평의 숙소를 찾았으나 그들은 거기서도 이미 사라지고 있지 않았다. 집주인에게 그들이 어디로 갔느냐고 물었을 때 주인은 오늘 아침 경주에 갔다 온다고 하면서 나갔다고 했다. 나는 이러한 보고를 듣자 경주경찰서에 전화를 걸고 신문기자증을 가진 채재근과 그와 같이 다니는 김평의 인상을 말하고 그들을 체포해 달라고 부탁했다. 한편 채재근과 김평 체포를 경남지구의 각

경찰서에 지시했다. 그러나 경주경찰서에는 그런 자가 나타나지 않았다는 보고가 있었으며 다른 경찰서에서도 신통한 소식이 없었다.

나는 다시 장빈경을 불러내어 혹시 그들이 숨어 있을만한 곳을 모르냐고 물었다. 장빈경은 할 수 없다는 듯이 다음과 같은 이야기를 했다.

"그들은 부산에 있는 육군병원에 침투하여 상이장병들을 몰살시키는 한편 신성모 장관과 채병덕 장군과 접근하려고 무척 애를 썼습니다. 특히 채병덕 장군과 가까운 일류 기생 김부전(金富全)을 찾아다니고 있었는데 지금쯤 그 기생집에 숨어 있을지도 모르겠습니다. 그리고 우리 오빠는 이미 부산에 있지 않을 것입니다. 며칠 전 그들이 우리 오빠에게 서울에 다녀오라고 하는 말을 들은 일이 있습니다."

이 말을 듣자 나는 기생 김부전을 찾기 시작했다. 정보원들을 총동원하여 기생 김부전의 행방을 수일 동안에 걸쳐 알아보았으나 정보원들의 보고는 김부전이가 서울에서 남하하지 않았다는 것이었다.

안타까운 일이었다. 인명(人名)과 인상까지 알면서도 김평과 채재근의 행방을 찾을 수 없는 초조한 마음은 이루 말할 수가 없다.

나는 할 수 없이 장빈경과 김영란을 우선 군법회의에 회부하지 않을 수 없었다. 그렇다고 해서 김평과 채재근을 단념한 것은 아니었다. 언제라도 체포하고야 말리라는 신념만은 굳게 가지고 있었다.

9·28 수복으로 말미암아 정부는 서울로 환도하였다. 육군본부도 서울로 이동하였을 때 대통령 각하의 특명으로 군검경 합동수사본부가 설치되었다.

나는 초대 본부장으로 취임하여 부역자를 처단하는 데 분망하였다. 당시 합동수사본부의 사명은 중대할 뿐 아니라 일이 바쁘기 짝이 없었다. 그 공적도 적지 않았다. 쉴 새 없이 활동을 하고 있던 어떤 날 부역자를 수색하러 나갔던 정보원 한 명이 돌아와 김평이가 서울 신당동에 숨어 있다는 사실을 보고했다. 즉 어떤 부역자를 조사하던 중 그 부역자는 자기가 부역한 사실이 없다고 하면서 그 대신 수상한 자들을 알려 주겠다고 한다고 하였다. 그래서 들은 것이 김평의 이야기인데 김평은 신당동 어떤 적산 집 이층에 잠복해 있다는 것이었다.

나는 당장에 부하 5명을 데리고 신당동으로 달려갔다. 신당동 김평이가 잠복해 있다는 집 500m 전방에서 지프차를 내려 4명을 그 집 전후에 배치시키고 경계케 한 뒤 부하 한 명을 데리고 직접 그 집 안으로 들어갔다. 나는 그만큼 초조했는지도 모른다. 부하를 시키고 싶지가 않았다. 나는 주인을 찾고 집안으로 들어가 이층으로 뛰어 올라갔다. 이층에는 어떤 사람이 화롯불을 쪼이며 혼자 앉아 있었다.

얼굴이 김평의 인상과 같지 않았다. 그래서 김평이가 어디 갔느냐고 물었더니 그 사람은 김평이란 사람을 알지도 못한다고 말했다. 김평이가 있다는 말을 듣고 왔는데 없을 리가 없다고 추궁했을 때 그 사람은 자기도 놀러 왔는데 그런 사람을 알 리가 없다고 대답했다. 그러고 있을 때 밑에서 권총소리가 났다. 또 한 방 쏘는 소리가 들리었다. 나는 김평이가 도망치다가 포위하고 있는 정보원들에게 붙잡힌 것이라 직감하고 아래로 뛰어가 본즉 한 명 잡기는 잡았는데 그 역시 김평의 인상과는 판이하였다.

그래도 "네가 김평이지?" 하고 물었을 때 "저는 김평이 아닙니다. 장빈식이란 사람입니다." 하고 대답했다.

"바로 네가 장빈식이로군! 그럼 장빈경의 오빠란 말이지?"

"네 그렇습니다."

"그럼 김평은 어디 있는가?"

"모르겠습니다."

"정말인가?"

"정말입니다."

"그럼 너의 집은 어디냐?"

"종로6가입니다."

"김평은 언제 어디서 만났는가?"

"바로 이 집에서 9월 하순경 만났습니다."

"마지막으로 만난 것은?"

"11월 초순 역시 이 집에서 만났습니다."

"그럼 김평은 아직 서울에 있겠지?"

"있으리라고 생각합니다."

나는 장빈식에게서 이런 말을 듣자 어떤 육감의 움직임으로 장빈식을 본부로 보내는 한편 지프차를 달려 종로6가로 갔다. 종로6가 파출소에서 경관 2명의 후원을 얻어 장빈식의 집을 찾아 간 것이었다. 칼빈 총을 맨 순경이 담을 뛰어 넘어가 대문을 열었다.

때는 깊은 밤중이라 집안은 고요하기 짝이 없었다. 모두 잠이 든 모양이었다. 나는 집안으로 들어가 자고 있는 사람들을 깨워서 모두 나오라고 했다.

얼굴을 보니 김평과 같은 사람은 하나도 없었다. 나는 방안으로 들어가 이불을 들치며 샅샅이 찾아보았으나 집안에서는 아무도 보이지 않았다. 그래서 부엌과 지하실 등을 살피다가 벽장을 열었다. 그런데 벽장 속에 이불이 깔려 있는데 그 속에서 부스럭거리는 소리가 들리었다. 나는 이불 속을 향해 빨리 일어나라고 소리를 지른 뒤 손전등을 비추었다.

동시에 그 자의 손에 고랑을 채웠다. 손전등에 비춰진 그 사람은 장빈경에게 들은 김평의 인상과 꼭 같았다.

"김평이지?" 나는 다짜고짜 이렇게 물었다.

"아닙니다. 채근하입니다."

"이놈아 채재근이면 채재근이지 채근하는 또 뭐냐?"

"채재근은 아닙니다."

"채재근은 어디 있어?"

"이남에는 있지 않습니다."

"김평!"

"네!"

그 자는 자기도 모르는 사이에 김평이라고 부르는 말에 "네!" 하고 대답했다.

"제 이름을 알고 대답하면서 왜 속이는 거냐?"

"미안합니다. 김평이올시다."

그 뒤 집안을 한 번 더 수색해 보았으나 채재근은 있지 않았다. 그래서 집 주인에게 김평이가 어떻게 이 집에 와 있느냐고 물었다. 그랬더니 주인은 장빈식이가 자기의 사위인데 장빈식이가 김평을 데리고 와서 며칠만 유하게 해 달라고 해서 어떤 사람인지도 모르고 재워 주었다는 것이었다.

　나는 부산에서부터 잡으려 하던 김평을 잡았다는 흥분에 잠도 이루
지 못했다. 잠을 자는 둥 마는 둥 눈을 붙였다가 다음 날 아침 일찍부
터 김평을 심문하기 시작했다. 그가 모택동의 밀사라 해서가 아니라
그를 역이용해 보겠다는 생각에 나는 김평에게 그야말로 신사적으로
대했다.

　그도 어떻게 생각했는지 있는 대로 사실을 자백했다. 무엇 때문에
북경에서 조선인민의용대에 가입했느냐고 묻는 말에도 그는 자기가
감옥에서 나온 전과자라는 낙인이 찍혀 있기 때문에 사회에서 용납해
주지 않을 것 같아 거기에 들어갔다는 것을 자백했다. 그리고 감옥에
서부터 빨갱이의 사상에 물들었다는 것도 숨기지 않았다.

　모택동에게서 받은 임무 그리고 김일성에게 환대받던 이야기까지
숨김없이 말했다. 그는 국부군과 중공군이 충돌되었을 때 중공군의
사절로 화평 절충을 하여 성공한 일이 있다고 한 뒤 그런 공적이 있기
때문에 모택동이가 자기를 특히 신용했다는 말도 했다.

　그리고 공작비로 돈을 가져온 것이 아니라 김일성에게서 금을 얻어
가지고 왔으며 그 동안 금을 팔아 백 만 원 쯤 소비했다는 것, 앞으로
도 2천 만 원 정도의 공작비를 가져다 쓸 수 있다는 말까지 했다.

　또 자기는 공작원에 불과하고 평화 교섭이 진행됨에 따라 무전으로
김일성과 연락하여 정식 사절단을 파송하도록 할 예정이었다는 사실
도 말했다. 그 밖에도 여러 가지 면의 질문과 응답이 있었으나 나는
그에게 대한민국을 위하여 싸울 수 있느냐는 말을 꺼냈다.

　그는 어떻게 하면 대한민국을 위해 싸울 수 있겠냐고 물었다. 나

는 대한민국의 밀사로 이북에 넘어가 이때까지 해오던 일을 이북에서 해달라고 했다. 그는 그것만은 할 수가 없다고 했다. 그러면서도 전향할 의사만은 암암리에 표시했다. 그래서 얼마 동안 쉬면서 생각해 볼 여유를 줄 터이니 신변을 보호해 줄만한 사람이 없느냐고 물었다.

그는 있다고 대답했다. 누구냐고 묻는 말에 "대한민국 국회의원 박춘식(朴春植)입니다." 하고 대답했다. 그와는 친척관계가 된다고 했다.

나는 용단을 내려 박춘식 의원에게 연락하고 김평을 박 의원에게 맡기었다. 그 뒤 우리는 여러 가지 방면으로 그의 동정을 살피었다. 진심으로 전향만 한다면 어떻게 해서라도 살리려고 했다. 그러나 김평은 전향하는 기색을 보이지 않았다. 기회만 있으면 월북하려고 했다.

그래서 12월 22일 우리는 김평을 다시 구속하여 군법회의에 회부하고 말았던 것이다. 따라서 대남평화사절의 망상은 하나의 헛된 꿈으로 깨지고 만 것이었다.

Ⅲ. 이조실록 탈취사건

1. 심상구의 반생기

이조실록(李朝實錄)은 우리나라의 자랑인 국보라 아니할 수 없다. 그러나 그 국보적인 이조실록이 8·15 이후 두 번씩이나 위기를 당했던 것이다. 한번은 무지한 상인들의 손에서 고물상으로 흘러 휴지로 매매될 뻔 하였지만 6·25 당시에는 괴뢰군(북한군)의 탈취로 말미암아 대한민국에서 종적을 감추게 될 뻔 했다.

그러나 이조실록은 괴뢰(북한)들의 손에 절취를 당하여 평양으로 이송될 뻔 한 것을 유엔군의 폭격으로 이송되지 못한 채 서울에 남아 있다가 그 탈취범 심상구(沈相九)의 체포와 더불어 다시 대한민국의 소유로 돌아오게 되었다.

심상구는 9·28 당시 월북하려고 했으나 민족적인 양심과 공산주의에 대한 염증으로 대한민국에 남아 있을 것을 결심했다. 그래서 합동수사본부에 체포되었는데 그는 국보 이조실록을 탈취하기까지의 그가 걸어온 반생을 눈물로 참회하였다.

연극과 같은 반생이기는 하지만 인생에 대한 출발이 그릇되면 그가 받아야 하는 고통이 얼마나 크다는 것을 시사하는 것으로 공산주의와 싸우는데 한 참고가 될 것 같아 이제 심상구의 반생기를 적어보려 한다.

심상구는 전북 익산군 황등면 출생으로 중학교를 졸업하자 대학교 입학시험을 치렀으나 수학 성적이 나빠 입학시험에 보기 좋게 낙제했다. 한번 낙제를 했으나 그의 아버지는 시험 준비를 하여 다음 해 다시 시험을 치라고 했다. 그러나 그의 아버지는 의과대학에 입학할 것을 희망했다. 수학에 재능이 없는 만큼 심상구는 의과보다도 법과를 지망했다. 아버지가 시키는 의과를 버리고 자기 마음대로 법과를 지망한 것은 그의 눈에 검사가 가장 훌륭해 보였기 때문이었다.

검사뿐 아니라 변호사도 좋을 것 같았다. 불쌍한 죄인을 위하여 정의감에서 우러나오는 변호를 한다는 것이 남자로서 가히 할 만한 일인 것 같았다. 어쨌든 법률에 흥미를 갖게 된 심상구는 시험 준비를 위해서 매일처럼 도서관 출입을 하게 되었다. 도서관 출입을 하게 되자 그는 입학시험 준비와 관련이 없는 법학개론과 형법대요와 같은 책까지 읽게 되었다.

어쨌든 도서관에 묻혀 공부에만 열중하던 심상구에게 뜻하지 않은 유혹이 찾아 왔다. 그것은 초가을이었다. 같은 도서관에서 변호사 공부를 하고 있는 이연이(李蓮伊)란 여자와 알게 된데서 이야기는 시작된다. 이연이는 심상구보다 나이도 두 살이나 위였고 성격으로 보나 체격으로 보나 심상구와 어울리지 않는 여자였다. 남자 못지않게 쾌활한 성격을 가지었고 키도 심상구보다 크면 컸지 작은 편이 아니었다. 친한 남자에게는 의례 '이형' '김형' 하며 호형호제하는 여자였다.

어떤 날 비 오는 저녁이었다. 집에 돌아가려고 도서관을 나섰으나 비가 와서 어떤 집 처마 밑에서 비가 그치기를 기다리고 있을 때 이연이가 지나가다가 심상구를 불러 자기 우산 속으로 들어오라고 했다. 심상구는 어수룩하고도 수줍어 할 줄 아는 청년이었다. 그래서 여자와 같이 우산을 받고 가기가 무엇해서 머뭇거리고 있을 때 이연이가 심상구의 손을 끌어 자기 우산 속으로 끌었다. 그래서 한 우산을 같이 받고 집까지 돌아왔지만 그 뒤부터 심상구는 적극성 있는 이연이에게 호감을 갖기 시작했다.

며칠 뒤에는 이연이가 점심을 먹으러 가자고 했다. 심상구는 또 사양을 했지만 이연이는 그런 것 쯤 보통이란 듯이 그를 끌고 어떤 중국 요릿집으로 들어갔다.

중국집에 들어가서도 어쩔 줄을 몰라 하는 심상구에게 "장래의 위대한 변호사님! 그만 수줍음을 피우세요. 보기 흉해 못 견디겠어요." 하고 이연이는 야유 비슷이 말했다.

그래도 수줍어하기만 하는 심상구에게 "심형은 베이비야!" 하고 심상구를 그야말로 어린애 다루듯 했다. 요리와 더불어 술까지 청해 놓고는 술이라고는 마셔 본 적도 없는 심상구에게 술을 강제로 먹였다. 술을 먹이고 나서는 "인생을 그렇게 딱딱하게 살면 무슨 재미가 있어요. 나는 법률 공부도 집어 치울까 해요. 좀 더 자유스럽고 좀 더 즐겁게 살고 싶어요." 하고는 자기 인생관을 피력하기 시작했다.

심상구는 그야말로 베이비처럼 이연이의 이야기를 듣기만 하고 있었다. 술을 얼마나 마셨는지 심상구는 그 뒷일을 모르나 정신이 깼을 때는 자기가 이연이의 하숙방에서 그녀와 함께 한 이불 속에 누웠다는 것을 알았다. 그래서 심상구는 그날 밤 여자라는 것을 비로소 알게 되었다. 그 뒤부터 심상구와 이연이는 도서관에 가서 공부하는 대신 한강, 인천 등지를 돌아다니며 즐거운 날을 보내기 시작했다.

심상구는 이연이를 사랑했던 것이다. 그래서 이연이에게서 베이비란 말을 듣지 않기 위해서 술을 먹기 시작했고 이연이 못지않게 즐거움을 향락하기도 했다. 그 결과 다음 해 봄 그가 입학시험에 다시 낙제했을 것은 당연한 일이었다. 그렇다고 입학시험에 낙제했다고 슬퍼하지는 않았다. 그에게는 이연이만 있으면 그만이었으니까.

그런데 심상구에게 오직 하나의 희망이던 이연이가 아무 소식도 없이 어디로 종적을 감추었다. 어디를 갔는지 알 수 없었다. 각 방면으로 탐지해 보았으나 알 수가 없었다.

그는 이연이를 잊지를 못했다. 따라서 슬프기만 했다. 그래서 얻은 것이 타락의 길이었다. 아무런 희망도 가지지 않고 타락의 길을 걷고 있을 때 8·15 해방을 맞이했다. 해방을 맞기는 했으나 심상구는 그 동안의 타락 생활에서 중병을 얻었다. 결국 육체가 약해진 때문이었다. 심한 열병을 앓을 때 어머니만은 그를 극진히 돌봐주었다. 심상구는 그만 죽어버리고 싶기도 했으나 어머니의 극진한 사랑에 자기가 병석에서 일어나기만 하면 참된 인생이 되리라는 생각이 들었다. 병이 완쾌하자 그는 정말 사람다운 사람이 되리라 결심했다.

심상구는 이연이를 잊어버리고 새로운 출발을 하기 위하여 여러 가지로 궁리를 한 끝에 중학교 은사(恩師)를 찾아가서 자기 장래를 의논하였다. 그는 은사의 지도로 올바른 길을 택하기는 했으나 그의 반생은 그 뒤에 나타난 이연이로 말미암아 암흑세계에서 벗어날 수가 없었던 것이다.

2. 모욕과 자존심

중학교 은사는 심상구에게 서울지방법원에 친한 사람이 있으니까 그곳에 취직을 하라고 충고했다. 그동안 부모들 걱정을 시켰으니까 부모를 공양해야 한다는 것이었다.

심상구는 은사의 말을 명심해 듣고 시키는 대로 서울지방법원에 취직을 했다. 취직을 해서 몇 달 출근을 하고 있을 때였다. 자기를 위해 주는 검사 가운데 한 사람이 무슨 말 끝에 "자네 허헌(許憲) 선생을 아는가?" 하고 물었다.

심상구는 허헌의 이름은 들었지만 한 번도 만나 본 일이 없었다. 그래서 "알지 못합니다." 하고 대답했을 때 그 검사는 얼굴을 붉히고 "그래 자네가 법률 공부를 하려는 사람인가? 민족의 지도자요 법조계의 대선배를 모르다니. 그렇게 무식해서 법률가가 다 뭔가. 그만 두게. 일찍 그만 둬." 하며 모욕적인 언사를 썼다.

그는 허헌이란 사람을 모른다고 해서 법률가가 못 될 것이 어디 있는가 하고 분개하기도 했으나 무엇보다도 모욕을 당했다는 마음이 분하기 짝이 없었다. 우울하기 짝이 없었던 것이다. 우울한 표정을 짓고 물끄러미 앉아 있을 때 같이 일하던 정길면(鄭吉勉)이가 옆으로 와서 심상해하는 심상구에게 말을 건넸다. 왜 우울해 하느냐고 가장 동정하는 투로 묻는 것이었다.

심상구는 편치 않아 대답도 하기 싫었으나 정길면이가 너무나 조르는 바람에 허헌 때문에 모욕을 당했다고 대답했다. 그 말을 듣자 정길면은 무슨 생각에서였는지 사실 허헌을 몰라서야 법조계에서 일할 수가 있느냐 하며 자기가 허헌과 허헌의 딸을 잘 아니까 자기와 같이 허헌에게 가서 한번 만나보자고 했다.

심상구는 괘씸한 생각에서 처음에는 만나볼 필요도 없다고 대답했으나 정길면이가 "심형은 머리가 좋으니까 남보다 빨리 출세할 수 있을 겁니다. 그러니까 허헌 같은 분을 알아두는 것이 해롭지 않단 말입니다. 주먹으로 돌을 때리면 돌이 아프다고 하겠느냐고요?" 하며 굳이 허헌을 만나보자고 했다. 심상구는 허헌이가 어떤 친군데 그렇게들 야단인가 하는 생각에 한번 얼굴이나 보아두자고 마음먹었다.

그날 밤 심상구는 정길면과 같이 허헌을 면회했다. 면회를 했을 때 허헌은 청년들과 만나는 것이 즐겁다고 하며 조선적 민주주의니, 국가적 영농제니, 노동의 기계화니, 친일파 친미파의 숙청이니 하고 심상구가 전혀 모르는 이야기를 들려주었다. 심상구는 그 말의 뜻을 알지 못했지만 새로운 지식을 가진 사람이란 점에서 허헌에게 경의를 표하고 싶어졌다.

얼마동안 이야기를 하다가 "요즘 청년들의 여론은 어떤가?" 하고 허헌이가 질문을 했다. 그때 정길면이가 대답했다.

"우리 젊은 청년들은 미 제국주의의 침략을 물리쳐야 한다고 생각하고 있습니다." 허헌은 고개를 끄덕끄덕하면서 "옳은 생각들을 가졌군!" 하고 가상하다는 듯이 말했다. 그리고는 심상구에게 정길면을 통해 말을 들었는데 퍽 유망한 청년이라고 생각하니까 일을 잘하라고 하며 칭찬과 격려를 해주었다. 그 뒤부터 심상구는 허헌에게 불려 다니기 시작했다. 그리고는 사상범의 사상별 통계표를 꾸미라는 명령을 받았다.

심상구는 시키는 대로 일을 해다 주었다. 그 결과 허헌에게 과분한 칭찬을 받았다. 그러나 심상구는 정길면이가 계획적으로 자기를 허헌에게 면접하게 했고 또 일까지 시키게 한 것을 깨닫고 정길면이가 싫어진 동시에 허헌도 만나지 않기로 결심했다. 다만 야학에라도 입학해서 공부를 더 하고 싶은 마음만이 간절했다. 그래서 그는 법정대학 야학부에 입학하여 지방법원에서 퇴근만 하면 학교로 가곤했다.

그러나 당시의 대학이란 공부만을 하기 위해서 모인 곳이 아니었다. 학원의 민주화를 부르짖으며 시위행렬을 해야 했고 메이데이니 뭐니 해서 매일처럼 거리에 나가야 했다. 더구나 국대안(國大案) 반대 운동을 일으키어 제대로 공부하는 날이 없었다.

심상구는 공부를 하지 않고 그런 정치 운동하는 것을 싫어했으나 그도 할 수 없었다. 그는 국대안 반대투쟁위원으로 선출이 되었던 것이다. 바라지도 않았던 위원으로 선출이 되자 심상구는 한 몫 끼지 않을 수 없었다. 그것은 오직 자존심 때문이었다.

국대안 반대만이 가장 옳은 일이라고 떠들어대는 판에 자기만이 모른 척하고 나서지 않는다면 얼마나 비굴하다는 말을 들을 것인가. 심상구는 그러한 자존심으로 투쟁위원회에 가담하였다.

그러나 결국은 문교 당국의 움직이지 않는 태도에 국대안 반대투쟁이 실패로 돌아가게 되자 심상구는 차라리 잘되었다 생각하고 공부만 열심히 했다. 더구나 어학에 실력이 없는 만큼 어학에 힘을 주어 공부를 했다. 그 결과 그는 지방법원에서도 한 계급이 올랐으며 학교에서도 우등생이 되었다. 모욕을 줌으로써 마음을 붙잡으려고 했고 자존심을 이용하여 활동을 시키려고 한 공산 계열의 모략에 넘어가기는 했었으나 심상구는 법률가로서 출세하겠다는 마음을 끝까지 버리지 않았다.

그는 열심히 공부하여 자기의 뜻을 이루려 했다.

3. 여(女) 밀정 이연이의 재현

그날도 심상구는 낮에 법원에서 일을 보고 밤에는 학교로 갔었다. 공부를 끝내고 충무로로 해서 집으로 돌아오는 길에 "심형!" 하고 부르는 사람이 있었다. 누굴까 하고 뒤를 돌아보았으나 술 취한 사람 몇 명이 자기 뒤에서 걸어올 뿐 알 만한 사람이 하나도 없었다.

자기를 부르는 것이 아니었는가 하고 다시 걷기를 시작할 때 또 "심형!" 하는 소리가 들려왔다.

"심형!" 하고 부르는 목소리는 분명 여자의 음성이었다. 심상구는 발을 멈추고 뒤를 돌아보았다. 과연 여자 한 명이 다가오면서 "부르는데도 왜 못들은 척 하느냐?"고 나무랬다.

그것은 분명 이연이였다. 그러나 심상구는 누구를 부르는 것이냐는 듯이 이연이의 얼굴만 바라보았다. 오래간만에 만나는 연이가 반갑기는 했으나 그로 말미암아 받은 상처를 생각할 때 증오의 마음이 앞섰던 것이다.

그래서 말도 하지 않고 서 있을 때 이연이도 이상스런 생각이 들었는지 "심상구씨지요?" 하고 긴가민가하다는 듯이 물었다.

"그렇습니다." 대답이 떨어지자 그는 "저를 모르시겠어요?" 하고 생긋이 웃었다.

"나는 모르겠는데요." 심상구는 일부러 무뚝뚝하게 대답했다.

"정말 모르겠어요?"

"나에게는 아는 여자가 한 명도 없습니다."

"연이라는 여자두요?"

"연이라는 여자만은 압니다만 그는 벌써 죽었습니다."

"그럼 제가 연이 이야기를 들려 드릴까요?"

"듣지 않아도 좋습니다."

심상구는 연이와 다시 만나지 않기로 결심하고 있었다. 그래서 눈앞에 나타난 연이를 보고도 어디까지나 냉정하려 했던 것이다.

이연이는 같이 가던 일행들에게 무슨 말을 하고 와서는 자동차 한 대를 불러 세웠다. 그리고는 연이 이야기를 할 겸 같이 가자고 하면서 자동차에 오르라고 했다.

심상구는 어찌할 바를 몰랐다. 원망스런 생각을 해서는 두 번 다시 만나고 싶지 않은 여자였다. 그러나 마음속으로는 잊지 못했던 여자다. 한편으로는 밉기도 하나 한편으로는 미운만큼 껴안아주고도 싶었다.

심상구는 어찌할 줄을 모르고 망설이는 수밖에 없었다. 그러나 자동차를 불러 놓고 빨리 올라타라고 독촉할 때 심상구는 그만 스스로의 판단을 내리지도 못한 채 올라타고야 말았다. 자동차는 용산을 지나 한강철교를 달렸다. 철교를 지난 한강 언덕 위 별장 같은 어떤 집 앞에 이르러서야 자동차가 멎고 뒤이어 연이가 내렸다.

심상구는 다시 어리둥절해서 내려야 할지 내리지 말아야 할지를 결심하지 못했다. 그러나 연이가 "자동차 삯이 올라요. 빨리 내리세요." 하고 손을 잡아끄는 바람에 내리지 않을 수가 없었다.

차에서 내리기는 내렸으나 자기를 타락하도록 만들어 놓고는 어디로 도망질 했다가 지금 다시 나타나 자기를 유혹하려는 연이가 미워 견딜 수 없었다. 그래서 차에서 내리자 마자 연이의 따귀를 보기 좋게 갈기었다.

연이는 도리어 "호호, 용기가 좀 느셨는데요. 사람 때릴 줄도 아시고!" 하고 심상구의 팔에 매달렸다. 그리고는 "좌우간 들어가십시다. 제 이야기를 듣고 더 때리거나 용서를 하거나 해 주십시오." 하고 애걸을 했다.

심상구는 자기가 연이에게 다시 끌려 들어가는 줄 알면서도 어찌 할 수 없었다. 나중에야 어찌되었든 연이를 내버리고 돌아설 용기가 나지 않았다. 그들은 여관 비슷한 집으로 들어가 하룻밤을 즐겼다. 포옹과 애무하는 사이에 심상구의 머리는 다시 흐려지고 말았던 것이다.

연이는 그동안 중국 상해로 북경으로 또는 연안으로 돌아다니며 민족을 위해 일한다고 하다가 결국은 중국 공산당의 밀정이 되어 귀국했다는 것을 고백했지만 그가 밀정이라고 해도 심상구는 어찌할 도리가 없었다.

다음 날 아침 눈을 떴을 때 옆에 있어야 할 연이가 보이지 않았다. 여기저기 찾아보았으나 연이 대신 편지와 돈이 베개 밑에 놓여있을 뿐이었다.

그 편지에는 자기가 괴롭다는 것, 그러나 심상구를 죽을 때까지 잊지 못하겠다는 말이 적혀 있었다. 맨 끝에는 한번만 더 만나달라고 한 뒤 만날 시간과 장소를 적었다. 심상구는 만나야 하는가 그렇지 않으면 만나지 말아야 하는가 하고 망설였으나 그는 자석에 끌린 것처럼 약속한 장소로 달려가고야 말았다.

참으로 이상한 일이었다, 마음속으로는 여러 가지를 생각하지만 결국에 가서는 만나지 않을 수 없었던 것이다. 그날 심상구는 직장에도 나가지 않았고 학교에도 가지 않았다. 연이가 끄는 대로 따라 다녔을 뿐이었다.

그들은 다시 어떤 여관으로 갔다. 포옹과 애무가 시작되었다. 그날 밤 연이는 여 밀정(女密偵)으로서의 자기 사명을 이야기했다. 그가 맡은 일은 정치, 경제, 문화 각 방면의 정보를 수집하여 중국 공산당에 보고하는 것이었다. 특히 김구, 김규식 등 정치인을 만나는 것이 중요한 임무라고 말했다. 나중에는 카메라 비슷한 권총을 꺼내 보이며 그것이 카메라도 되고 때로는 목걸이로 변하기도 한다면서 경우에 따라서는 그것을 가지고 사람을 협박하기도 한다는 말을 했다.

한편 남북전쟁이 일어난다는 말도 했다. 김일성은 소련의 원조를 받아 전쟁 준비를 하고 있으니까 반드시 남북전쟁이 일어나고야 말 것이라고 말한 뒤, 만일 전쟁이 일어나면 어떤 편에 가담하겠느냐고 물었다. 심상구가 대답을 못하자 연이는 결국 강한 편에 가담해야 한다고 말했다. 강한 편은 즉 공산주의라고까지 말했다.

심상구는 결정적인 대답을 못한 채 며칠을 보냈다. 그러면서도 연이와는 매일 여관에서 만나 같이 잠을 잤다. 잠잘 때마다 연이는 뻔한 일을 가지고 여러 생각할 것이 무엇이냐고 결정적인 대답을 재촉했다.

어떤 비 오는 날 밤이었다. 어떤 여관에서 같이 이야기를 하고 있을 때 창 밖에서 담뱃불 같은 것이 번쩍했다. 그 불을 보자 연이는 깜짝 놀라며 빨리 불을 끄고 자자고 했다. 심상구가 왜 그러느냐고 물었을 때 연이는 "내가 밀정이지만 나를 감시하는 사람이 또 적지 않습니다. 내가 일을 잘못한다면 나는 귀신도 모르게 죽게 됩니다." 하고 대답했다. 그리고는 다시 "상구 씨도 빨리 마음을 결정하세요. 잘못하다가는 상구 씨도 귀신 모르게 죽을지 모릅니다." 하는 것이었다.

그 뒤에도 연이를 매일 같이 만나지만 심상구는 자기도 모르는 사이에 연이에게 협력을 하기 시작했다. 한국 내 좌우익별 정치 요인의 명단을 적어 보고하기도 했다. 아는 한도 내의 군사기밀도 탐지하여 알려 주었다. 그리고 좌익단체인 법학자동맹에도 가입했다. 그는 높은 자리에 앉아야 공산주의 운동도 마음대로 할 수 있다는 생각에 다시 공부를 시작하여 3년 뒤에는 변호사 시험에 합격하였다.

그러면서도 연이와는 만나지 않는 날이 없었다. 그런데 6·25사변이 일어나기 전 해인 1949년 여름 어떤 날이었다. 매일처럼 만나던 연이가 며칠 동안 나타나지를 않았다. 무슨 일인가 하고 걱정하던 차 연이의 오빠라는 사람이 찾아와서 연이의 편지를 주었다.

편지 속에는 사태가 위급해서 월북한다는 것이었다. 그 대신 편지를 보내는 자기 오빠와 자주 연락을 해달라고 부탁을 했다.

심상구는 다시 낙심을 했다. 그것은 연이가 있으면 무슨 일이라도 할 수 있었지만 연이가 없는 이상 아무 일도 할 수 없는 자기를 발견했기 때문이었다. 눈에 보이는 것은 연이뿐이었다.

그러나 연이는 심상구보다도 중요한 딴 일을 가지고 있다. 결국 연이는 심상구를 이용한 것 밖에 아무것도 없다.

심상구는 연이를 원망하면서 몇 달을 보냈다. 눈보라치는 겨울날이었다. 연이의 오빠라는 사람이 찾아와서 연이가 38도선을 무사히 넘었으며 7월 달에는 다시 돌아오겠다는 소식이 왔다고 전해 주었다. 어떻게 해서 그런 소식이 들어왔을까 하는 것도 의심스러웠지만 굳을 대로 굳은 38도선을 넘어 7월 달에 돌아온다는 말도 곧이들리지 않았다.

그러나 연이는 그 해 7월에 정말 다시 돌아왔다.

4. 이조실록 탈취의 명령

6·25사변이 발생한 지 며칠도 안 된 7월 3일이었다. 심상구는 좌익단체에 가입했을 뿐 아니라 허헌과 연이에게 여러 비밀을 알려 주면서 공산주의자들에게 협력을 했지만 그래도 대한민국의 법관으로 있었다는 사실이 두려워 밖에도 나가지 못하고 집에 숨어 있었다. 그럴때 연이가 괴뢰군(북한군) 정치보위부 대원 2명을 데리고 심상구의 집을 찾아왔던 것이다. 비록 여자의 몸이지만 연이는 남자 부하를 호위병으로 데리고 다녔다.

심상구를 보자 연이는 손을 내밀어 악수를 하며 수고를 많이 했다고 인사를 했다. 그 태도가 전보다 달리 퍽이나 엄숙해 보였다. 그러나 "제가 약속을 지켰지요?" 하고 웃을 때는 역시 요염한 연이에 틀림없었다.

그들은 이야기를 하기 위하여 어떤 다방으로 갔다. 거기서 이야기를 하고 있을 때 순시하던 정치보위부 대원이 와서 무엇 하는 사람들이냐고 물었다. 그때 연이는 신분증명서를 내 보였다. 그것이 어떠한 신분증인지는 모르지만 정치보위부 대원들은 허리를 굽실굽실하고 돌아갔다. 모르기는 모르나 무척 높은 지위에 있는 것만은 사실이었다.

연이는 전처럼 애정에 대한 이야기를 한마디도 꺼내지 않고 다만 정치문제만을 논했다. 그리고는 심상구에게 어떤 길을 걷겠느냐고 하며 왼쪽이건 바른쪽이건 결정적인 태도를 취해 달라는 것이었다. 심상구는 결정적인 대답을 못했다. 그것은 이때까지 그렇지 못하던 것을 괴뢰군(북한군)이 들어왔다고 해서 갑자기 공산주의자인 척 큰소리를 할 수가 없었기 때문이었다. 그렇다고 해서 공산주의를 반대한다는 말은 더욱 할 수 없었다. 그러한 눈치를 챘는지 연이는 다음에 다시 만나자고 말한 뒤 그동안 잘 생각하라는 말을 남기고 나가 버렸다.

심상구는 공포에 싸였다. 이제 연이가 하라는 대로 하지 않으면 연이가 자기를 어떻게 할지 우선 연이가 무서웠다. 이때까지와 달리 지금은 조직 속에서 움직이는 연이다.

전 같으면 밤에 만날 것을 약속했을 연이었지만 이번에는 엄숙한 태도로 그런 말은 한마디도 비치지 않았다.

심상구는 집으로 돌아오는 길에 골목마다 삼엄한 경계를 하고 있는 내무서원들을 보았다. 보기만 해도 무서웠다. 거리에는 괴뢰군(북한군)과 그들의 탱크가 남쪽으로 행진하고 있었다. 집으로 돌아가니 반장과 민애청에서 번갈아가며 찾아와 무슨 단체 무슨 단체에 가입하라고 위협을 했다.

심상구는 다음 날 아침 연이의 사무실을 찾아갔다. 역시 그 세상에서 살려면 연이 옆에 있어야만 안전할 것 같았던 것이다. 그러나 연이는 "여긴 반동분자들을 숙청하는 수사기관인데 아무에게나 이야기하지 마십시오." 하고 정색하며 말했다.

그것은 자기가 수사기관에 있으니까 앞으로 조심하라는 말 같기도 했다. 그리고는 결심을 했느냐고 물었다. 어디까지나 사무적이었다. 심상구는 무슨 일이나 시키는 대로 하겠다고 대답했다.

연이는 심상구에게 잠깐 저쪽으로 가 앉아 있으라 하고는 어디로 나가 버렸다. 잠시 후 들어와서는 심상구를 불러 "그럼 정치보위부에서 일을 봐 주십시오." 하고 상관이 부하에게 하듯 명령했다. 그리고 1개 소대 가량의 병력을 가지고 일을 하라는 것이다. 심상구는 어안이 벙벙했다. 무엇을 보고 자기에게 그러한 임무를 맡기는 것일까? 30여 명의 부하까지 주면서 일하라는 것은 아무에게나 시킬 수 없는 일이다. 그것은 연이가 심상구를 믿고 일을 시켜보려 한 것인지는 모르지만 심상구에게 있어서는 하나의 시험이라고 생각지 않을 수 없었다.

심상구는 일을 시작했다. 연이의 오빠라고 하던 사람과 정길면(鄭吉勉) 등을 부하로 쓰면서 매일 같이 쏟아져 내려오는 명령을 수행했다. 이때야 알았지만 연이의 오빠라고 한 자는 연이의 오빠가 아니었다. 연이의 연락원으로 빨치산 일을 맡아보고 있던 자였다. 반동분자 명부를 작성하는 등 심상구는 조금도 쉴 새가 없이 일했다. 휴식할 시간은 물론 마음 놓고 잠잘 시간도 없을 만큼 바쁘게 일했다. 그만큼 일이 많았던 것이다. 그리고 그 일이란 무엇이나 정한 시간 안에 끝내야만 했다. 이유도 변명도 없다. 정한 시간에 끝을 내지 못하면 근무의 적이며 인민의 적이 된다. 따라서 인민의 적은 언제나 숙청되어야만 한다.

심상구는 자신이 사색의 자유까지 박탈당한 것을 깨달았다. 사실 명령을 수행하는 데는 자기의 판단 같은 것이 조금도 필요하지 않았다. 오직 기계처럼 움직일 뿐이다. 그러니까 생각할 여유도 없었지만 생각할 자유가 있을 리 만무했다. 그러나 일을 안 할 수 없었다, 죽어도 할 수 없다는 생각으로 일을 하고 있을 때 하루는 본청에게서 소환이 왔다.

몸과 마음이 괴로우니까 심상구는 자기도 모르게 태만했는지 모른다. 어쨌든 소환을 당했으니 안 갈 수도 없었다. 소환한 책임자 방으로 들어갔을 때 책임자 옆에 연이가 앉아 있는 것을 보고 심상구는 놀라지 않을 수 없었다. 약간 태만했는지는 모르는 일이지만 그렇다고 해서 큰 과오를 저지른 것은 아니다. 하는 데까지 하느라고 노력을 해 왔다. 그러나 연이는 자기에 대하여 어떻게 보고를 했는지 소환을 당하도록 만들어 놓았으며 또 소환한 그 책임자 옆에 앉아 자기를 노려보고 있지 않은가.

심상구는 온몸에 소름이 끼치었다. 그러나 할 수가 없었다. 책임자는 심상구를 보자 "동무는 열성적으로 일한단 말을 들었는데 요새는 어떤가? 그렇게 어리석은 사람은 아닐 것 같은데…" 하고 말했다. 그것은 분명 무엇을 규탄하려는 말 같았다. 심상구는 놀라는 표정으로 그 말의 뜻이 무엇인가를 물었다. 그러나 책임자는 구체적인 말을 하지 않고 "명령에 좀 더 충실하시오, 자기의 임무를 수행하지 않는 사람은 인민의 적이라는 걸 알아야 한단 말이요." 하고 협박 비슷이 말했다. 옆에 앉아 있는 연이는 일언반구 변명을 해주지 않았다. 당연한 말을 하는 것이라 찬동하는 표정이었다.

심상구는 슬펐다. 자기의 일생을 마음대로 흔들어 놓은 연이가 지금에 와서는 아는 척도 안 하는 것이었다.

세상에 그런 일이 있을 수 있겠는가. 책임자는 그 이상 더 협박을 하지 않았다. 그 대신 괴뢰(북한)정권의 문교상(文敎相) 백남운(白南雲)의 명령이라고 하며 이조실록(李朝實錄)과 고문서(古文書)를 탈취해 평양으로 보내라는 임무를 맡기고 "열성적으로 임무를 수행하시오, 알겠소?" 하고 무서운 태도로 말했다.

어떤 명령이라고 거역할 것인가. 심상구는 백남운에게서 보내어 왔다는 책 이름들을 적어가지고 본청을 나왔다. 본청을 나올 때까지도 연이는 이렇다는 말 한마디 안 했다. 연이는 어디까지나 하나의 방관자였으며 하나의 감시인이었다.

심상구는 그날부터 부하들에게 이조실록과 기타 역사에 관한 고서적들의 소재를 조사시켰다. 그리고 발견되는 대로 그 책들을 압수해

오라고 명령했다. 백남운이가 요구하는 책은 이조실록 외에 다음과 같은 책들이었다.

요사(遼史) 12권, 구당사(舊唐史) 42권, 북사(北史) 20권, 청한서(淸漢書) 12권, 당서(唐書) 48권, 진서(晉書) 20권, 한서(漢書) 16권, 수서(隨書) 12권, 남서(南書) 12권, 위서(魏書) 20권, 금서(金書) 20권, 원서(元書) 42권, 주서(周書) 4권, 양서(梁書) 6권, 진서(陳書) 4권, 대동금석서(大東金石書) 1권, 기봉집(岐峰集) 1권, 전록도고(典錄道考) 7권, 삼국사절요(三國史節要) 6권, 여유당전집(與猶堂全集) 58권, 자치통감(自治通鑑) 70권, 명사(明史) 80권, 송서(宋書) 16권, 해동제국기(海東諸國記) 1권, 5대사(五代史) 8권, 삼국지(三國志) 8권, 고려사절요(高麗史節要) 21권, 사기(史記) 20권, 월제서전(月齊書全) 6권, 광해군일기(光海君日記) 45권, 조선사료집진(朝鮮史料集眞) 1권, 묵자(墨子) 4권, 순자(荀子) 4권 등 이 귀중한 책들을 어떻게 모을 것이냐가 걱정이었다. 도서관에도 얼마는 있겠지만 개인들이 보관하고 있는 것까지 찾아내지 않으면 안 될 형편이었다. 그리고 그 귀한 책들을 서울에 그냥 두지 않고 평양으로 이송하라는 뜻이 무엇인지 의심스럽기 짝이 없었다. 문화재라는 것은 언제나 그 나라의 중심지에 있어야 할 것이 아닌가.

그러나 명령이다. 비판 내릴 수가 없는 일이다. 심상구는 부하들과 함께 귀중한 서적들을 여기저기서 뺏어왔다. 물론 돈 같은 것은 한 푼도 주지 않았다. 그리고 빼앗은 책들은 명륜동에 있는 백남교(白南敎)의 집에 보관해 두었다.

8월도 거의 지나려는 때인 만큼 유엔군의 폭격이 심했다. 폭격을 면하기 위해서 개인 집을 선정하기로 했는데 개인 집 가운데서도 백남교의 집을 정한 것은 백남교가 바로 백남운의 동생이었기 때문이었다. 백남교는 정치보위부의 고문으로 있는 만큼 믿을 만하기도 했다. 이렇게 이조실록과 역사, 고서적들을 여기저기서 뺏어다가 모으고 있는 사이에 심상구는 자기에게 감시원이 따르고 있음을 알았다.

역시 연이가 하고 있는 일이었다. 심상구는 그런 사실을 알자 맥이 빠지기 시작했다. 연이가 자기를 감시하고 있다니…. 맥이 풀리니 일할 생각도 나지 않았다. 몸에 병이 들 것만 같았다. 그래도 할 수 없이 일을 하고 있을 때 9·28이 왔다. 인천에서 폭격소리가 나기 시작할 때 연이는 다시 편지 한 장을 써놓고 북으로 도망을 쳤다. 기구한 운명이라 떠나지 않을 수 없다는 간단한 편지였다.

심상구에게 대해서는 어떻게 하라는 말 한마디가 없었다. 심상구는 잘 되었다고 생각했다. 자기는 연이가 있는 이북으로 가지도 않으려니와 앞으로는 어떤 일이 있어도 만나지 않으리라 결심했다.

자기의 일생을 완전히 파멸시킨 이연이(李蓮伊)!

그러나 심상구는 또 다른 명령으로 월북하지 않을 수 없었다. 즉 월북하라는 명령이 내렸던 것이다. 심상구는 할 수 없이 미아리 고개를 넘어 북쪽을 향해 출발했으나 이북에 가서 연이를 만날 생각을 하니 도저히 발을 옮길 수가 없었다.

명령과 감시로서 인간을 완전한 기계로 만드는 공산주의의 독재정치 속으로 들어갈 용기도 나지 않았다.

심상구는 3개월 동안 공산주의자들의 앞잡이로 서울을 공포 속에 잠기게 한 장본인의 한 사람이었으나 공산주의와 민주주의의 분기점에 서 있을 때 그는 역시 민주주의를 선택하지 않을 수 없었다. 그는 죽는 한이 있어도 대한민국에서 죽기를 결심하고 서울로 발길을 돌리었다. 그래서 심상구는 합동수사본부에 체포되어 자기의 다난한 일생을 참회하였지만 폭격이 두려워 운반을 못하고 있었기 때문에 이조실록과 역사 서적들을 빼앗기지 않고 도로 찾을 수 있었다.

Ⅳ. 김일성의 전속 간호원 조옥희

1. 김일성의 전속 간호원이 되기까지

'아닌 밤중에 홍두깨 격'으로 중공군이 한국전선에 덤벼든 지 반년 남짓한 시간이 흘러갔다. 그 사이에 우리 겨레는 1·4 후퇴라는 민족적인 비극을 다시 한 번 겪게 되었고 소위 수차에 걸친 중공군의 춘계 공세로 해서 온 겨레의 가슴을 바짝바짝 조여들게 했던 위기가 몇 차례나 밀려왔다가 밀려가기를 되풀이했다. 그리하여 일선에서는 리지웨이 미8군사령관의 살육(殺戮)작전이 감행되어 매일같이 수천 명의 공산군이 피의 제물이 되고 있었다.

그러던 어떤 날 오후였다. 나는 부하대원 한 사람으로부터 매우 흥미 있는 정보를 듣게 되었다. 즉 6·25 당시까지 북한에서 공산 괴수 김일성(金日成)의 전속 간호원으로 있던 조옥희(趙玉姬)라는 여자가 부산 제3육군병원에 잠입하여 있다는 것이다.

김일성의 전속 간호원이라는 점이 나로 하여금 이 사건에 매우 흥미를 느끼게 했다. 왜냐하면 적어도 김일성의 전속 간호원이었다면 겹겹이 철의 장막에 쌓여 세상에 알려지지 않은 공산 괴수의 사생활이나 죄악상을 어느 정도 파악할 수가 있겠기 때문이었다.

참으로 흥미진진한 정보였다. 그리고 이 정보의 입수 경로도 매우 믿음성이 있는 확실한 것이었다. 그렇지만 조금 더 깊고 명확하게 그녀의 정체를 파악하고 사상 동태를 살펴볼 필요가 있었다. 이 목적을 달성하기 위해서 우리는 북한 출신의 여자대원 한 사람을 간호부로 가장시켜 제3육군병원에 투입시켰다. 물론 이것은 극비리에 진행되었다.

그 여자대원은 천성적으로 타고난 귀염성과 사귐성을 가지고 조옥희에게 한 걸음 두 걸음 접근하여 갔다. 그리하여 1주일 만에 서로 농담을 주고받으며 장난을 칠 정도로 두 사람의 사이가 가까워졌다. 같은 여자라는 것과 같이 북한 출신으로 외로운 처지라는 것이 그들이 가까워지는 데 큰 도움을 준 것도 사실이었다.

그리고 여자대원은 기회 있는 대로 조옥희를 극장이나 다방에 데리고 다니면서 능란한 솜씨로 꾸민 센치(센티멘털의 비표준어)하고 로맨틱한 자신의 신세타령을 늘어놓곤 했다. 그리하여 조옥희가 그 여자대원의 감정에 동화되어 스스로 자기의 심정과 과거를 고백하게끔 무척 애를 썼다.

조옥희는 차츰 그 여자대원의 과거를 동정하면서 자신과 같이 외롭고 고민이 많은 입장이라고 믿게 되자 자신의 과거를 솔직하게 털어놓기 시작했다.

그 후 다시 열흘이 지나갔다. 그동안에 조옥희가 여자대원에게 고백한 사실들을 종합하여 보면 조옥희의 과거는 다음과 같았다.

조옥희는 평북 의주군 광평면 청행동 농촌에서 출생했다. 양친은 모두가 독실한 장로교 신자였고 조옥희는 어려서 장로교회의 세례를 받았으며 진실한 크리스천으로 보통학교를 마쳤다. 보통학교 졸업 후 가족들은 평양에서 양말 공장을 경영하고 있는 외삼촌이 있는 곳으로 이사 가서 조옥희는 정의여학교(正義女學校)를 다니던 중 3학년이 되었을 때 부친이 병사하고 외삼촌이 경영하는 공장이 불경기로 문을 닫지 않을 수 없게 되었다. 조옥희는 하는 수 없이 학교를 그만두고 기독교 연합병원 간호부 양성소에 들어갔다.

19살의 봄을 맞이하면서 조옥희는 간호부 양성소를 졸업하게 되었고 그 기독교연합병원 간호부로서의 첫발을 내딛지 않으면 안 되었다. 연약한 조옥희의 두 어깨에 어머니와 동생의 생명이 매달리게 되었기 때문이다. 극히 단조롭고 지긋지긋하게 바쁜 간호부 생활이 계속되었다. 그러나 조옥희는 성실한 신앙심으로 묵묵히 참고 견뎌 나갔다.

이러는 사이에 조옥희의 가슴에도 이성에 대한 사랑과 그리움이 움트기 시작했고 두 남자의 모습이 조옥희의 마음속을 점령하게 되었다.

그 대상자인 두 사람은 조옥희의 간호를 받는 환자였는데 성격이나 생김생김이 극히 반대되는 인물들이었다. 한 사람은 이영수(李永秀)라는 전기회사에 다니는 가난한 사원으로서 키가 후리후리하고 얼굴이 시원스럽게 생긴 겸손하고 근실한 청년이었고, 또 한 사람은 도영식(都榮植)이라는 청년인데 그 사람은 용강에 과수원을 몇 개씩이나 가지고 있으며 추수를 삼천석이나 하는 부잣집 아들이었는데 키가 작고 얼굴이 깜찍하게 생긴 경박하고 색마적인 청년이었다.

조옥희가 누구를 결혼 대상자로 선택할 것인가 고민하고 있던 어떤 날 도영식의 유혹에 빠져 반강제적으로 도영식에게 처녀성을 빼앗기고 말았다. 그 대가로 도영식은 말없이 2백 원이라는 거금을 조옥희의 손에 쥐어 주었다. 그 당시 2백 원이라는 돈은 조옥희의 일 년 봉급보다도 많은 거액이었다. 평생 처음 만져보는 거금을 쥔 채 조옥희는 눈물을 머금고 참는 수밖에 없었다. 결국 2백 원에 처녀성을 판 셈이었다.

이것이 조옥희에게 비극의 시초였다. 그날부터 조옥희는 도영식이가 요구하는 대로 몸을 내바쳐 불륜의 관계를 계속하였다. 그러다가 간호부 생활을 그만두고 서문 밖에 집 한 채를 얻어 세상의 눈을 피하면서 도영식과 동거생활을 하게 되었다. 그러나 원래 돈과 본능적인 욕정만으로써 맺어진 그들 사이가 원만하게 오래 계속될 리 만무했다.

조옥희가 임신하여 배가 불러옴에 따라 본능적인 욕구를 만족시킬 수 없게 된 도영식은 빈번하게 창녀(娼女)와 기생들에게 드나들었는데 조옥희가 모진 고생으로 몸이 쇠약해진 관계로 낙태하여 병석에 누워 홀로 신음하고 있어도 거들떠보지도 않았다. 사랑에 의한 마음과 마음의 결합이 아니라 돈과 본능의 욕망만으로 맺어진 그들이니 이런 결과가 초래된 것이 당연한 일이기도 했다.

그런지 얼마 후 도영식은 자기 부친의 인감을 훔쳐 부동산을 팔고 계모를 죽이려다가 사전에 발각되어 경찰에 구금되었다.

이것은 조옥희가 재출발하는 데 다시없이 좋은 기회였다. 그러나 조옥희는 사직당국으로부터 도영식의 공범으로 오해받고 체포되었다가 석방된 후 도영식과의 생활에 종지부를 찍고 1년 만에 다시 어머니 품으로 돌아갔다. 어머니와 동생과 셋이서 1, 2년을 놀고먹을 수 있는 2천원이란 대금이 손안에 있었으므로 조옥희는 당분간 조용하게 행복을 누릴 수 있었다.

그러나 행복의 시간은 길지 못했다. 얼마 안 있어 손쉽게 태평양 전역을 점령하고 미국과 영국을 패배시킬 것 같이 떠들던 일본 군국주의자들의 소위 대본영에서 솔로몬 해역에서 철수하였다는 보도가 발표된 후부터 국민들의 생활은 극도로 궁핍해졌으며 모든 통제와 강제는 극도에 달했다.

이미 남자들은 징병이니 징용이니 해서 전원이 전쟁의 희생물이 되어 애매하게 피땀을 흘리고 있었지만 각박한 정세는 여자들에게도 참혹한 전쟁의 희생을 강요해 왔다. 즉 애국노력봉사대니, 애국소방대니 해서 힘에 겨운 노력을 착취당할 뿐만 아니라 소위 여자정신대라는 미명하에 낯선 타국에 끌려가서 야수 같은 왜놈병사들의 수욕(獸慾) 앞에 육체를 바쳐 마음의 순결과 연약한 육체를 갈가리 찢겨야 했다.

이러한 때이므로 조옥희는 자기의 신변을 보호해 줄만한 직장을 찾지 않으면 안 되었다. 그래서 조옥희는 여러 사람을 통해서 취직자리를 알아본 결과 어떤 개인병원에 간호부로 들어가게 되었다. 그러나 이것만으로는 신분 보장이 안 될 뿐만 아니라 수지균형을 맞춰 나갈 수가 없었다.

그러던 어느 날 기독교연합병원에 있을 때 도영식과 같이 환자로 들어왔던 얌전한 미모의 청년 이영수를 우연히 만나게 되어 이런 말 저런 말 끝에 그의 소개로 평양고무공장 의무반에서 근무하게 되었다. 조옥희는 지난날의 도영식과의 쓰라린 추억과 양심의 가책으로서 마음이 괴로워 이영수를 멀리 하려고 애썼으나 의식적인 노력에도 불구하고 점점 이영수한데 쏠리고 있는 자기의 마음을 어쩔 수 없었다.

조옥희는 그 남자를 사랑하는 마음을 표시하려고 하지는 않았다. 않았다기보다는 과거의 생활이 양심에 걸려 말을 할 수가 없었던 것이다.

이렇게 괴로우면서도 즐거운 나날이 각박한 전황(戰況)과 함께 흘러갔다. 지칠 대로 지치고 시달릴 대로 시달린 모든 사람의 얼굴들에는 죽지 못해 살아가는 어두컴컴한 그림자만이 깃들어 있었다.

아쓰도에서 일본 군대가 옥쇄(玉碎)를 하고 사이판과 유황도가 뒤이어 같은 운명의 심연 속에 빠지며 일본 본토에 대한 공습이 본격화하고 치열해짐에 따라 일본 군국주의가 패전이라는 구렁텅이를 향해서 줄달음치고 있다는 것을 국민들이 모두 깨닫게 되었다. 무더운 7월에 접어들면서부터 이런 기세는 어떤 힘으로도 누를 수 없도록 노골화되었다. 군수용(軍需用)인 고무제품을 만들고 있던 조옥희가 근무하는 공장 내에도 패전을 거듭하고 있는 전황 뉴스가 비밀 루트를 통해서 막 새어 들어왔다.

일본 제국주의가 머지않아 망할 것이라는 등, 어디서 일본군이 얼마나 전멸되었다는 등, 어느 도시가 공습으로 어떻게 파괴되었다는 등, 벌써 연합군 측에서는 몇 달 전부터 일본 정부에 항복 권고를 했다는 등, 그야말로 가지각색의 유언비어가 떠돌았는데 그 유언비어의 대부분이 진실에 입각한 뉴스를 기반으로 한 것들이었다.

조옥희는 이 정보를 이영수에게서 들었는데 그의 입을 통해서 그가 중심이 되어 있는 어떤 항일단체가 비밀리에 공장 내에 조직되어 있다는 것을 알았다.

공장 전체가 패전일색(敗戰一色)의 여론으로 들끓고 공기가 험악해지자 입을 막기 위해서 일본 헌병대에서 잔인한 손질을 감행하게 되었다. 그 결과 이영수를 비롯한 수십 명의 청년이 헌병대에 구금되었으며 동시에 조옥희도 이영수와 가까운 사이였으며 유언비어를 전파했다는 죄로 체포되고 말았다. 이와 때를 같이하여 도영식은 여러 사람을 내세워 가지고 수천원이라는 거액을 써서 겨우 석방되어 나왔다.

때는 이미 8월 초순이 지나 중순에 접어들려는 무렵이었다. 헌병들은 갖은 참혹한 고문으로 매일같이 그들을 못살게 굴었다. 조옥희도 모진 고문에 못 이겨 정신을 잃고 까무러친 것이 한두 번이 아니었다. 그러나 하늘도 무심치 않아 1945년 8월 15일 드디어 민족의 수난에 종지부가 찍혔다. 희망과 자유와 독립을 구가할 수 있는 해방의 날이 드디어 오고야 말았다. 반세기 동안 온 겨레가 갈망했던 8·15해방을 맞이하여 삼천리 방방곡곡에 감격과 기쁨의 파도가 하늘로 치솟아 올랐다.

조옥희도 해방 덕택으로 한 달 만에 광명을 보게 되어 석방의 기쁨과 독립된 자유민족의 일원이라는 이중의 기쁨을 맛보게 되었다. 그러나 구금되었던 한 청년을 통해서 이영수를 비롯한 5명의 청년이 무참히도 해방 직전에 총살당했다는 비통한 소식을 듣게 되어 조옥희는 기쁨의 절정에서 급기야 슬픔의 심연으로 빠지고 말았다.

병원 침대 위에서 해방을 맞이한 조옥희는 끝 모를 기쁨과 슬픔이 한데 엉켜 마음껏 흐느껴 울었다. 자기 같이 더러운 과거를 지닌 계집을 살리고 이영수와 같이 순박한 애국청년을 죽게 내버려 두다니 너무도 하늘이 불공평하였다.

얼마가 지난 다음 조옥희는 완쾌되지 못한 몸을 무릅쓰고 병원에서 퇴원했다. 육체적인 상처도 상처려니와 무엇보다도 어머니 슬하에 돌아가서 정신적인 상처를 고쳐야겠다고 느꼈기 때문이다. 그리하여 일체 두문불출하고 어머니를 모시고 조용한 나날을 보냈다.

이러는 사이에 38선을 경계로 하여 남쪽에는 미군이, 북쪽에는 소련군이 진주하게 되었는데 벌써 소련군이 평양에 들어왔다는 소문이 들려왔다.

다시 한 달 가까운 세월이 흐른 어떤 날이었다. 새로운 운명이 조옥희를 찾아왔다. 즉 뜻하지 않게 평양시 인민위원회로부터 소환장이 왔는데 그 내용에는 상의할 일이 있으니 언제 몇 시까지 평양시 인민위원회 00과로 와 달라는 것이었는데 꼭 시간을 지켜 달라는 것이 끝에 강조되어 있었다.

조옥희는 영문을 전혀 알 수 없었으나 무턱대고 안 가면 좋지 않을 것 같은 의심쩍은 생각을 품은 채 기재된 시간 안에 그 장소에 출두했다. 그곳에는 천만 뜻밖에도 해방 전까지 조옥희가 근무했던 평양고무공장 의무반장 최00가 기다리고 있는 것이었다. 그 옆에는 자기의 청춘을 망쳐 놓은 불구대천의 원수 도영식이 멋쩍게 눈을 두리번거리며 앉아 있었다. 조옥희는 도영식을 보는 순간 눈과 가슴에 불길이 이는 것 같이 달아올랐으나 꾹 참았다. 그리고는 일부러 모르는 체 하고 건성으로 무시하는 태도를 취했다.

의무반장 최00와 한때 조옥희의 육체와 정신을 짓밟을 대로 짓밟은 도영식은 그 사이에 엄청나게 모습이 변해 보였다. 두 사람은 어느 사이에 공산당원이 되었고 그 덕택으로 평양시 인민위원회 보건과장이라는 어마어마한 간판을 얻게 되었으며 도영식은 그 밑에서 계장 한 자리를 차지하고 있는 것이었다.

부자의 자식으로 태어나서 갖은 방탕한 생활과 패륜적인 행위를 하다가 형무소 신세까지 지게 되었던 도영식이가 공산당원이 되었다는 것은 정말 코웃음이 쳐지는 일이었다. 이와 같은 자들이 득실거리고 어깨를 재고 있는 것이 공산당이니 과연 그 정체가 어떤 것이며 어떤 짓들을 하리라는 것은 뻔한 노릇이었다.

어떻든 이날 조옥희는 최00로부터 인민병원에 근무하라는 지시를 받았다. 그 방에서 나올 때까지 끝내 도영식이와는 말 한마디 주고받지 않았다. 도영식이도 양심에 꺼리었는지 말을 하려고 몇 번이나 입을 벌리기는 했으나 끝내 말을 꺼내지 못했다.

그 다음날부터 조옥희는 인민병원에 출근하게 되었다. 인민병원이란 일제 강점기 때의 부립병원(府立病院)을 말하는 것이었다. 부립병원이 인민병원으로 이름이 바뀌고 일본 사람 대신에 소련 사람이 들어왔을 뿐 별다른 차이는 없었다.

그 병원에는 소련군 간호장교도 10여 명 있을 뿐더러 환자 중에 소련군 고급장교들도 가끔 있었다.

여기에서 조옥희는 새로운 열의를 내어 부지런히 일을 했다. 밖에서는 어디서 소련군인 몇이 작당해 가지고 가정부인을 강간했느니, 어떤 여학생은 강간당하고 자살해 죽었느니, 또는 거꾸로 소련 여자군인 수명이 한국인 남자 하나를 납치해 강간한 후 총살을 했느니 하고 별의별 소문이 떠돌았으나 조옥희는 이 모든 것을 귓등으로 흘려보내고 일에만 열중했다.

그러던 어떤 날 이층 특별실에 김성주(金成柱)라는 조선계 소련군 장교 하나가 입원해 들어왔다. 별로 건강이 나빠 보이지도 않았는데 하여튼 그는 특별실을 차지하고 있었고 그 방은 삼엄한 경계망이 쳐 있었다. 이 사실로써 그가 보통 인물이 아님을 곧 알 수 있었다. 그렇다고 해서 그가 특별히 인물이 잘 생겼다든가 체격이 좋은 것은 아니었지만 그 눈초리만은 어딘지 모르게 싸늘하고 날카로웠다.

그가 바로 후에 괴뢰(북한)정부 수상이 된 김일성(金日成)이라는 것을 조옥희는 얼마 후에야 알게 되었는데 그때는 이미 조옥희가 김일성에게 육체를 강탈당하고 소위 전속 간호부라는 명칭 밑에 그의 관저에 들어가 있을 때였다.

2. 김성주와 김일성

여자대원이 확인한 정보에 의하여 조옥희의 정체를 명백히 알 수 있었으므로 여자대원을 시켜 조옥희를 시내에 유인시킨 후 극비리에 체포하였다.

사태가 이렇게 돌변하자 조옥희는 시원스럽게 자기의 정체와 월남한 사명을 숨김없이 자백했다. 그러면서 조옥희는 월남 후 약 5개월간의 생활을 통해서 인간에게 자유가 얼마나 존귀한 것이며 불가결한 것이라는 것을 절실하게 깨달았다는 것을 수차 강조했다.

허위, 기만, 탄압 및 살육이 지배하고 있는 북한에서 월남한 사람들은 한 사람도 예외 없이 자유스러운 대한민국에 첫발을 내딛자 굶주렸던 자유의 공기를 마음껏 마시며 감격의 눈물을 흘리는 것이었다.

빨치산 예비대원의 사명을 띠고 38선을 넘어 온 조옥희도 마찬가지였다. 그는 김일성 장군의 관저라는 이중 삼중의 철의 장막 안에 틀어박혀 있었기 때문에 북한의 일반 시민들보다도 더 대한민국의 실정에 대해서 어두웠다. 그리하여 조옥희는 그들의 선전대로 대한민국을 인간 생지옥인 줄로만 알고 있었던 것이다. 그렇기 때문에 대한민국에 넘어서자 그 감격과 놀라움은 일반 피난민보다 더 컸다. 듣는 것, 믿는 것, 그저 모두가 신기할 뿐만 아니라 공산당의 선전과는 너무나도 정반대였던 것이다.

여기에서부터 조옥희의 사상은 달라지기 시작했다. 그리하여 한 달이 채 못 되는 사이에 조옥희는 공산주의에 대해서 깨끗이 이별을 고하고 대한민국 국민의 한 사람으로서 일해 보겠다고 애쓰던 끝에 우연히도 옛날 간호부 교육을 같이 받은 친구 한 사람을 만나 그 친구의 소개로 제3육군병원 간호원으로 취직하게 되었던 것이다. 그리하여 때를 기다려 모든 것을 사직당국에게 자백하려고 적당한 시기를 기다리고 있었다는 것이었다. 말하는 태도로 보나 표정을 보나 그 말이 양심에서 우러나온 믿을 수 있는 것이라는 것을 확신할 수 있었다.

그럼 이제부터 조옥희가 김일성의 전속 간호원으로서 체험한 특수한 세계에 대해서 조옥희가 자백한 것을 요약해 적기로 한다.

인민병원 이층 특별실에 입원한 김성주라는 젊은 조선계 소련 장교는 병 치료보다는 나가 다니고 손님들을 맞아 무엇을 쑥덕거리는 것이 그의 중요한 일과였다. 그를 찾아오는 손님들에게는 이상한 복장을 한 한국 사람도 많았지만 소련 고급장교도 많았다. 그리고 누구이건 그 방에 찾아오기만 하면 꼭 안으로 문을 잠그고 쑥덕공론을 하는 것이었다. 이것은 하루도 빠짐없이 매일 계속되었고 하루에도 몇 번씩이나 되풀이되었다. 그리고 그 방에 드나들 수 있는 간호원은 세 사람으로 지정되었는데 조옥희도 그 중의 한 사람이었다. 그런데 지정 간호원도 그 방에 출입할 때는 꼭 보초한테 몸수색을 받아야 했다.

이런 가운데 하루 이틀 그 장교 즉 김성주를 상대하는 횟수가 잦아짐에 따라 조옥희는 자기도 모르게 김성주에게 호기심을 가지게 되었다. 방안에 들어서기까지는 삼엄한 경계와 조사로 인해서 마음이 불쾌하고 공포감이 없지 않았지만 정작 방안에 들어서면 약간 거만해 보이는 그 젊은 30대의 남자에게 호감이 생기는 것이었다.

조옥희의 김성주에 대한 호기심은 날이 감에 따라 연정으로 변모하여 갔다. 여자들의 애정이란 흔히 물질과 권세 앞에 굴복되기 쉬운 것인데 조옥희의 연정도 그런 종류의 것임에 틀림없었다. 그리하여 조옥희는 매일같이 출입시간으로 지정된 저녁때가 기다려지는 것을 어쩔 수 없었다. 특히 김성주의 육적(肉的)이고 압도적인 음성이 조옥희에게 한 없이 매력을 느끼게 했다.

그러나 남자들한테 시달리고 짓밟힌 과거의 쓰라린 체험이 머릿속을 파고들어 조옥희는 김성주에게는 흘러가는 감정의 흐름을 막으려고 발버둥 쳤다. 이것은 글자 그대로 정신과 육체의 투쟁이요 충돌이었다. 조옥희는 자신이 예수나 마리아와 같이 도(道)를 닦지 못한 한낱 보잘 것 없는 계집이라는 것을 뼈저리게 깨닫고 있었기 때문에 이미 하나님과 예수를 저버린 이상 운명이 흐르는 대로 감정이 흐르는 대로 살아가기로 작정한 것이었다.

이렇게 생각하니 마음은 편했다. 이왕 순결을 더럽힌 몸인데 이 기름덩어리가 아까울 게 뭐 있느냐. 사람이란 지성이니 교양이니 옷이니 하는 몇 겹의 베일에 싸여 있지만 그 가식적인 요소를 다 벗기면 벌거숭이의 사나이요 계집에 불과하지 않은가! 짧은 인생이니 즐길 대로 즐겨야 한다.

조옥희는 이렇게 생각하면서 김성주가 자기의 육체에 손을 뻗혀 주기를 은근히 바라는 것이었다. 그러나 얼마 후에 이와 같은 기대와 꿈을 산산이 부수어 놓은 돌발사건이 발생하였다.

선선한 바람이 우수수 낙엽을 지게 하는 어떤 달밤이었다. 그날 야간 담당인 조옥희는 일을 대강 마치고 정원에서 고된 정신과 몸을 식히고 있었다. 그러자 별안간 등 뒤의 높은 곳에서 째지는 듯한 여자의 비명과 와지끈하고 유리창 깨지는 소리가 들려왔다. 조옥희는 휙 하니 얼굴을 돌려 소리 나는 곳을 바라보고 그만 "앗!" 하고 소리를 지르면서 까무러치듯 놀랐다.

열어 젖혀진 유리창으로 전등 빛이 환하게 비쳐 나오는데 두 남녀가 사나운 짐승처럼 얽히어 싸우고 있는 광경이 환히 보였기 때문이었다. 남자는 바로 그 김성주 장교이고 상대 여자는 세계적으로 알려진 한국의 무용가 000임에 틀림없었다.

조옥희는 불빛을 피해서 컴컴한 나무그늘에 웅크리고 앉아서 사건의 진전을 공포와 호기심에 어린 눈으로 바라보았다. 정욕에 사로잡힌 동물로 화해 버린 김성주는 비명을 지르며 창가로 도망쳐 온 여자의 허리와 몸을 끌어안고 한손으로 찢어진 블라우스를 벗기고 나서 전기 스위치를 껐다.

캄캄한 가운데서 잠시 동안 각박한 호흡이 들려오더니 잠시 후 잠잠해졌다. OOO가 반항하던 끝에 기진맥진하여 야수 같은 그 김성주의 기름덩어리의 육체 밑에 몸을 내 맡긴 것이 뻔한 일이었다.

사람이란 저렇게도 추악한 것일까? 그렇게 모든 여성이 동경했던 OOO가 저런 지경에 빠지다니!

조옥희는 생각할수록 구역질이 나고 환멸의 비애가 솟아올랐다. 역사는 밤에 이루어진다지만 또 하나의 비극의 역사가 이날 밤에 이루어진 것이다.

가을이 지나고 겨울이 다가옴에 따라 모든 것은 급속도로 변천되었다. 즉 초대 북조선인민위원회 위원장으로 추대되었던 조만식 선생은 모스크바 삼상회의 결정에 의한 신탁통치를 반대하였다는 이유로 체포되어 고려호텔에 감금되고, 조만식 선생이 지도하던 조선민주당은 옛날 조만식 선생의 제자였던 최용건(崔鏞健)이라는 소련군 장교에 의하여 공산당의 주구당(走狗黨)으로 변화돼 가고 있었다. 그러면서 영명한 우리의 영도자이시며 민족의 영도자이신 김일성 장군을 받들자는 구호와 벽보가 나붙기 시작했고, 거리와 마을로 범람해 갔다.

그리고 공산당 세력이 점점 확대됨에 따라 국민들의 반항의 봉기가 도처에서 일어났다. 즉 신의주학생사건을 비롯하여 평양과 원산학생사건 등 청년층의 의거가 앞을 다투어 일어났다. 하루아침 사이에 공산당원이 된 과거의 불량배들은 소련군과 보안대 세력을 배경으로 비인간적인 탄압을 가해 왔다. 그 결과 신의주에서만도 하루 동안에 수백 명의 학생이 소련 비행기의 기총소사와 보안대의 사격으로 참혹하게 살상되었다. 그야말로 고대 로마의 네로시대를 방불케 하는 인간

생지옥이라 아니할 수 없었다.

이와 같은 시기에 인민병원 이층 특별실에 있던 김성주 장교는 간데온데없이 자취를 감추고 말았다. 병원 의사들이나 다른 간호원들도 그 사실에 대해서는 조금도 모르고 있었다. 정말 수수께끼 같은 일이었다.

굴욕과 오욕과 고통이 뒤엉킨 겨울이 지나고 다시 더한 괴로움과 굴욕이 강요되는 새해와 더불어 봄이 찾아왔을 때의 어떤 날 밤이었다. 어떤 고관의 관저 왕진을 가게 된 의사를 수행하여 도와주라는 명령이 조옥희에게 내렸다. 그러면서 그 고관이라는 사람이 현재 북조선 인민위원회 위원장이며 북조선공산당 제1비서로 있는 김일성 장군이라는 것이 밝혀졌다.

그러면서 그 담당의사는 조옥희에게 "장군께서는 조 동무를 매우 귀여워하실 것이나 조그마한 일에까지 세심한 주의를 해야 하오. 동무의 태도와 열성 여하에 따라서 동무가 무한히 성공할 수도 있고, 또한 실수를 하게 된다면 우리 병원은 형편없이 될 것이란 말이오. 그러니 조 동무는 동무 자신과 병원을 위해서 모든 언동을 조심하고 나를 적극 협력해 주길 바라오." 하는 말을 몇 번이나 되풀이했다.

병원이 들썩거리며 왕진 준비를 마치자 고급 승용차에 몸을 싣고 일로 김일성 장군 관저로 달렸다. 조옥희는 달리는 차 내에서도 몇 번이나 거울을 꺼내어 얼굴을 고치며 옷깃을 어루만졌다. 마치 선보러 가는 수줍은 처녀와도 같이 가슴을 울렁거리면서….

약 10분간 질주 끝에 그들은 큰 저택 안에 이르렀다. 수부(受付)에서 비서의 안내를 받아 어떤 방안에 들어갔다. 비서는 장군님을 모시고 나올 테니 잠깐 기다리라는 말을 남기고 옆방으로 사라졌다. 잠시 후 비서가 사라진 그 문이 열리더니 검은 세비로(일본말로 신사복을 의미, 저고리·조끼·바지로 이루어짐)를 입은 젊은 신사와 비서가 나타났다. 그 젊은 신사를 보는 순간 조옥희는 그만 '앗!' 하고 소리를 지를 뻔했다. 그 신사는 틀림없이 얼마 전까지 인민병원 이층 특별실에 있던 김성주라는 소련군 장교였기 때문이다. 처음엔 자기의 눈을 의심도 해봤으나 어디까지나 엄연한 현실이었다. 달라진 점이 있다면 어마어마한 소련 군복과 권총을 걸쳤던 그 몸에 검은 세비로를 입었다는 것과 그때보다 약간 살이 찌고 기름기가 올랐다는 점이었다.

그러나 조옥희는 마치 처음 대하는 것처럼 공손히 인사하면서 긴장한 표정을 지었다. 며칠 전까지도 김성주였고 지금은 김일성이라는 이름으로 부르고 있는 그 사내도 정상적인 태도로 고개를 끄떡여 인사를 받았다. 그렇지만 아무래도 어색한 공기가 떠돌았다.

그 사내는 이 어색한 분위기 속에서 탈피하려는 듯 일부러 큰 소리로 조옥희에게 "동무가 대단히 열성적이라는 것은 들었소. 음 좋아." 하고 말을 걸었다.

그 사내 즉 김일성의 병은 대단한 것이 아니었다. 점점 몸이 비대해진다는 것과 혈압이 높아진다는 것이 그 위대한 영도자 김일성 장군의 병이었다. 간단한 진찰과 주사가 끝나자 의사는 돌아가도 좋으나 간호원은 남아 있으라는 것이 김일성의 명령이었다. 그 명령을 듣는 순간 조옥희는 가벼운 전류가 흐르듯 전신에 경련이 일어남을 느꼈다. 동시에 앞으로 반드시 닥쳐오고야 말 광경이 머릿속에 선하게 그려져 가슴이 설렜다.

단 한마디의 명령으로 그날 밤부터 조옥희는 김일성의 전속 간호원으로서 김일성 장군 관저 내에서 살게 되었다. 담당 의사는 돌아가면서 곧 행정적인 조치를 하겠다고 허리를 굽실거리며 말했다.

사람의 운명이 바뀐다는 것은 지극히 간단한 것이었다. 조옥희는 자기가 김일성의 전속 간호원이 되리라고는 몇 시간 전까지만 해도 전혀 꿈도 꾸지 못했던 것이었다. 갑자기 변화된 환경에서 오는 긴장한 마음과 북조선 최고 간부의 관저 내에서 생활하고 있다는 심리적인 압박감으로 해서 초조하게 시간을 기다리게 되는 생활이 시작되었다. 김일성은 냉정하고 냉혈적인 일면이 있었으나 격에 맞지 않을 정도로 매우 상냥하게 대해 주었다. 그 같은 태도가 무엇을 바라고 하는 것이라는 것은 조옥희도 잘 알고 있었다.

이틀이 지나갔다. 조옥희는 닥쳐 올 그 순간 즉 김일성이가 자기의 육체에 손을 대주기를 기다리게끔 변하여진 자신의 심정을 자기도 이해하지 못했다.

밤 9시가 되자 술이 얼큰해서 밖에서 돌아온 김일성은 자기 방에 들어가지 않고 조옥희의 방 앞에 와서 문을 열고 "할 말이 있으니 내 방으로 좀 와!" 하고 명령하고 대답을 기다리지도 않고 자기 방으로 쑥 가 버렸다. 조옥희는 드디어 오고야 말 시간이 왔다는 흥분과 초조한 마음으로 그를 따라가서 그의 방에 들어갔다.

김일성은 웃옷을 훨훨 벗어서 조옥희에게 넘겨주면서 두 손으로 왈칵하고 어깨를 움켜쥐고 끌어당겼다. 그 순간 조옥희는 자기도 모르게 웃옷을 손에서 떨어뜨리며 쓰러지듯이 그의 가슴에 안겼다. 그리고는 빠져 나오려고 약한 반항을 해 보는 것이었다. 그러나 이 반항은 진짜 반항이 아니라 자기의 육체의 값을 올리는 동시에 상대방의 욕정을 더 선정하려는 간교한 수단에 불과했다. 두 육체는 숨을 헐떡거리며 침대 위에 쓰러졌다. 그리고는 스위치가 꺼져 방안이 먹칠하듯 캄캄해졌고 동물 그대로의 추악한 활극이 벌어졌다.

김일성은 자기 부인을 소련에서 아직 데리고 나오지 않은 것을 기화로 이런 생활을 매일같이 되풀이했다. 그리고 조옥희는 마치 아내이기나 한 것처럼 김일성에게 매일 밤 육체를 바치는 데 행복을 느꼈고 하늘의 별을 따기나 한 것 같은 자만심을 느꼈다.

벌써 수없이 더렵혀진 고기 덩어리! "아쉬운 게 뭐 있단 말이냐. 될 대로 되라지…." 하는 것이 당시 조옥희의 심정이었다.

3. 장군 부인의 질투

혈압관계로 술은 될수록 삼가야 된다는 것이 의사의 말이었지만 얼큰히 술기운이 올라야만 무엇이건 일을 할 수 있다는 김일성은 아침, 점심, 저녁 할 것 없이 식사 때마다 반주를 했다. 그렇기 때문에 그는 늘 술 냄새를 피우며 얼큰해 있었다.

조옥희가 김일성에게 처음으로 몸을 바친 다음 날 그녀에게 한 장의 지령서가 왔다. 그날부터 김일성 장군의 전속 간호원으로 임명한다는 내용을 적은 인민병원장의 지령서였다. 이로써 조옥희는 행정적으로 완전히 김일성의 전속 간호원이 되었다. 그리고 같이 온 병원장의 사신에는 조옥희의 어머니와 동생에게는 충분한 생활대책을 세워 주고 있으니 안심하라는 말이 씌어져 있었다.

조옥희에게는 일체 외출이 금지되어 있었다. 조옥희를 외출시킬 수 있는 권한은 김일성만이 가지고 있었다. 그렇다고 해서 조옥희는 괴로워하지는 않았다. 오히려 낮에는 방안에 들어박혀 공산주의 서적이나 읽고, 밤에는 김일성의 침실에서 쾌락을 느끼는 생활에 행복을 느끼고 있었던 것이다.

그 사이에 사회는 몰라보도록 변천되어 갔다. 토지개혁이라 해서 지주를 강제로 추방하고 재산을 몰수하는가 하면 별의별 공산당의 주구단체가 생겨 국민들을 괴롭히고 공포의 구렁텅이 속에 몰아넣고 있었다. 게다가 소련군까지 여전히 만행을 거듭하고 있었다. 심지어 모란봉 밑에 있는 소련 여군 숙소에서는 지나가던 남자 중학생을 잡아다가 몇 사람이 덤벼들어 성행위를 강요한 나머지 얼마 후에는 요구를 들을 수 없게끔 중학생이 녹초가 되니까 차에 태워다 모란봉 잔디밭에 내버린 사건까지 발생하였다.

그러나 김일성 위원장의 관저 내에서 김일성의 정부 겸 간호원으로 있는 조옥희는 사회가 어떻게 돌아가고 있다는 것을 전혀 모르고 있었다. 모른다기보다 알 길이 없었던 것이다. 등잔 밑이 어둡다는 말은 이것을 두고 한 말일 것이다.

조옥희는 자기의 이성이 차츰 우둔해지고 판단력이 마비되고 있다는 것을 인식하기는 했으나 이성이니 판단력이니 할 것 없이 오직 현실에 닥친 환경에 충실하면서 마음껏 쾌락을 누리고 호의호식해 보기로 아주 결심해 버린 것이다. 그러나 이런 생활에 위협을 받아야 하는 날이 드디어 닥쳐왔다. 김일성 장군 부인인 김정숙(金正淑)이 소련에서 귀국해 관저에 군림하게 되었기 때문이다. 장군 부인은 뚱보인데

다가 키가 작고 얼굴이 밉상으로 생겼으며 고양이 눈같이 살기가 도는 날카로운 눈을 가진 싸늘한 여자였다. 그 여자한테서 매력을 느낀다면 다만 육체적으로 여자라는 것이 모두일 것이다.

장군 부인은 관저에 나타난 날부터 자기가 이 관저 내의 여왕이라는 것을 인식시키기 위해서인지 비서, 식모, 간호원 할 것 없이 관저 내의 모든 여자를 집합시켜 놓고 일장의 훈시와 더불어 몇 가지의 엄격한 규칙을 하달했다. 얼마 후에야 안 일이지만 김정숙은 16세 때에 만주에서 김일성에게 납치되어 그때부터 부부생활을 해 왔다는 것이며 권총 사격에 있어서는 사계의 권위자라는 것이다.

그날부터 관저 내의 모든 여자들이 장군 부인에 대해서 쑥덕거리기 시작했다. 모두가 비꼬고 비웃는 말뿐이었다. 조옥희도 그 중의 한 사람이었다. 날이 갈수록 관저 내는 장군 부인을 둘러싸고 싸늘한 공기가 뒤덮기 시작했다. 장군 부인은 김일성이가 간호원이나 여비서와 비밀리에 관계를 맺고 있다는 것을 알고 매서운 히스테리를 부리기 시작했다.

김일성은 이 상황을 아는지 모르는지 여전히 조옥희의 침실에 드나들었고 여비서나 다른 여자들의 방에도 몰래 출입하고 있었다는 것을 얼마 후에 알게 되었다. 김일성은 자기의 부인한테서 조금의 매력도 느끼지 못하는 모양이었다. 그러니 장군 부인의 질투는 불같이 더 타오를 뿐이었다. 그리하여 며칠 후 장군 부인의 질투에 의한 첫 희생자가 나왔다. 즉 김일성의 여비서 하나가 간첩혐의에 몰려 정치보위부를 걸쳐 인민교화소(형무소)에 끌려간 것이다. 김일성은 전혀 모르는 체하고 있었다.

　관저 내의 소문을 종합해 보면 그 여비서는 약 1년 전부터 김일성의 여비서로서 근무하면서 그의 정부가 되어 사랑을 받아 왔는데 며칠 전에 김일성과 동침하는 현장을 장군 부인에게 발견되었다는 것이다. 그러니 김일성이 나서서 말 한마디만 하면 구출할 수도 있었지만 장군 부인의 매서운 성격을 잘 알기 때문에 부인이 하는 대로 내버려 두는 수밖에 없었던 것이다. 타이프를 치다가 못쓰게 된 공문서 한 장을 호주머니에 넣고 다니다가 코를 풀어 버린 것이 여비서를 간첩 혐의로 몰리게 하는 조건이었다.

　조옥희를 비롯한 여자들 전부가 그날부터 공포에 떨게 되었다. 그 여자들의 운명도 언제 어떻게 될지 모르는 일이기 때문이다. 조옥희는 그날부터 김일성보다도 장군 부인의 비위를 맞춰 주느라고 절절맸다. 이것만이 김일성의 정부의 한 사람인 조옥희가 희생에서 면할 수 있는 단 하나의 방법이었기 때문이다.

　다시 며칠이 지나갔다. 제2의 희생자가 나타났다. 이번 희생자는 여자 요리사였는데 오래된 생선을 요리했다는 것이 그 원인이었다. 썩은 생선을 장군께 먹여서 죽이려고 했다는 것이 그 여자에게 씌워진 죄명이었다. 그 여자도 역시 김일성의 정부(情婦) 중 한 사람이었던 것이다.

　이와 같은 희생자가 같은 방법에 의하여 5~6명이나 속출했다. 장군 부인이 관저 내에 여자 고용원이 있는 한 이런 희생자는 그치지 않고 속출할 것이 사실이었다. 그렇다고 해서 그 희생의 대상자들이 관저에서 탈출한다는 것은 죽지 않는 한 어림도 없는 일이었다.

4. 관저 내의 죄악상

토지개혁에 뒤이어 노동법령이 실시되고 산업국유화법안이 공포 시행됨에 따라 북한은 점점 공산화되어 갔고 국민의 자유는 하나 둘 박탈되었다. 이 모든 공산화 정책이 이 장군 관저에서 꾸며져 나갔다. 그러기 때문에 방문객의 발길이 그칠 사이가 없었다.

그 방문객 중의 주요 인물은 김두봉(金枓奉), 김책(金策), 최창익(崔昌益), 허정숙(許貞淑), 박정애(朴正愛), 무정(武亭), 최용건(崔鏞健), 주영하(朱寧河) 등의 소위 거물급 인물들이었다. 그들은 깊숙한 방에 모여 오래도록 쑥덕거리다가 헤어지곤 했다. 그리고 그 모임이 있은 다음에는 반드시 새로운 정책이 신문지상에 보도되곤 했다.

그러나 조옥희는 이런 현상에 깊은 관심을 돌릴 수 없었다. 왜냐하면 자칫하다가는 오해를 받거나 음모에 빠지기 쉽거니와 장군 부인의 비위를 맞추는 데 거의 모든 시간을 소비해야 했기 때문이었다. 그리하여 조옥희는 장군 부인에게서 매일같이 공산주의에 대한 교양을 받았다. 주로 소련 볼셰비키 공산당 역사였다. 장군 부인은 그것을 몇 줄 읽고 나서 간단하고 적당한 해설을 했다. 사상적인 면에 있어서 거의 백지와 같았던 조옥희는 조금씩 자신도 모르게 붉게 물들어지고 있었다.

그러던 어느 날 밤이었다. 조옥희가 불도 켜지 않고 창가에 기대어 서서 정원을 바라보며 이런 생각 저런 생각하고 있노라니까 김일성과 어마어마한 군복을 입은 사람이 정원을 거닐면서 말하는 소리가 들려왔다. 두 사람 다 흥분된 목소리였다.

"어떻든 이번 옹진전투의 실패는 동무에게 책임이 있단 말이오. 그게 무슨 꼴이오. 빨리 인민군을 확장 강화해야 하오. 그리고 철저한 정신무장을 시키고!"

"네 명심하겠습니다. 물론 저에게 책임이 있는 것은 사실입니다만 현지 사령관의 전술도 옳지 못했다는 것이 사실입니다. 저는 여기에 대한 대책을 세우고자 합니다."

"좋소. 그건 마음대로 하시오, 하여튼 다시는 그런 실패가 없도록 좀 더 계획적으로 하시오."

"네 잘 알겠습니다."

여기까지 조옥희가 말을 들었을 때 그들은 방으로 사라졌다. 이 간단한 몇 마디가 무엇을 의미하는지를 조옥희는 그 당장에는 알지 못했다. 그 다음날 신문을 보고서야 그 말이 무엇을 말하는 것이라는 것을 이해할 수 있었다. 즉 그 신문에는 남조선 000군이 옹진반도에서 불법 공격을 가해 왔는데 아 경비대는 용전분투하여 치명적인 타격을 주고 격퇴시켰다고 보도되어 있는 것이다.

전날 밤 김일성과 그 군복 입은 고관의 말은 실패를 했으니 대책을 세우느니 좀 더 계획적으로 하라느니 하고 떠들어 대었는데 그 말과 신문기사와는 너무나도 반대되는 현상이었다.

공산주의 교양에 몰두함으로써 장군 부인의 비위를 맞추고 출세의 길을 찾으려고 애쓰고 있던 조옥희는 눈앞에 내던져진 현실을 목격함으로써 현실에 대한 회의심을 다시 품게 되었다. 그 후에도 그 같은 일은 얼마든지 있었다. 그러나 조옥희는 그 같은 모든 현상에 대하여 못 본 체, 못 들은 체 하고 입을 닫고 있어야 했다.

다시 해가 바뀌고 또 바뀌어 서기 1948년이 되었다. 이 해는 우리 민족의 역사상 잊을 수 없는 역사적인 해이다.

남한에서는 유엔의 결정과 감시 밑에 5·10총선거가 실시되어 제헌국회가 이루어짐과 동시에 대한민국 정부가 수립되었고, 북한에서는 소위 공산당 식 선거방법에 의한 기만적인 선거로 인민위원회라는 것이 설립되었는데 이에는 남한에서 선거를 비밀리에 실시했다는 얼토당토않게 날조한 이유로 박헌영(朴憲永), 허헌(許憲), 홍명희(洪命憙), 백남운(白南雲) 등이 그 인민회의 대의원 속에 포함되었다. 그리하여 김일성을 수상으로 하고 박헌영·홍명희·김책을 부수상으로 하는 소위 조선민주주의인민공화국 정부라는 괴뢰(북한)정부가 수립되었다. 이 때부터 김일성 장군 관저가 김일성 수상 관저로 개칭되었으며 약칭해서 수상 관저로 통용되었다.

관저가 수상 관저로 개칭되면서 경계는 더 삼엄해지고 방문객은 배가되었으며 이것저것 모든 일이 더 복잡해졌다.

이쯤 되니 김일성은 조옥희를 돌보지 않았다. 벌써 2~3년간이나 육체적인 접촉을 계속한 관계로 조옥희의 용모나 육체에서 새로운 매력을 느끼지 못하는 모양이었다. 그리하여 한 달이 멀다 하고 비서를 바꾸면서 점점 비대해져 가는 육체에서 솟아오르는 정욕을 만족시키는 것이었다.

조옥희는 김일성이가 자기 육체를 돌보지 않는다는 점에 섭섭한 감도 없지 않았으나 전번에 있던 비서들처럼 교화소로 끌려가지 않고 살아 있는 것만을 그저 감사하게 여겼다. 아무리 결백하고 무고한 사람이라도 공산주의 사회에 있어서는 공산당의 필요성 여하에 따라 반동,

살인, 방화 등의 중죄인으로 날조될 수 있기 때문이다.

북한 괴뢰정부가 수립되고 나서부터 남한에서 월북해 온 임꺽정(林巨正)의 저자 홍명희(북한 초대정부 부수상)의 관저 출입이 잦았는데 그의 옆에는 언제나 미모의 젊은 딸이 붙어 있었다.

그 홍명희의 딸이 처녀인지 아닌지는 모를 일이었지만 어떻든 관저 내의 고용인들은 그 여자를 '미스 홍'이라고 불렀고 김일성은 굵직한 목소리로 언제나 '홍 동무'라고 불렀다.

얼굴이 봉건적이며 완고한 시골뜨기처럼 생긴 홍명희와는 딴판으로 빨간 튤립처럼 요염하게 생긴 홍 동무는 특히 김일성 앞에서는 갖은 아양을 다 떨었다. 이것은 관저 내의 모든 사람이 다 잘 아는 사실이었다.

어떤 때는 장군 부인이 관저에 없을 때 홍 동무가 혼자 찾아와 김일성과 단둘이 방안에서 교성을 지르며 추태를 부린 때도 있었다.

장군 부인의 눈을 피해서 그와 같은 랑데부가 계속되었는데 얼마 후에는 보기 좋게 꼬리를 잡히게 되었다. 그리하여 김일성과 장군 부인 사이에 일대 격투가 밤새껏 전개되었다. 그 승부가 어떻게 되었는지 자세히 알 수 없으나 그 후부터 홍 동무가 관저에 출입 못하는 것을 보아 그때의 격투는 아마 장군 부인이 승리한 모양이었다.

그런데 얼마 후에 뜻밖의 사건이 발생하여 온 관저 내가 펄쩍뛰게 되었다. 즉 그것은 1949년 그러니까 6·25 사변이 발생되기 바로 전해의 봄, 김일성의 7살 난 아들이 관저 정원에 있는 연못에서 놀다가 물에 빠져 죽은 사건이었다.

수상 아들이 연못에서 놀다가 잘못하여 물에 빠져 죽었다. 사건을 이렇게만 해석한다면 문제는 극히 간단하지만 김일성 및 당국자들은 그렇게 해석하려고 하지 않았다. 특히 이 일에 대해서 장군 부인이 다른 사람보다 더 떠들고 나섰다.

내무성 정치보위국에서는 국장 진두지휘 하에 5~6명의 간부가 관저에 들어와 소위 과학적인 수사를 시작하였다. 그 과학적인 수사란 연못가에 나가 본 후 보모를 비롯한 전 고용원을 일일이 심문하는 것이었다. 그러나 사실은 김일성의 아들이 혼자 연못가에서 놀다가 빠져 죽었으니 그 과학적인 수사에 성과가 오를 리 만무했다. 그러자 정치보위국에서는 모두가 비열성적이며 태만분자라고 욕설을 퍼붓고 나서 보모와 식모 한 사람을 묶어 가지고 돌아갔다.

그 후 그 보모와 식모가 어떻게 되었는지는 아무도 모른다. 그리하여 사건 발생 후 한 보름이 지나서야 좀 잠잠해졌다. 이 사건으로 해서 장군 부인은 매우 비통한 빛을 보이며 히스테리를 부리는 것이 습관적으로 되었는데 김일성이는 그렇지 않았다. 그는 입을 다문 채 평상시와 같이 침묵을 지키고 있었다.

그런데 여기에 또 다시 사건이 발생하였다. 이것은 좀 더 중대하고 복잡한 성격을 띤 사건이었다. 이번에는 그렇게 건강하던 장군 부인이 하룻밤 사이에 죽어 넘어진 것이다. 죽기 전날만 해도 원래 솜씨 있다는 권총 사격 연습을 하기도 하고 조옥희와 같이 정원에 앉아서 잡담을 하면서 지냈는데 하룻밤 사이에 돌연히 죽다니 이해할 수 없는 일이었다.

관저 내의 담당의사는 출산 사망이라는 사망진단을 내렸고 신문지상이나 라디오 등에도 그렇게 보도되었지만 전속 간호원인 조옥희는 그것을 시인할 수 없었다. 왜냐하면 육체의 변화로 봐서 임신 5~6개월밖에 안 되었으리라는 것과 출산이나 낙태하려던 기색이 조금도 보이지 않았었기 때문이다. 그럼에도 불구하고 세상에는 그렇게 연달아 보도되었으며 각 기관이 거족적으로 조의를 표하는 가운데 며칠 후 장례식이 거행되었다.

김일성 수상 부인이었던 김정숙 여사 장례식에는 남편 김일성이가 상여의 앞에 서고 그 뒤에 전 각료와 각계 대표들이 장사진을 이루고 따라갔다. 그런데 김일성의 얼굴에는 조금도 슬픈 빛이 보이지 않았다.

장군 부인 김정숙이가 임신 5~6개월의 몸으로 수수께끼 같은 출산 사망을 한 지 몇 달이 지나지 않아 관저에는 새로운 여주인공이 출현하게 되었는데 그 여자는 다름 아닌 홍명희의 딸 홍 동무였다. 그리하여 홍 동무의 이름은 수상 부인 또는 장군 부인으로 개칭되었고, 김정숙 여사의 죽음은 그대로 영원한 수수께끼가 되고 말았다.

5. 한국동란 발발의 진상

1950년 6월에 접어들면서 관저 내에는 매일같이 각료 및 노동당 간부회의가 거듭되었으며 긴장한 표정을 한 방문객들의 출입이 빈번하여졌다. 그리고 관저 내에서 볼 수 있는 민주조선이니 노동신문 같은 신문들은 대서특필로 대한민국 정부에 대한 날조된 부정사실을 보도하면서 대한민국 국군이 38도 선상에서 도전적인 행위를 자행하고 있다고 보도하고 있었다. 조옥희는 이 신문들에 보도된 사실을 전적으로 믿은 것은 아니지만 반증할 만한 사실을 모르고 있는 이상 믿지 않을 수도 없는 일이었다.

6월 초순의 어떤 날이었다. 조옥희가 약제실에서 제약에 열중하고 있노라니까 여비서가 감기약을 좀 달라고 하면서 약제실로 들어왔다. 그 여비서만은 항상 김일성을 따라다니고 또한 회의 상황을 속기하기 때문에 연일 계속되는 비밀회의 내용을 상세히 알 수 있었다.

조옥희는 그 여비서와 다정한 사이인 것을 이용해서 궁금한 마음을 풀어보려고 했다. "저 박 동무! 요새 정세가 어떻게 흐르고 있는가요? 신문은 믿지만 통 걷잡을 수가 없단 말입니다."

"그렇기도 해요. 어쨌든 이번 달 내로 무슨 일이 생길 거예요."

"무슨 일이라뇨? 요즈음 남조선 국방군이 자꾸 38선을 침범한다면서요?"

"그렇지 않아요."

여비서는 이렇게 말하고 사방을 한 바퀴 휘둘러 본 후에 "이건 절대 비밀인데 조 동무에게만 말해 주는 거예요." 하고 다짐을 받고서 말을 이었다.

"사실은 남조선 국방군이 침범하는 것이 아니라 우리 경비대가 일부러 싸움을 걸고 있으면서 죄를 넘겨씌우고 있단 말입니다. 그래야 북조선 인민들의 여론을 싸움으로 이끌 수가 있거든요. 그리고 말이에요. 그저께 밤 회의의 결정으로 인민군대의 주력을 38도선에 집결시키고 또한 2년 동안이나 군사훈련을 받은 전 대학의 학생들은 야외훈련을 한다는 구실 하에 38도선 근방에 집결시켰다가 전투가 개시되면 곧 부대 편성을 하기로 되었단 말입니다. 제 동생 하나가 김일성대학에 다니고 있는데 그 애도 갈 거예요. 허니 그것은 인민으로서 당연한 의

무이죠?"

"그렇고말고요."

조옥희는 이렇게 대답을 했으나 속으로는 깜짝 놀랐다. 자기는 전혀 상상도 못했던 사실들이기 때문이다.

"꼭 비밀을 지켜야 해요." 하고 여비서는 재차 다짐을 받고 약봉지를 들고 약제실에서 나갔다.

신문지상의 보도는 매일 험악해 갈 뿐이었다. 모든 것이 앞으로 머지않아 닥쳐올 전쟁을 향해서 줄달음치고 있었다. 조만식 선생과 김삼룡, 이주하의 교환 제안 실패, 소위 인민회의의 평화적 통일 제안의 실패, 연발하는 38도선 충돌사건….

공기는 점점 험악해 갔다. 그리하여 6월 하순에 들어서면서 정세는 일촉즉발의 위기에 놓였다는 것을 만인이 알 수 있었다.

24일 밤. 관저 내에서는 전 각료와 노동당 간부로 구성된 비밀회의가 또 개최되었다. 회의는 삼엄한 경계 하에 실시되었는데 4시간이나 계속되었다. 밤 12시경에야 회의가 끝났다. 그러자 요즘음 수면 부족으로 고생하고 있는 여비서가 약제실에 들어오며 수면제를 좀 달라고 했다. 그리고 수면제를 받아들고 나가면서 조옥희의 귀에 입을 대고 "내일 새벽부터 전쟁이 시작되는데 아마 2~3일 후에는 서울이 점령될 것입니다. 이제 2시간 후에 인민군총사령부에서 총공격 명령이 내릴 것입니다." 하고 속삭인 뒤 문밖으로 달려 나갔다.

조옥희는 아연실색했다. 드디어 동족상쟁의 참극이 막이 올라갔다. 다음날 각 방송국과 각 신문은 내무성 발표라 하여 남조선 국방군이 38도선 전역에 걸쳐 2km 내지 5km 침범해 왔는데 지금 공화국 경비대와 인민군대는 김일성 수상의 명령에 의하여 총반격을 감행한 결과 국방군을 38도선 이남으로 격퇴시키고 계속해서 반격을 하고 있는 중이라는 요지의 성명을 발표했다.

조옥희는 앞으로 조국의 운명이 어떻게 되리라는 예측은 할 수 없었지만 이 성명이 얼마나 허위와 기만에 가득 찬 것인가 하는 것은 알 수 있었다. '적반하장'이란 바로 이것을 두고 하는 말일게다.

6. 자유로운 질서의 위력

여기까지 말하고 난 조옥희는 냉수 한 모금을 쭉 들이켜고 가볍게 하품을 했다. 2시간 남짓 이야기하느라고 몸이 지친 모양이었다. 그러므로 나는 조옥희를 위해서 간단하게 말을 끝맺으려고 앞으로는 묻는 말에만 대답하라고 했다.

"관저에서는 언제 어떻게 나오게 되었소?"

"6·25사변이 나고 거의 한 달이 되었을 때입니다. 특별한 이유도 없이 저와 몇 사람의 고용원이 해고되었습니다. 그리고 저는 춘천야전병원 간호원으로 배속되었어요. 죽기 전에는 나가 볼 것 같지 않던 그 관저를 빠져 나왔을 때는 정말이지 마음이 후련했었습니다."

"그 후로는?"

"춘천에 약 보름동안 있다가 원주로 병원이 이동되었습니다. 그리하여 한 달 남짓 지나서 괴뢰군(북한군)이 총 후퇴할 때 저는 군사안전부에서 불러서 갔더니 부산에 잠입해 들어간 후 예비 빨치산 대원으로 대기하고 있으라는 지령을 받게 되었습니다. 누구의 명이라고 그것을 거역할 수 있겠습니까? 그래서 저는 하는 수 없이 피난민으로 가장하고 군사안전부에서 준 가짜 증명서를 가지고 부산으로 내려왔습니다."

"좋습니다. 오늘은 이만 하기로 하고 마지막으로 한 가지만 더 묻기로 하겠소. 대한민국으로 남하해서 어떤 것을 느꼈으며 앞으로의 희망은?"

"저는 월남 후 몇 달 동안의 생활을 통해서 무엇보다도 자유로운 이념으로 뭉쳐진 자유의 질서가 강압과 강제의 살육, 기만을 기반으로 하는 공산주의의 조직력보다 얼마나 강하다는 것을 깨달았습니다. 정말 자유의 맛을 봤습니다. 그리고 이제 저에게 무슨 희망이 있겠습니까. 다행히 언제이고 제가 용서받는 몸이 된다면 저의 과거의 죄악을 속죄하기 위해서라도 힘껏 일하고 깨끗하게 살아 볼 결심입니다. 무엇보다도 저를 당분간 좀 조용하게 생각할 수 있도록 해 주십시오. 정말 소원입니다."

"좋습니다. 우리의 목적이란 적성분자를 적발 처벌하는 데만 있는 것이 아니라 그 사람들을 대한민국의 올바른 국민으로서 갱생시키는 데도 있으니까요. 그럼 가서 좀 쉬십시오." 나는 조옥희를 딴 방에 보내고 나서 혼자 명상에 잠겼다.

크렘린의 충실한 주구 김일성!

수백만의 동포를 전쟁의 비극 속에 몰아넣어 공포에 치떨게 하고 살육케 한 겨레의 불구대천의 원수 김일성!

그의 전속 간호원이면서 정부 생활을 하여 온 조옥희라는 여자!

이제 몸과 마음이 지칠 대로 지치기는 했지만 자유의 질서 속에서 힘껏 일하고 깨끗하게 살아보겠다는 가엾은 여자!

생각할수록 가슴이 뭉클해 온다. 오냐! 자유로운 조국을 위해서 싸우

는 겨레의 대열을 좀 먹으려는 악질분자들을 철저하게 적발 처벌하는
한편 그들 중에 한 사람이라도 구할 수 있으면 따뜻하게 구해내 주자!

　나는 언제나 입버릇처럼 뇌까리는 이 말을 다시 한 번 입속에서 외
우면서 자리에서 일어섰다.

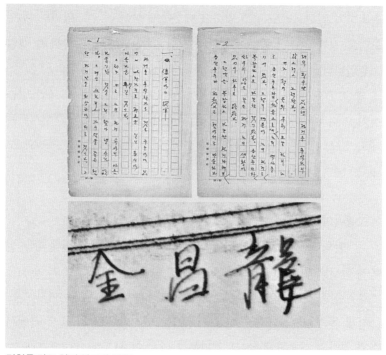

김창룡 장군 친필 원고와 서명

부록

대령 시절

부하들과의 즐거운 시간

부하들에게 표창장 수여하는 김 특무대장

특무대 축구팀과 함께

인천상륙작전에 참전하고 있는 김창룡 중령(가운데, 1950.9.)

대통령 암살 미수범 사건 조사하는 김 특무부대장(1952.6.)

이승만 대통령과 특무대원들(1955.12.)

동료들과 즐거운 한때

여유로운 한때   갑판에서

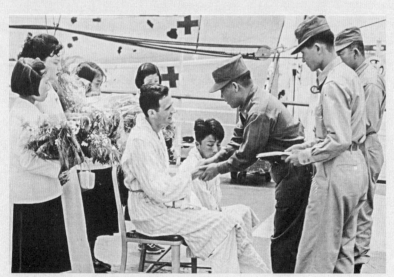

귀국하는 미군 부상병을 위로하는 김 특무부대장(1953.)

특무대원들에게 강의하는 모습

함태영 부통령에게 브리핑하는 모습

장군 진급 기념(1953.5.)

김창룡 장군 열병식 장면

미군 장교 훈장 수여식 후 기념 촬영

백선엽 장군(오른쪽 3번째) 등 동료들과

김창룡 장군 장례식, 대한민국 국방장 1호(1956.2.3.)

장례식 조포 발사 장면

하이라루에서 만난 도상원 여사와의 약혼 사진(1945.)

생전의 가족 사진(1954.)

사후의 가족 사진(1958.)

이승만 대통령 김창룡 장군 공적 찬양 담화문(1956.1.30.)

고(故) 김창룡 중장은 국가가 제일 위란한 시기에 제일 중요한 책임을 맡아서 군인으로서 공산당의 지하공작을 적발 취체하며 국가의 안전보장을 위하여 힘썼으며 동시에 공산당들이 인접 나라를 통하여 백방으로 침투하는 것과 혹은 아편과 금전을 밀수하여 다가 분란을 일으키려는 것을 모두 방어해 왔으며 또 따라서 국내의 모든 이적(利敵) 분자 등을 적발 징벌케 함으로써 신분에 위험을 무릅쓰고 특무대를 공고히 조직해서 한 유공한 단체를 만들어 놓고 나라를 위해서 목숨을 아끼지 않고 충성을 다하다가 이번에 이러한 참화를 당한 것은 우리 전 국민과 정부에서 일체로 놀라며 슬퍼하는 바이다.

사람이 났다가 나라를 위해서 목숨을 공헌하는 것이 제일 어렵고 또 영광스러운 일임에도 김창룡 중장이 생명을 희생하여 순직한 것은 실로 민국(民國)의 시민 된 직책을 다한 것이며 순직(殉職)한 사람에게는 유감이 없을 것이나 우리 산 사람들은 더욱 슬퍼하며 유가족을 위로하려는 것이다.

우리 군인들 특히 특무대원들과 민중들은 고인 된 김창룡 중장의 죽음을 헛되게 여기지 말고 김 중장의 충성을 본받아 고인의 뒤를 이어 남북통일과 국가 재건을 위하여 성심을 다하여야 할 것이다.

〈출처 : 대한민국 공보실, 『대통령이승만박사담화집』, 1956, 234쪽〉

이승만 대통령 김창룡 장군 저격범 수사에 대한 담화문(1956.2.2.)

육군특무대장 김창룡 중장이 이번에 암살당한 음모는 이 일이 개인의 사감이나 협의로 한 범죄인지 또는 뒤에 무슨 음모자들이 한 것인지를 정부가 철저히 알아야 되겠으며, 그 범인을 잡으려 하는 것은 그 범인들의 범죄의 경중을 따라서 징벌하는 것이 국가에서 법을 시행하는 본의로도 중요하지만, 그보다도 국가가 위험한 이 시기에 앉아서 정부와 국민이 안전하고 안전하지 못한 것이 중요함으로 잡으려는 것이니, 충국(忠國) 애족하는 민중과 관민(官民)이 다 합해서 이런 죄범(罪犯)을 잡지 못해서 범인이 외국으로 도주하게 된다면, 국군 경찰과 전 민중의 면목이 부끄럽게 되는 것이니, 전국이 전적으로 전력해서 잡아야 할 것이다.

언제든지 나라에 이런 문제가 생길 적에는 관민이 다 극히 조심해야 할 것이니 이런 일이 있을 적마다 이런 것을 이용해서 허무한 낭설을 조작해 가지고 민심을 선동하여 화란(禍亂)을 일으키려는 자가 없지 않은 법이므로 극히 조심할 때인데, 몽매한 자들이 남의 선동에 빠져서 악감을 고취하며 낭설을 전파하여 없는 일을 있게 만들 염려가 없지 아니하다.

언론을 지도하는 신문 계에서는 특히 주의해야만 될 것이며 그렇지 아니해서 신문기자들의 자유권리가 있다는 말만 알고 신문의 자유권보다 국가와 국민의 안위가 더 중한 줄로 알지 못해서 사실이 없는 말을 도청도설(道聽塗說)대로 신문에 보도해서 밖의 적국(敵國)이 이것을 이용하게 하는 것은 정부와 민중이 절대로 막아야 될 것이니 더욱 조심할 것이며, 민중과 국가가 안정된 나라에서도 나라에 일이 있을 때에는 신문기자의 권리를 마구 쓰지 못하고 조심해서 사실만을 보도하는 그런 전례가 있으므로 우리나라에서도 극히 경계해야 되겠으니 모든 당국자들에게 지시하느니 신문 상으로나 다른 문자로라도 사실 없는 말을 기재해서 거짓말을 만들려는 것은 절대로 막고 그 범법의 경중을 따라서 엄절히 징치(懲治)해야 될 것이다.

어떤 신문이든지 사실 없는 말을 내거나 소종래(所從來)를 모르는 언론관계로 중대한 조건을 어데서 보도하는 것은 밝혀 놓기 전에는 그런 것을 기록한 사람들이 고의로 지어서 선동을 목적하는 것으로 지목하고 판단될 것이므로 이런 일에 걸려드는 사람이 있기 전에 미리 알리노니 알아서 미리 대답할 것을 만들어 놓고 하기 전에는 깊이 생각해서 그릇됨이 없도록 되기를 바라는 바이다.

〈출처 : 대한민국 공보실, 『대통령이승만박사담화집』, 1956, 235-236쪽〉

이승만 대통령 김창룡 장군 장례식 조사(弔辭)(1956.2.3.)

김창룡 중장이 금번 자기의 직무를 수행하다가 순직하게 된 것을 내가 충심으로 슬프게 생각하는 바이다. 김 장군은 평소에도 자기가 이렇게 끝마칠 것을 알고 조금도 두려워하는 마음이 없이 자기의 일에 성심성의를 다 하다가 이와 같이 끝을 맞게 된 것이다. 이 사람은 나라를 위하여 순국한 것이며 충렬의 공훈을 세운 것이다.

김 장군이 살아 있을 적에 내게 와서 보고할 적마다 내가 간혹 조심하라고 말하면 대답하기를 "저는 그저 나라를 위하여 목숨을 바칠 각오를 하고 있으니 아무 것도 무섭지 않습니다." 하였던 것이며 그가 암살자들의 총을 맞고 병원으로 가는 도중에서도 자기 부하들에게 말하기를 "내가 우리 대통령을 모시고 남북통일을 완수하는 것을 보고 죽자는 것인데 이것을 못보고 죽는 것은 유감이나 당신들은 나의 뒤를 따라 내가 목적하던 것을 이루게 하라!"하고 운명하였으니 우리 살아 있는 사람들이 김 장군과 같은 애국충심을 가지고 있으면 아무리 외적이 우리를 침범하려 해도 어떻게 할 수가 없을 것이다.

김 장군이 나라를 위하여 세운 공적은 이 자리에서 다 말할 수 없음으로 역사가에게 맡기고 내가 말하고자 하는 것은 사람이 이 세상에 살아 있는 동안이 즉 전쟁임으로 의를 위해 악과 싸우다가 악한 자의 마수에 피해를 받아 운명한 사람은 대의를 위해서 자기를 희생한 것이다. 죽어도 그 공훈은 영원히 사라지지 않을 것이다.

김 장군은 실로 우리 역사에 그의 영광스러운 이름을 빛내게 한 것임으로 우리 모든 사람은 앞장 선 동지의 넘어진 것을 슬퍼하는 동시에 김 장군이 세운 공적을 헛되게 하지 말고 피차 위로하며 그의 충렬을 모범 삼을 것이다.

<출처 : 대한민국 공보실, 『대통령이승만박사담화집』, 1956, 236쪽>

김창룡 장군 묘비에 쓰인 이병도(李丙燾) 박사의 글

조국 치안의 중책을 띠고 반역분자 적발에 귀재(鬼才)의 영명을 날리던 고(故) 육군 특무부대장 김창룡 장군은 단기 4289년(1956년) 1월 30일 출근 도중에 돌연 괴한의 저격을 입어 불행히도 순직하였다.

이 참변을 듣고 뉘 아니 놀라고 슬퍼하랴.

아, 이런 변이 있을까.

나라의 큰 손실이구나 함이 이구동성의 외침이었다.

그는 본시 영흥 출생으로 단기 4280년(1947년)에 육사를 마치고 육군본부 정보국 방첩과장에 취임하여 누차 숙군을 단행하여 군의 육성 발전에 이바지하였다. 특히 동란 중에는 군검경 합동수사본부장으로 맹활동을 개시하여 간첩, 오열(五列), 부역자, 기타를 검거 처단함이 근 2만5천명으로 전시 방첩의 특수임무를 달성하였다.

4284년(1951년)에 육군 특무부대장에 부임하여서는 더욱 헌신적 노력과 탁월한 지휘로써 국가 및 군사안전보장에 기여하였다. 그 중요한 적발만으로 4285년(1952년) 대통령 암살음모의 김시현 사건, 4287년(1954년) 남도부 등의 대남 유격대 사건, 4288년(1955년) 대통령 암살음모자 김재호 일당을 미연에 일망타진한 것이 그것이다.

그는 이렇듯 나라에 유공(有功)하였다. 그 사람됨이 총명하고 부지런하고 또 불타는 조국애와 책임감은 공사를 엄별하여 직무에 진주하더니 급기야 그 직무에 죽고 말았다. 아, 그는 죽었으나 그 흘린 피는 전투에 흘린 그 이상의 고귀한 피였고 그 혼은 길이 호국의 신이 될 것이다. 그의 생년은 단기 4253년(1920년) 11월 23일 향년은 39세 순직과 동시에 육군중장에 승진되었다.

단기 4289년(1956년) 2월 3일

문학박사 이병도 지음 / 육군참모총장 육군대장 정일권

〈출처 : 이대인, 『대한민국 특무부대장 김창룡』, 기파랑, 2011, 312-313쪽〉

김창룡 장군 이장 전의 묘소(경기도 안양)

국립대전현충원에 안장된 김창룡 장군 묘

김창룡(金昌龍, 1916-1956) 장군 연보

주요 경력

1916. 7. 18.	함경남도 영흥군 요덕면 인상리 650번지에서 출생 (장교자력표에는 1920.11.23.로 기재되어 있음)
1930. 3.	덕성보통학교 졸업
1934. 3.	영흥공립농잠학교 졸업
1940-1945	일본관동군 헌병부 소속으로 중소 국경지대에서 대공(對共) 특수공작 임무 수행
1945. 5	북만주에서 독립운동가 도정호(都正浩,1903-1930)의 딸 도 상원(都相媛)과 약혼
1945. 8. 30.	광복 후 함남 영흥 요덕 귀향
1945.10. 15.	황해 해주시 남천에서 도상원과 혼례
1946. 5.	개성 송악산 경유 월남
1947.1.3~4.17.	육군사관학교 제3기 입교 및 소위 임관(군번 10579)
1947. 4. 20.	제1연대 정보과 전속, 군내 좌익 검거 활동
1948. 1. 15.	중위(中尉) 진급
1948. 8. 15.	대위(大尉) 진급
1948. 8. 25.	육군본부 정보처 파견, 숙군 활동
1949. 1. 15.	소령(少領) 진급
1949. 7. 14.	방첩대장 취임
1949. 7. 15.	중령(中領) 진급
1949.10. 1.	공군본부 정보국장
1949.10. 10.	군경합동수사본부장
1949.11. 30.	1년 숙군 결과 장교·하사관·병사 4749명 조사 및 기소
1950. 6. 25.	6·25전쟁 발발

1950. 7월초	충남도청 2층 대통령 집무실 방문, 임시수도 군경합동수사 본부장 임명
1950. 9. 15.	인천상륙작전에 국군17연대와 함께 참전(특무부대 지휘)
1950. 10. 4.	경인지역 군경합동수사본부장 임명
1950. 10. 20.	대령(大領) 진급, 육군특무부대 창설(초대 부(副)부대장 임명)
1951. 5. 15.	육군 특무부대장 임명 (군경합동수사본부 해체 : 1951.5.25.일부)
1952. 6. 25.	대통령 저격미수범 유시태(柳始泰) 사건 조사
1953. 5. 4.	준장(准將) 진급
1953. 7. 27.	정전협정 조인
1955. 1. 17.	소장(少將) 진급
1955. 3.	육군 특무부대 이동(대구 동성동에서 서울 중구 회현동, 이후 종로구 통의동 이전)
1955. 8.	국방부 원면(原綿) 부정사건 특무대 내사
1955. 10.	이승만 대통령 암살 음모자 김재호 일당 일망타진
1955. 11.	대통령 특명에 의해 군내 축첩자(蓄妾者) 내사
1956. 1. 30.	대통령 보고위해 출근길에 김창룡 장군 암살(07:30) 대통령 보고내용 : 1. 국방부원면부정사건 2. 군고위층 축첩행위자 내사결과 보고
1956. 1. 30.	육군 중장(中將) 추서
1956. 2. 3.	국군 최초 국방장(國防葬, 장례위원장 손원일 국방부장관) 유족 : 미망인 도상원 여사와 1남 3녀

상 훈

훈　　장 : 태극무공훈장(2회), 을지무공훈장(3회), 충무무공훈장((3회), 화랑무 공훈장(1회)

표　　창 : 대통령 표창(2회), 국회의장 표창(2회), 재무부장관 표창(1회), 육군 총장 표창(5회)

감 사 장 : 내무부장관 감사장, 해군총장 감사장, 미 제2기지병참사령관 감사장

외국훈장 : 미국 공로훈장. 그리스 주한원정군 명예기장

찾아보기